Metropole: Kosmopolis
Metropolis: Cosmopolis

IBA_HAMBURG

5

METROPOLE: KOSMOPOLIS

METROPOLIS: COSMOPOLIS

JOVIS

ULI HELLWEG

Kosmopolis - eine Annäherung

Ein neues urbanes Leitbild für die Zukunft der Städte?

Internationale Bauausstellungen begründeten ihren Selbstanspruch bisher wie folgt: Zum einen greifen sie Themen auf, die in der internationalen stadtplanerischen oder architektonischen Debatte eine zentrale Rolle spielen (Altbauerneuerung, Konversion, Rückbau). Zum anderen spiegelt sich ihre Internationalität seit jeher in ihren städtebaulichen und architektonischen Haltungen, gewissermaßen in ihrem „Stil" und seinen Protagonisten - verkörpert durch die jeweils involvierten Architekten und Städtebauer.[1] Die IBA Hamburg wählt einen dritten Weg und thematisiert in ihrem Leitbild „Kosmopolis" die Heterogenität der modernen Stadtgesellschaften. Sie fragt, wie angesichts des demografischen Wandels soziale und kulturelle Barrieren in einem ganzheitlichen Planungsansatz mit den Mitteln des Städtebaus und der Architektur, aber auch der Bildung, Kultur und Förderung lokaler Ökonomien überwunden werden können. Wie kann - unter den Bedingungen einer an ihre ökologischen Grenzen stoßenden weltweiten Urbanisierung - aus kultureller Vielfalt städtische Stärke werden? Schon mit den vorangegangenen Leitbildern „Stadt im Klimawandel"[2], „Metrozonen"[3] und „Kosmopolis" hat sich die IBA Hamburg zum Ziel gesetzt, am Beispiel der Hamburger Elbinseln, der Stadtteile Wilhelmsburg, der Veddel und des Harburger Binnenhafens Lösungsmodelle für die Metropole des 21. Jahrhunderts aufzuzeigen. In diesem fünften Band der IBA-Schriftenreihe steht nun die Frage im Mittelpunkt, ob die Vision einer neuen modernen Kosmopolis als urbanes Leitbild für die Zukunft der Städte in einer globalisierten Welt taugt und - wenn ja - was darunter konkret zu verstehen ist.

Kosmopolis - revisited

Die Idee einer weltbürgerlichen Gesellschaft, einer Gemeinschaft der „Kosmopolites" (Diogenes), wurde im vierten vorchristlichen Jahrhundert in Griechenland geboren - zur Zeit Alexander des Großen, als die Makedonier die alten griechischen Polis-Republiken unterworfen hatten und sich anschickten, ein multikulturelles Weltreich zu gründen.[4] „Die Formulierung war als Paradoxon gedacht und brachte die allgemeine Skepsis der Zyniker gegenüber Sitte und Tradition zum Ausdruck. Der Bürger - *polites* - gehörte einer bestimmten *polis* an, einer Stadt, der er Loyalität schuldete. Der Kosmos war die Welt. ... Der Begriff des Kosmopoliten stand daher ursprünglich für eine Ablehnung der herkömmlichen Auffassung, wonach jeder zivilisierte Mensch einer der vielen Gemeinschaften angehört."[5] Im römischen Imperium, das fast den ganzen damals bekannten Erdkreis umspannte - *urbs et orbis* - wurde das Ideal eines „Weltbürgertums" von Philosophen wie Cicero und Seneca vertreten. Cicero forderte, „dass ein Mensch allein schon aus dem Grunde, dass er ein Mensch ist, nicht als ein Fremder gelten darf. Und nicht schärfer ist zu tadeln, wer sein Vaterland verrät, als wer das Interesse oder das Wohl dieser weltumspannenden Gemeinschaft um seines persönlichen Vorteils oder Wohles willen preisgibt."[6] In der Neuzeit wurde die kosmopolitische Vision der Sophisten und Stoiker keineswegs zufällig nach den Verwüstungen des Dreißigjährigen Krieges und den Konfessionskriegen von Philosophen wie Leibniz, Spinoza oder Kant wieder aufge-

ULI HELLWEG

Cosmopolis–An Overture

A New Urban Model for the Future of Cities?

International building exhibitions have in the past countenanced the goals they set for themselves as follows: on the one hand, they address issues playing a key role in international urban planning or architectural debates (renovations, conversions, demolition). On the other, their international character has always been reflected in their urban planning and architectural approaches, to a certain extent in their "style" and its protagonists—embodied by the respective architects and urban planners involved.[1]

The IBA Hamburg has taken a third path and, with its key theme "Cosmopolis," highlights the heterogeneity of modern urban society. It looks at how, in the face of demographic developments, social and cultural barriers can be overcome through an integrated planning approach using urban development and architecture, as well as education, culture, and the promotion of local economies. How—given the conditions of a global urbanisation process that is reaching its ecological limits—can urban fortitude be derived from cultural diversity? With the preceding key themes "Stadt im Klimawandel" ("Cities and Climate Change"),[2] "Metrozonen" ("Metrozones"),[3] and "Kosmopolis" ("Cosmopolis"), the IBA Hamburg set itself the goal of demonstrating model solutions for twenty-first century cities based on the examples of Hamburg's Elbe islands, the city districts of Wilhelmsburg and Veddel, and the Harburg upriver port. In this the fifth volume of the IBA series, the focus is now on the issue of whether the vision of a new, modern cosmopolis is a suitable urban model for the future of cities in a globalised world and—if so—what does it actually mean in concrete terms.

Cosmopolis Revisited

The idea of a cosmopolitan society, a community of "cosmopolitans" (Diogenes), was born in Greece in the fourth century BC—at the time of Alexander the Great, when the Macedonians had conquered the Ancient Greek polis republics and were aspiring to establish a multi-cultural global empire.[4] "The wording was intended as a paradox and expressed the general scepticism on the part of the cynics with regard to custom and tradition. The citizen–*polites*–belonged to a specific *polis*, a town to which he owed his loyalty. The cosmos was the world. ... The term cosmopolitan therefore originally meant a rejection of the conventional view according to which every civilised person belongs to one of many communities."[5] In the Roman Empire, which encompassed almost the whole known world at the time–*urbs et orbis*– the ideal of "cosmopolitanism" was advocated by philosophers like Cicero and Seneca. Cicero claimed "that a person, simply due to the fact of his being a human being, ought not to be considered a stranger. And there is nothing to be censured more strongly than the betrayal of the fatherland, the betrayal of the interests or the good of this global community for personal advantage or benefit."[6] In the modern age, it was no coincidence that the cosmopolitan vision of the sophists and stoics was again taken up by philosophers such as Leibniz, Spinoza, and Kant following the devastation of the Thirty Years' War and the wars of religion, and elevated to the European humanist educational ideal in the eighteenth century. It was only with

griffen und im 18. Jahrhundert zum europäisch-humanistischen Bildungsideal erhoben. Eine materiell-ökonomische Basis erhielt der „Kosmopolitismus" der Aufklärung jedoch erst mit der Ausweitung des Welthandels und der industriell-kapitalistischen Produktionsweise. Karl Marx und Friedrich Engels wiesen schon 1847/48 im *Kommunistischen Manifest* auf den unmittelbaren Zusammenhang von Weltmarkt und der „kosmopolitischen" Gestaltung von Produktion und Konsumption hin. Der Träger dieser zur Mitte des 19. Jahrhunderts in ganz Europa aufbrechenden Revolution, das Bürgertum, hat sich – so Marx und Engels weiter – „eine Welt nach ihrem eigenen Bilde geschaffen."[7]

Tout le monde était là

Richard Sennett hat in *Verfall und Ende des öffentlichen Lebens. Die Tyrannei der Intimität* aufgezeigt, wie dieses bürgerliche Weltbild im ausgehenden 18. und in der ersten Hälfte des 19. Jahrhunderts aussah und welche sozialen Regeln in ihm galten. Auf den Handelsplätzen, in den Börsen und Kontorhäusern, aber auch in den öffentlichen Räumen der Stadt begegneten sich einander „wildfremde" Menschen, die über „Manieren" und „Kleiderordnungen" ein Bild von sich vermitteln wollten, ohne ihre Privatsphäre dabei preiszugeben. Vor allem aber: „Ein Kosmopolit", erläutert Sennett, „ist nach einer französischen Belegstelle von 1738 ein Mensch, der sich mit Behagen in der Vielfalt bewegt."[8] Tatsächlich glaubt man bei der Betrachtung mancher Darstellungen öffentlicher Vergnügungen von Impressionisten wie Monet, Renoir, Degas oder Liebermann ein Stück dieses „Behagens" zu spüren, mit dem ein selbstbewusstes Bürgertum die öffentlichen Räume und Einrichtungen der Stadt in Besitz nahm. Die Stadtplätze und Parks, die Theater und Opern, die Caféhäuser und Salons, die Spielkasinos und Rennplätze wurden zur Bühne eines bunten kosmopolitischen Bürgertums, das sich seiner Weltläufigkeit mit Neugier und Stolz erfreute. Die kosmopolitischen Eliten der zweiten Hälfte des 19. Jahrhunderts handelten – in jeder Beziehung des Wortes „handeln" – nach dem

Motto des Hapag-Lloyd-Gründers Albert Ballin: „Mein Feld ist die Welt". Neben neureichen Industriellen, Bankiers und alten Handelsdynastien, Patriziern und Landjunkern gehörte eine global reüssierende Kulturszene zur bürgerlichmondänen Welt des 19. Jahrhunderts: Komponisten wie Chopin, Liszt oder Strauß, Schauspielerinnen wie Eleonore Duse – „die Duse" – oder Sarah Bernhard begeisterten ganz Europa und die Neue Welt. Unter den Architekten bahnte sich ein internationaler Diskurs über funktionales materialgerechtes Bauen an. Theoretiker und Architekten wie die Franzosen Viollet-le-Duc und Charles Garnier, John Ruskin und Joseph Paxton in England, Friedrich Schinkel oder Gottfried Semper hierzulande sowie – später im Jahrhundert – die Vertreter der „School of Chicago" legten weltweit die Grundlagen für eine internationale Architekturmoderne. Mit dem aufkommenden Industriekapitalismus und seinen „Manchester-Methoden" wuchs in den Industriemetropolen die „Soziale Frage" (V.A. Huber) und in Europa und Nordamerika schossen sozialreformerische Stadtutopien wie die von Robert Owen oder Tony Garnier aus dem Boden. Unter dem Druck des explosionsartigen Wachstums der Städte wurden überall in Europa alte Wallanlagen geschliffen, um Grünanlagen, Prachtstraßen oder Bahnhöfe zu bauen, an die sich gründerzeitliche Stadterweiterungen anlagerten. Die Stadterweiterungspläne Peter Joseph Lennés und James Hobrechts für Berlin, William Lindleys und Alexis de Chateauneufs für das neue Hamburg nach dem großen Brand von 1842, die paradigmatische Planung Ildefons Cerdàs für Barcelona oder Otto Wagners für Wien bis hin zu Daniel Burnhams und Edward H. Bennetts „Plan of Chicago" am Ende des Jahrhunderts sind eindrückliche Dokumente des Entstehens einer neuen internationalen Moderne in der Stadtplanung. In Paris lieferte George-Eugène Haussmann die Blaupause für die brachiale Anpassung eines mittelalterlichen Stadtzentrums an die Verkehrsbedürfnisse und hygienischen Standards der modernen Metropole, die bis heute ihre Bewunderer und Nachahmer findet. Die Technikbegeisterung dieser Epoche spiegelte sich auch in den be-

Rudern auf der Alster – ein bevorzugtes Freizeitvergnügen des Bürgertums zu Beginn des letzten Jahrhunderts. Motiv: *An der Alster in Hamburg*, Gemälde von Max Liebermann 1910   Rowing on the Alster—a popular middle class leisure pastime at the beginning of the last century. Motif: *On the Alster in Hamburg*, painting by Max Liebermann 1910

the expansion of world trade and industrial, capitalist production processes, however, that the "cosmopolitanism" of the Age of Enlightenment acquired a material and an economic basis. Back in 1847/48, with their *Communist Manifesto*, Karl Marx and Friedrich Engels pointed out the direct relationship between the world market and the "cosmopolitan" form of production and consumption. Marx and Engels went on to say that the protagonists of the revolution that emerged throughout Europe in the mid-nineteenth-century—the middle class— "created a world in their own image."[7]

Tout le monde était là

In *The Fall of Public Man: The Tyranny of Intimacy*, Richard Sennett shows what this middle-class world image looked like at the end of the eighteenth and in the first half of the nineteenth centuries and which social rules applied. In the trading centres, in the stock exchanges, and the office buildings, but also in the cities'

public spaces, "complete strangers" came into contact with one another, people wanting to convey an image of themselves with "manners" and "dress codes," without compromising their privacy in the process. More especially, however: "A cosmopolitan," explains Sennett "is, according to a French reference from 1738, a person who takes pleasure in diversity."[8] Indeed, when viewing some of the portrayals of public pastimes by Impressionists such as Monet, Renoir, Degas, or Liebermann, there seems to be a tangible element of this "pleasure" with which a self-confident middle class appropriated the public spaces and amenities in the city. The city squares and parks, the theatres and opera houses, the cafés and salons, the casinos and racecourses became the stage for a vibrant, curious and proudly cosmopolitan middle class enjoying its worldliness.

The cosmopolitan elite of the second half of the nineteenth century acted—in every sense of the word "act"—according to the motto of the founder of the Hapag Lloyd shipping line, Albert Ballin: "Mein Feld ist die Welt" (The World is My Territory). In addition to nouveau riche industrialists, bankers, and established trading dynasties, patricians, and country squires, the sophisticated middle class world of the nineteenth century also included a globally successful cultural clique: composers such as Chopin, Liszt, and Strauss, and actresses like Eleonore Duse, and Sarah Bernhardt, were the talk of the whole of Europe and the new world. An international debate on functional, materially appropriate construction was emerging in architecture. Theoreticians and architects like the Frenchmen Viollet-le-Duc and Charles Garnier, or John Ruskin and Joseph Paxton in England, Friedrich Schinkel and Gottfried Semper in Germany, as well as—later in the century— the representatives of the "School of Chicago" laid the foundations worldwide for international architectural modernism. Emerging industrial capitalism and its "Manchester methods" brought with it the "Soziale Frage" (Social Issue, V.A. Huber) in the industrial centres and social reformist urban utopias such as those of Robert Owen or Tony Garnier were sprouting up

liebten und viel besuchten Weltausstellungen, die nicht nur die neuesten Technologien in der Baukunst zeigten, sondern auch die Trends für Architekturstile und -moden in der ganzen Welt setzten – wie zum Beispiel die Londoner Weltausstellung von 1851 mit dem nur aus Gusseisen und Glas bestehenden „Crystal Palace" von Joseph Paxton.

Vielleicht am deutlichsten kommt die kosmopolitische Haltung des 19. Jahrhunderts in der Bahnhofsarchitektur zum Ausdruck, galt doch das Reisen als die privilegierteste und prestigeträchtigste Form großbürgerlicher Selbstdarstellung. Der Baedeker mit seinen praktischen Angaben zu Fahrzeiten, Klima und Bevölkerung, Sehenswürdigkeiten, Hotelausstattungen und -qualitäten wurde zur wichtigsten Reiselektüre der gebildeten, polyglotten Schichten und zum Kompass für ein vielgesichtiges Europa, das trotz aller Vielfalt als ein einheitlicher Kulturraum begriffen wurde, für den man keinen Reisepass und keine Visa benötigte. Landmarken waren die oft schlossprächtig gestalteten Bahnhöfe. Das sich schnell ausweitende Eisenbahnnetz erschloss den Raum und vereinheitlichte die Zeit, und nicht zufällig war es die Bahnhofsuhr, die den zentralen Punkt der Bahnhöfe zierte – „genau dort," wie W.G. Sebald in *Austerlitz* feststellte, „wo im Pantheon in direkter Verlängerung des Portals das Bildnis des Kaisers zu sehen war."[9]

Völker hört die Signale!

Noch während sich die kosmopolitischen Eliten des 19. Jahrhunderts vor den unhaltbaren sozialen und hygienischen Zuständen in den Großstädten nach Baden-Baden, Karlsbad, Bath oder Spa flüchteten, keimte in den Industrieregionen „eine Rächerarmee" – wie Émile Zola sie 1885 in *Germinal* nannte – „empor für die Ernte im kommenden Jahrhundert." Millionen von Menschen strömten aus den Peripherien des damaligen Europas in die Metropolen und die Industriezentren der Alten und Neuen Welt und bildeten eine bunte internationale Klasse, das Proletariat. Die zusammengewürfelte Arbeiterschaft in den Minen des Ruhrgebietes, den

Textilfabriken Manchesters, den Schlachthöfen Chicagos oder den Häfen von New York, London und Hamburg verband nicht nur die Erfahrung von Migration, Armut und Ausbeutung; sie einte auch der Wille, ihre Zukunft in den neuen Heimaten in die eigenen Hände zu nehmen und sich trotz massiver Repressionen durch Staat und Unternehmer politisch und gewerkschaftlich zu organisieren.

Nach dem Ersten Weltkrieg wurden die Organisationen und Parteien der „vaterlandslosen Gesellen" – wie Wilhelm II. Sozialdemokraten, Sozialisten und Kommunisten zu beschimpfen pflegte – zur wichtigsten politischen Kraft für die Erneuerung von Städtebau und Architektur. In ganz Europa hatte sich schon gegen Ende des 19. Jahrhunderts eine Opposition zur „Mietskasernenstadt" und ihrem verlogenen Historismus herausgebildet – so auch im Rahmen der ersten Bauausstellung in Darmstadt Mathildenhöhe 1901.[10] Die Wohnungsnot nach dem Krieg verschärfte die soziale Lage in den Großstädten, und unter dem Druck der revolutionären urbanen Bewegungen der Nachkriegszeit entstanden in den überwiegend von Sozialdemokraten regierten Großstädten Deutschlands kommunale, genossenschaftliche und gewerkschaftliche Wohnungsunternehmen, die zu den wichtigsten Trägern des „Neuen Bauens" wurden. Die neue internationale Moderne war das Ergebnis einer europaweiten Diskussion sich fortschrittlich und „links" verstehender Architekten, deren Netzwerk 1928 im Congrès International d'Architecture Moderne (CIAM) aufging. Die in den 1920er Jahren entstehenden Großsiedlungen setzten den Maßstab für ein Jahrhundert der städtebaulichen Moderne. Im Bereich der Architektur brachte die Bauausstellung von 1924/27 in Stuttgart den Durchbruch zum Internationalen Stil, der bei den konservativen Vertretern der Stuttgarter Schule wie Paul Schmitthenner und Paul Bonatz eine geradezu reflexhafte Polemik auslöste, die von einem kaum kaschierten Antisemitismus geleitet war – und die als „Flachdachstreit" noch bis in die 1960er Jahre durch die Architekturfakultäten geisterte. So wurde die Weißenhofsiedlung ungewollt zum Symbol des kulturellen Kosmo-

Bergarbeiter in der Stadt Le Creusot, Region Bourgogne, demonstrieren gegen unmenschliche Arbeitsbedingungen. Motiv: *La grève au Creusot* (Der Streik in Le Creusot), Gemälde von Jules Adler 1899   Miners in the town of Le Creusot in the Bourgogne region demonstrating against inhuman working conditions. Motif: *La grève au Creusot* (The Strike at Le Creusot), painting by Jules Adler 1899

not only the latest in building technology but also established trends in architectural styles and fashions throughout the world—such as the Great Exhibition in London in 1851 featuring Joseph Paxton's "Crystal Palace" constructed solely of cast iron and glass.

The cosmopolitan attitude of the nineteenth century is perhaps most clearly expressed in railway station architecture, travel being seen as the most privileged and prestigious form of upper-middle-class self-expression. The Baedeker guides with their practical details on travelling times, climate, and populace, sightseeing attractions, hotel facilities, and quality became the most important travel reading for the educated, polyglot classes, and the compass for a multi-faceted Europe that— despite all of its diversity—was perceived as a uniform cultural region for which no passport and no visa were required. The grand, palatially designed railway stations acted as landmarks. The rapidly expanding railway network provided spatial access and standardised time, and it is no coincidence that the railway station clock— gracing the central point on the concourse—was "precisely there," as W.G. Sebald asserted in *Austerlitz*, "where in the pantheon the image of the emperor was to be seen in a direct extension of the portal."[9]

People, heed the signs!

While the cosmopolitan elite of the nineteenth century fled in the face of the inexorable social and hygienic conditions in the large cities to Baden-Baden, Karlsbad, Bath, or Spa, the industrial regions saw the stirrings of "an army of avengers"—as Émile Zola put it in *Germinal* in 1885—"rising up for the harvest of the coming century." Millions of people thronged out of the then peripheries of Europe into the cities and the industrial centres of the old and the new worlds, forming a varied, international class, the proletariat. The motley collection of labourers in the mines of the Ruhr area, the textile factories of Manchester, the abattoirs of Chicago, or the harbours of New York, London, and Hamburg shared not only the experience of

in Europe and North America. Under the pressure of explosive growth in the cities, old walls and ramparts were pulled down across Europe in order to build green parks, boulevards, or railway stations, forming the basis of nineteenth-century urban expansion. Peter Joseph Lenné's and James Hobrecht's urban expansion plans for Berlin, William Lindley's and Alexis de Chateauneuf's for the new Hamburg following the fire of 1842, Ildefons Cerdà's paradigmatic plans for Barcelona, or Otto Wagner's for Vienna through to Daniel Burnham's and Edward H. Bennett's "Plan of Chicago" at the end of the century are impressive documents detailing the emergence of a new international modernism in urban development. In Paris, George-Eugène Haussmann provided the blueprint for the brutal adaptation of a medieval city centre to the traffic requirements and hygiene standards of the modern city, one that still has its admirers and imitators today. The enthusiasm for technology at this time was also reflected in the highly popular world exhibitions that displayed

politismus der architektonischen Moderne des 20. Jahrhunderts.

Wollte man den Unterschied zwischen dem großbürgerlich-aristokratischen Kosmopolitismus des 19. Jahrhunderts und dem neuen Internationalismus – der Begriff „Kosmopolitismus" wurde in der Arbeiterbewegung wegen seiner bürgerlichen „Vergangenheit" bewusst gemieden – auf Topoi reduzieren, könnte man sagen: die kosmopolitischen Orte des 19. Jahrhunderts waren die *Bahnhöfe* und *Kurbäder* – die der Moderne *die Straße* und die modernen *Groß-siedlungen*, die *Satelliten*- oder *Trabantenstädte* und *New Towns*. War „die Straße" zunächst noch der Topos der Migration, der Wander- und Saisonarbeiter, dann der „Massen", Revolten und Flüchtlingstrecks, so wurde sie mit dem Siegeszug der Moderne schließlich zum Ort der persönlichen Freiheit des „Easy Rider" oder zum „Highway to Hell" – zu einem Ort zum Leben und zum Sterben.

Neue Menschenarten

In Deutschland und anderen vom Faschismus beherrschten Teilen Europas verlief der Siegeszug der ersten internationalen Moderne nicht ungebrochen. Das Jahr 1933 bedeutete einen gravierenden Einschnitt in die europäische Stadtkultur, der keineswegs überraschend kam, sondern den Jahrzehnte eines wachsenden Nationalismus und Chauvinismus sowie eines zunehmenden Rassismus und Antisemitismus vorbereitet hatten. Der glänzende Kosmopolitismus des 19. Jahrhunderts war – vor allem in Deutschland – der Firnis, unter dem sich ein aggressiver Wilhelminismus und Hurra-Patriotismus, kleinbürgerliche Untertänigkeit und provinzielle Spießer-Ideologie[11] entwickelt hatten, die nun zum Humus für die breite nationalsozialistische Begeisterung in Deutschland wurden. Schon am 10. Mai 1933, also keine vier Monate nach der Machtübernahme durch die Nazis, zeichnete sich das Ende der kosmopolitischen Stadtkultur ab. Die von der nationalsozialistischen Studentenschaft in Dutzenden von Städten organisierten öffentlichen Bücherverbrennungen – die sogenannte „Aktion wider

den undeutschen Geist" – bildete einen ersten Höhepunkt der Ausgrenzung und Verfemung Fremder und Andersdenkender. Die jüdische Kultur war davon besonders betroffen.

Dabei hätte die Wahl der öffentlichen Schauplätze für die demonstrative Zerstörung von Werken der literarischen Weltkultur, angesichts der Bedeutung der Großstädte für die Herausbildung einer kosmopolitischen Stadtkultur in Europa, symbolträchtiger nicht gewählt werden können. Aber die Bücherverbrennungen waren bekanntlich nur eine Aktion von vielen. Die Prügelorgien der SA, dazu willkürliche Verhaftungen und Verschleppungen von Menschen auf offener Straße oder später die so genannte „Reichskristallnacht" ließen keinen Zweifel daran, dass der öffentliche Raum zum nationalsozialistischen Machtraum geworden war – und für hunderttausende jüdische Bürger allein in Deutschland, durch den „Davidsstern" öffentlich gebrandmarkt, zum Ausgrenzungs- und Angstraum. In W.G. Sebald Erzählung *Max Aurach* berichtet der Protagonist, ein zur Zeit der „Machtergreifung" etwa acht Jahre alter jüdischer Junge, „dass mir auch aus der Münchner Zeit nach 1933 kaum etwas anderes erinnerlich (ist) als die Prozessionen, Umzüge und Paraden, zu denen es offensichtlich immer einen Anlass gegeben hat. Entweder es war Maifeiertag oder Fronleichnam, Fasching oder der zehnte Jahrestag des Putsches, Reichsbauerntag oder die Einweihung des Hauses der Kunst. Entweder trug man das Allerheiligste Herz Jesu durch die Straßen der inneren Stadt oder die sogenannte Blutfahne ... Von Mal zu Mal hat bei den einander ablösenden Versammlungen und Aufmärschen die Anzahl der verschiedenen Uniformen und Abzeichen zugenommen. Es war, als entfalte sich unmittelbar vor den Augen der Zuschauer eine neue Menschenart nach der anderen. Gleichermaßen erfüllt von Bewunderung, Zorn, Sehnsucht und Ekel, habe ich zunächst als Kind und dann als Heranwachsender stumm in der je nachdem jubelnden oder von Ehrfurcht ergriffenen Menge gestanden und meine Unzugehörigkeit als Schande empfunden."[12]

Der Homogenisierung des öffentlichen Raums durch so genannte „Säuberung" und „Gleich-

Bahnhofsarchitektur als kosmopolitische Haltung: Bahnhof Dammtor, Hamburg (Aufnahme ca. 1920)
Railway station architecture as a cosmopolitan stance: Hamburg-Dammtor station (photography around 1920)

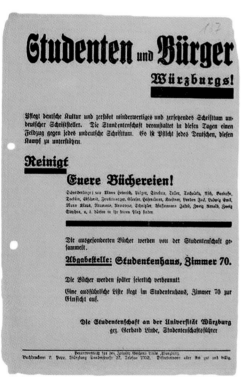

„Reinigt Eure Büchereien!" - Aufruf zur Bücherverbrennung in Würzburg   "Clean Your Libraries!"—call to book burning in Würzburg

migration, poverty, and exploitation; they were also united in their determination to take their future in their new homelands into their own hands and to organise themselves at a political and trade union level despite massive repression by the state and their employers. Following the First World War, the organisations and associations of the "stateless journeymen"—as Wilhelm II used to like to insult social democrats, socialists, and communists—became the most important force behind the renewal of urban development and architecture. By the end of the nineteenth century, opposition to the "urban apartment block landscape" and its false historicism had developed throughout Europe—also reflected in the first building exhibition in Darmstadt's Mathildenhöhe in 1901.[10] The housing crisis after the war exacerbated the social situation in large cities and, under the pressure of the revolutionary urban movements of the post-war era, municipal, co-operative, and trade union housing companies emerged in the largely social democrat-ruled major cities of Germany, becoming the most important representatives of the "new architecture." The novel international modernism was the result of a Europe-wide discussion by architects who saw themselves as progressive and "left," their network emerging from the 1928 Congrès International d'Architecture Moderne (CIAM). The large housing developments of the 1920s set the standard for a century of modernism in urban development. In the field of architecture the building exhibition of 1924/27 in Stuttgart saw the breakthrough of the International Style, triggering a somewhat reflexive polemic among the conservative representatives of the Stuttgart School such as Paul Schmitthenner and Paul Bonatz, motivated by a thinly veiled anti-Semitism—and continuing to haunt the faculties of architecture as the "flat roof dispute" until the 1960s. The Weissenhof housing development thus became the unwilling symbol of the cultural cosmopolitanism of twentieth-century architectural modernism. If we wanted to reduce the difference between the upper-middle-class, aristocratic cosmopolitanism of the nineteenth century and the new

internationalism—the term "cosmopolitanism" was consciously avoided within the labour movement because of its middle-class "past"—to topoi, it could be said that the cosmopolitan places of the nineteenth century were the *railway stations* and *spas*, while the modernist places were *the street* and the modern *large housing estates*, the *satellite towns*, and the *new towns*. While "the street" was initially still the topos of migration and itinerant and seasonal workers, then of the "masses," revolts, and refugees, with the triumph of modernism it ultimately became the place of the personal freedom of the "Easy Rider," or the "Highway to Hell"—a place to live in and die in.

New Human Species

In Germany and other Fascist-ruled parts of Europe, the triumph of the first international modernism was not without its interruptions. The year 1933 was a decisive point in urban European culture, coming by no means as a surprise and having instead been prepared by decades of growing nationalism and chauvinism, as well as increasing racism and anti-Semitism. The glittering cosmopolitanism of the nineteenth century was—particularly in Germany—the varnish beneath which an aggressive Wilhelminism and gung-ho patriotism, lower-middle class-subservience, and provincial conservative ideology[11] had developed and then became the foundation for the widespread national socialist enthusiasm in Germany. The end of cosmopolitan urban culture was already looming by 10 May 1933, not even four months after the Nazi takeover of power. The public book burnings organised in dozens of cities by the national socialist student body—referred to as "Action against the Non-German Spirit"—were an initial pinnacle of the exclusion and outlawing of outsiders and dissenters. Jewish culture was especially affected.
In fact, given the significance of large cities for the development of a cosmopolitan urban culture in Europe, the choice of public setting for the demonstrative destruction of works of the global literary culture could not have been more

schaltung" entsprach auf der anderen Seite die Ausgrenzung des Fremden und Andersartigen, der Juden, Slawen, Homosexuellen, Kommunisten, „Zigeuner". Die Zerstörung der jüdischen Kultur bildete den Kern des Feldzuges gegen die kosmopolitische europäische Tradition, die über Jahrhunderte wesentlich durch jüdische Intellektuelle und Künstler geprägt worden war. „Der Jude steht für das Fremde schlechthin in allen nur denkbaren Konnotationen: Beweglichkeit, Ungebundenheit, Nichseßhaftigkeit, Bodenlosigkeit, Grenzlosigkeit, Ortlosigkeit, Formlosigkeit, Entwurzeltheit, Ubiquität, Modernität, Mondänität, Mondialität, Globalität;"[13] kurzum er galt als Inbegriff eines Kosmopoliten, dessen Heimat nicht die „Scholle", sondern die Welt war. In der zynischen Konsequenz waren es dann auch die historischen jüdischen Ghettos, die Orte jüdischer Tradition und Kultur, die von den Nationalsozialisten nach dem deutschen Überfall auf die Sowjetunion zu den Zentren der Deportation gemacht wurden. Hier mussten Millionen von Juden, unter unmenschlichen Bedingungen leben und auf ihre Deportation in die Vernichtungslager warten, bevor die Ghettos selbst schließlich in Brand gesetzt und dem Erdboden gleichgemacht wurden, um so der Erinnerung auch noch den Ort zu nehmen.

Neue Heimaten

1945 - nach zwei Weltkriegen waren 60 bis 80 Millionen Menschen in Europa „displaced", das heißt geflohen, vertrieben, emigriert oder exiliert. Die bunte europäische Landkarte, das Europa der Vielvölkerstaaten und kosmopolitischen Stadtkulturen war endgültig zerschlagen. So grau und trist wie Schutt und Asche der zerstörten Großstädte war zunächst auch das Kulturverständnis der meisten Deutschen in West wie Ost. Die westdeutsche Gesellschaft blieb trotz Reeducation-Politik und vielfältiger kultureller Einflüsse der Alliierten - vor allem der Amerikaner - und der voranschreitenden europäischen Integration, trotz Wirtschaftswunder und wachsender Reiselust, trotz immer häufiger im Stadtbild auftauchender „Gastarbeiter" und später ihrer Familien, trotz Pizza und Döner

in ihrer Mehrheit noch bis in die 1970er Jahre hinein in deutschtümelnden Kulturvorstellungen und Vorurteilen gegenüber Ausländern behaftet - die Analysen von Hermann Glaser[14] oder Reportagen von Günter Wallraff[15] haben das eindrucksvoll dargestellt. Auch heute lässt die immer wieder aufflammende Debatte über eine „deutsche Leitkultur" oder der publizistische Erfolg des kruden Biologismus eines Thilo Sarrazin die alte anti-moderne Sehnsucht nach kultureller Homogenität spüren.

Die Wiederaufbaukonzepte für die zerstörten Großstädte nach dem Zweiten Weltkrieg waren in der Regel - sieht man einmal von den radikalen Plänen für einen Neuanfang wie bei Scharouns „Kollektivplan" für Berlin ab - eine Melange aus pragmatischer Rekonstruktion zerstörter Infrastruktur, Schubladenplänen der Generalinspektoren für die „Gauhauptstädte" und funktionaler Adaption der Charta von Athen. Mit der Interbau 1957 in Berlin (West), der ersten Internationalen Bauausstellung in Deutschland nach dem Krieg, gelang der Anschluss an die internationale Architekturmoderne, deren Protagonisten (darunter viele in der Nazizeit emigrierte deutsche Architekten) im Hansaviertel in Berlin (West) die Maßstäbe für die nächste Generation setzten. Die Renaissance der Moderne, die im Wesentlichen von denselben Wohnungsbaugesellschaften und -genossenschaften wie in den 20er Jahren getragen wurde, vermochte zwar das gravierende Wohnungsproblem durch viele neue Siedlungsprojekte innerhalb weniger Jahrzehnte zu lösen; an die urbanen Qualitäten der traditionellen Stadt und ihre kosmopolitische Lebensart konnte der neue Siedlungsbau jedoch nicht anknüpfen - wie Hans Paul Bahrdt (Die moderne Großstadt, 1961) oder Alexander Mitscherlich (Die Unwirtlichkeit der Städte, 1965) in seinerzeit aufrüttelnden Schriften klar analysierten.

Lokal, Global, Glokal

Den politisch-sozialen Bewegungen der 1960er bis 80er Jahre, zunächst den revoltierenden Studenten und Hausbesetzern, dann der Ökolo-

Demonstration der Friedensbewegung in Bonn, 1982
Peace Movement demonstration in Bonn, 1982

Großsiedlungen der 20er Jahre setzten Maßstäbe der städtebaulichen Moderne. The large housing developments of the 1920s set the standards for modernist urban development.

symbolic. The book burnings were of course just one of many actions. The beating orgies by the Storm Troopers, as well as the arbitrary arrest and abduction of people in the middle of the street, or later what became known as the "Reichskristallnacht" (The Night of Broken Glass) left no doubt as to the fact that the public realm had become the realm of national socialist power—and for hundreds of thousands of Jewish citizens in Germany alone, publicly branded by the "Star of David," the realm of exclusion and fear. In W.G. Sebald's *Max Aurach* the protagonist, a Jewish boy aged about eight at the time of the "seizure of power," tells "that I, too, have very little memory of the time in Munich after 1933 other than the processions, pageants, and parades, for which there was obviously always an occasion. It was either the May Day Holiday or Corpus Christi, carnival time, or the tenth anniversary of the putsch, the harvest festival, or the opening of the Haus der Kunst (House of Art). People either carried the Most Sacred Heart of Jesus through the streets of the city centre or what was known as the "Blutfahne" (Blood Flag)... The number of different uniforms and insignia at these successive gatherings and marches increased each time. It was as if, before the eyes of the spectators, one new species of human being was developing after the other. Filled in equal measure with admiration, anger, longing, and revulsion, I stood, initially as a child and then as a teenager, silent amidst the variously cheering or awed masses and experienced my lack of belonging as shame."[12]

On the other hand, the homogenisation of the public realm through so-called cleansing and "alignment" complied with the exclusion of foreigners and non-conformers, Jews, Slavs, homosexuals, communists, and "gypsies." The destruction of Jewish culture was at the core of the campaign against the cosmopolitan European tradition, strongly characterised as it had been for centuries by Jewish intellectuals and artists. "The Jew simply represents everything that is foreign in every possible sense: mobile, free, non-sedentary, groundless, boundless, placeless, formless, rootless,

ubiquitous, modern, worldly, urbane, global;"[13] in short, the Jew was seen as the epitome of a cosmopolitan, at home not in the "shoal" but in the world. The cynical consequences were that it was also the historical Jewish ghettos, the places of Jewish tradition and culture, which the national socialists made into the deportation centres following the German invasion of the Soviet Union. Millions of Jews had to live here in inhumane conditions, awaiting their deportation to the extermination camps, before the ghettos themselves were finally set on fire and razed to the ground in order to erase them from memory.

New Homelands

In 1945, there were sixty to eighty million "displaced" people following two world wars in Europe, meaning people who had fled, been expelled, emigrated, or exiled. The colourful map of Europe—the Europe of multi-ethnic nations and cosmopolitan urban culture—had ultimately been shattered. The cultural understanding of the majority of Germans, in both the West and the East, was initially also as grey and desolate as the ash and rubble of the destroyed cities. Despite a policy of re-education and the diverse cultural influences of the Allies—particularly the Americans—and the progress of European integration, despite the economic miracle and the growing interest in travel, despite the ever more frequent appearance within the urban landscape of "migrant workers" and later their families, despite the pizza and the doener, the majority of West German society remained burdened with chauvinist German notions of culture and prejudices against foreigners until well into the 1970s; the analyses by Hermann Glaser[14] or the reports by Günter Wallraff[15] provide an impressive portrayal thereof. Even today, the debate repeatedly flaring up on "German cultural orientation," or the media success of the crude biologism from the likes of Thilo Sarrazin, display tangible traces of the old anti-modernist longing for cultural homogeneity.

The rebuilding concepts for the cities destroyed following the Second World War—disregarding the radical plans for a new beginning such as

gie- und Frauenbewegung, ist es zu verdanken, dass zumindest in Teilen der Gesellschaft ein neues kosmopolitisches Bewusstsein („Global denken - lokal handeln!") entstand. Die Einsicht in die „Grenzen des Wachstums" des Club of Rome sensibilisierte für eine neue Wertschätzung von Ressourcen, zu denen auch die Kulturen der Menschheit und ihr „Weltkulturerbe" gehören. Immer mehr junge Menschen konnten dank der Liberalisierung des Reiseverkehrs und „alternativer Reiseführer" mehr als jede andere Generation vor ihr die entlegensten Ecken des Planeten aufspüren und über die Vielfalt der Kulturen, Städte und Landschaften der Welt zuhause berichten - so wie Marco Polo am Hofe Kublai Khans in Italo Calvinos paradigmatischem Roman *Die unsichtbaren Städte*, dem Kultbuch der Architektenszene der 1980er Jahre. Die „Begegnung mit dem Fremden" - nach Sennett ein Grundmerkmal der städtischen Zivilisation[16] - brachte allmählich - wie 200 Jahre zuvor - wieder neue kosmopolitische Verhaltens- und Kommunikationsmuster hervor, die den Umgang miteinander erleichterten. Kultursensible Umgangsformen gehören mittlerweile zur Grundausrüstung jedes international Berufstätigen; Unternehmen schulen ihre Mitarbeiter in „Diversity-Management" - schließlich ist das World Wide Web zu einem kosmopolitischen Kommunikationsraum ohne Grenzen geworden.

Der virtuelle Kosmopolitismus drohte kurzzeitig sogar das Ende des Urbanen heraufzuschwören. Die ubiquitäre Räumlichkeit des World Wide Web hatte einige Theoretiker dazu veranlasst, das Ende der Stadt vorauszusagen. Die „topologische Stadt" Vilém Flussers ist „bodenlos"; sie existiert nicht im geografischen Raum, sondern an den Knotenpunkten der virtuellen Netze.[17] Auch für Paul Virilio nimmt die Bedeutung des verortbaren Raums ab: „Der Bewohner der teletopischen Metastadt, der so ausgerüstet ist, dass er seine Umwelt kontrollieren kann, ohne sich physisch zu bewegen, dieser Teleakteur seiner Lebenswelt, der ohne die exotischen Prothesen auskommt, mit denen früher das Stadtviertel bestückt war, unterscheidet nicht mehr eindeutig

zwischen hier und anderswo, Privatsphäre und Öffentlichkeit."[18] Auch wenn Teile dieser Vision durchaus heute schon zutreffen - etwa was die Auflösung des Verhältnisses von Privatheit und Öffentlichkeit im Netz angeht - so ist doch die traditionelle Stadt keineswegs im Cyberspace aufgegangen, sondern erweist sich als erstaunlich vital. So wie die Moderne mit dem „plan voisin" (Le Corbusier) für Paris scheiterte, so wird es voraussichtlich auch keine enträumlichte „teletopische Metastadt" geben. Das Leben braucht einen realen Ort - und welcher ist vibrierender als die Stadt: Sport-, Stadtteil- und Kulturfeste für jedermann, Christopher Street Day, Karneval der Kulturen, Harley-Days, Erster-Mai-Randale und Oktoberfest - anything goes.

Lernen von L.A.

Aber das ist nur die eine Seite der Medaille. Die in den 1980er und 90er Jahren schnell wachsende ökonomische und mediale Globalisierung, die zunehmende Bedeutung der „Global Cities"[19] sowie die politischen Umbrüche wie die deutsche Einheit und der Zerfall des Sowjetimperiums haben eine wachsende Zahl von Menschen aus Osteuropa, den Balkanländern, Südostasien, Afrika und dem Nahen Osten nach Europa gebracht. Es entstand eine stadthistorisch zwar keineswegs außergewöhnliche[20], nach einem Jahrhundert des Ethnozentrismus jedoch ungewohnte Unmittelbarkeit „des Fremden". Bildeten die Siedlungsformen der Moderne - ob Einfamilienhaus oder Großsiedlung - homogene soziale Milieus, so konfrontierte die „Renaissance der Stadt" mit Fremdheit und Andersartigkeit. Hierauf war und ist eine entkosmopolitisierte Gesellschaft nicht eingestellt. Diversität ist auch in der postmodernen Stadt kein Wert an sich, sondern eine unvermeidliche Begleiterscheinung der „Globalisierung". Die verbreitetste Reaktion darauf ist die Umkehrung des von Sennett formulierten urbanen Prinzips: nicht die „Begegnung mit dem Fremden", sondern das Aus-dem-Weg-Gehen bestimmt den öffentlichen Verhaltenskodex. Es scheint

So wie die Moderne mit dem „plan voisin" (Le Corbusier) für Paris scheiterte, so wird es voraussichtlich auch keine enträumlichte „teletopische Metastadt" geben.

Just as modernism's "plan voisin" (Le Corbusier) for Paris failed, there is unlikely to be a deterritorialised "teletopical metacity.

Scharoun's "Collective Plan" for Berlin—were generally a mix of the pragmatic reconstruction of destroyed infrastructure, pigeonhole plans by the inspector-generals of the "provincial capitals" under Nazi rule, and functional adaptations of the Athens Charter. The Interbau international building exhibition in Berlin (West) in 1957 was the first such exhibition in Germany after the war and facilitated contact with international modernist architecture, its protagonists (including many German architects who had emigrated during the Nazi era) in the Hansaviertel of Berlin (West) setting the standards for the next generation. The modernist renaissance, largely driven by the same housing associations and co-operatives as in the 1920s, may have solved the serious housing problem with a great many new housing projects within just a few decades but the new housing construction was unable to adopt the urban qualities of the traditional city and its cosmopolitan way of life, as was clearly analysed by Hans Paul Bahrdt (*Die moderne Grossstadt*, 1961) or Alexander Mitscherlich (*Die Unwirtlichkeit der Städte*, 1965) in his groundbreaking work.

Local, Global, Glocal

It is thanks to the socio-political movements from the 1960s to the 1980s—initially the student and squatter revolts, then the ecological and feminist campaigns—that at least parts of society developed a new cosmopolitan awareness ("Think global—act local!"). The insights into the "Limits of Growth" by the Club of Rome created a new awareness of resources that included the cultures and "global cultural heritage" of mankind. The liberalisation of travel and "alternative travel guides" meant that more and more young people, more than any other generation before them, were able to seek out the most remote corners of the planet and report back home on the diversity of the world's cultures, cities, and landscapes—like Marco Polo at the court of Kublai Khan in Italo Calvino's paradigmatic novel *Invisible Cities*, the cult book amongst architects in the 1980s. As two hundred years previously, the "encounter with

the stranger"—the fundamental feature of urban civilisation according to Sennett[16]—gradually spawned new cosmopolitan behavioural and communication patterns, facilitating interaction with one another. Culturally sensitive conduct now forms part of the basic skills of any international professional; companies train their staff in "diversity management" and—ultimately—the World Wide Web has become a cosmopolitan communication realm without borders.

In fact, for a short time virtual cosmopolitanism even threatened to provoke the end of the urban. The ubiquitous spatiality of the World Wide Web had prompted a number of theoreticians to forecast the end of the city. Vilém Flusser's "topological city" is "groundless"; it exists not in the geographical realm but at the nodes of virtual networks.[17] For Paul Virilio, too, the importance of the localisable realm is declining: "The resident of the teletopical metacity, who is equipped to be able to control his environment without physical movement, this teleprotagonist of his living environment, who gets by without the exotic prostheses that used to be the feature of city districts, no longer makes a clear distinction between here and somewhere else, private sphere and public."[18] Even though elements of this vision do indeed already apply today—for instance with regard to the dissolution of the relationship between privacy and public in the Internet the traditional city has no way evaporated into cyberspace but is instead astoundingly alive. Just as modernism's "plan voisin" (Le Corbusier) for Paris failed, there is unlikely to be a deterritorialised "teletopical metacity." Life needs a real place, and what more vibrant place is there than the city: sport, neighbourhood, and cultural festivals for everyone, Christopher Street Day, the Carnival of Cultures, Harley Days, the First of May Riots, and the Oktoberfest—anything goes.

Learning from LA

That is only one side of the coin, however. The rapidly growing economic and media globalisation of the 1980s and 1990s, the increasing importance of "Global Cities"[19] as well as politi-

ein Strukturmerkmal der postmodernen Stadt zu sein, dass sie gleichermaßen die Exklusion wie die Inklusion fördert: die Exklusion der Andersartigen und die Inklusion der Gleichen. Die Nähe des Fremden weckt bei vielen ganz offensichtlich den Wunsch nach Distanzierung und befördert eine Gleichgültigkeit, die sich nur mühsam als „Toleranz" im Sinne eines „positivistischen Verständnisses" (Kwame Anthony Appiah) für alles und jedes tarnen kann – jedenfalls solange man nicht selbst betroffen ist.

Wollte man die zwei idealtypischen Topoi der postmodernen Stadt benennen, müsste die Wahl auf Orte verfallen, die sowohl das Dazugehören wie das Ausschließen verkörpern, beispielsweise die *(Flug-)Häfen* und die *Nischen* – die modernen Ghettos. Die Häfen sind gleichermaßen Ort der Ausgrenzung für tausende von Flüchtlingen, deren Reise hier an den Grenzen der „Festung Europa" endet, wie sie andererseits auch die *Hubs* des modernen Jetsets und der Millionen von Geschäftsreisenden und Touristen bilden, denen die Welt offen steht. Die Nischen, seien es die „Szeneviertel" oder „Gated Communities", die Mittelstandsburgen der „New Urbanists" oder die alternativen „Freistaaten" à la Christiania, die „Kondominiums" der Wohlhabenden oder die Favelas der Armen, die biologisch einwandfreien Landkommunen oder die glücklichen Seniorenstädte à la Sun City – die „Nischen" sind die „Kurbäder" des 21. Jahrhunderts: gleichgesinnt und doch international, genussfreudig und doch gesund, multikulturell und doch sicher – für alle, die es sich leisten können. James Frey hat in seinem Großstadt-Roman *Strahlend schöner Morgen*[21] die postmoderne Stadt des „Gleich und gleich gesellt sich gern" oder „Willst Du nicht mein Bruder sein, schlag ich Dir den Schädel ein" am Beispiel von Los Angeles ebenso zugespitzt wie eindrücklich beschrieben – einer Stadt, in der Straßenzüge und Viertel von Gruppen und Banden beherrscht werden und in denen die „Begegnung mit dem Fremden" nur noch als Alptraum gewaltsamer Übergriffe zwischen den Territorien stattfindet.

Kosmopolis reinvented

Fest steht, dass der bürgerlich-aristokratische Kosmopolitismus, die bunte internationale Festgesellschaft der „Titanic", für immer untergegangen ist. Klar scheint auch, dass der kosmopolitische „Internationalismus" der Moderne als tragendes Leitbild schon mangels der globalen Relevanz der ihn historisch tragenden „Klasse" kaum die Kraft hat, allein als Modernisierer die gewaltigen Aufgaben zu lösen, vor denen unsere Städte heute stehen. Schließlich bleibt die Unfähigkeit des postmodernen Partikularismus, die soziale und kulturelle Diversität der Stadt demokratisch und gerecht zu organisieren – ein Versagen, das bei uns in den letzten Jahrzehnten durch massive Förderung der „Sozialen Stadt" zwar teilweise aufgefangen wurde (im Gegensatz zu den Metropolen in den meisten Teilen der Welt, wie nicht zuletzt die „riots" in den englischen Städten im Sommer 2011 gezeigt haben).

Bei allen Leistungen, die die Stadt der Moderne und die der Postmoderne jeweils für sich reklamieren können, liegt bei beiden doch ein wechselseitiges und ein gemeinsames Versagen vor: die Stadt der Moderne vermochte die demokratische Utopie einer sozialen Bodenordnung mit gesunden und bezahlbaren Wohnungen für alle Bevölkerungsschichten zumindest ansatzweise zu verwirklichen – allerdings auf Kosten der urbanen Traditionen und Qualitäten der Stadt. Die Postmoderne ihrerseits rehabilitierte die historische Stadt und führte sie zu neuer urbaner Blüte – allerdings auf Kosten einer verträglichen Entwicklung des Immobilienmarktes und des sozialen Zusammenhalts der Stadtgesellschaft. Gemeinsam ist beiden historischen Entwicklungsphasen die bedingungslose Abhängigkeit von einer fossil organisierten Energieversorgung, deren Auswirkungen und Grenzen niemals so deutlich waren wie heute, und deren grundlegende Modernisierung, also Umstellung auf regenerative Basis, eine der großen Menschheitsaufgaben der Gegenwart ist.

Alle innovativen neuen urbanen Konzepte müssen an diesen beiden Herausforderungen ansetzen: an der Frage der Stärkung der sozi-

Die Nähe des Fremden weckt bei vielen ganz offensichtlich den Wunsch nach Distanzierung und befördert eine Gleichgültigkeit, die sich nur mühsam als „Toleranz" im Sinne eines „positivistischen Verständnisses" (Kwame Anthony Appiah) für alles und jedes tarnen kann – jedenfalls solange man nicht selbst betroffen ist.

cal upheavals such as German reunification and the decline of the Soviet empire have brought a growing number of people from Eastern Europe, the Balkan states, South-East Asia, Africa, and the Middle East to Europe. The resulting proximity to "foreigners," by no means unusual from an urban history perspective,[20] has been unfamiliar, however, following a century of ethnocentricity. While modernist forms of housing development—be they single family homes or large housing estates—created homogeneous social environments, this was countered by the foreignness and non-conformism of the "city renaissance." A de-cosmopolitanised society was and is not attuned for this. Even in the post-modernist city, diversity is not a value in itself but rather an unavoidable side effect of "globalisation." The most widespread reaction is the reversal of the urban principle formulated by Sennett: the public code of conduct is determined not by the "encounter with the stranger" but by avoidance. It seems to be a structural feature of the post-modernist city that it promotes exclusion and inclusion in equal measure: the exclusion of non-conformists and the inclusion of conformists. The proximity of the foreign quite obviously evokes the desire in many people for dissociation and promotes an indifference disguised only with some effort as "tolerance" in the sense of a "positivist understanding" (Kwame Anthony Appiah) of all and everything—provided one is not directly affected, that is.

If we wanted to name the two characteristically ideal topoi of the post-modernist city, the vote would have to go to places that embody both affiliation and exclusion, such as *(air)ports* and the *niches*—the modern ghettos. Ports are both places of exclusion for thousands of refugees, their journey ending here at the boundaries of "fortress Europe," as well as also forming the *hubs* of the modern jet set and the millions of business travellers and tourists with the world at their feet. The niches, be these the "trendy districts" or the "gated communities," the middle-class fortifications of the "new urbanists," or the alternative "free states" à la Christiania, the "condominiums" of the affluent or

the favelas of the poor, the biologically flawless country communes, or the happy senior citizen cities à la Sun City—the "niches" are the "spas" of the twenty-first century: like-minded and yet international, bon vivant and yet healthy, multi-cultural and yet safe—for all who can afford it. In his city novel *Bright Shiny Morning*[21] James Frey's description of the post-modernist city as "birds of a feather flock together" or "if you won't be my brother, then I will beat your head in" based on the example of Los Angeles, is as pointed as it is striking—a city in which the streets and neighbourhoods are ruled by gangs and groups, and in which the "encounter with the stranger" only takes place as a nightmare of violent assaults between territories.

Cosmopolis Reinvented

The middle-class, aristocratic cosmopolitanism, the colourful international party society of the "Titanic," is gone for good. It also seems to be clear that modernism's cosmopolitan "internationalism" as a guiding light lacks the global relevance of the "class" that drove it historically and so barely has the potency as moderniser to solve the immense tasks facing our cities today. Ultimately, the inability of post-modernist particularism to organise the social and cultural diversity of the city democratically and justly remains a failure, deflected in part in Germany in recent decades by massive promotion of the "social city" (in contrast to cities in most parts of the world, demonstrated not least by the riots in English cities in the summer of 2011).

For all the respective achievements that the modernist and the post-modernist cities are able to claim for themselves, they both exhibit a reciprocal and mutual failure: the modernist city may have implemented, to some extent at least, the democratic Utopia of a social land policy with healthy and affordable housing for all levels of the population—albeit at the cost of the city's urban traditions and characteristics. For its part, post-modernism rehabilitated the historical city and brought it new urban prosperity—albeit at the cost of sustainable

The proximity of the foreign quite obviously evokes the desire in many people for dissociation and promotes an indifference disguised only with some effort as "tolerance" in the sense of a "positivist understanding" (Kwame Anthony Appiah) of all and everything—provided one is not directly affected, that is.

alen Integrationskräfte der Stadt und an der Aufgabe, Strategien gegen den Klimawandel dazu entwickeln, wo die Hauptverursacher und die meisten potenziellen Opfer anzutreffen sind, nämlich in den Städten. Wie müsste ein neuer urbaner Kosmopolitismus aussehen, der auf die beiden grundlegenden Herausforderungen reagiert? Welche Folgen und Bedeutungen hätte er für die Stadt, für Städtebau und Architektur? Für einen modernen „Kosmopolitismus" lassen sich angesichts der „langen Vorgeschichte" kosmopolitischer Ideen – so Ulrich Beck und Edgar Grande in *Das kosmopolitische Europa*[22] – „zwei Prämissen identifizieren, die den Kern des kosmopolitischen Projektes bilden. Der Kosmopolitismus kombiniert die Wertschätzung von Differenz und Andersartigkeit mit den Bemühungen, neue demokratische Formen der politischen Herrschaft jenseits der National-staaten zu konzipieren."[23] Der neue „Kosmopo-litismus (erfordert) einen neuen Integrations- und Identitätsbegriff, der ein Zusammenleben über Grenzen hinweg ermöglicht, bejaht, ohne dass Eigenheit und Differenz auf dem Altar der unterstellten (nationalen) Gleichheit geopfert werden müssen. ‚Identität' und ‚Integration' sind dann nicht mehr nur andere Worte für Hegemonie über den oder die anderen, der Mehrheit über die Minderheiten. Der Kosmopo-litismus akzeptiert Andersartigkeit, er verab-solutiert sie aber nicht, sondern sucht zugleich nach Wegen, um sie universell verträglich zu machen. Dabei stützt er sich auf ein Gerüst von verbindenden und für alle verbindliche Normen, mit deren Hilfe ein Abgleiten in einen postmodernen Partikularismus verhindert werden soll." Beck und Grande betonen, dass Kosmopolitismus „*räumlich nicht* festgelegt ist; er ist eben nicht an den ‚Kosmos' oder ‚Globus' gebunden." Er lässt sich „überall auffinden bzw. praktizieren."[24]

Kosmopolis konkret

Wie lässt sich ein solches – hier nur kurz skizziertes – Verständnis eines neuen Kosmo-politismus auf die Ebene der Stadt übertragen? Hierzu einige beispielhafte Konsequenzen:

- Die erste – grundlegende – Konsequenz ist die Wiederentdeckung des Wertes von Diversität – wie es etwa die Stadt Toronto in ihrem offiziellen Stadtmotto „Diversity is our strength" zum Ausdruck bringt. Dies ist – wie dargestellt – nach einem ethnozen-trischen Jahrhundert keine leichte Aufgabe und bedarf eines mutigen politischen Willens. Grundvoraussetzung ist eine „konstitutionel-le Toleranz" (Beck) gegenüber Minderheiten und kultureller Andersartigkeit.[25] Diese For-derung gilt natürlich nicht nur im ethnischen, kulturellen oder religiösen Bereich, ist aber hier angesichts wachsender Fremdenfeind-lichkeit[26] in Europa besonders wichtig – und für eine friedliche Zukunft, wie das letzte Jahrhunderts gezeigt hat, alternativlos.[27]
- Zweitens: die kommunale Ebene, vor allem die Quartiere, spielen für einen Kosmo-politismus des Alltags die entscheidende Rolle. Hier können und müssen die prak-tischen Umgangsformen und politischen Beteiligungsmöglichkeiten entwickelt und erprobt werden. Dabei geht es nicht nur um

Kosmopolitismus des Alltags: Schülerinnen und Schüler der Klasse 6b, Gymnasium Kirchdorf/Wilhelmsburg (KiWi), haben ein selbst entworfenes Theaterstück aufge-führt und wurden mit einem Sonderpreis ausgezeichnet. Die Geschichte sollte dabei einen neu zu gestaltenden Platz im Bildungszentrum „Tor zur Welt" einbeziehen. An dem intensiven Beteiligungsprozess engagierten sich mehr als 150 Schülerinnen und Schüler sowie Erwach-sene aus dem Stadtteil. Everyday cosmopolitanism: school children from class 6b at the Kirchdorf/Wilhelms-burg High School (KiWi) performed a play they had written themselves and were awarded a special prize. The story involved a place in the "Gateway to the World" educational centre which is to be redesigned. More than 150 school children and adults from the neighbourhood took place in the intensive participatory process.

development of the property market and the social cohesion of urban society. Both phases of historical development share the unconditional dependency on fossil fuel-based energy supplies, the impact and limits of which have never been as clear as they are today, and the fundamental modernisation of which, namely the conversion to a renewable energy basis, is one of the greatest tasks now facing mankind. All innovative, new, urban concepts have to address these two challenges: the issue of strengthening the city's forces of social integration and the task of developing strategies to counter climate change where the main culprits and most of the potential victims are, namely in cities. What would a new, urban cosmopolitanism that reacts to these two fundamental challenges look like? What outcomes and importance would it have for cities, for urban development, and for architecture? According to Ulrich Beck and Edgar Grande in *Das kosmopolitische Europa*,[22] given the "long prehistory" of cosmopolitan ideas, a modern "cosmopolitanism" would mean "identifying two premises that form the core of the cosmopolitan project. This cosmopolitanism combines the regard for difference and non-conformism with the endeavour to conceive of new democratic forms of political rule beyond the concept of nations."[23] The new "cosmopolitanism (calls for) a new terminology of integration and identity that enables co-existence beyond borders, that affirms, without singularity and difference having to be sacrificed on the altar of assumed (national) equality. 'Identity' and 'integration' are then no longer just other words for the hegemony of one over the other, the majority over the minorities. The cosmopolitanism accepts non-conformism, it does not make it an absolute but instead also seeks ways of making it universally compatible. It does so based on a framework of connected norms that are binding for all, intended to help prevent a slide into post-modernist particularism." Beck and Grande emphasise that cosmopolitanism "is *not spatially* defined; it is not bound to the 'cosmos' or the 'globe.'" It can be "found and/or practised everywhere."[24]

Cosmopolis in Concrete Terms

How can this kind of understanding—outlined only briefly here—of a new cosmopolitanism be conveyed at the city level? Here are a few outcomes by way of example:

- Firstly: the fundamental outcome is the rediscovery of the value of diversity—as is expressed by the official motto of the city of Toronto, "Diversity is our strength," for instance. This is, as already mentioned, no easy task following a century of ethnocentricity and requires bold political will. The basic prerequisite is a "constitutional tolerance" (Beck) of minorities and cultural non-conformism.[25] Of course this requirement applies not only in the ethnic, cultural, or religious sphere but is especially important here given the growing xenophobia[26] in Europe—and remains without alternative[27] if we want a peaceful future, as the last century has shown.

- Secondly: the municipal level, particularly the neighbourhood level, plays the key role for an everyday cosmopolitanism. It is here that practical approaches and political participatory opportunities can and must be developed and tested. This is not simply about a range of abstract opportunities or rights, but about actual "accessibility"[28]—as Mark Terkessidis calls it (cf. article in this volume). Given the asymmetrical prerequisites for participation (education, language, minority, etc.) it has to be volitional and supported "from above." In the strongly migrant neighbourhoods, it is about consultative[29] decentralised participatory processes, about a democracy of proximity that enables forms of articulation and involvement other than the standard participatory procedures for the German middle class.

- Thirdly: the realm of education of course has a key function. A series of exemplary projects has been implemented in this sphere in recent years,[30] enabling new, integrated educational practices. As these facilities, particularly schools, are the kind of everyday places where the "encounter with the

Ein Siegerentwurf der Klasse 6d, deren Ideen dann im weiteren Prozess in konkrete Landschaftsarchitektur umgesetzt wurden   A winning design by class 6d whose ideas were then implemented in a subsequent process as concrete landscape architecture

ein Angebot an abstrakten Möglichkeiten oder Rechten, sondern um eine faktische „Barrierefreiheit"[28] – wie Mark Terkessidis (vgl. Beitrag in diesem Band) es nennt. Sie muss angesichts der asymmetrischen Beteiligungsvoraussetzungen (Bildung, Sprache, Minderheit, usw.) „von oben" gewollt und gefördert werden. Es geht in den migrantisch geprägten Quartieren um konsultative[29] dezentrale Beteiligungsprozesse, um eine Demokratie der Nähe, die andere Formen der Artikulation und Mitwirkung ermöglicht als die standardisierten Beteiligungsverfahren für die deutsche Mittelschicht.

- Drittens: eine Schlüsselfunktion nimmt bekanntlich der Bildungsbereich ein. Hier wurden in den letzten Jahren eine Reihe vorbildlicher Projekte realisiert[30], die eine neue ganzheitliche Praxis von Bildung ermöglichen. Da diese Einrichtungen, insbesondere die Schulen, jene Alltagsorte sind, wo die „Begegnung mit dem Fremden" tatsächlich stattfindet und die Interessen an einer guten Ausbildung der Kinder alle miteinander verbindet, gibt es keinen idealeren Ort eines neuen Kosmopolitismus als die Bildungszentren. Es muss dem städtischen Gemeinwesen am Herzen liegen, sie zu städtebaulichen Kristallisationspunkten und architektonischen Leuchttürmen der Quartiere zu machen.[31] Was dem Kosmopolitismus des 19. Jahrhunderts die Bahnhöfe waren – stolze Zeichen des Aufbruchs in ein neues Europa – sollten in unserer Zeit die Schulen und Bildungszentren sein: Tore zur Welt.

- In vierter Konsequenz müssen sich die kommunalen Institutionen selbst kosmopolitisieren, also für alle Ethnien der Stadt öffnen. Hierzu bedarf es verstärkt eines kommunalen Diversity Managements – wie es auch vom Deutschen Städtetag gefordert wird.[32] Dabei muss sich diese institutionelle Öffnung auf zwei Aspekte beziehen: zum einen auf die Programmatik und Alltagspraxis der Einrichtungen, zum Beispiel die Theater- und Ausstellungsprogramme, Bibliotheksausstattungen, Angebote von Schwimmbädern oder Sporteinrichtungen. Zum anderen muss der Anteil migrantischer Mitarbeiterinnen und Mitarbeiter – vergleichbar der Genderpolitik – gezielt erhöht werden.

- Fünftens: Stadtplaner und Architekten müssen ein „Designing for Diversity" erlernen. Dies beginnt auf der Ebene der Stadtplanung, die „Ghettoisierungen" jeder Art, sei es als Luxus-, Mittelstands- oder als Unterschichtsquartier, vermeiden muss und die sich gezielt der Aufwertung der „Problemgebiete" mit ganzheitlichen Konzepten annimmt, ohne der Gentrifizierung Vorschub zu leisten. „Planen für die Vielfalt" heißt aber auch, verstärkt kultursensible Infrastruktureinrichtungen wie im Bereich der Alten- und Krankenpflege[33], der Religionsausübung oder migrantischer Ökonomien[34] zu planen. Schon heute sieht die Bauleitplanung in § 1 Abs. 6 des BauGB bei der Aufstellung der Bauleitpläne die Berücksichtigung der „kulturellen Bedürfnisse der Bevölkerung" vor. Tatsächlich wird die Berücksichtigung von Diversität aber nur im Rahmen der Gender-Thematik (§ 1 Abs. 6 BauGB: „unterschiedliche Auswirkungen auf Männer und Frauen") gefordert. In Zukunft muss auch der Förderung der kulturellen und ethnischen Vielfalt eine größere Aufmerksamkeit eingeräumt werden; planerische und bauliche Maßnahmen haben nicht nur auf Männer und Frauen „unterschiedliche Auswirkungen", sondern auch auf unterschiedliche kulturelle, ethnische oder religiöse Gruppen – wie sich mancherorts im Negativen an der trickreichen Verhinderung von Moscheebauten mit den Mitteln der Bauleitplanung und des Baurechts zeigt.

Grundsätzlich kann man die These aufstellen, dass die Topoi eines neuen urbanen Kosmopolitismus – wie in den früheren Phasen der kosmopolitischen Stadt auch – die urbanen Lebenswelten sind, die Büros und Geschäfte, die Kultur- und Sporteinrichtungen, die Straßen und Plätze. Vor allem aber sind es die Quartiere, in denen die Menschen leben. Und das sind nicht nur die bunten Szeneviertel in den Gründerzeitquartieren oder die schicken Neubauviertel in Waterfront-Lage. Es sind insbesondere

Что называется хорошая Жизнь?
Sta Znachi Dobar Jubaw

Co nazywa się dobre życie?

uma boa vida! ó que é uma boa vida?

什么是美好的生活？

Was heißt gutes Leben?

Die Akademie einer anderen Stadt, Kunstplattform der IBA Hamburg, trug 2009 philosophische Fragen in den Elbinselalltag und bat um Antworten. Darüber hinaus sammelte sie Übersetzungen ausgewählter Fragen in verschiedene Muttersprachen und Handschriften von Bewohnerinnen und Bewohnern der Elbinseln. Abgebildet ist das Motiv „Was heißt gutes Leben?" aus einer Serie von 16 Motiven, die als Postkartenedition veröffentlicht wurden.   In 2009 the IBA Hamburg's art platform, "The Academy of Another City", brought philosophical questions into everyday life on the Elbe Islands, questions to which it sought answers. The academy then also collected the translations of selected questions in the Elbe Islands residents' different native languages and handwriting. Shown here is the motif "What does a good life mean?"

stranger" actually takes place and where all have a shared interest in a good education for their children, there is no more ideal place for a new cosmopolitanism than educational centres. Turning these into focal points of urban development and architectural beacons within neighbourhoods has to be of particular concern to the urban community.[31] Today's schools and educational centres need to be what the railway stations—proud signs of the emergence of a new Europe - were for the cosmopolitanism of the nineteenth century: gateways to the world.

· Fourthly the municipal institutions need to cosmopolitanise themselves, meaning opening themselves up to all of the city's ethnic groups. This requires strong municipal diversity management—as is called for by the German Association of Cities.[32] This institutional openness needs to be with regard to two aspects: for one, the agenda and everyday practices of the facilities, for example theatre and exhibition programmes, library facilities, swimming pool, or sporting facility opportunities. Secondly, the proportion of migrant staff members needs to see a targeted increase—similar to gender policy.

· Fifthly: urban planners and architects need to learn "designing for diversity." This begins at the urban planning level, where any

kind of "ghettoisation,"—whether as luxury, middle-class, or as lower-class neighbourhoods—needs to be avoided and the targeted upgrading of "problem areas" with integrated concepts is adopted, without aiding gentrification. "Planning for diversity" also means planning for increasingly culturally-sensitive infrastructural facilities in the areas of geriatric and health care,[33] religious practice, or migrant economies,[34] for instance. Today, the urban land use planning in § 1 Para. 6 of the BauGB (Federal Building Code) already provides for the "cultural needs of the population" to be taken into consideration in the drawing up of land use plans. In reality, however, the consideration of diversity finds support only within the scope of gender issues (§ 1 Para. 6 BauGB: "differing impacts on men and women"). The promotion of cultural and ethnic diversity needs to be afforded greater attention in the future; planning and construction measures have "differing impacts" not only on men and women, but also on different cultural, ethnic, or religious groups, which is negatively illustrated in some places with the devious deterrence of the building of mosques using urban land use planning and building law as a means.

In principle, there is a case for asserting that the topoi of a new urban cosmopolitanism—as was also the case in the early phases of the cosmopolitan city—are the urban living environments, the offices and shops, the cultural and sport facilities, the streets and the squares. More particularly, it is the neighbourhoods in which people live. And these are not just the colourful, fashionable districts in the nineteenth-century neighbourhoods or the chic new waterfront developments. These are the urban problem neighbourhoods in particular, the dark side of the socio-spatial segregation where both migrant and German lower classes have settled (or were settled). Urban planning grievances often predominate in these inner peripheries of the city, the "metrozones"[35]—with dilapidated old buildings, a lack of open spaces, environmental and traffic problems, educational facili-

die urbanen Problemquartiere, die Schattenseiten der sozialräumlichen Segregation, in denen sich migrantische wie deutsche Unterschichten angesiedelt haben (oder angesiedelt wurden). In diesen inneren Peripherien der Stadt, den „Metrozonen"[35], herrschen oft städtebauliche Missstände vor – heruntergekommene Altbausubstanz, fehlende Freiflächen, Umwelt- und Verkehrsprobleme, schlecht beleumundete Bildungseinrichtungen –, weshalb sie von der mittelständischen Bevölkerung – Deutschen wie Migranten gleichermaßen – nach Möglichkeit gemieden werden. Die postmoderne Stadtplanung der letzten Jahrzehnte hat es versäumt, diese Problemfelder energisch anzugehen, und sich stattdessen auf die Erneuerung der inneren Stadt konzentriert. Angesichts der „Renaissance der Stadt" und des anhaltenden Wachstums der inneren Stadtteile (selbst in den schrumpfenden Städten[36]) rücken nun aber auch die inneren Peripherien ins Blickfeld der Stadtentwicklung, bieten sie doch ein bisher nicht ausgeschöpftes Potenzial neuer Wohnungen und Arbeitsstätten. Die Aufgabe besteht nun darin, die Fehler der Postmoderne, insbesondere die Verdrängung durch Aufwertung („Gentrifizierung") zu vermeiden, und dennoch diese Gebiete zu lebenswerten Orten der Stadt zu entwickeln. Vom sozialen, ökologischen und zivilgesellschaftlichen Anspruch her geht es hier nicht um die Reparatur eines unbefriedigenden Zustandes, sondern um eine neue Modernität von Stadt, mit neuen technologischen und sozialen Lösungen und neuen Bildern von Architektur und Städtebau. Diese „Zweite Moderne"[37] knüpft am sozialen Auftrag der ersten Moderne an, ohne allerdings deren anti-urbane Haltung zu übernehmen und die erfolgreiche „Renaissance" der Stadt durch die Postmoderne zu gefährden. Im Gegenteil: ein neuer, an den Prinzipien ökologischer Erneuerung, sozialer Gerechtigkeit und demokratischer Beteiligung orientierter Stadtumbau stärkt auch die Funktion und Attraktivität der Stadt als Ganzes, indem er durch die Schaffung neuer urbaner Orte den „Druck aus dem Kessel" der Aufwertungsgebiete entweichen lässt. In ihrem Leitbild „Metrozonen – Neue Räume für die

Stadt" hat die IBA Hamburg gut 20 solcher Projekte auf den Hamburger Elbinseln und im Harburger Binnenhafen entwickelt (siehe auch Seiten 284/285), die zeigen sollen, wie durch behutsamen Stadtumbau so genannte „Problemquartiere" in lebenswerte neue urbane Orte umgestaltet werden können, ohne die hier lebenden Menschen zu verdrängen. Durch neue Bildungs- und soziale Infrastruktureinrichtungen, durch eine ganzheitliche Erneuerung der energetischen Infrastruktur, durch behutsame Ergänzung von innovativen Neubauten auf freiwerdenden Flächen, durch die Schaffung neuer großzügiger Grün- und Freiflächen und durch die Förderung umweltfreundlicher Mobilitätsformen und ihrer Infrastrukturen entsteht das Bild eines modernen Stadtteils, der Bestehendes respektiert und der dennoch nach einem ganzheitlichen partizipativen Konzept modernisiert und umgebaut wird. Die Stärkung des urbanen Kosmopolitismus ist dabei die soziale Seite dieses Prozesses; der logische Zusammenhang zwischen einem neuen Kosmopolitismus und einer ökologischen Moderne ist genauso eng und zwingend wie der zwischen der Internationalisierung der Stadtgesellschaft in der industriellen Moderne und der scheinbar unbegrenzten Verfügbarkeit fossiler und nuklearer Energien. Das Eine bedingt das Andere. Ulrich Beck hat darauf hingewiesen, dass die „Systeme" der Moderne, der Postmoderne und einer „Zweiten Moderne" parallel existieren, und dass auch der Rückfall in autoritäre und anti-moderne Denkweisen keineswegs ausgeschlossen ist. Wir stehen noch ganz am Anfang. Das Experiment bleibt. Noch kann niemand definitiv behaupten, die moderne kosmopolitische Stadt sei schon Realität. Vielmehr gilt die Feststellung Kwame Anthony Appiahs: „In gewisser Weise ist ‚Kosmopolitismus' nicht der Name einer Lösung, sondern einer Herausforderung."

In gewisser Weise ist ‚Kosmopolitismus' nicht der Name einer Lösung, sondern einer Herausforderung.

Kwame Anthony Appiah

To a certain extent, 'cosmopolitanism' is the name not of a solution but of a challenge.

Kwame Anthony Appiah

ties of ill repute—which is why they are avoided by the middle-class populace—both German and migrant—wherever possible. The post-modernist urban planning of recent decades has failed to take a vigorous approach to these problem areas and has instead concentrated on inner-city renewal. In the face of the "city renaissance" and the ongoing growth of inner-city districts (even in the shrinking cities[36]), the inner peripheries are now also attracting urban development attention, providing as they do an as yet unexploited potential for new housing and work places. The task is now to avoid the errors of post-modernism, particularly the displacement resulting from upgrading ("gentrification"), and yet develop these areas into worthwhile places within the city. In terms of social, ecological, and civil society requirements, this is not about rectifying an unsatisfactory set of circumstances but about a new city modernity, with new technological and social solutions as well as new images of architecture and urban development. This "second modernity"[37] is linked to the social contract of the first modernity but without adopting its anti-urban approach und jeopardising the success of the city "renaissance" through post-modernism. On the contrary: a new urban renewal based on the principles of ecological renewal, social justice, and democratic participation also strengthens the function and appeal of the city as a whole by "letting off" the pressure in the renewal areas through the creation of new urban locations. With its key theme "Metrozonen—Neue Räume für die Stadt" (Metrozones—New City Spaces), the IBA Hamburg has developed roughly twenty such projects on Hamburg's Elbe islands and in the Harburg upriver port (see also pages 284/285), intended to demonstrate how so-called "problem neighbourhoods" can be transformed into worthwhile new urban locations through careful urban renewal and without displacing the people living here. New educational and social infrastructure facilities, an integrated renewal of the energy infrastructure, the careful expansion of innovative new buildings on vacant lots, the creation of new, spacious green and open areas, and the promotion of environmentally friendly forms of mobility and its infrastructure all result in the image of a modern city neighbourhood with respect for what already exists and yet modernised and transformed according to an integrated participatory concept. The strengthening of urban cosmopolitanism is thus the social side of this process; the logical link between a new cosmopolitanism and an ecological modernity is just as close and as mandatory as that between the internationalisation of urban society in industrial modernism and the seemingly unlimited availability of fossil fuel and atomic energy. The two go hand in hand.

Ulrich Beck has made the point that the "systems" of modernism, post-modernism, and a "second modernity" exist in parallel and that a relapse into authoritarian and anti-modernist thinking can in no way be ruled out either. We are in the very early stages. The experiment is ongoing. No one is yet able to definitively claim that the modern cosmopolitan city is already reality. What applies instead is Kwame Anthony Appiah's assertion: "To a certain extent, 'cosmopolitanism' is the name not of a solution but of a challenge."

Anmerkungen

1 Schon die erste Bauausstellung 1901 in Darmstadt griff mit der Arts-and-Crafts-Bewegung aus England einen internationalen Trend auf und verbreitete ihn in Deutschland. Programmatisch widmete sich die IBA Berlin 1984/1987 der Stilrichtung der Postmoderne der 1980er Jahre – insbesondere mit der so genannten „IBA Neu" unter der Leitung von Josef Paul Kleihues.

2 Vgl.: IBA Hamburg (Hg.): *METROPOLE: RESSOURCEN*, Berlin 2008

3 Vgl.: IBA Hamburg (Hg.): *METROPOLE: METROZONEN*, Berlin 2010

4 Vgl.: Rüdiger Suchsland: Im Jenseits der Nation. In: *Telepolis* vom 1.10.2006.

5 Kwame Anthony Appiah: *Der Kosmopolit*. München 2009, S. 12.

6 Wie Anm. 4, ebd.

7 Zit. nach Karl Schlögel: *Im Raume lesen wir die Zeit*. München/Wien 2009, S. 212.

8 Vgl.: Richard Sennett: *Verfall und Ende des öffentlichen Lebens. Die Tyrannei der Intimität*. Frankfurt am Main 1983, S. 57.

9 W.G. Sebald: *Austerlitz*. Frankfurt/Main 2008, S. 21.

10 Vgl.: IBA Hamburg (Hg.): *IBA meets IBA*. Berlin 2010.

11 Vgl.: Hermann Glaser: S*pießer-Ideologie. Von der Zerstörung des deutschen Geistes im 19. und 20. Jahrhundert*. Freiburg/Breisgau 1964.

12 W.G. Sebald: *Die Ausgewanderten: Vier lange Erzählungen*, Frankfurt am Main 2002.

13 Karl Schlögel: *Im Raume lesen wir die Zeit*. Frankfurt/Main 2009, S. 54.

14 Vgl.: Hermann Glaser: *Kleine deutsche Kulturgeschichte von 1945 bis heute*. Frankurt am Main 2004.

15 Vgl.: Günther Wallraff: *Ganz unten* oder ders.: *Dreizehn unerwünschte Reportagen* u.a.

16 „Die Stadt", so Richard Sennett, „ist eine Siedlungsform, die das Zusammentreffen einander fremder Menschen wahrscheinlich macht. Die öffentliche Geographie der Stadt ist die institutionalisierte Zivilisiertheit" (Richard Sennett: *Verfall und Ende des öffentlichen Lebens. Die Tyrannei der Intimität*, Frankfurt/Main 1993, S. 336).

17 Vilém Flusser: *Ende der Geschichte, Ende der Stadt*. Wien 1992.

18 Paul Virilio: *Fluchtgeschwindigkeit*. Frankfurt/Main 1999, S. 80.

19 Vgl.: Saskia Sassen: *Metropolen des Weltmarktes*. Frankfurt am Main/New York 1996.

20 In Hamburg haben heute 28 Prozent der Bevölkerung eine migrantische Biografie. Um 1600 bestand ein Viertel der Bevölkerung aus niederländischen und portugiesischen Juden und englischen Händlern („Merchant Adventurers"). Altona war im 18. Jahrhundert unter dem Schutz der dänischen Könige zur bedeutendsten jüdischen Siedlung Nordeuropas gewachsen. Nach der Französischen Revolution und der Okkupation Hollands durch Frankreich erhöhte sich die Einwanderung in Hamburg und Altona. In der zweiten Hälfte des 19. Jahrhunderts kamen Einwanderer aus dem preußischen Osten und den polnischen Gebieten Russlands dazu. Um 1900 bestand die Hälfte der Bevölkerung aus „Zugewanderten" (Quellen: Statistisches Amt Nord, Dirk Hoerder: *Geschichte der deutschen Migration*. München 2010; Hamburg Lexikon, Hamburg 2005, S. 141).

21 James Frey: *Strahlend schöner Morgen*. Berlin 2009.

22 Ulrich Beck/Edgar Grande: *Das kosmopolitische Europa*. Frankfurt/Main 2007, S. 25.

23 Ebd.

24 Ebd. S. 29.

25 Es geht hier nicht darum, jede Form von „Kultur" zu fördern oder zu akzeptieren, sondern es geht auch um deren Allgemeinverträglichkeit. Es ist klar: In dieser Aussage liegt Sprengstoff. Wo liegen die Grenzen kultureller Toleranz? Sind „Ehrenmorde", „Witwenverbrennungen", Genitalverstümmelungen Teil der kosmopolitischen Kultur, weil sie Teil einzelner Kulturen sind? Kwame Anthony Appiah hat hierauf eine moralische *und* eine pragmatische Antwort gegeben. Die *moralische* lautet: es gibt für den Kosmopoliten universelle Werte, die nicht verhandelbar sind. Da jedoch Werte an sich zwar diskutierbar, aber nicht unbedingt konsensfähig sind, kommt das *pragmatische* Argument zum Einsatz: es gelten die Regeln des Zusammenlebens: „Tatsächlich hängt unser Zusammenleben als Menschen und Bürger von der Fähigkeit ab, Übereinstimmung in praktischen Fragen zu erzielen, ohne deshalb auch in der Begründung einer Meinung zu sein" (ebd. S. 95). Und diese Regeln – so Appiah weiter – werden im Allgemeinen durch die Verfassung und die Gesetze des Landes gesetzt, in dem man zusammen lebt und die – als Grundregel des Zusammenlebens – zu beachten sind.

26 Vgl. die Studie der Friedrich Ebert Stiftung (Hg.): *Die Abwertung der Anderen. Eine europäische Zustandsbeschreibung zu Intoleranz, Vorurteilen und Diskriminierung*. Berlin 2011.

27 Vgl. hierzu auch die Analysen und Vorschläge von Beck / Grande in *Das kosmopolitische Europa*, Frankfurt am Main 2007.

28 Vgl.: Mark Terkessidis: *Interkultur*. Berlin 2010.

29 Ein solcher „konsultativer" Beteiligungsprozess wurde im Rahmen der IBA Hamburg im „Weltquartier" durchgeführt. Vgl. hierzu in diesem Band, S 234.

30 Vgl.: IBA Hamburg (Hg.): *METROPOLE: BILDEN*, Berlin 2009

31 Die IBA Hamburg unternimmt in vier Bildungsprojekten, von denen das „Tor zur Welt" vielleicht das herausstechendste ist, den Versuch, solche „Leuchttürme" einer kosmopolitischen Bildungslandschaft zu setzen.

32 Vgl. Broschüre „Integration von Zuwanderern. Erfahrungen und Anregungen aus der Praxis in den Städten" des Deutschen Städtetages, München 2007.

33 Vgl.: IBA-Projekt „Veringeck" (Darstellung in diesem Band, S. 234).

34 Vgl.: IBA-Projekt „Welt-Gewerbehof" (Darstellung in diesem Band, S. 234).

35 Vgl.: IBA Hamburg (Hg.): *METROPOLE: METROZONEN*, Berlin 2010.

36 Vgl.: BBSR-Berichte KOMPAKT 11/2010.

37 Der Begriff der „Zweiten Moderne" wurde ursprünglich als Stilbegriff von Heinrich Klotz geprägt. Vgl.: *Die Zweite Moderne – Eine Diagnose der Kunst der Gegenwart*. München 1996. Wir orientieren uns eher an den von Ulrich Beck geprägten Inhalten der Begrifflichkeit. Vgl.: Ulrich Beck: *Die Erfindung des Politischen*. Frankfurt/Main 1993; Ders.: *Das kosmopolitische Europa*. Frankfurt/Main 2004.

Notes

1 The very first building exhibition, in Darmstadt in 1901, addressed an international trend with the English arts and crafts movement, which it then developed in Germany. The agenda of the IBA Berlin 1984/1987 was dedicated to the post-modernist style of the 1980s particularly with the "IBA Neu" (IBA New) headed by Josef Paul Kleihues.

2 cf.: IBA Hamburg (Hg.): *METROPOLE: RESSOURCES*, Berlin 2008.

3 cf.: IBA Hamburg (Hg.): *METROPOLE: METROZONES*, Berlin 2010.

4 cf.: Rüdiger Suchsland: Im Jenseits der Nation. In: *Telepolis*, 1.10.2006.

5 Kwame Anthony Appiah: *Der Kosmopolit*. Munich 2009, p. 12.

6 As note 4.

7 Quoted by Karl Schlögel: *Im Raume lesen wir die Zeit*. Munich /Vienna 2009, p. 212.

8 cf.: Richard Sennett: *Verfall und Ende des öffentlichen Lebens. Die Tyrannei der Intimität (The Fall of Public Man. The Tyranny of Intimacy)*. Frankfurt am Main 1983, p. 57.

9 W.G. Sebald: *Austerlitz*. Frankfurt am Main 2008, p. 21.

10 cf.: IBA Hamburg (ed.): *IBA meets IBA*. Berlin 2010.

11 cf.: Hermann Glaser: *Spießer-Ideologie. Von der Zerstörung des deutschen Geistes im 19. und 20. Jahrhundert*. Freiburg/Breisgau 1964.

12 W.G. Sebald: *Die Ausgewanderten: Vier lange Erzählungen*, Frankfurt am Main 2002.

13 Karl Schlögel: *Im Raume lesen wir die Zeit*. Frankfurt am Main 2009, p. 54.

14 cf.: Hermann Glaser: *Kleine deutsche Kulturgeschichte von 1945 bis heute*. Frankurt am Main 2004.

15 cf.: Günther Wallraff: *Ganz unten* or: *Dreizehn unerwünschte Reportagen*, for instance.

16 "The city", says Richard Sennett, "is a form of settlement that makes encounters between strangers probable. The public geography of the city is institutionalised civility" (Richard Sennett: *Verfall und Ende des öffentlichen Lebens. Die Tyrannei der Intimität*, Frankfurt am Main 1993, p. 336).

17 Vilém Flusser: *Ende der Geschichte, Ende der Stadt*. Vienna 1992.

18 Paul Virilio: *Fluchtgeschwindigkeit*. Frankfurt am Main 1999, p. 80.

19 cf.: Saskia Sassen: *Metropolen des Weltmarktes*. Frankfurt am Main/New York 1996.

20 In Hamburg today 28 per cent of the population has a migrant biography. Around 1600 there was a neighbourhood where the population comprised Dutch and Portuguese Jews and English merchants ("merchant adventurers"). Under the protection of the Danish Kings, Altona grew into the most important Jewish district in Northern Europe in the eighteenth century. Immigration in Hamburg and Altona increased following the French Revolution and the French occupation of Holland. The second half of the nineteenth century also saw the arrival of immigrants from East Prussia and Russia's Polish regions. By around 1900, half of the population was comprised of "immigrants" (source: Statistisches Amt Nord, Dirk Hoerder: *Geschichte der deutschen Migration*. Munich 2010; Hamburg Lexikon, Hamburg 2005, p. 141).

21 James Frey: *Strahlend schöner Morgen (Bright Shiny Morning)*. Berlin 2009.

22 Ulrich Beck, Edgar Grande: *Das kosmopolitische Europa*. Frankfurt am Main 2007, p. 25.

23 Ibid.

24 Ibid, p. 29.

25 This is not about promoting or accepting every form of "culture" but also about their general compatibility. This statement is clearly an explosive one. What are the boundaries of cultural tolerance? Are "honour killings," "widow-burning," and genital mutilation part of cosmopolitan culture because they form part of individual cultures? Kwame Anthony Appiah has provided a moral *and* a pragmatic response. The *moral* response: there are universal values for cosmopolitans that are not negotiable. As values themselves are subject to discussion, however, but not necessarily consensual, there is also the *pragmatic* argument: the rules of co-existence apply. "Our co-existence as people and citizens in fact depends on the ability to achieve consensus on practical issues, without necessarily being of the same opinion regarding the substantiation" (ibid, p. 95). And these rules, Appiah goes on to say, are generally established through the constitution and the laws of the country in which we live together and are to be adhered to as the basic rule of co-existence.

26 cf.: The study by the Friedrich Ebert Stiftung (ed.): *Die Abwertung der Anderen. Eine europäische Zustandsbeschreibung zu Intoleranz, Vorurteilen und Diskriminierung*. Berlin 2011.

27 cf.: Also the analyses and suggestions by Beck, Grande in *Das kosmopolitische Europa*.

28 cf.: Mark Terkessidis: *Interkultur*. Berlin 2010.

29 A "consultative" participatory process of this nature was used within the scope of the IBA Hamburg in the "Weltquartier" ("Global Neighbourhood"). Cf. also p. 237 in this volume.

30 cf.: IBA Hamburg (Hg.): *METROPOLE: EDUCATION*, Berlin 2009

31 The IBA Hamburg is making the attempt in four educational projects, of which the "Tor zur Welt" ("Gateway to the World") is perhaps the most prominent, to establish such "beacons" within a cosmopolitan educational landscape.

32 cf.: The brochure "Integration von Zuwanderern. Erfahrungen und Anregungen aus der Praxis in den Städten" by the German Association of Cities (DST), Munich 2007.

33 cf.: IBA project "Veringeck" (described in this volume, p. 237).

34 cf.: IBA project "Welt-Gewerbehof" (described in this volume, p. 237).

35 cf.: IBA Hamburg (Hg.): *METROPOLE: METROZONES*, Berlin 2010.

36 cf.: BBSR Reports KOMPAKT 11/2010.

37 The term "second modernity" was originally coined by Heinrich Klotz as a style term, cf.: *Die Zweite Moderne – Eine Diagnose der Kunst der Gegenwart*. Munich 1996. We base ourselves more on the conceptual content characterised by Ulrich Beck. cf.: Ulrich Beck: *Die Erfindung des Politischen*. Frankfurt/Main 1993; idem: *Das kosmopolitische Europa*. Frankfurt am Main 2004.

Das Kapitel DENK-RÄUME bildet den Kern für das Gedankengebäude des Buches. Ulrich Beck und Elisabeth Beck-Gernsheim führen in den Begriff des Kosmopolitismus ein, der die Unterscheidung zwischen national und international, zwischen lokal und global hinter sich lässt. Saskia Sassen bezieht ihre Betrachtungen auf die europäische Stadt, deren Offenheit sie durch asymmetrische Kriege, Umweltkatastrophen und das Bestreben um soziale sowie ethnische Säuberungen bedroht sieht. Sie hofft aber auf eine grundsätzliche Fähigkeit der bürgerlichen Stadtgesellschaft, solche Konflikte in Vielheit aufzulösen. Für Angelus Eisinger braucht die Stadt der Gegenwart eine neue Orientierung. Im „Urban Age" bilde die historisch gewachsene „europäische" Stadt eine Marginalie, denn auch in der globalen Stadt müsse die Urbanität als Lebensform immer wieder neu erfunden werden. Jens S. Dangschat unterstreicht, dass die Offenheit der Stadt für die Zuwanderung ihren Tribut fordert, der nur schwer mit Forderungen nach Integration und der Auflösung von Parallelgesellschaften einzulösen ist. Um Integration müsse gekämpft werden und gleichzeitig brauche Zuwanderung so etwas wie einen Ort der Ankunft, der Orientierung unter Gleichen ermögliche. Solche Stadtquartiere bergen unter anderem in ihrer Multi-Identität Potenziale, aus denen die Stadtgesellschaft Kapital schlagen kann. Das Ankommen in Berlin-Neukölln und die Suche nach Heimat in der Fremde schildert Seda Niğbolu aus eigener Anschauung. Mit dem Ankommen beschäftigt sich auch Oliver G. Hamm und fragt sich, ob die ghettoähnlichen Strukturen von Einwandererviertein wie den Chinatowns, Little Italys und Little Germanys amerikanischer Städte in Europa überhaupt existieren und ob die Qualitäten der dortigen Einwandererviertel nicht gerade in der noch immer gegebenen Durchmischung der Bevölkerung liegen. Mark Terkessidis sieht die Parallelität der Stadtgesellschaft nicht nur unter Einwanderern und Einheimischen, sondern auch in der Abgeschlossenheit von Wissenschaftsparks oder von Enklaven, die deutsche Rentner in Spanien bilden. Die Vielheit der Stadt schätzt Terkessidis als eine kreative Ressource, die als eine Plattform offener, barrierefreier Räume der Interkultur dienen kann.

The THINKING SPACES section forms the heart of the book's thought construct. Ulrich Beck and Elisabeth Beck-Gernsheim introduce the term cosmopolitanism as one that goes beyond the differentiation between national and international, between local and global. Saskia Sassen relates her observations to the European city, seeing its openness under threat from asymmetrical conflicts, environmental disaster, and efforts aimed at both social and ethnic cleansing. She does, however, pin her hopes on a fundamental ability on the part of civil society to resolve such conflicts in multiplicity. For Angelus Eisinger, the contemporary city needs a new orientation. The "urban age" sees the historical development of the "European" city as a marginal factor for even in the global city, urbanity as a way of life is in continual need of reinvention. Jens S. Dangschat emphasises that the city's openness to immigration comes at a price, one that is only seldom settled by demands for integration and the abolition of parallel societies. Integration has to be fought for while, at the same time, immigration requires something akin to a point of arrival enabling orientation among like-minds. The multi-identity of such city neighbourhoods harbours potential that can be turned into urban society capital. Seda Niğbolu outlines her own experiences of arriving in Berlin's Neukölln district and the quest for a home among strangers. Oliver G. Hamm also addresses the issue of arrival and asks whether the ghetto-like structure of immigrant neighbourhoods like the Chinatowns, Little Italys, and Little Germanys of American cities would be able to exist at all in Europe and whether the features of those immigrant neighbourhoods do not perhaps derive from the still existing mixing of the population. Mark Terkessidis sees the parallel aspect of urban society as not only that between immigrants and locals but also in the isolation of science parks, or the enclaves formed by German pensioners in Spain. Terkessidis see the city's multiplicity as a creative resource that can serve as a platform for an open, barrier-free intercultural realm.

DENK-RÄUME
Stadt und Gesellschaft

THINKING SPACES
Cities and Society

ULRICH BECK, ELISABETH BECK-GERNSHEIM

Die Kosmopolitisierung der Gesellschaft

Das Leben im internationalen Raum

In den öffentlichen Debatten in Deutschland wird Globalisierung von den einen als Modewort abgetan, von anderen zum neuen Menschheitsschicksal hochstilisiert. Aber hier wie dort findet Globalisierung irgendwo „da draußen" statt, während die Nationalstaaten unverändert weiter bestehen. Demgegenüber führen wir den Begriff Kosmopolitisierung ein; dieser rückt die wechselseitige Verflechtung und unauflösbare innere Verbindung der Weltregionen ins Blickfeld, die unter der nationalstaatlichen Oberfläche stattfindet. Unterscheidungen nach „national" versus „international", „lokal" versus „global" laufen ins Leere, wenn immer mehr Menschen kosmopolitisch arbeiten, kosmopolitisch lieben, kosmopolitisch heiraten, kosmopolitisch leben, kaufen und kochen; wenn die innere Identität und politische Loyalität von immer mehr Menschen sich nicht nur auf einen Staat, ein Land, eine Stadt bezieht, sondern auf zwei oder mehrere zugleich; wenn immer mehr Kinder binationalen Verbindungen entstammen, mit mehreren Sprachen aufwachsen, die Kindheit teils in einem Land, teils in einem anderen verbringen – oder im virtuellen Raum von Fernsehen und Internet. Wer in dieser Situation verkündet: der Multikulturalismus ist tot, kennt die Wirklichkeit nicht. Was wir stattdessen erleben, ist das Ende des nationalstaatlichen Monokulturalismus. Die alle Bereiche erfassende, existenzielle Verflechtung der Welten erscheint unrevidierbar – und sie verändert die Nationalstaaten und das Zusammenleben der Menschen bis in die Fundamente hinein. Das lässt sich an vielfältigen Beispielen zeigen.

Welt-Organ-Tourismus

Unsere Welt ist von radikaler sozialer Ungleichheit gekennzeichnet.[1] Am unteren Ende der Welthierarchie sind unzählige Menschen im Kreislauf von Hunger, Armut und Schulden gefangen. Von blanker Not getrieben, sind viele zu einem verzweifelten Schritt bereit. Sie verkaufen eine Niere, einen Teil ihrer Leber, eine Lunge, ein Auge oder auch einen Hoden. So entsteht eine Schicksalsgemeinschaft der ganz besonderen Art: Das Schicksal von Bewohnern der Wohlstandsregionen (den auf Organe wartenden Patienten) ist gekoppelt mit dem Schicksal von Bewohnern der Armutsregionen (die nur ihren Körper als Kapital haben). Für beide Gruppen geht es um Existenzielles im Wortsinn, das Leben und Überleben. In einer empirischen Fallstudie zeigt die Anthropologin Nancy Scheper-Hughes,[2] wie die Ausgeschlossenen der Welt, die wirtschaftlich und politisch Enteigneten – Flüchtlinge, Obdachlose, Straßenkinder, Migranten ohne Papiere, Häftlinge, alternde Prostituierte, Zigarettenschmuggler und Diebe – Teile ihres Körpers an die Transplantationsmedizin liefern. Sie baut deren Organe den kranken Körpern anderer Personen ein, verleibt sie im wörtlichen Sinn ein (wobei diese Personen einer Schicht entstammen, die genug Geld hat, um die Organe der globalen Armen zu bezahlen). Das Resultat ist eine moderne Form der Symbiose: die durch Medizintechnologie vermittelte Verschmelzung zweier Körper über Grenzen und Entfernungen hinweg. In den Körperlandschaften der Individuen verschmelzen Kontinente, „Rassen", Klassen,

ULRICH BECK, ELISABETH BECK-GERNSHEIM

The Cosmopolitanisation of Society

Life in the International Realm

In public debate in Germany, globalisation is dismissed by some as a buzz word and by others elevated to the new destiny of mankind. Yet, here as elsewhere, globalisation takes place somewhere "out there," while nations continue to exist unchanged. We, on the other hand, are going to introduce the term cosmopolitanisation; this brings to the fore the mutual interrelationship and inextricable internal links between world regions in existence beneath the surface of the nation. Differentiations on the basis of "national" versus "international," "local" versus "global" become meaningless when more and more people work cosmopolitanly, love cosmopolitanly, marry cosmopolitanly, live, buy, and cook cosmopolitanly; when the inner identity and political loyalty of more and more people relates not only to one nation, one country, one city, but to two or more of the same; more and more children are being born of binational relationships, growing up with several languages, spending their childhood partly in one country, partly in another, or in the virtual environment of television and Internet. Anyone in this situation who pronounces multiculturalism dead has lost touch with reality. What we are experiencing, instead, is the end of national monoculturalism. The across-the-board, existential involvement of these worlds appears irrevocable–and it changes nations and the co-existence of people at a fundamental level. There are diverse examples to illustrate this.

Global Transplant Tourism

Our world is characterised by radical social inequality.[1] In the lower reaches of the world hierarchy are countless individuals trapped in a vicious circle of hunger, poverty, and debt. Driven by sheer desperation, many of them are prepared to take desperate steps. They sell a kidney, part of their liver, a lung, an eye, or even a testicle. This creates a common destiny of a very special kind: the interests of residents in affluent regions (the patients waiting for organs) are linked to the fate of those in poverty-stricken areas (who have only their bodies as capital). For both groups it is about the existential in the literal sense: about life and survival.

In an empirical case study, the anthropologist Nancy Scheper-Hughes[2] shows how the world's outcasts, the economically and politically dispossessed–the refugees, the homeless, street children, migrants with no papers, prisoners, ageing prostitutes, cigarette smugglers, and thieves–supply parts of their bodies to transplant medicine. This speciality installs their organs in the sick bodies of other people, literally incorporating them (the recipients being from a class with enough money to pay for the organs of the world's poor). The result is a modern form of symbiosis: the fusion of two bodies beyond the limits of boundaries and distance, made possible by medical technology. Continents, "race," class, nationality, and religion merge in the bodily landscapes that result. Muslim kidneys cleanse Christian blood. White racists breathe with the help of black lungs.

Nationen und Religionen. Muslimische Nieren reinigen christliches Blut. Weiße Rassisten atmen mit der Hilfe schwarzer Lungen. Der blonde Manager blickt mit dem Auge eines afrikanischen Straßenkindes auf die Welt. Ein katholischer Bischof überlebt dank der Leber, die aus einer Prostituierten in einer brasilianischen Favela geschnitten wurde. Die Körper der Reichen verwandeln sich zu kunstvoll zusammengesetzten Patchwork-Arbeiten, die der Armen zu einäugigen bzw. einnierigen Ersatzteillagern, für viele Arten der Verstümmelung nutzbar – selbstverständlich ganz ohne Zwang, „freiwillig", wie die Abnehmer der Organware, die wohlhabenden Kranken, gern betonen. Dabei deuten sie gern die Entschädigung, die sie den Verstümmelten zahlen, als Beitrag zur Entwicklungshilfe um. Der stückweise Verkauf ihrer Organe wird so zur Lebensversicherung der Armen, in der sie einen Teil ihres aktuellen Lebens hingeben, um überhaupt überleben zu können. Und als Resultat der globalen Transplantationsmedizin entsteht der „biopolitische Weltbürger" – ein weißer, männlicher Körper, fit oder fett, in Hongkong oder Manhattan, ausgestattet mit einer indischen Niere oder einem muslimischen Auge.

Diese radikal ungleiche Kosmopolitisierung der Körper verläuft sprachlos, ohne Interaktion von Spender und Nehmer. Nieren-Geber und Nieren-Empfänger sind weltmarktvermittelt, bleiben anonym füreinander. Dennoch ist ihre Beziehung existenziell, (über)lebenswichtig für beide, wenn auch in unterschiedlicher Weise. Die nicht mehr auflösbare Verbindung mit dem entfernten und fremden Anderen – das, was wir Kosmopolitisierung nennen – setzt keine persönliche Verbindung, keinen persönlichen Kontakt, kein wechselseitiges Kennen voraus. Kurz, Kosmopolitisierung in diesem Sinn kann den Dialog und die direkte Verständigung mit dem „Anderen" einschließen (bei binationalen Ehen), aber sie kann sich auch als sprachlose, berührungsfreie Verbindung vollziehen (bei der Transplantation von Nieren).

Weltmarkt als Kapitalmacht

Der Abbau nationaler Handelsschranken, der mit dem Zusammenbruch der Sowjetunion und dem Ende des Ost-West-Gegensatzes in schnellem Tempo voranschritt, hat zu einer Umverteilung der Macht zwischen nationalstaatlicher Politik und weltwirtschaftlichen Akteuren geführt. Dabei gewinnen die Unternehmen an Macht, weil sie sich aus der Bindung an einen Ort und an einen Nationalstaat herauslösen.

In früheren Phasen hatte der sich herausbildende Nationalstaat es vermocht, Politik- und Herrschaftsinstitutionen zu entwickeln, die den Industriekapitalismus zähmten und die sozialen und kulturellen Folgeschäden in Grenzen hielten. Indem dies im Rahmen des Nationalstaates durchgesetzt wurde, entstand eine Art Ehe zwischen Herrschaft und Politik (Bauman).[3] Diese Ehe ist jetzt offensichtlich zu Ende. Herrschaft, verwandelt in diffuse Macht, wird teilweise in den Cyberspace, in Märkte und mobiles Kapital ausgelagert, teilweise auf die Individuen abgewälzt, die die entstehenden Risiken allein bewältigen müssen. Und gegenwärtig ist keine Institution in Sicht, die – ähnlich wie zuvor der Nationalstaat – die Kapitalmacht kontrollieren und zähmen könnte. Es gibt allerdings einige experimentelle, vielleicht sogar „embryonale" Orte des Regierens jenseits des Nationalstaates, wie beispielsweise die Treffen und Absprachen der G20- oder G8-Staaten.

Erwerbsarbeit: Die Arbeitsplätze wandern aus in die Armutsregionen

Der Machtgewinn des Kapitals setzt einen tiefgreifenden Wandel des Arbeitsmarktes in Gang, und dies ohne öffentliche Abstimmung und demokratische Entscheidungsprozesse, ohne Anhörung und Mitspracherecht der Betroffenen selbst. Auf dem Arbeitsmarkt kommt es zu tektonischen Verschiebungen und Verwerfungen – von Norden nach Süden, von Westen nach Osten –, die die Existenz von Millionen Menschen bedrohen. Diese sind mit einer historisch neuen Erfahrung konfrontiert: In den reichen Ländern werden die Beschäftigten ersetzbar,

Andreas Gursky
CHICAGO BOARD OF TRADE II, 1999
C-Print   colour print
205 x 335 x 6,2 cm (gerahmt)   (framed)

Andreas Gursky
NHA TRANG, 2004
C-Print colour print
295,5 x 207 x 6,2 cm (gerahmt) (framed)

The blond manager sees the world with the eye of an African street child. A Catholic bishop survives thanks to the liver cut out of a prostitute in a Brazilian favela. The bodies of the rich transform themselves into artificial patchwork creations, turning the poor into one-eyed and/or one-kidneyed spare parts depots, usable for many kinds of dismemberment—entirely without compulsion, of course: "voluntarily," as the recipients of the organ goods, the affluent sick, are keen to emphasise. In doing so, they willingly reinterpret the remuneration they pay to the dismembered as a contribution to development aid. The piecemeal sale of their organs thus becomes the life insurance of the poor in that they sacrifice a piece of their present life in order to be able to survive at all. And global transplant medicine results in the "biopolitical global citizen"–a white, male body, fit or fat, in Hong Kong or Manhattan, equipped with an Indian kidney or a Muslim eye.

This radically disparate cosmopolitanisation of the body happens wordlessly, without interaction between the donor and the recipient. Kidney donors and kidney recipients, procured on the world market, remain anonymous to one another. Their relationship is nevertheless existential in nature, vital for the survival of both, albeit in different ways. The inextricable link with the distant and foreign other, which we call cosmopolitanisation, requires no personal connection, no first-hand contact, no mutual recognition. In short, cosmopolitanisation in this sense can include dialogue and direct communication with the "other" (in binational marriages), but (in kidney transplants) it can also manifest itself as a wordless, contact-free connection.

The World Market as Capital Power

The dismantling of national trade barriers, which has been progressing at a rapid pace following the collapse of the Soviet Union and the end of the East-West conflict, has led to a shift of power between national politics and global economic protagonists. This sees companies gaining power as they dissolve their ties to a place and to a nation.

In the early phases, emergent nations were able to develop political and leadership institutions that tamed industrial capitalism and limited the consequential social and cultural damage. The fact that these were enforced within national parameters led to the emergence of a kind of marriage between leadership and politics (Bauman).[3] This partnership has now come to an obvious end. Leadership, transformed into diffuse power, is at times relocated to cyberspace, the markets, and mobile capital, at times shifted to individuals, who have to overcome the related risks on their own. And at present, there is no sign of any institution that, like the nations of the past, might be able to control and tame capital power. There are, however, a number of experimental, perhaps even "embryonic" places of governance beyond nations, such as the meetings and agreements of the G20 or G8 nations.

Gainful Employment: Jobs are Emigrating to the Poor Regions

Capital's power gains are triggering a profound transformation of the labour market and this without the public ballot or democratic decision-making processes, without those affected being consulted or listened to. The labour market is seeing tectonic shifts and distortions—from North to South, from West to East—threatening the livelihoods of millions of people. These individuals are being confronted by a new experience not encountered in the past: in the wealthy nations employees are becoming dispensable; they can be dismissed and exchanged for employees in poor nations, the low-income countries.

A forced cosmopolitanisation is taking place here, above the heads of those impacted, without their say, without dialogue and agreement between them. This phenomenon takes place unhindered by national boundaries, regardless of nations' claims to power and sovereignty. The political consequences are immense. The resultant global competition amongst employees means that, in the affluent regions, the resentment of "others" is on the increase.

können entlassen und ausgetauscht werden durch Beschäftigte in den armen Ländern, den Niedriglohnländern.

Hier findet eine Zwangskosmopolitisierung statt, über die Köpfe der Betroffenen hinweg, ohne ihre Mitsprache, ohne Dialog und Verständigung zwischen ihnen. Diese Zwangskosmopolitisierung vollzieht sich, ohne durch nationale Grenzlinien aufgehalten zu werden, am Macht- und Souveränitätsanspruch der Nationalstaaten vorbei. Die politischen Folgewirkungen sind enorm. Indem es zur globalen Konkurrenz der Beschäftigten kommt, nehmen in den wohlhabenden Regionen die Ressentiments gegen die „Anderen" zu. Fremdenfeindlichkeit breitet sich aus. An diesem Beispiel lässt sich nachvollziehen, wie das Unterlaufen der nationalen Grenzen zu einer neuen Verfestigung derselben führt.

Die Wahrheitskonkurrenz der Weltreligionen

Jahrhundertelang wurde der universalistische Anspruch der drei großen monotheistischen Religionen gezähmt und zivilisiert durch das Herrschaftprinzip „cuius regio, eius religio", also durch territoriale Grenzziehungen. Jahrhundertelang haben die meisten Menschen im Schatten von drei monotheistischen Kulten gelebt, die auf dem Universalismusanspruch ihres jeweils einen und einzigen Gottes aufbauen (Bauman).[4] Je mehr nun die Migrationsströme zunehmen, je bunter und vermischter die Bevölkerungen werden, je mehr mit den neuen Kommunikationsmedien auch die Informationsströme zunehmen, desto direkter treffen die verschiedenen Religionen aufeinander: An ein und demselben Ort beten Muslime, Juden und Christen. Mit den vielen Millionen der in der Fremde verstreuten Gläubigen haben sich auch ihre allein-selig-machenden Götter über den Globus ausgebreitet. Sie, die Weltherrscher, die keinen Konkurrenten neben sich dulden, müssen jetzt auf engem Raum zusammenleben. Welche Explosivkraft diese Gleichzeitigkeit von geografischer Nähe und sozialer Distanz besitzt, wird erst jetzt greifbar, wo alle Versuche der wechselseitigen Abschottung schon aussichtslos sind.

Kosmopolitische Risikogemeinschaften

Moderne Gesellschaften – westliche ebenso wie nicht-westliche, reiche wie arme – sind mit historisch neuen globalen Risiken konfrontiert (Klimawandel, Finanzkrise, Terrorismus usw.). Diese Konfrontation nimmt für unterschiedliche Gesellschaften unterschiedliche Formen an, aber sie stellt alle vor den „kosmopolitischen Imperativ": Kooperation oder Scheitern! Nur im gemeinsamen Handeln gibt es Aussicht auf Rettung! Die globalen Großrisiken – ökologische, technologische, ökonomische – erzeugen Entscheidungsketten, die die politische Dynamik der Nationalstaaten von innen heraus verändern. Es entsteht eine historisch neue, existenzielle Schicksalsgemeinschaft zwischen dem globalen Norden und dem globalen Süden. Damit ist nicht ein philosophischer Kosmopolitismus gemeint, kein normativer Aufruf zu einer „Welt ohne Grenzen". Vielmehr geht es um ein empirisches Faktum: dass die Großrisiken eine globale Zwangsgemeinschaft erzeugen, weil das Überleben aller davon abhängig ist, ob sie zu gemeinsamem Handeln zusammenfinden. Über Initiativen zivilgesellschaftlicher Gruppen, einzelner Staaten, globaler Städte können „Risikogemeinschaften" entstehen, die auf dem Bewusstsein gemeinsamer Verantwortung gründen und auf dem Wissen darum, dass die globalen Großrisiken sich geografisch nicht eingrenzen lassen und Folgewirkungen erzeugen, die bis in die ferne Zukunft hineinreichen. Hier wird sichtbar, dass es zwei ganz unterschiedliche Wege gibt, die zu Kosmopolitisierung hinführen. Zum einen können Individuen, Gruppen und Gesellschaften sich aktiv öffnen für fremde Welten, Gewohnheiten, Glaubensgewissheiten. Beim anderen Weg übernehmen die Individuen keine aktive Rolle, sondern werden überrollt vom Strudel globaler Ereignisse. Auch wenn nun alle Menschen im selben Boot sitzen, der Schicksalsgemeinschaft der Moderne zugehören, so heißt das nicht, dass alle gleich oder gleichberechtigt wären. Im Gegenteil: Dass die Zerbrechlichkeit des Bootes – um im Bild zu bleiben – alle bedroht, macht in seiner Schick-

Es entsteht eine historisch neue, existenzielle Schicksalsgemeinschaft zwischen dem globalen Norden und dem globalen Süden.

What is emerging is a new, existential, joint destiny community between the global North and the global South.

Xenophobia is spreading. This example illustrates how the undermining of national borders leads to a new consolidation of the same.

Contest for the Truth among the World's Religions

For centuries, the Universalist claim of the three great monotheistic religions was tamed and civilised by the governing principle of "cuius regio, eius religio," namely by the drawing up of territorial boundaries. For centuries, the majority of people have lived in the shadow of three monotheistic cults, organised according to their beliefs in their respective one-and-only gods (Bauman).[4] The greater the increase in current migration flows, the more colourful and mixed populations are becoming, while the greater the increase in information flows through communications media, the more direct are the encounters between the different religions—with Muslims, Jews, and Christians praying in one and the same place. With many millions of believers dispersed in foreign lands, their one-and-only gods have also spread throughout the world. They, the Almighties, intolerant of any rivals, now have to co-exist within narrow confines. The explosive force of this concurrence of geographical proximity and social distance is only now becoming manifest, all attempts at mutual partitioning having already proven to be futile.

Cosmopolitan Communities in Response to Threats

Modern societies—both Western and non-Western, both rich and poor—are facing new global threats not encountered in the past (climate change, financial crisis, terrorism, etc.). This confrontation assumes different forms in different societies, but presents them all with the "cosmopolitical imperative": cooperation or failure! The only hope of rescue lies in joint action! The major global threats—ecological, technological, economic—create decision-making chains that change the political dynamics of nations from within. What is emerging is a new, existential, joint destiny community between the global North and the global South. This is not a question of philosophical cosmopolitanism, not a normative call for a "world without borders." It is, instead, an empirical fact that major threats are forcibly creating a global community because the survival of all depends on whether they work out a means of joint action.

Initiatives by civil groups, individual countries, or global cities can lead to the emergence of "threat-based communities" derived from the awareness of joint responsibility and from knowledge that major global threats do not limit themselves to geographical boundaries and have consequences that extend into the distant future.

This is where it becomes clear that there are two very different paths leading to cosmopolitanisation. On the one hand, individuals, groups, and societies can actively open themselves to foreign worlds, habits, faiths. With the other path, individuals assume no active role but are overrun by the surge of global events. Even if all human beings are now sitting in the same boat as members of the modern age's common fate community, this does not mean that they are all equal or have equal rights. On the contrary (continuing with the allegory): the equality of the fragile boat makes even the rich retreating within their "gated communities" aware of the inequality of the world with the inevitability of fate. The quality of the threat and the existential involvement of rich and poor are two sides of the same coin.

In this respect it is important to distinguish not only between globalisation and cosmopolitanisation, but also between philosophical cosmopolitanism and sociological cosmopolitanisation. Cosmopolitanism deals with norms, cosmopolitanisation with facts. Cosmopolitanism in the philosophical sense, for Immanuel Kant as for Jürgen Habermas, means a global political task assigned to the elite and implemented from above, by national leaders. Cosmopolitanisation, on the other hand, takes place from below and from within, in everyday events, often involuntary, unnoticed. Cosmo-

salshaftigkeit die Ungleichheit der Welt auch den in ihren „Gated Communities" abgeschotteten Reichen bewusst. Universalität der Gefahr und die existenzielle Verstrickung von Arm und Reich sind die zwei Seiten der Medaille.

In diesem Sinne ist es wichtig, nicht nur zwischen Globalisierung und Kosmopolitisierung, sondern auch zwischen philosophischem Kosmopolitismus und sozialwissenschaftlicher Kosmopolitisierung zu unterscheiden. Der Kosmopolitismus handelt von Normen, die Kosmopolitisierung von Fakten. Kosmopolitismus im philosophischen Sinn, bei Immanuel Kant wie bei Jürgen Habermas, bedeutet eine weltpolitische Aufgabe, die der Elite zugewiesen ist und von oben, von den Staatslenkern durchgesetzt wird. Kosmopolitisierung dagegen vollzieht sich von unten und innen, im alltäglichen Geschehen, oft ungewollt, unbemerkt. Kosmopolitisierung reicht von den oberen Etagen der Gesellschaft und Politik bis hinunter ins Lokale, ins Alltagsleben von Familien, in die Verhältnisse auf dem Arbeitsmarkt hinein; sie vollzieht sich insbesondere in Städten, aber auch auf dem Lande, ja sie reicht in individuelle Lebensläufe und Körper hinein – auch wenn weiterhin Nationalflaggen geschwenkt werden, die nationale Leitkultur ausgerufen und der Tod des Multikulturalismus verkündet wird. Kosmopolitisierung in diesem Sinn meint die Erosion der eindeutigen Grenzen, die einst Märkte, Staaten, Zivilisationen, Städte, Familien, Kulturen, Lebenswelten und Menschen trennten; meint die damit entstehenden existenziellen globalen Verstrickungen, Verflechtungen, Konfrontationen, aber auch die Begegnung mit dem globalen Anderen im eigenen Leben.

Anmerkungen

1 Ulrich Beck, Angelika Poferl: *Große Armut, großer Reichtumg. Zur Transnationalisierung sozialer Ungleichheit.* Frankfurt am Main 2010.

2 Nancy Scheper-Hughes: „The Last Commodity: Post-Human Ethics and the Global Traffic". In: Ong Aiwah/ Stephen J. Collier (Hg.): *Global Assemblages: Technology, Politics and Ethics as Anthropological Problems.* Malden, MA/Oxford 2005, S. 145-167.

3 Zygmunt Bauman: „Conclusion: The Triple Challenge". In: Mark Davis/Keith Tester (Hg.): *Bauman's Challenge. Sociological Issues for the 21st Century.* Basingstoke/ New York 2010, S. 200-205.

4 Zygmunt Bauman: „Seeking in Modern Athens an Answer to the Ancient Jerusalem Question". In: *Theory, Culture & Society* 26 (1), S. 71-91.

politanisation extends from the upper levels of society and politics through to the local level, to the everyday life of families, right into the conditions on the labour market; it takes place in cities in particular but also in rural areas, in fact extending right into individual life stories and bodies—even if national flags continue to be waved, the dominant national culture proclaimed, and multiculturalism pronounced dead. Cosmopolitanisation in this sense means the erosion of the distinct boundaries that once separated markets, states, civilisations, cities, families, cultures, living environments, and people; it means the resultant existential involvements, interrelations, confrontations, but also the encounters with the global others in our own lives.

Notes

1 Ulrich Beck, Angelika Poferl: *Große Armut, großer Reichtumg. Zur Transnationalisierung sozialer Ungleichheit*. Frankfurt am Main 2010.

2 Nancy Scheper-Hughes: "The Last Commodity: Post-Human Ethics and the Global Traffic." In: Ong Aiwah, Stephen J. Collier (eds): *Global Assemblages: Technology, Politics and Ethics as Anthropological Problems*. Malden, MA/Oxford 2005, pp. 145-167.

3 Zygmunt Bauman: "Conclusion: The Triple Challenge". In: Mark Davis, Keith Tester (eds): *Bauman's Challenge. Sociological Issues for the 21st Century*. Basingstoke/New York 2010, pp. 200-205.

4 Zygmunt Bauman: "Seeking in Modern Athens an Answer to the Ancient Jerusalem Question." In: *Theory, Culture & Society* 26 (1), pp. 71-91.

SASKIA SASSEN

Die offene Stadt - auf die harte Tour

Die Konstruktion bürgerlichen Miteinanders in den Städten

Städte waren schon immer Schauplatz von Konflikten - ob nun aufgrund von Kriegen oder ethnisch oder religiös motivierten Auseinandersetzungen. Und dennoch: Historisch betrachtet waren es Nationalstaaten, die Konflikte auf militärischem Wege zu lösen suchten, Städte hingegen waren um Ausgleich durch Handel und starkes Engagement ihrer Bürgerschaft bemüht. Krieg ist in die DNA von Staaten eingeschrieben, nicht aber in die von Städten - mit Ausnahme natürlich von Festungen oder Stadtstaaten wie Genua im 16. Jahrhundert.

Bei der Beschäftigung mit der historischen Entwicklung von Städten ist mir eine interessante Dialektik aufgefallen, die eine wichtige Lehre für unsere Zeit enthält: Die Überwindung urbaner Konflikte bildete oft die Grundlage für ein Mehr an bürgerlicher Zivilcourage. Eine entscheidende Rolle spielten dabei Minoritäten: Immigranten, Anhänger der „falschen" Religion, Menschen mit körperlicher oder geistiger Behinderung. Wenn diese Gruppen (oder ihre Fürsprecher) mit ihrer Forderung nach stärkerer gesellschaftlicher Einbindung Erfolg hatten, bedeutete dies immer auch eine Stärkung der Rechte der Mehrheitsgesellschaft. Wir Inkludierten erfuhren durch den Erfolg der Exkludierten also einen Zuwachs an Rechten. Diese Erkenntnis steht in einem starken Gegensatz zu der hergebrachten Sichtweise der Mehrheitsgesellschaften in den USA, Deutschland oder im übrigen Europa. Ob aus Furcht oder Unsicherheit - meist wird jeder Gewinn auf Seiten der Immigranten oder „Anderen" als eigener Verlust betrachtet. Das ist falsch. Exklusion und Diskriminierung sind das Krebsgeschwür eines jeden sozialen Gefüges.

Städtischer Raum ist von intensiver Nähe geprägt. Im überfüllten Stadtzentrum herrschen unausgesprochene Regeln - egal, wie oft man in der dichten, hektischen Menge angerempelt wird, es steckt keine Absicht dahinter ... die Passanten setzen ihren Weg unbeirrt fort. Man stelle sich eine solche Rempelei in einem Viertel vor, in dem sie sofort mit Gewalt in Verbindung gebracht würde. Diese ungeschriebenen Gesetze des Stadtzentrums sind eine entscheidende Grundlage dessen, was das Zusammenleben in einer Stadt ermöglicht. Um die Stadt zu einer offenen Stadt zu machen, müssen wir diese Grundlagen mobilisieren.

Unsere Städte laufen heutzutage Gefahr, die Fähigkeit zu verlieren, bürgerliches Engagement zu ihrer wertvollsten und meistgeschätzten Eigenschaft zu machen. Sie werden zu Schauplätzen einer großen Auswahl neuer Konfliktformen wie asymmetrische Kriege und ethnische oder soziale „Säuberungen". Zudem können die dicht besiedelten, konfliktanfälligen Stadträume, überbelastet durch Ungleichheit und Ungerechtigkeit, Schauplatz einer Vielzahl untergeordneter, eher anomischer Konflikttypen werden - von Drogenkriegen bis zu großen Umweltkatastrophen, die in naher Zukunft drohen. Zusammen stellen sie eine Herausforderung für die traditionelle, in wirtschaftlichen und bürgerschaftlichen Interessen begründete Fähigkeit der Städte dar, Konflikte nicht in Kriege ausarten zu lassen und die Vielfalt an Klassen, Kulturen, Religionen und Ethnizitäten zu integrieren.

Es ist interessant, dass Umfragen (etwa die Pews-Studie zu globalen Wertvorstellungen) in vielen Ländern zu dem Ergebnis kommen, dass gerade jene Bürger, die Einwanderer eigentlich „hassen", über ihre ausländischen Nachbarn häufig sagen: „Oh nein, sie sind sehr nett". Es scheint, dass der persönliche Kontakt „die Anderen" menschlicher macht.

SASKIA SASSEN

Making the Open City the Hard Way

How Cities Assemble the Pieces of the Civic

It is interesting to note that surveys (such as the Pews global value survey) tend to find that citizens in many countries around the world who "hate" immigrants, tend to say, "oh no, they are very nice," when asked about immigrant residents in their neighborhood. There is something about getting to know the Other, which can humanise her.

Cities have long been sites for conflicts: from war to racism and religious hatred. And yet, where national states have historically responded by militarising conflict, cities have tended to triage conflict through commerce and civic activity. War is in the DNA of national states; it is not in the DNA of cities—except, of course, if they are military fortresses or city-states such as Genoa in the sixteenth century.

In my reading of urban histories, I find an interesting dialectic that contains a critical lesson for our times. The overcoming of urban conflicts often became the source for an expanded civicness. One specific actor in this dialectic is the excluded: minoritised immigrants, citizens who followed the "wrong" religion, and the physically or psychologically impaired. When they (and those who worked with them) demanded inclusion and succeeded, the effect was that the rights of the included were also strengthened.

We, the included, saw our rights strengthened when the excluded gained more rights. This is in sharp contrast with how the larger society—whether in the US, Germany, or the rest of Europe tends to see it. The more common view—rooted in fear and insecurity—is to see that whatever the immigrant or the Other gains, the included lose. That is wrong: exclusion and discrimination are a cancer in the larger social system. It is interesting to note that surveys (such as the Pews global value survey) tend to find that citizens in many countries around the world who "hate" immigrants, tend to say, "oh no, they are very nice," when asked about immigrant residents in their neighborhood. There

is something about getting to know the Other, which can humanise her.

Cities are spaces of intense proximities. The crowded city center is a space with an invisible set of rules—no matter how often people bump into each other in the massive crowds walking and rushing, there is no added meaning or offense ... people walk on. Imagine this in a neighborhood where that bump takes on the meaning of violence. Those invisible rules of the city center are a critical glue for civicness. We need to mobilise them to make the city an open city.

Today, cities are at risk of losing this capacity for making the civic their great and most admired feature. They are becoming sites for a whole range of new types of conflicts, such as asymmetric war and ethnic and social cleansing. Furthermore, the dense and conflictive spaces of cities overwhelmed by inequality and injustice can become the sites for a variety of secondary, more anomic types of conflicts—from drug wars to the major environmental disasters looming in our immediate futures. All of these challenge the traditional commercial and civic capacity that has allowed cities to avoid war when confronted with conflict, and to incorporate diversity of class, culture, religion, and ethnicity.

The unsettling of the urban order is part of a larger disassembling of existing organisational logics. This disassembling is also unsettling the logic that assembled territory, authority, and rights into the dominant organisational format of our times—the nation-state, a subject I develop in the book *Territory, Authority, Rights*.

Die Erschütterung der urbanen Ordnung ist Teil einer allgemeinen Tendenz zur Auflösung der bestehenden Organisationslogik. Diese Auflösung erschüttert auch jene Logik, die die Begriffe Herrschaftsraum, Machtbefugnis und Rechtssystem zur vorherrschenden Organisationsform unserer Zeit zusammengefügt hat: der Nationalstaat, den ich in meinem Buch *Das Paradox des Nationalen* weiter beleuchtet habe. Zwar existiert der Typus städtischer Ordnung, der die „offene europäische Stadt" mit ihren schönen öffentlichen Plätzen und Gebäuden hervorgebracht hat, nach wie vor, stellt aber zunehmend eine rein visuelle Ordnung und immer weniger eine soziale Ordnung dar.

Wohin also führt der Weg? Paradoxerweise ist eine wichtige Voraussetzung für unser Weiterkommen die Tatsache, dass die Herausforderungen unserer Zeit - asymmetrischer Krieg, Umweltkatastrophen, massive Ungleichheit - größer sind als unsere Unterschiede und im Begriff sind, das Leben, so wie wir es gewohnt waren, untragbar zu machen.

Genau diese akute Intensität der Ungerechtigkeit und Untragbarkeit der wirtschaftlichen, politischen und ökologischen Ordnung zeichnet sich als Potenzial für die Wiederbelebung der Fähigkeit von Städten ab, Konflikte in Offenheit statt in Kriege umzuwandeln. Doch wird die neue Ordnung der „offenen Stadt", wie auch die Ordnung des städtischen Zusammenlebens, wie wir sie bisher besonders in der europäischen Tradition verkörpert haben, anders sein, als wir

sie kennen. Sie wird sich grundlegend verändern, einschließlich einer Entnationalisierung unseres Sicherheitsgefühls und der Annahme einer kosmopolitischen „Staatsbürgerschaft". Tatsächlich treten einige Probleme, die für gewöhnlich als Herausforderungen für die globale Ordnung verstanden werden, in Städten besonders deutlich und dringlich zutage. Sie reichen von Umweltfragen bis zu Strömen von Kriegsflüchtlingen aus den Städten und in die Städte. Diese Urbanisierung von Herausforderungen, die traditionell als national/global erachtet wurden, ist Teil einer umfangreicheren Demontage allumfassender Formate, insbesondere des Nationalstaats und des zwischenstaatlichen Systems. Dies könnte erklären, warum Städte ihre älteren Fähigkeiten verlieren, potenzielle Konflikte im bürgerlichen Miteinander aufzulösen. In den vergangenen zwei Jahrhunderten war die traditionelle Grundlage für den zivilisierten Umgang miteinander im europäischen Sinne in erster Linie die sogenannte Zivilisierung des bürgerlichen Kapitalismus. Dies deckt sich mit dem Triumphzug der liberalen Demokratie als politischem System des Bürgertums.

Die Urbanisierung bedeutender Herausforderungen für die globale Ordnung - im Kontext einer umfassenderen Dynamik, die das Nationale demontiert - deutet darauf hin, dass Städte auch zu Schauplätzen werden, an denen neue Normen festgelegt werden. Städte haben diese Rolle bereits zu anderen Zeiten an verschiedenen Orten und in sehr unterschiedlichen Situ-

Beat Streuli
Porte de Ninove 07
2007
Wallpaper
260 x 1700 cm / 102 3/8 x 669 1/4 inches

Heute wissen wir, dass dieses akute Gefühl von Ungerechtigkeit und untragbaren Lebensbedingungen eine Hauptquelle dessen war, was wir in Tunis, Kairo und Alexandria und auch in anderen Städte gesehen haben: des Mutes, der militärischen Macht allein mit dem eigenen Körper und der eigenen Stimme entgegenzutreten.

We now know that this acute sense of injustice and unsustainable lives is a major source for what we saw in Tunis, Cairo, Alexandria, and other cities: the courage to resist military power with only one's body and voice.

The type of urban order that gave us the Open City in Europe, with its beautiful piazzas and public buildings is still there, but increasingly as mere *visual* order, and less so as social order. Where do we go from here, then? Ironically, a key condition that can help us move on is the fact that this is also a moment of challenges that are larger than our differences (asymmetric war, environmental catastrophes, massive inequality) and are beginning to make life as usual unsustainable. We now know that this acute sense of injustice and unsustainable lives is a major source for what we saw in Tunis, Cairo, Alexandria, and other cities: the courage to resist military power with only one's body and voice.

It is the acuteness of injustice and the unsustainablity of the economic, political, and environmental order that emerges as a potential for reinventing the capacity of cities to transform conflict into openness rather than war. But it will not be the familiar order of the Open City or of the civic order as we have come to represent it, especially in the European tradition. It will take foundational change, including a kind of denationalising of one's sense of security and a cosmopolitan citizenship.

Some of what are usually understood as global governance challenges actually become particularly concrete and urgent in cities. They range from environmental questions to the flight of war refugees from and into cities. This urbanising of what we have traditionally considered

national/global challenges is part of a larger disassembling of all-encompassing formats, notably the nation-state and the inter-state system. It could explain why cities are losing older capacities to transform potential conflicts into the civic. In the last two centuries, the traditional foundation for the civic in its European conception has largely been the so-called civilising of bourgeois capitalism; this corresponds to the triumph of liberal democracy as the political system of the bourgeoisie. Today, capitalism is a different formation, and so is the political system of the new global elites. These developments raise a question about what might be the new equivalent of what used to be the civic. The urbanising of major global governance challenges—in the context of a larger dynamic that disassembles the national—signals that cities also become a site where new norms are made. Cities have played this role at various times and in various places, and under very diverse conditions. Yet, this role can become strategic under certain types of conditions, as is the case today.

One useful example to clarify the issue of making norms is the case of intra-European migrations. What must be emphasised here is the hard work of making the Open City. The particular case of immigrant integration in Europe over the centuries is one window into this complex and historically variable question of the making of the European Open City. In my reading, the challenges of incorporating the "outsider"

ationen gespielt. Diese Rolle kann jedoch unter bestimmten Bedingungen strategisch wichtig werden, wie das gegenwärtig der Fall ist.

Ein nützliches Beispiel zur Veranschaulichung der Festlegung neuer Normen ist die inter-europäische Migration. Was an dieser Stelle hervorgehoben werden muss, ist die harte Arbeit, die die Entwicklung einer „offenen Stadt" bedeutet. Der spezielle Fall der Integration von Immigranten in Europa über die letzten Jahrhunderte erlaubt einen Einblick in diese komplexe und historisch variable Frage der Erschaffung der „offenen europäischen Stadt". Meiner Auffassung nach wurden die Herausforderungen, die die Einbindung des „Außenseiters" mit sich brachte, zu Instrumenten für die Entwicklung des bürgerlichen Miteinanders im besten Sinne des Begriffes (im Original = civic (Subst.), Anmerkung der Redaktion). An anderer Stelle habe ich die These entwickelt, dass die Forderungen der „Ausgeschlossenen" die gegebenen Bürgerrechte erweitern. Hierbei handelt es sich um eine ausschlaggebende Dynamik in der Geschichte Europas, die in europäischen Standardgeschichtsbüchern leider zu häufig übersehen wird.

Im Verlauf aller wichtigen Immigrationsphasen in den großen europäischen Staaten kam es kurzzeitig zu Fremdenfeindlichkeit und Angriffen auf Einwanderer. Kein Einwanderungsland für ausländische Arbeitskräfte hat diesbezüglich eine reine Weste – auch nicht die Schweiz mit ihrer langen Geschichte der internationalen Neutralität und noch nicht einmal Frankreich, das offenste Land für Immigranten, Flüchtlinge und Exilanten. Anfang des 19. Jahrhunderts töteten französische Arbeiter italienische Arbeiter, weil sie ihnen unterstellten, die „falschen"

Katholiken zu sein. Entscheidend ist jedoch die Tatsache, dass es schon immer – wie auch heute – Einzelne, Gruppen, Organisationen und Politiker gab und gibt, die für eine bessere Integration von Immigranten in unsere Gesellschaft eintreten. Die Geschichte lehrt uns, dass dieser Kampf um die Einbindung letzten Endes erfolgreich war, wenn auch nur teilweise. Ein Blick auf die jüngste Vergangenheit zeigt, dass ein Viertel der französischen Bevölkerung ausländische Vorfahren innerhalb der letzten drei Generationen haben. Es bedurfte einer aktiven Anstrengung, die innerstädtischen Spannungen und Vorbehalte gegenüber Ausländern in ein bürgerliches Miteinander umzuwandeln. Ein vernünftiges öffentliches Verkehrssystem oder Gesundheitssystem kann seine Benutzer nicht in angeblich gute oder schlechte Menschen unterteilen. Eine Grundregel muss von allen beachtet werden: Kauf dir eine Fahrkarte und du bist dabei – bürgerliches Recht durch Anerkennung der Geschäftsbedingungen.

Europa hat eine wenig anerkannte Geschichte von mehreren Jahrhunderten interner Migrationen von Arbeitskräften. Diese Geschichte bewegt sich im Halbschatten der offiziellen europäischen Geschichte, die in erster Linie vom Bild eines Kontinents der Auswanderung, nicht der Einwanderung bestimmt wird. Doch Anfang des 18. Jahrhunderts, als Amsterdam seine Deiche baute und seine Sümpfe trockenlegte, holte es sich Arbeitskräfte aus Norddeutschland; als die Franzosen ihre Weingüter anlegten, holten sie sich Spanier; zum Bau von Mailand und Turin holte man sich Arbeiter aus der Alpenregion; als London Hilfe beim Aufbau einer Wasser- und Abwasserinfrastruktur brauchte, holte man sich

Beat Streuli
Brussels 05/06
2007
Wallpaper; inkjet print
Unique
256 x 2800 cm / 100 3/4 x 1102 3/8 inches

Heute allerdings hat der Kapitalismus eine andere Form angenommen, ebenso wie das politische System der neuen globalen Eliten. Diese Entwicklungen werfen die Frage auf, welche neue Gestalt das Zusammenleben und -wirken der Bürger annehmen wird.

became the instruments for developing the civic in the best sense of the word. Elsewhere, I have developed the proposition that the claims by the excluded expand the inclusions of citizenship. This is a critical dynamic in Europe's history, one too often overlooked in standard European histories.

Very briefly, anti-immigrant sentiment and attacks occurred in each of the major immigration phases in all major European countries. No labor receiving country has a clean record—not Switzerland, with its long history of international neutrality and not even France, the most open to immigration, refugees, and exiles. French workers killed Italian workers in the nineteenth century and accused them of being the wrong types of Catholics. Critical is the fact that there were always, as is also the case today, individuals, groups, organisations, and politicians who believed in making our societies more inclusive of immigrants. History suggests that those fighting for incorporation succeeded in the long run, even if only partially. Just to focus on the recent past, one quarter of the French have a foreign-born ancestor three generations up. It took active making to transform the urban hatreds of foreigners into the civic. A sound public transport system or health system cannot sort users according to whether they are considered good or bad people. A basic rule needs to be met: pay your ticket and you are on. That is the making of the civic as a material condition.

Europe has a barely recognised history of several centuries of internal labor migrations. This is a history that hovers in the penumbra of official European history, dominated by the image of Europe as a continent of emigration, never of immigration. Yet, in the eighteenth century, when Amsterdam built its polders and cleared its bogs, workers were brought in from northern Germany; when the French developed their vineyards, workers were brought in from Spain; workers from the Alps were brought in to help develop Milan and Turin; as were the Irish when London needed help building water and sewage infrastructure. When Haussmann rebuilt Paris in the nineteenth century, workers were brought in from Germany and Belgium; when Sweden decided to become a monarchy and needed some beautiful palaces, Italian stoneworkers were brought in; when Switzerland built the Gothard Tunnel, workers were brought in from Italy; and when Germany built its railroads and steel mills, workers were brought in from Italy and Poland.

At any given time, there were multiple significant flows of intra-European migration. All of the workers involved were seen as outsiders, as undesirables, as threats to the community, as people who could never belong. But significant numbers did become part of the community, even if it took two or three generations. They often maintained their distinctiveness, yet were still members of the community—part of the complex, highly heterogeneous social order of any developed society. But at the time of their first arrival, they were treated as outsiders, racialised as different in looks, smells, and habits—though they were so often the same phenotype, general religious, or cultural group. They were all Europeans: but the differences were experienced as overwhelming and insurmountable. Elsewhere, I have documented the acts of

Today, capitalism is a different formation, and so is the political system of the new global elites. These developments raise a question about what might be the new equivalent of what used to be the civic.

irische Arbeiter. Zu Beginn des 19. Jahrhunderts, als Haussmann Paris umbaute, brachte er Deutsche und Belgier ins Land; als Schweden sich entschied, eine Monarchie zu werden, und nun einige prunkvolle Paläste brauchte, holte man sich italienische Steinmetze; als die Schweizer den Gotthard-Tunnel baute, holten sie sich Italiener; und als Deutschland sein Eisenbahnnetz und seine Stahlhütten baute, holte man sich Hilfe aus Italien und Polen.

Zu jeder Zeit gab es mehrfache intereuropäische Migrationsströme. Alle Gastarbeiter wurden als Außenseiter, als Unerwünschte, als Bedrohung für die Gemeinschaft und als Menschen angesehen, die niemals dazugehören würden. Doch gelang es einer nicht unerheblichen Zahl von ihnen, Teil der Gemeinschaft zu werden, auch wenn es zwei oder drei Generationen dauerte. Oft behielten sie ihre unverwechselbaren Eigenheiten, auch wenn sie nun Mitglieder der Gemeinschaft waren – Teil der komplexen, stark heterogenen sozialen Ordnung jeder entwickelten Gesellschaft. Zum Zeitpunkt ihrer Ankunft wurden sie jedoch wie Außenseiter behandelt, die einer anderen Rasse mit anderem Aussehen, anderen Gerüchen und Gewohnheiten angehörten, obwohl sie häufig demselben Phänotyp oder allgemein derselben religiösen oder kulturellen Gruppe zugehörten. Einwände wurden in der Vergangenheit geltend gemacht, wenn Migranten grob gesehen derselben religiösen, ethnischen und kulturellen Gruppe angehörten. Migration ist die Bewegung von einer Welt in eine andere, selbst wenn dies innerhalb einer Region oder eines Landes geschieht – wie etwa, als Ostdeutsche nach 1989 nach Westdeutschland zogen, wo sie häufig als andere „ethnische" Gruppe mit unerwünschten Wesenszügen angesehen wurden. Welcher vergleichbaren Herausforderung sehen wir uns heute gegenüber? Was kann uns dazu veranlassen, über unsere Unterschiede hinauszublicken und etwas zu tun, was dieser historischen, traditionellen Erschaffung des bürgerlichen Miteinanders in Europa entspricht?

In diesem Kontext ist die Stadt aufgrund ihrer weitaus größeren Komplexität und Vielfalt und ihrer großen internen Konflikte und Rivalitäten eine ungeheuer bedeutungsvolle Ansammlung von Menschen. Anstelle der gängigen Lösungen muss die Stadt versuchen, unterschiedliche und passgenaue Konzepte der chancengleichen Versorgung und auch Bildung zu entwickeln. Wenn die Stadt überleben und nicht nur ein unbewohnbares Häusermeer bleiben soll, muss sie einen Weg finden, um wenigstens einige dieser Konflikte aufzulösen.

Jede Maßnahme wird nur funktionieren, wenn sie kollektiv ergriffen wird. Wir stecken da gemeinsam drin und kommen nur gemeinsam wieder heraus. Dadurch kann unsere Antwort auf die aktuellen Fragen zu einer neuen Plattform für die Erschaffung offener Städte werden, oder wenigstens ein Pendant zum traditionellen bürgerlichen, kosmopolitischen und weltgewandten Miteinander. Alle diese Bestandteile werden vermutlich andere Formate und Inhalte haben als in der traditionellen europäischen Version. Ich glaube, die Formate und Inhalte dieser neuen Möglichkeiten werden sich so drastisch vom tradierten Zusammenleben unterscheiden, dass wir eine neue Sprache brauchen, um sie zu beschreiben. Doch werden diese neuen Formate und Inhalte die Macht besitzen, die offenen Städte unserer Zukunft zu erschaffen.

In einer Zeit, in der die „offene Stadt" von so vielen Seiten kritisiert wird, lohnt es sich zu fragen, ob es Herausforderungen gibt, denen wir uns in den Städten stellen müssen, die größer sind als der Hass, der Rassismus und die Ungerechtigkeiten, die uns heimsuchen. Sowohl die Urbanisierung des Krieges wie die Bedrohung der Städte durch die Klimaveränderung liefern uns eine lange Liste an notwendigen Veränderungen. Die Trennung von nationaler Sicherheit und menschlicher Sicherheit wird zunehmend sichtbar. Und die direkte Bedrohung durch die Klimaveränderung betrifft uns alle, unabhängig davon, welcher Religion, Klasse oder Rasse wir angehören und ob wir Bürger oder Immigranten sind. Diesen Bedrohungen können wir uns nur gemeinsam stellen, wir alle zusammen. Könnte dies die Grundlage für eine neue Form der „offenen Stadt" sein, die nicht so sehr auf bürgerlichem Miteinander als vielmehr auf einer neuen, gemeinsamen Dringlichkeit basiert?

Kauf dir eine Fahrkarte und du bist dabei – bürgerliches Recht durch Anerkennung der Geschäftsbedingungen.

violence, the hatred directed against those who today we experience as one of us.

These are equivalent arguments to those made in the past when migrants were broadly of the same religious, racial, and cultural group. Migration hinges on a move between two worlds, even if within a single region or country—such as East Germans moving to West Germany after 1989, where they were often viewed as a different ethnic group with undesirable traits. What is today's equivalent challenge, one that can force us to go beyond our differences and make what it is that corresponds to that older traditional making of the European civic?

In this context, the city is an enormously significant assemblage because of its far greater complexity and diversity, and its enormous internal conflicts and competitions. Rather than the univocal though diverse utility logics, the city forces an elaboration of multiple and conflictive utility logics. But if the city is to survive—and not become a mere built-up terrain or cement jungle—it will have to find a way to triage at least some of this conflict.

Responding will only work if it is a collective process. We are in it together and we can only overcome it together. That response can thus become a new platform for the making of open cities, or at least the equivalent to the traditional civic, the cosmopolitan, and the urbane. All of these features will probably have different formats and contents from the iconic European version. My sense is that the formats and the contents of this new possibility will be so diverse from those traditional experiences of the civic and the cosmopolitan, that we will need a different language to describe them. But these formats and contents may have the power to create the open cities of our future.

At a time when the Open City is under attack from so many sides, one question worth posing is whether there are challenges we confront in cities that are larger than the hatred, racism, and inequality that beset us. Yes, both the urbanising of war and the direct climate change threats to cities provide us with powerful agendas for change. The disarticulation between national security and human security is becom-ing increasingly visible. And the direct threat of climate change will affect us all—regardless of religion, class, race, or whether we are citizens or immigrants. If we are going to act on these threats we will have to work together, all of us. Could this be the basis for a new kind of Open City, one not so much based on the civic as on a new, shared urgency?

Pay your ticket and you are on. That is the making of the civic as a material condition.

ANGELUS EISINGER

Urbanität als Lebensform ist keine Konstante

Zur Entwicklung der internationalen Stadtgesellschaft

Die Geschichte der internationalen Stadtgesellschaft zu skizzieren verlangt, über die Industriegesellschaft und ihre Nachfolger, ihre Manifestationen und Verwerfungen nachzudenken. Bei dieser Stadtbetrachtung handelt es sich um die Geschichte einer „sozialen Realität" (Henri Lefebvre), die immer über die einzelne Stadt hinausweist, aber an Stelle einer linearen Stadtgeschichte aus einer Fülle von Stadtgeschichten besteht. Insgesamt entfaltete sich somit über die letzten 200 Jahre eine Chronik von Angleichungstendenzen wie schroffen Differenzen. Die Geschichte der internationalen Stadtgesellschaft konfrontiert uns mit einer kaum zu entwirrenden Gemengelage von gesellschaftlichen und kulturellen, ökonomischen und technologischen, intellektuellen wie politischen Transformationen, aus denen heraus sich Stadt als räumlicher Aggregatzustand und gesellschaftliche Realität immer wieder neu konfigurierte und konfiguriert. Im Folgenden werde ich versuchen, die Dynamik der städtischen Entwicklung in den letzten beiden Jahrhunderten zu umreißen und dabei immer auch einen Blick auf die kulturelle und politische Reflexion der Stadtgesellschaft zu werfen.

Neue Grundlagen der urbanen Entwicklung

Gehen wir zurück in die Jahre um 1800. Damals zeigte sich die Welt praktisch ausschließlich ländlich geprägt. Schätzungen zufolge lebten damals nur zwei bis drei Prozent der Weltbevölkerung in Städten; in Europa waren es durchschnittlich etwa zwölf Prozent – bei erheblichen regionalen Differenzen. Gleichzeitig war die dominante städtische Realität, die der Kleinstadt, übersichtlich, beschaulich und kontrolliert. Wie lassen sich die Stadtgesellschaften zu diesem Zeitpunkt beschreiben? London besaß um 1800 über eine Million Einwohner und die übrigen Städte in Europa mit mehr als 100.000 Einwohnern ließen sich an wenigen Fingern abzählen. Zwei Dinge sind dabei besonders zu beachten: Betrachten wir die Veduten mittelalterlicher oder barocker Städte, künden diese von einer klaren Ordnung der Welt. Sie zeigen eine unmissverständliche Trennung zwischen zwei vollkommen voneinander geschiedenen Welten, innerhalb und außerhalb der Stadtmauern – baulich, biografisch, kulturell, räumlich und sozioökonomisch. Die Stadt verkörpert das Artefakt, die Gegenlogik zur jenseits der Stadtmauern herrschenden Natur. Gleichzeitig, und das ist die zweite Beobachtung, dominiert im Innern gegen 1800 immer noch eine zünftige oder aristokratische Ordnung. Beides, die klare Trennung der gesellschaftlichen Realitäten zwischen Stadt und Land wie auch die klare und wenig durchlässige Schichtung der Stadtgesellschaften, beginnt sich nun über den doppelten Effekt der Liberalisierung und die industrielle Revolution aufzulösen. Mit bis heute drastischen Folgen für die Stadt. Die aus der Auflösung der alten Ordnung und der Ausbildung des Kapitalismus resultierenden eruptiven Entwicklungen haben während des 19. Jahrhunderts, in für die Zeitgenossen oft kaum nachvollziehbarer Rasanz, die alten urbanen Ordnungen beseitigt und an ihre Stelle bisher unbekannte Stadtzustände gestellt. So

Das Ende des Städtischen: Urban Plankton vor der Stadt – Luftaufnahme von 2011 mit Siedlung in Landshut (Niederbayern) The end of that which is city-like: urban plankton on the city outskirts—aerial view of housing in Landshut (Lower Bavaria), in 2011

ANGELUS EISINGER

The Urban Way of Life is not a Constant

On the Development of International Urban Society

verfünfhundertfache (!) Chicago seine Bevölkerung in gerade mal 60 Jahren, Wien wuchs zwischen 1840 und 1900 von 400.000 auf über 1,6 Millionen Einwohner, Berlin versechsfachte zwischen 1850 und 1900 seine Bevölkerung. Stadtentwicklung bedeutete somit immer beides: quantitative *Explosion* und qualitative *Mutation*. Und so wurden die Städte zu gewaltigen „Vergesellschaftungsmaschinen" (Wolfgang Kaschuba), die eine mobil gewordene, ihren bisherigen Bindungen und Vorstellungsmustern entledigte Bevölkerung urbanisierte.

In diesem dramatischen Kontext unternahm auch die moderne Stadtplanung ihre ersten Schritte. Der Umbau von Paris unter Baron Haussmann zwischen den frühen 1850er Jahren und seiner Entmachtung 1870 schlug Europa in seinen Bann: Seine umfassende Reorganisation der Stadt strebte in einem frühen Gestus von Omnipotenzansprüchen, die das 20. Jahrhundert dann prägen sollten, danach, Paris gleichzeitig schöner, gesünder, effizienter und militärisch kontrollierbarer zu machen. Während seiner baulichen Transformationen wandelte sich Paris immer mehr zu einem intellektuellen und künstlerischen Laboratorium, in dem für die Moderne gleichsam archetypische Deutungsfiguren der Stadt oder Institutionen ihrer Beobachtung und Selbstbeschreibung wie der Flaneur entstanden. In der Folge fügten sich in Paris bis zum Ende des 19. Jahrhunderts nach und nach literarische, künstlerische, wissen-

Bevölkerung in 60 Jahren verfünfhundertfacht: Blick auf die Waterfront von Chicago 1874, mit Neubauten nach dem großen Feuer von 1871   A five hundred-fold population increase in 60 years: view of the Chicago waterfront in 1874, with new buildings following the great fire of 1871

Outlining the history of international urban society requires consideration of industrial society and its successors, their manifestations and distortions. This urban contemplation is about the history of a "social reality" (Henri Lefebvre) that always extends beyond individual cities but, rather than being a linear account of urban life, comprises a wealth of urban histories. Consequently, what has developed over the last two hundred years is a chronicle of both convergent trends and stark differences.

This history presents us with a barely decipherable entanglement of social and cultural, economic and technological, intellectual and political transformations, out of which the city continues to reconfigure itself as a spatial state of aggregation and social reality. The text that follows is an attempt to outline the dynamics of urban development over the last two centuries while also taking a look at the cultural and political reflection of urban society.

New Bases of Urban Development

Let us go back in time to around 1800. Then, the world was almost solely rural in character. It is estimated that only two to three per cent of the world's population lived in towns; in Europe it was an average of about twelve per cent—with considerable regional differences. At the same time, the dominant urban reality, the small town, was open, quiet, and controlled.

How would we describe urban society at this point? London, around 1800, had over a million residents and the other European cities with more than 100,000 inhabitants could be counted on the fingers of one hand. There are two particular points to consider: paintings of medieval or baroque cities portray a clear world order. They show an unmistakeable separation between two worlds completely divorced from one another, within and outside of the city walls—architecturally, biographically, culturally, spatially, and socio-economically. The city embodies the artefact, the counterlogic to the nature prevailing on the other side of the walls. Contemporaneously, and this is the second point, in 1800 the inside was still dominated by a guild or aristocratic order. Both the distinct separation of town and country social realities and the clear, largely impenetrable stratification of urban society then began to dissolve under the dual effects of liberalisation and the Industrial Revolution. With drastic consequences for the city, which still endure.

The volatile developments resulting from the dissolution of the pre-existing system and the emergence of capitalism did away with the old urban order during the nineteenth century, often at such a speed as to be barely comprehensible to those witnessing the phenomenon, replacing the former arrangements with previously unknown urban circumstances. The population of Chicago, for example, increased five hundred times (!) in just sixty years, Vienna grew from 400,000 to more than 1.6 million residents between 1840 and 1900, while Berlin's population became six times larger between 1850 and 1900. Urban development thus always meant two things: quantitative *explosion* and

Schöner, gesünder, effizienter, aber auch militärisch kontrollierbarer: Maßnahmen unter Baron Haussmann in Paris, Durchbruch des Boulevards durch das Altstadtquartier, 1868 More attractive, healthier, more efficient, but also controllable militarily: the measures undertaken by Baron Haussmann in Paris, the boulevard breaks through into the old town district, 1868

schaftliche Beiträge zu einem facettenreichen und widersprüchlichen Grundlagentext europäischen Stadtverständnisses, in dem bald die Irritationen ob der Veränderungen gegenüber der enthusiastischen Begeisterung dominierten. Es gab aber noch ein weiteres wichtiges Moment der Internationalisierung der Stadtgesellschaft. Im Grunde hatte ja die Stadtplanung mit Verspätung eingesetzt und verfügte auch kaum über die Instrumente, um mit den Wachstumsschüben fertig zu werden. Gleichzeitig stellte sie aber durch den regen Austausch der Stadtbauverantwortlichen ein wesentliches Moment der Dynamisierung der Stadtreflexion dar und – man denke nur an Friedrich Engels Notaten zu Manchester, die Bodenreformdebatten oder die Gartenstadtbewegung – beschleunigte dadurch die Politisierung der Stadtgesellschaften.

Der Quantensprung in die Großstadt

Nach 1900 ist die Stadt zur dominierenden Siedlungs-, Wirtschafts- und Lebensform der Industriegesellschaften geworden, deren Eigenschaften sich in der Großstadt geradezu potenzierten. Städte verstärkten im Zuge ihres Wachstums ihre Qualitäten als effiziente Kommunikationsmittel und als Agglomerationen von Information, Kompetenz und Ressourcen. Dabei war gerade die erste Generation der Stadtsoziologen, wie Lewis Mumford, Georg Simmel oder Louis Wirth, fasziniert von der Ausbildung eines neuartigen sozialräumlichen Systems mit eigener Dynamik, Kultur und Gesellschaftslogik. Die Chicago School verglich die moderne Großstadt mit einem ökologischen System, in welchem divergierende Gruppen koexistierten, ohne notwendigerweise in eine übergeordnete Einheit zu verschmelzen.
Diese Lesart von Stadt als einer neuen und umfassenden Daseinsweise begleitete die Stadtrezeption und ihre intellektuelle wie künstlerische Verarbeitung beidseits des Atlantiks. Die Großstadt wirkte als „Gesamtlaboratorium" (Robert Musil im *Mann ohne Eigenschaften*), dem weder Ordnung noch Plan zugrunde zu liegen schienen. Die Diskurse der Intellektuellen und

Künstler, der Politiker, Journalisten und Lebenskünstler standen für eine „wachsende Selbstreflexivität der Großstadtkultur" (Zimmermann/Reulecke), die in der janusköpfigen Deutung des Stadtalltags auch zur Gesellschaftskritik wurde.

Die Stadtgesellschaft im Zeitalter des Massenkonsums

Nach dem Zweiten Weltkrieg wurde das urbane Versprechen auf ökonomische und gesellschaftliche Besserstellung breiter Bevölkerungskreise eingelöst – oft auf den Ruinen der im Bombenkrieg zerstörten Städte. In den „langen 50er Jahren" verbanden sich gerade in Europa Massenproduktion und Massenkonsum mit dem politisch verankerten Streben nach sozialer Gerechtigkeit. Die von entsprechenden Mechanismen der Umverteilung begleitete Massenkonsumgesellschaft löste weite Kreise der urbanen Bevölkerung aus den bisherigen Fesseln der Armut. Dazu genügte ein Blick in die Wohnungen, in denen nach 1950 Waschmaschinen, Bügeleisen, Staubsauger, Kühlschränke und Fernsehgeräte mehr und mehr zur Selbstverständlichkeit wurden. Dieser Zuwachs an Freiheiten in der Lebensführung durch Konsum hatte durchaus seine räumlichen Implikationen. So versiebenfachte sich allein zwischen 1951 und 1960 in der Bundesrepublik die Zahl der PKWs. Gleichzeitig situierte sich der individuelle Zuwachs an modernen Wohn- und Lebensformen nicht mehr länger in den Raummustern der bürgerlichen Stadt mit ihren Straßenfluchten und Plätzen, sondern realisierte sich in den Neubaugebieten am Stadtrand. In den vorfabrizierten Vorstadtsiedlungen konzentrierte sich in tausendfacher Wiederholung das „kleine Glück", das mit Blick auf die ärmlichen Lebensverhältnisse früherer Generationen von Stadtbewohnern so klein oft nicht war. Die Kritik am Alltag in diesen Satellitenstädten setzte früh ein. Sie prangerte in der – so Alexander Mitscherlich bereits 1965 – „Unwirtlichkeit der Städte" die Verödung und Verarmung sozialer Kontakte an. Weiter begleitete diese Form der Verstädterung eine zunehmende Trennung von mentaler und räumlicher Urbanisierung. Man

Nach 1900 wird die Großstadt die dominierende Sied-lungs-, Wirtschafts und Lebensform der Industriege-sellschaft, ist aber auch unkontrollierbar geworden: Gemälde von Umberto Boccioni: *Der Lärm der Straße dringt in das Haus*, 1911   The metropolis became the dominant form of housing, economics, and living in industrialised society after 1900 but also became un-controllable: painting by Umberto Boccioni: *The Street Enters the House*, 1911

qualitative *mutation*. Cities consequently be-came vast "socialisation machines" (Wolfgang Kaschuba), urbanising a now mobile population that divested itself of former ties and thought patterns.

It was in this dramatic context that modern urban planning also undertook its first steps. The transformation of Paris under Baron Hauss-mann between the early 1850s and his disem-powerment in 1870 cast a spell over Europe: his comprehensive reorganisation of the city, in an early expression of the aspirations to omnipo-tence that were to characterise the twentieth

century, strove to make Paris simultaneously more attractive, healthier, more efficient, and easier to control militarily.

During the course of Haussmann's architec-tural revolution, Paris increasingly became an intellectual and artistic laboratory, in which archetypal modernist, as it were, interpre-tive figures of the city or its observational and self-defined institutions like the "flaneur" emerged. Consequently, literary, artistic, and scientific contributions in Paris up until the end of the nineteenth century gradually came to comprise a diverse and contradictory basic text of European urban understanding, soon to be dominated by irritation with the changes rather than by positive enthusiasm.

There was also another important moment in the internationalisation of urban life. Urban planning had, in fact, been late in getting started, nor did it really have the tools to cope with the spurts of growth. At the same time, however, the lively exchanges between those responsible for urban development did constitute a key moment for the impetus of urban thouught and—we have only to think of Friedrich Engels' notes on Manchester, the land reform debates, or the garden city movemen—thus accelerated the politicisation of urban society.

Quantum Leap to the City

After 1900 the city became the dominant way of living and working for industrial society, the characteristics of which grew practically exponentially in the city. During the course of their growth, cities consolidated their qualities as an efficient means of communication and as agglomerations of information, skills, and resources. The first generation of urban soci-ologists, like Lewis Mumford, Georg Simmel, or Louis Wirth, were thus fascinated by the emer-gence of a new kind of socio-spatial system with its own impetus, culture, and social logic. The Chicago School compared the modern city with an ecological system, in which divergent groups coexisted, without necessarily merging to form a superior unit.

war Teil städtisch geprägter Arbeits- und Lebenswelten, die aber mit traditionellen urbanen Mustern nichts mehr gemein hatten.

Diese Tendenz hat sich bis heute weiter akzentuiert. Städtisches Leben äußert sich als zig-tausendfach realisierte Inanspruchnahme von Raum, die sich jeglicher Vorstellung von Stadt als territorialem Prinzip entzieht. Die Orte und ihre Bebauungsformen belegen keine Lebensweisen und Mentalitäten mehr, in den Öden Suburbias ebenso wenig wie in scheinbar vertrauten Stadtteilen. Das wird zum Beispiel dann deutlich, wenn wir Jane Jacobs' in den frühen 1960er Jahren faktisch wohl begründete Bejahung des New Yorker West Village mit den pessimistischen Lektüren der gleichen Nachbarschaft in Richard Sennetts *Fleisch und Stein* gegen Mitte der 1990er Jahre kontrastieren. Die Läden und Cafés, die Wohngebäude und das Straßenleben im West Village zeichneten immer noch die Kulisse vom liberalen Ambiente der Beatniks und der Folkszene. Das Stück freilich war für einen kritischen Beobachter wie Sennett mittlerweile bis zur Unkenntlichkeit umgeschrieben worden. So legten sich im nunmehrigen Blick die Schürfungen der dramatischen gesellschaftlichen Umwälzungen frei, die Manhattan seit Jacobs Werk durchlebt hatte.

Stadt verstehen

Wie lassen sich Stadt und ihr gesellschaftlicher Alltag heute noch erfassen? In der Eingangssequenz von *Manhattan*, Woody Allens wohl vollendetster seiner vielen Liebeserklärungen an New York, vernehmen wir aus dem Off eine männliche Stimme, welche die in opulentes Licht getauchten und in berückenden Schwarz-Weiß-Kontrasten gehaltenen Aufnahmen von Straßenszenerien begleitet. In schneller Abfolge entwirft sie Anfänge und verwirft sie ebenso rasch wieder. In diesen Anfangsminuten umkreisen unablässig Worte die Stadt New York, nähern sich ihr unvermittelt, gewinnen ihr, im Lichte immer wieder veränderter Blickpunkte, neue Facetten ab. Die Skizzen legen ein virtuos arrangiertes Patchwork von möglichen Lesarten der Stadt aus. Dabei entsteht eine perspektivi-

sche Auffächerung, die sich im Grunde festen Zuschreibungen verweigert.

Damit folgt das narrative Prinzip des Auftakts der Logik, die heute das *urban age* prägt. Die europäische Stadt, die die Nachfolge der vorindustriellen Stadt angetreten hat, bildet dabei nurmehr eine Marginalie. Bis in die Gegenwart hinein hat man darin Plätze und städtische Zentren gesehen, die das Verhalten im Raum strukturieren. Im Zeitalter der *individual city* (Hajer/Reijndorp) verlieren diese Vorgaben den Appellcharakter, der ihnen bisher zugeschrieben worden ist, da jede Person unablässig von neuem ihr eigenes Netzwerk in den Raum einschreibt. Die Frage nach der richtigen Perspektive auf die Stadtgesellschaft greift damit heute dann ins Leere, wenn sie diese als Frage nach der baulichen Gestalt der Stadt versteht. Mit den Debatten um die *Global City* ist der Raum der Parameter aufgerissen worden, in dem die Stadtgesellschaft heute verhandelt werden muss. Dazu gehören die Konkurrenz städtischer Standorte ebenso wie die Ausbildung einer hochgradig mobilen urbanen Elite und globale

Oben: Zuwachs an Gestaltungsfreiheiten in der Lebensführung: Hausfrau in Einbauküche 1958 – neue technische Lösungen führen auch zur Vereinsamung und zum Rückzug aus der städtischen Gesellschaft. Rechts: Fünf Jahrzehnte später – der Versuch der Rückkehr in die städtische Gemeinschaft: Das HUB in Madrid wurde 2010 nach dem Umbau einer leer stehenden Garage in der City von Madrid zum Gemeinschaftsbüro. Freiberufler können sich hier einmieten, Küche und Konferenzraum werden gemeinschaftlich genutzt. Above: Increased freedom of design in individual lives: a housewife in a fitted kitchen, 1958–new technical solutions also led to isolation and retreat from urban society. Right: Five decades later—the attempt at a return to the urban community: the HUB in Madrid became a community office in following the conversion of a vacant garage in the city of Madrid. Freelancers can rent premises here, the kitchen and the conference room are used on a communal basis.

This version of the city as a new and comprehensive form of existence accompanied urban acceptance and the way in which it was dealt with both intellectually and artistically on both sides of the Atlantic. The city functioned like an "overall laboratory" (Robert Musil in *The Man without Qualities*), which seemed to be based on neither order nor plan. The discourse of the intellectuals and artists, the politicians, journalists, and hedonists stood for the "growing self-reflection of city culture" (Zimmermann/ Reulecke), which also became social criticism in the Janus-faced interpretation of everyday city life.

Urban Society in the Age of Mass Consumption

Following the Second World War, the urban promise of economic and social betterment was fulfilled for broad sectors of the population— often atop the ruins of cities destroyed by the bombs of war. During the "long 1950s," mass

production and mass consumption in Europe became allied with the politically anchored striving for social equality. The mass consumption society, accompanied by the corresponding mechanisms of redistribution, released large sections of the urban population from the former bonds of poverty. After 1950, a glance inside the homes in which washing machines, irons, vacuum cleaners, refrigerators, and televisions increasingly became a matter of course sufficed. This increase in liberties regarding way of life as a result of consumerism did have its spatial implications. The number of cars in the Federal Republic of Germany alone increased seven-fold between 1951 and 1960. At the same time, the individual expansion of modern housing and lifestyle was no longer situated in the spatial patterns of the middle-class city with its street views and squares, but was realised in the areas of new development on the city periphery. The thousands of repetitions of the "happy little world" were concentrated in the suburbs with their prefabricated housing, these little worlds often being not that little at all when compared to the humble living conditions of earlier generations of city residents. Nevertheless, criticism of everyday life in these satellite towns began early on. It denounced the elimination and impoverishment of social contacts in what Alexander Mitscherlich, as early as 1965, called the "inhospitality of the cities." This form of city was also accompanied by an increasing separation of mental and spatial urbanisation. People were part of the urban way of working and living but these two worlds no longer had anything in common with traditional urban patterns.

This tendency has become further emphasised today. Urban life expresses itself in the many thousands of demands made on space, revoking any notion of the city as a territorial principle. Places and the ways in which they are built up are no longer evidence of any particular way of life or mentality, neither in drab suburbia nor in seemingly familiar city districts. This becomes clear, for example, when we compare Jane Jacobs' factually based affirmation of New York's West Village in

Migrationsströme. Diese Reflexion hat auch mit
der immer stärkeren internationalen Vermarktung und Entwicklung von Immobilien und somit
der Bestimmung von Stadtraum zu rechnen.
Die letzten 200 Jahre machen deutlich: Stadt
lässt städtische Existenz als individuelle Option
entstehen – bei prekärem Status ihrer Durch-
setzungsmöglichkeiten. Hier setzt auch das
hellsichtige Verständnis von Urbanität an, das
Edgar Salin vor gut 50 Jahren formuliert hat:
Urbanität als Lebensform ist keine Konstante
einer Stadt, sie gehört zu ihr nur auf Zeit. Sie
muss immer wieder aufs Neue erstritten werden. Sich dessen bewusst zu sein, bildet eine
wesentliche Aufgabe jeder Stadtgesellschaft.

Urbanes Leben mit dem Netz 2.0: Junge Menschen nehmen 2011 auf dem Vorplatz vor dem Hauptbahnhof in Hannover an einer Wasserschlacht teil. Die Spaßveranstaltung wurde primär im Internet über das soziale Netzwerk Facebook organisiert. Urban living with the Internet 2.0: young people taking part in a water fight on the forecourt of the main railway station in Hanover in 2011. The fun event was primarily organised in the internet via the social network Facebook.

the early 1960s with the pessimistic writing on the same neighbourhood in Richard Sennett's *Flesh and Stone* from the mid-1990s. The shops and cafés, the residential buildings and the street life in West Village still displayed the backdrop of the liberal beatniks and the folk scene atmosphere. For a critical observer like Sennett it had since been so transcribed as to be unrecognisable, of course. The contemporary view thus revealed the abrasions left by the dramatic social changes that Manhattan had experienced since Jacobs' work.

Understanding Cities

How are cities and their everyday social life to be understood today? In the opening scene of *Manhattan*, the most accomplished of Woody Allen's many declarations of love for New York, we hear a male voice offstage accompanying the street scenery images, immersed in opulent light and captured in enchanting black-and-white contrasts. It drafts beginnings in rapid succession only to discard them again just as quickly. Unremitting words circle the city of New York during these first minutes, approaching the city abruptly, relishing the new facets, in the light of constantly changing perspectives. The sketches present a masterfully arranged patchwork of possible versions of the city. This results in a diversification of perspectives that essentially denies set attributions.
The narrative principle thus follows the prelude to the logic characterising the *urban age* today. The European city, as successor to the pre-industrial city, thus strikes no more than a marginal note. Up until the present day we have seen in it squares and city centres structuring spatial conduct. In the age of the *individual city* (Hajer/Reijndorp), these guidelines are losing the appeal attributed to them to date because each person is relentlessly re-inscribing their own network in the space. The question of the right perspective of urban society is therefore futile when taken as a question of the architectural form of cities. The debates on the *global city* have seen the parameters of space ripped up in that urban society today has to be

negotiated. This includes the rivalry of urban locations as well as the training of a top-notch, mobile, urban elite, and global migration. This reflection is also faced with the ever more intense international marketing and development of property and thus the determination of urban space.
The last two hundred years make it clear that cities allow urban existence to develop as an individual option—together with the precarious status of the possibilities of its implementation. This also calls for the clear-sighted understanding of urban life formulated by Edgar Salin a good fifty years ago: the urban way of life is not a constant feature of the city, it is part of it for a time only. It has to be constantly re-invented. Being aware of this is a key function of every urban society.

JENS S. DANGSCHAT

Ohne Migration keine Stadt!?

Die Segregation oder die Integration der Stadtgesellschaft

Städte sind immer offen für Zuwanderung, ja, Zuwanderung ist die Grundlage für eine erfolgreiche Stadtbiografie! Diesen Kernsatz liest man immer wieder, insbesondere in Abhandlungen über die Europäische Stadt respektive in Diskussionen zur Urbanität. Dass das nicht immer und überall so war, ist offensichtlich und bekannt, aber insofern nebensächlich, als es sich bei solchen Aussagen um normative Prägungen und nicht etwa um empirische Tatsachen handelt. Diese „Stadt braucht Zuwanderung"-Aktivitäten sind in jüngster Zeit aktiver betrieben worden, weil Städte, so sie ihre Position im internationalen Ranking halten und verteidigen wollen, auf Zuwanderung angewiesen sind – zumindest wird das behauptet. Da in einer Wachstumsgesellschaft Stagnation und Schrumpfen negativ bewertet werden (und nicht als Chance zur Neuorientierung beispielsweise im Sinne einer nachhaltigen Entwicklung), schweben die Damoklesschwerter der „alternden Gesellschaft", des Fachkräftemangels und des Ausbleibens der „kreativen Klasse" über den Köpfen der *urban stakeholders*.

Vereinfachung der Sichtweisen in den Tabuzonen

Lange trauten sich Stadtregierungen und die dahinterstehenden politischen Parteien nicht, eine aktive Zuwanderungspolitik zu propagieren, aus Angst, sie würden den konservativen Teil ihrer Wähler verlieren. Und das mit Recht, denn hinter dem erwähnten Satz stehen auseinanderdriftende Interessen, Vorteile und eben Belastungen, die sich zudem nach Branchen,

räumlichen Teilgebieten und sozialen Gruppen unterschiedlich darstellen. Die Forderung nach mehr und offenerer Zuwanderung wird zudem meist von denen formuliert, die sich der belastenden Integrationsarbeit (im Treppenhaus, in der Schule, im öffentlichen Raum oder am Arbeitsplatz) entziehen. Der Ertrag ihrer „Integrationsarbeit" besteht vor allem darin, sich tolerant und offen im eigenen Milieu zu zeigen respektive von der Kreativität fremder Kulturen ökonomisch, künstlerisch oder im Alltag profitieren zu können. Mit dieser Forderung wird die „harte Integrationsarbeit" der anderen in deren Lebenswelten entweder ausgeblendet oder es werden Verhaltensvorschriften formuliert, wie eine „anständige Integration" zu verlaufen habe.

Hinter der Polarisierung von Zuwanderung verbirgt sich jedoch – auch für die Wissenschaft – ein breiter Bereich einer „normalen Zuwanderung": mittelschichtorientierte Menschen mit eher am Mainstream orientiertem Habitus, die keine Unterstützung benötigen. Menschen, die einfach ihrem Job nachgehen, unauffällig in durchmischten Gebieten leben und sich die Nähe zur Aufnahmegesellschaft weitgehend selbständig und situativ aussuchen. Für „Vorzeige"-Projekte bieten sie keinen Anlass. Mit der Forderung nach mehr Zuwanderung ist auch die Herausforderung sozialer Integration („Problem" darf man ja nicht mehr sagen) vermehrt in die Diskussion geraten. In diesem Zusammenhang stehen zwei Aspekte im Mittelpunkt: der Erwerb der Sprache des Aufnahmelandes[1] (welcher denn sonst?) und die räumliche Konzentration in bestimmten Quartieren.

Der Markt am Stübenplatz in Hamburg-Wilhelmsburg spiegelt die Vielfalt der internationalen Bewohnerschaft des Stadtteils.   The Stübenplatz market in the Hamburg district of Wilhelmsburg reflects the diversity of the district's international resident population.

JENS S. DANGSCHAT

No City without Migration!?

The Segregation or Integration of Urban Society

Räumliche Konzentration = Des-Integration?

Bei den VertreterInnen städtischer Verwaltungen und der Kommunalpolitik hat sich die feste Überzeugung eingebrannt, dass räumliche Konzentrationen von „Menschen mit Zuwanderungshintergrund"[2] für deren Integration nicht nur hinderlich seien, es entstünden vielmehr „Parallelgesellschaften", die einander aufgrund ihrer Entfremdung zunehmend aggressiv gegenüberständen. Diese Thesen stammen zwar aus der sozialwissenschaftlichen Stadtforschung (der 1970er bis 1990er Jahre), doch lassen sich auch für hohe Konzentrationen unterhalb des Ghettoniveaus (die es in Deutschland in diesen extremen Fällen nicht gibt) keine negativen Effekte einer räumlichen Konzentration für die Integration empirisch eindeutig nachweisen (vgl. die Beiträge in Blasius et al. 2009).[3]

Dennoch stehen solche Stadtquartiere unter besonderer Beobachtung, in denen überdurchschnittlich viele Menschen keinen deutschen Pass oder aber einen Zuwanderungshintergrund haben, insbesondere dann, wenn sie über wenig Geld und/oder über eine geringe Schulbildung verfügen oder sie gar arbeitslos sind. Diese Gebiete wurden anfangs als „soziale Brennpunkte" verstanden, durch Sanierungen und Nachbesserungen aufgewertet – aber sie sind immer noch dieselben geblieben, auch wenn sie jetzt „Stadtteile mit besonderem Erneuerungsbedarf" heißen. Man hat inzwischen das „Bekämpfen" dieser Konzentration von benachteiligten Menschen in sie zusätzlich benachteiligenden Wohngebieten aufgegeben; nicht, weil es wenig Sinn hatte, sondern weil die eingesetzten Mittel – meist investive in den Baubestand – keine sozialen „Erfolge" zeitigten.[4]

Ob solche Maßnahmen „erfolgreich" sind, hängt vor allem davon ab, welche „Erfolgskriterien" man heranzieht, denn das Ziel war es, die statistischen Maßzahlen zu „verbessern", sie den Mittelschichtquartieren anzunähern. Folgt man einer solchen Logik, werden zwei Dinge übersehen: Zum einen braucht jede Stadt, die auch eine Zuwanderung sozial niedrigstehender Gruppen akzeptiert, einen Ort, an dem die neu Angekommenen erst einmal Fuß fassen können. Hier muss das Wohnen billig sein, hier müssen Netzwerke der eigenen Ethnizität bestehen, die das „Ankommen" erleichtern, hier muss begonnen werden, die Multi-Lokalität aus Herkunfts- und aktuellem Ort in eine Multi-Identität umzuwandeln. Erst wenn das gelingt, kann aus der Diversität der Kulturen „Kapital" geschöpft werden (was aber als „soziales Kapital" für die lokale Zivilgesellschaft noch zu wenig Beachtung findet).

Zum anderen stellt sich die Herausforderung auf der individuellen Ebene ganz anders dar. Der Erfolg eines sozialen Ein- und Aufstieges bemisst sich nicht in der Sprachkompetenz, sondern in der Performance der Erwerbsarbeit. Obwohl es hier deutliche Zusammenhänge gibt, darf die Tatsache nicht übersehen werden, dass seit Jahrzehnten die Nachfrage das Angebot an Erwerbsarbeit übertrifft und sich im Zuge dessen ein deutlich prekärer Erwerbssektor gerade in einer modernen Großstadtökonomie herausgebildet hat. Zudem haben BürgerInnen aus Drittstaaten nur eingeschränkte Rechte am Arbeitsmarkt (neben der Tatsache, dass ihnen die politische Partizipation über Wahlen nicht ermöglicht wird). Alle Integrationsmodelle und die daraus abgeleiteten normativen Vorgaben beruhen jedoch auf der Tatsache, dass die Arbeitsmärkte offen sind und ein sozialer Aufstieg über mehrere Generationen möglich ist.

Was ist nun eine „erfolgreiche" Integration? Wer muss dazu in was, in welchem Umfang und in welchem Lebensbereich „integriert" werden? Dieses hatte Hans Paul Bahrdt (1961) für eine großstädtische Gesellschaft schon dahingehend beantwortet, dass gerade eine „partielle Integration" Wesen einer großstädtischen Gesellschaft sei. Die Souveränität eines Großstadtbürgers zeige sich vor allem darin, frei entscheiden zu können, wann er sich wem stärker annähert oder wann er anderen aus dem Weg geht und sich in eine relativ homogene eigene Welt zurückzieht. Vor dem Hintergrund immer heterogener werdender Aufnahmegesellschaften mit ihren ureigenen und immer schlechter gelösten Integrationsaufgaben gewinnt die Art der Integrationskonzeption eine besondere Bedeutung (vgl. Dangschat 2007).

Der Wilhelmsburger Fußballclub FC Türkiye spielt um den Aufstieg in die Landesliga   The Wilhelmsburg football club FC Türkiye playing for promotion to the state league

Türkische Frauen (links) und Männer (unten) nach dem Einkauf auf dem Markt   Turkish women (left) and men (below) after shopping at the market

Cities are always open to immigration; in fact, immigration is the basis of a successful city biography! We come across this key sentence time and again, particularly in treatises on the European city or else in discussions about urbanity. The fact that this was not always the case everywhere is obvious and nothing new but is of secondary importance in that such statements are about, for instance, normative characteristics and not empirical facts. These "city needs immigration" campaigns have been more actively staged in recent times because cities wanting to retain and defend their position in international rankings are reliant on immigration—at least, so it is claimed. With stagnation and shrinkage being seen as negatives in a growth society (and not as an opportunity for reorientation in the sense of sustainable development, for example), the "ageing society," the shortage of skills, and the absence of the "creative class" hang over the heads of the "urban stakeholders" like the sword of Damocles.

Simplifying Perspectives in the Taboo Zones

Municipal governments and the political parties behind them have long refrained from propagating an active immigration policy for fear of losing the support of their conservative voters. And rightly so because, behind the previous sentence, there are divergent interests—advantages as well as liabilities—that are presented differently according to sector, spatial zones, and social groups. Furthermore, the call for greater and more open immigration is usually made by those who shrink back from the burdensome work of integration (on the stairway, in schools, in public spaces, or in the workplace). The outcome of their "integration work" is primarily comrpised of displaying toler-ance and openness in their own environment or else being able to profit from the creativity of foreign cultures economically, artistically, or in everyday life. Their call for more immigra-tion either glosses over the "hard integration work" of others in their living environment or

formulates rules of conduct for how "proper integration" ought to proceed.

However, the polarisation of immigration masks—even from the experts—a wide area of "normal immigration": middle-class oriented people with what tend to be mainstream habits, requiring no support. People who simply get on with their jobs, live inconspicuously in mixed areas, and who seek proximity to the host society in a large-ly independent and resourceful manner. They provide no occasion for "showcase" projects. The call for greater immigration has also seen the challenge of social integration (we are not allowed to say "problem" anymore) coming under increased discussion. The focus here is on two aspects: acquiring the language of the host country[1] (which other one then?) and spatial concentration in certain quarters.

Spatial Concentration = Dis-Integration?

Now ingrained among the representatives of municipal administrations and local gov-ernment is the firm conviction that spatial concentrations of "people with an immigration background"[2] not only hinder their integration, they also create "parallel societies" whose al-ienation means that they confront one another in an increasingly aggressive manner. These theses may stem from urban social science re-search (from the 1970s to the 1990s) but there is no clear empirical evidence of the negative effects of spatial concentration on integration, even for high concentrations below the ghetto level, of which there are no such extreme cases in Germany (cf. Blasius et al. 2009).[3] Nevertheless, urban districts in which an above average number of people who do not have a German passport or who have an immigration background come under particular observation when they have little money and/or a limited school education, or are even unemployed. These areas were initially understood to be "social hotspots," upgraded through renova-tions and improvements—yet they have still remained the same, even if they are now called "city districts in urgent need of renewal." The

Im Rahmen des Ausstellungsparcours „Aussicht auf Veränderungen", veranstaltet durch die „Akademie einer anderen Stadt", der Kunstplattform der IBA Hamburg, präsentierte Moira Zoitl ihr Kunstprojekt „Fliehkraft", 2010, in einer Souterrain-Wohnung im Hamburger Stadtteil Veddel. Ahmad Anwari und Yosufi Nagip, zwei Schneider, die aus Kabul nach Deutschland emigrierten, haben für Moira Zoitl einen Anzug genäht, der die Filmpräsentation ergänzte.

Alle Umstände der Anfertigung dieses Anzugs spiegeln den Vorgang der Auswanderung, über die Herr Anwari im Film berichtet. Zurückhaltend begleitet die Kamera die Herstellung vom ersten Moment des Maßnehmens bis zur letzten Anprobe. Das Schneidern des Anzugs erscheint als eine Analogie des Reisens: Das Vermessen des Körpers spiegelt das Durchmessen der Distanz zwischen Heimat und Reiseziel. Das Zuschneiden des Stoffes steht für den Aufbruch, und das stückweise Vernähen und Verbinden der Teile weist auf die Annäherung ans Reiseziel hin. Die manchmal mühsame Gewöhnung an die neue Umgebung mag sich anfühlen wie das erste Tragen eines noch fremden Kleidungsstücks: Man erkennt sich darin noch nicht wieder und kann die Wirkung auf andere nur schwer einschätzen.

Moira Zoitl presented her art project Centrifugal Force, 2010, in a basement apartment in the Hamburg district of Veddel, as part of the "Looking for Changes" exhibition route organised by the "Academy of Another City", the IBA Hamburg's art platform. Ahmad Anwari and Yosufi Nagip, two tailors who emigrated to Germany from Kabul, sewed a suit for Moira Zoitl to accompany the film presentation.

The circumstances surrounding the making of this suit reflect the emigration process described by Mr Anwari in the film. The camera in the background follows the making of the suit from the outset—from the measuring through to the last fitting. The tailoring of the suit appears as an analogy of travel: the measuring of the body reflects the measurement of the distance between home and destination. The cutting of the fabric represents the departure, and the step-by-step sewing and joining of the pieces relates to the approach of the destination. The sometimes difficult adjustment to the new surroundings can be compared to wearing a still unfamiliar garment for the first time: you do not recognise yourself in it yet and are not really able to assess its impact on others.

"battle" against this concentration of disadvantaged people in what are also disadvantaged residential areas has since been abandoned, not because it was of little use but because the means used–mostly investment in existing buildings–did not lead to any social "success stories."[4]

The "success" of such measures is largely dependent on which "success criteria" are used, because the objective was to "improve" the statistically measured values, bringing them closer to those of middle-class districts. Following this kind of logic means that two things are overlooked: firstly, every city accepting immigration of the lowest social groups needs a place where the new arrivals are initially able to gain a foothold. Here accommodation needs to be cheap, here there need to be networks of their own ethnicity that make the "arriving" easier, here is where transforming the multi-locality of place of origin and current location into a multi-identity needs to start. Only once this has been achieved can the diversity of cultures be exploited as "capital" (but which still receives far too little regard as "social capital" for local civil society).

Secondly, the challenge at an individual level looks very different. The success of social integration and advancement is not measured in terms of language skills but in the performance of gainful employment. Although there are clear correlations here, it should not be forgotten that, for decades, demand has been exceeding the supply of jobs and, consequently, a significantly more precarious employment sector has emerged right in the midst of the modern metropolitan economy. What's more, third country nationals have only limited rights in the job market (in addition to the fact that they are unable to participate politically through elections). However, all integration models and the normative guidelines deriving from them are based on open job markets and the possibility of social advancement over several generations.

So what is "successful" integration? And who has to be "integrated" into what, to what extent, and in which area of life? Hans Paul Bahrdt

(1961) in fact answered this for a metropolitan society to the effect that even "partial integration" is the essence of a metropolitan society. The sovereignty of a metropolitan citizen is particularly evident in the ability to freely decide when and whom to approach more closely or when to steer clear of the others and to withdraw into a relatively homogeneous world of his or her own. This type of integration concept acquires a particular relevance (cf. Dangschat 2007) against the background of ever more heterogeneous host societies with their innate and ever poorly solved integration issues.

IBA: A Two-Toned Term Comprised of Building and Instruction

An urban area like Wilhelmsburg largely fulfils the task of "initial integration" with respect to housing those denied advancement. The success of the district management should therefore be measured in terms of "throughput upwards," meaning the fact that some families manage to take their own social advancement forward to such an extent that they no longer need the economic and ethnic context of this neighbourhood. This is precisely what is doubly problematic for the district, however. It loses the very people needed for the development and stability of a local political and creative civil society. Also, a high fluctuation rate is always viewed as negative and not as a positive integration booster.

For a start, urban development for modern service functions and their employees, encased in fashionable architecture, conflicts per se with a neighbourhood in which many households fear an economic upgrade, the initial response to which is a reticent parallelism. In any event, the multiple highlights of an **IB**au**A** (**IB**uild**A**) are aimed at a superficial view of events on transformed industrial wasteland, reflecting a mirror image of the "creative class" itself. The extent to which an **IB**ildungs**A** (**I**nstruction**BA**) is able to benefit from this and, in particular, whom, is a challenge that has met with little response to date and remains at the

IBA – ein doppelter Spannungsbegriff aus Bauen und Bildung

Ein Stadtteil wie Wilhelmsburg erfüllt in großen Teilen diese Aufgabe der „ersten Integration" respektive der Behausung derer, denen der Aufstieg verwehrt wird. Der Erfolg eines Quartiersmanagements sollte daher im „Durchsatz nach oben" bemessen werden, das heißt an der Tatsache, dass es einigen Familien gelingt, den eigenen sozialen Aufstieg so weit vorwärts zu treiben, dass sie den ökonomischen und ethnischen Kontext dieses Kiezes nicht mehr benötigen. Genau das ist aber für das Quartier doppelt problematisch: Man verliert gerade die Menschen, die für den Aufbau und die Stabilität einer lokalen politischen und kreativen Zivilgesellschaft nötig sind. Zudem wird eine höhere Fluktuationsrate immer noch als negativ angesehen und nicht als positiv wirksam gewordener Integrations-Booster. Städtebauliche Entwicklung für moderne Dienstleistungsfunktionen und deren Beschäftigte, umhüllt mit modischer Architektur, steht erst einmal per se in einem Spannungsverhältnis zu einem Quartier, in dem viele Haushalte eine ökonomische Aufwertung fürchten, was im ersten Schritt erst einmal mit einer zurückhaltenden Parallelität beantwortet wird. Die vermehrten Schlaglichter einer **IB**au**A** zielen in jedem Fall auf eine feuilletonistische Betrachtung der Events in hochstilisierten Industriebrachen, vor denen sich die „kreative Klasse" selbst bespiegelt.
Wie weit eine **IB**ildungs**A** davon profitieren kann und vor allem wer, ist eine bislang kaum gelöste Herausforderung und bleibt einem noch zu vollführenden Spagat überlassen. Gemeinsame Bildungslandschaften entstehen erst, wenn die sich dort Bildenden einander auf „Augenhöhe" begegnen, wenn das zu Lernende stärker an den meist übersehenen und oftmals diskriminierten Fähigkeiten der Zugewanderten und Abgedrängten orientiert wird und es gelingt, andere Ziele als die berufsqualifizierenden Fähigkeiten in den Mittelpunkt des *community building* zu setzen. Hier hat sich die IBA viel vorgenommen – es bleibt nur noch eine kurze Zeit, dieses auch zu zeigen.

Literatur

Hans Paul Bahrdt: *Die moderne Großstadt*. Reinbek 1961.

Jörg Blasius/Jürgen Friedrichs/George Galster (Hg.): *Quantifying Neighbourhood Effects. Frontiers and Perspectives*. Milton Park/New York 2009.

Jens S. Dangschat: „Soziale Ungleichheit, gesellschaftlicher Raum und Segregation". In: J. S. Dangschat/A. Hamedinger (Hg.): *Lebensstile, Soziale Lagen und Siedlungsstrukturen*. Akademie für Raumforschung und Landesplanung (ARL), Forschungs- und Sitzungsberichte Nr. 230. Hannover 2007, S. 21–50.

Hartmut Häußermann/Walter Siebel: „Integration und Segregation – Überlegungen zu einer alten Debatte". In: *Deutsche Zeitschrift für Kommunalwissenschaft*, Heft 1, S. 68-79.

Anmerkungen

1 Auf diesen Aspekt will ich hier nicht näher eingehen, mir aber eine kritische Anmerkung nicht verkneifen. „Spracherwerb" wird gewählt, weil er (von oben) steuer- und sanktionierbar ist und weil er dem tief sitzenden Bedürfnis der Assimilation entspricht (eben nicht dem der kulturellen Vielfalt). Ich halte es zwar nicht für unsinnig, aber dennoch für eine Augenwischerei, denn die (männlichen) Jugendlichen mit türkischem Migrationshintergrund der dritten Generation sprechen die Sprache ihres Geburtslandes (wenn auch die Schulabschlüsse zunehmend schlechter werden) und auch die Migranten-Jugendlichen der französischen Banlieues sind der französischen Sprache mächtig (und haben zudem die französische Staatsbürgerschaft).

2 Auch das ein aktuell „politisch korrekter" Begriff, der aber aufgrund der großen Heterogenität der Menschen, die zum Leben und Arbeiten in die Stadt gekommen sind, absolut nichtssagend ist.

3 Zu einer ausgewogenen Diskussion der Vor- und Nachteile von Segregation sowie zu Hinweisen auf einen differenzierten Umgang mit Konzentrationen von Zugewanderten vgl. Häußermann/Siebel (2001).

4 Vor diesem Hintergrund muss darauf verwiesen werden, dass die Kürzungen innerhalb des ohnehin kärglich ausgestatteten Bund-Länder-Programms „Soziale Stadt" und vor allem die ausschließliche Konzentration auf investive Vorhaben absolut unsinnig sind, weil auf diese Weise die kommunikativen und prozessbezogenen Ansätze, die einzig die Integrationsbereitschaft und -fähigkeit der verschiedenen Bevölkerungsgruppen stärkten, nun gestrichen wurden.

„Aussicht auf Veränderungen" 2010: Katharina
Lüdicke, „Wunschhäuser". „Akademie einer anderen
Stadt", Kunstplattform der IBA Hamburg.
Grundschulkinder aus den drei Hamburger Stadtteilen
Wilhelmsburg, Veddel und Altona bauten ihre Wunsch-
häuser, die Katharina Lüdicke in der Wilhelmsburger
Immanuelkirche präsentierte und damit das Provisori-
sche und Imperfekte zum Ausdruck brachte, das hinter
den spontanen Wunschvorstellungen der Menschen,
hier der Kinder, von ihrer gebauten Umwelt steht.
"Looking for Changes," 2010: Katharina Lüdicke,
"Dream Houses." "Academy of Another City," the IBA
Hamburg's art platform.
Dream houses built by primary school children from
the three Hamburg districts of Wilhelmsburg, Veddel,
and Altona and displayed by Katharina Lüdicke in
Wilhelmsburg's Emmanuel Church, an expression of
the temporary and the imperfect behind the spontaneous wishes that people, here the children, have
relating to their built environment.

mercy of a tightrope act yet to be performed.
Common educational landscapes emerge only
when those being educated there meet "eye-to-
eye," when what is to be learnt is more strongly
oriented towards the generally overlooked and
often discriminated-against abilities of the immigrants and outcasts, and community building
manages to set other goals besides the focus
on occupational skills. The IBA has set its sights
high in this respect—and has little time left in
which to demonstrate progress.

Bibliography

Hans Paul Bahrdt: *Die moderne Großstadt*. Reinbek
1961.

Jörg Blasius / Jürgen Friedrichs / George Galster (ed.):
*Quantifying Neighbourhood Effects. Frontiers and
Perspectives*. Milton Park/New York 2009.

Jens S. Dangschat: Soziale Ungleichheit, gesellschaftlicher Raum und Segregation. In: J.S. Dangschat,
A. Hamedinger (eds): *Lebensstile, Soziale Lagen und
Siedlungsstrukturen*. Academy for Spatial Research
and Planning (ARL), Research and Proceedings Reports No. 230. Hannover 2007, pp. 21–50.

Hartmut Häußermann, Walter Siebel: Integration und
Segregation - Überlegungen zu einer alten Debatte. In:
Deutsche Zeitschrift für Kommunalwissenschaft, issue
1, pp. 68–79.

Notes

1 I do not want to expand on this aspect here but will
allow myself one critical comment. "Language acquisition" has been chosen because it can be controlled
and sanctioned (from above) and because it corresponds to the deep-seated need for assimilation (and
not cultural diversity). I do not consider it to be point-
less but I do see it as window dressing because young
people (male) with a Turkish migration background
speak the language of the country in which they were
born in the third generation (even if school-leaving
qualifications are getting worse and worse) and the
young migrants of the French banlieux are competent
French speakers (and also have French citizenship).

2 Another current "politically correct" term but one
which, given the tremendous heterogeneity of people
who have come to live and work in cities, is absolutely
meaningless.

3 Cf. Häußermann, Siebel (2001) for a balanced discussion of the pros and cons of segregation as well as for
details of a differentiated approach to concentrations
of immigrants.

4 Given this background, it must be mentioned that the
cuts within what were already the meagre resources
of the "Soziale Stadt" (Social City) Bund-Länder-Pro-
gramm (Federal State Programme), and particularly
the sole focus on investment plans, are completely
counterproductive because they have meant the
scrapping of the communicative and process-related
approaches that were the only means reinforcing the
different population groups' willingness and an ability
to integrate.

SEDA NIĞBOLU

Die Straßen voller Geheimnisse
Neu in Neukölln

Meine Wohnung liegt in einer Passage zwischen der Fulda- und der Weichselstraße in Berlin-Neukölln. Diese beiden Straßen liegen wiederum zwischen der Sonnenallee und der Karl-Marx-Straße. Die Erste ist das Königreich der Araber, die Zweite das der Türken. Es ist überraschend zu sehen, dass so eine kurze Distanz diese beiden Welten so stark voneinander trennen kann. Auf meinen beiden Straßen vermischen sie sich eher.

Mit dem Sommer kommt der Geist des Machismo auf die Straßen. Männergruppen sitzen vor Wasserpfeifen-Läden oder Cafés, die manchmal komischerweise „Kulturvereine" genannt werden und starren die vorbeigehenden jungen Frauen an.

Außer den Machos gibt es drei Arten von Menschen, die ich hier jeden Morgen und Abend treffe: traditionelle türkische Familien, die sich meistens hektisch mit kleinen Kindern beschäftigen; alte, arme und meistens nach Alkohol riechende Deutsche und junge, hippe Studenten in entweder zu engen oder zu breiten Hosen in merkwürdigen Farben.

Für viele türkische Familien ist Berlin keine Wahlheimat. Sie sind in Neukölln, weil ihre Familien seit Generationen hier wohnen und das Leben günstig ist. Für die jungen Leute aber ist es anders: Sie betonen das Wort „Kreuzkölln" mit so einer Leidenschaft, dass man merkt, wie viel Wert sie auf Trends legen. Sie wollen so viel wie möglich vom Kreuzberg-Spirit mitbekommen.

Es gibt noch eine vierte Art. Das bin ich. Alleine. Ich bin eine Türkin ohne Wurzeln hier. Ich wohne erst seit eineinhalb Jahren in Berlin und habe daher immer Angst davor, als „Abitur-Türkin" bezeichnet zu werden. Wer nur für die Karriere aus der Türkei nach Deutschland kommt und möglichst wenig Kontakt mit den einheimischen Türken haben will, wird so genannt. Die Türken in meiner Nachbarschaft glauben nicht, dass ich eine von ihnen bin. Jedes Mal bin ich gestresst, wenn ich in einem türkischen Laden

etwas einkaufen muss. Sie wollen mir immer auf Deutsch antworten und dann ist es meistens zu mühsam für mich auf Türkisch weiterzumachen und die Routine zu unterbrechen. So gehe ich in die deutschen Supermärkte auf der Karl-Marx-Straße, die voller Zombies sind.

Oft fragen mich Leute, welche Sprache ich eigentlich spreche. Das überrascht mich jedes Mal. Die Deutschen erkennen nur das Türkisch, das sie in Kreuzberg und Neukölln hören. Nämlich diesen starken Kiez-Akzent. Manchmal wünsche ich mir auch, diesen Akzent sprechen zu können, um ein Stück von dieser heimischen Identität zu haben. Das geht aber nicht. Ich bin die stumme Fremde unter den Deutschen und Türken hier.

In meinen Straßen werden die Geschäfte fast alle von Türken betrieben, bis auf ein paar Kneipen und eine Galerie. In den Eckkneipen versammelt sich die lokale deutsche Gemeinschaft, die außerhalb der Einkaufszeiten auf den Straßen nicht zu sehen sind, um zu saufen. Auf eine Kneipe bin ich besonders neugierig, weil dort nur Senioren rein dürfen. Aber ein noch größeres Geheimnis ist für mich die Galerie „DASLABOR", die direkt neben meiner Passage liegt. In einem sehr kleinen Raum wird dort experimentelle Kunst gezeigt. Wie überall in Neuköllns Kunstszene sieht es auch hier billig aus. An sechs Tagen in der Woche bleibt „DASLABOR" geschlossen. Aber jedes Mal wenn ich dort eine Party sehe, gehe ich langsamer vorbei und hoffe darauf, dass mich endlich jemand einlädt.

Andererseits ist es mit Geheimnissen aber schöner. So wird hier in Neukölln für mich alles neu bleiben, egal wie viel Zeit vergeht.

Der Text entstand im Rahmen eines Studienprojektes am Masterstudiengang Kulturjournalismus der UdK Berlin/Zentralinstitut für Weiterbildung und wurde zuerst am 29. Juni 2010 in einer Sonderbeilage des Studiengangs in der *taz* veröffentlicht.

Außer den Machos treffe ich drei Arten von Menschen in Neukölln: die traditionelle türkische Familien; arme alte, meist nach Alkohol riechende Deutsche und hippe Studenten in entweder zu engen oder zu breiten Hosen in merkwürdigen Farben. Apart from the machos there are three types of people that I meet in Neukölln: traditional Turkish families; old, poor Germans generally reeking of alcohol; and young, trendy students wearing remarkably coloured trousers that are either too tight or too baggy.

SEDA NIĞBOLU

Streets Full of Secrets
New in Neukölln

My apartment is situated in a throughway between Fuldastrasse and Weichselstrasse in Berlin's Neukölln district. These two streets in turn are located between Sonnenallee and Karl-Marx-Strasse. The former is the kingdom of the Arabs, the latter that of the Turks. It is astounding to see how such a short distance can separate these two worlds so widely from one another. On my two streets they tend to mix. Summer brings the spirit of machismo out onto the streets. Groups of men sit in front of hookah shops or cafés, some of which are strangely named "cultural association," and stare at the young women passing by.

Apart from the macho there are three types of people that I meet here every morning and evening: traditional Turkish families, mostly busily occupied with young children; old, poor Germans generally reeking of alcohol; and young, fashionable students wearing remarkably coloured trousers that are either too tight or too baggy.

For many Turkish families Berlin is no adoptive home. They are in Neukölln because their families have been living here for generations and the cost of living is low. It is different for the young people, however. They emphasise the word "Kreuzkölln" with such passion that you realise how much value they place on trends. They want to be able to take in as much of the Kreuzberg spirit as possible.

There is still a fourth type. That's me. Single. I am a Turkish woman with no roots here. I have only been living in Berlin for a year and a half and so I am always afraid of being called a *Schul-Türkin* (school certificate Turk). This is what they call anyone who comes to Germany from Turkey for career reasons only, wanting to have as little contact as possible with the local Turks. The Turks in my neighbourhood do not believe that I am one of them. I get stressed every time I have to buy something in a Turkish shop. They always want to answer me in German and then it is usually too much effort for me to continue in Turkish and break the routine. So I go to the German supermarkets in Karl-Marx-Strasse, which are full of zombies.

People often ask me which language I actually speak. This surprises me every time. The Germans only recognise the Turkish that they hear in Kreuzberg and Neukölln, namely the strong neighbourhood accent. Sometimes I also wish that I could speak with this accent in order to gain an element of this local identity. It does not work, though. I am the silent foreigner among the Germans and the Turks here.

In my streets, the shops are almost all run by Turks, with the exception of a few bars and a gallery. The members of the local German community gather to drink in the corner bars and are not seen on the streets outside shopping hours. I am especially curious about one of the bars where only senior citizens are admitted. The gallery "DASLABOR," situated directly next to my throughway, is even more of a mystery to me, however. It displays experimental art in a very small space. Like everywhere else in Neukölln's art scene, here, it looks also very cheap. "DASLABOR" is closed for six days of the week. Yet every time I see a party there, I walk past more slowly in the hope that someone might finally invite me in.

On the other hand, however, it is even more appealing with its secrets. And so everything here in Neukölln will remain new to me, irrespective of how much time passes.

The text was written as part of a study project for a Master's Degree in Cultural Journalism at the Berlin University of the Arts/Central Institute for Further Education and was first published on 29 June 2010 in a study supplement to the *taz* daily newspaper.

OLIVER G. HAMM

Willkommen in der Mikrokosmopolis

Enklaven – besondere Erscheinungsformen der internationalen Stadtgesellschaft

Die Folgen der Globalisierung und des Klimawandels, die weltweite Finanzkrise und die künftige Energieversorgung prägten die großen politischen Debatten der „Nullerjahre". Und sonst? Bildungs- und Integrationsdebatten, die bislang aber weitgehend ohne konkrete Folgen geblieben sind. Wie auch die Erkenntnis, dass eigentlich alles mit allem zusammenhängt, dass etwa ohne eine miteinander verschränkte Integrations- und Bildungspolitik der weiteren Segregation der Bevölkerung stillschweigend Vorschub geleistet wird. Zum Beispiel in Deutschland, wo sich die Gesellschaft mancherorts in immer kleinteiligere Mikrokosmen ausdifferenziert, statt sich in Richtung einer internationalen, durchmischten Stadtgesellschaft mit gleichen Chancen für alle Bürger zu entwickeln.

In einer Zeit, in der bereits mehr als die Hälfte der Menschheit in Städten lebt – mit weiterhin wachsender Tendenz –, sollte man sich noch einmal vor Augen führen, was eigentlich die Voraussetzungen sind für diese „Erfolgsgeschichte" des Modells Stadt (von der man durchaus sprechen kann, in der Erwartung, dass in den nächsten Jahrzehnten der Umbau von Städten im Sinne einer umfassenden Nachhaltigkeit gelingen wird). Städte leben zunächst einmal von Versprechungen: private und berufliche Entfaltungsmöglichkeiten, die Aussicht auf ökonomischen Erfolg und damit zusammenhängenden (relativen) Wohlstand, Bildungsmöglichkeiten und nicht zuletzt nahezu unbegrenzte Potenziale eines sozialen und kulturellen Austauschs. Nicht für alle – neue wie alteingesessene – Stadtbewohner erfüllt sich der Traum von der ganz persönlichen Verwirklichung die-

ser Versprechungen; aber der Glaube daran, es schaffen zu können – oder auch nur die nackte Not wegen ökonomisch, ökologisch, politisch oder gesellschaftlich unhaltbarer Zustände in der eigentlichen Heimat –, treibt immer mehr Menschen in die Städte. Dort aber suchen sie oft – zunächst – eine gewisse „Nestwärme" in vertrauter Umgebung: Angehörige der eigenen Ethnie und/oder Religion, die dieselbe Sprache sprechen und einen vergleichbaren soziokulturellen Hintergrund haben.

Heimat in der Fremde schaffen

Diese vertraute Umgebung bieten häufig Enklaven (von französisch enclaver = umschließen) – einzelne Quartiere oder ganze Stadtviertel, die von weitgehend homogenen Bevölkerungsgruppen bewohnt werden. Im Unterschied zum mittelalterlichen und auch zum neuzeitlichen Ghetto, in dem der Anlass für das räumlich abgeschottete Leben grundsätzlich fremdbestimmt war – es ging stets um eine Ausgrenzung aus ethnischen und/oder religiösen Gründen –, sind die Ursachen für das Leben in einer Enklave zumindest teilweise selbstbestimmt: Sie bietet zum Beispiel Migranten die Möglichkeit, insbesondere unmittelbar nach der Auswanderung aus der Heimat, in einer ihnen (noch) fremden Umgebung Anschluss an eine ihnen vertraute ethnische und/oder soziale Gruppe zu finden. Zwei frühe Beispiele von Enklaven in deutschen Städten finden sich in Potsdam: zum einen das zwischen 1734 und 1742 für niederländische Handwerker – die der preußische König Friedrich Wilhelm I. angeworben hatte – errichtete Hollän-

Deutsche Auswanderer erreichen New York, 1887
Germans emigrants reach New York, 1887

OLIVER G. HAMM

Welcome to the Micro-Cosmopolis

Enclaves–Particular Aspects of International Society

dische Viertel und zum anderen die unter Friedrich II. von Preußen, dem Verkünder der Religionsfreiheit, ab 1751 angelegte Weberkolonie Nowawes – in der sich ausschließlich böhmische Migranten niederlassen sollten – im heutigen Potsdamer Stadtteil Babelsberg. Der Anlass für die Gründung dieser Kolonien war ursprünglich rein ökonomischer Natur: Preußen war dringend auf Zuwanderer angewiesen, um das seinerzeit spärlich besiedelte Land zu bewirtschaften, zudem wollte man die Tuchproduktion erhöhen und sich gleichzeitig teure Importe ersparen. Die bekanntesten Enklaven sind sicher die vielen Siedlungen, die infolge verschiedener Immigrationsphasen seit dem 19. Jahrhundert in Nord- und Südamerika entstanden: Neuankömmlinge – zunächst aus Nord- und Westeuropa (zwischen 1820 und 1880), ab ca. 1880 auch aus Süd- und Osteuropa sowie Asien – suchten nach der Ankunft in der für sie neuen Welt bewusst Anschluss an andere Imigranten, die ihre Sprache sprachen, ihre Lebens- und Essgewohnheiten teilten und sie bei der Integration in eine neue Gesellschaft unterstützen konnten, ohne dass sie ihren bisherigen Gebräuchen vollends entsagen mussten. „Chinatown", „Little Italy" und „Little Germany" in vielen nordamerikanischen Städten, aber auch Enklaven wie jene der nordwestspanischen Galicier in Buenos Aires (wo heute mehr Menschen mit galicischen Wurzeln leben als in der größten galicischen Stadt) – viele Quartiere mit einem hohen Anteil ethnischer Minderheiten tragen gewissermaßen nebenbei auch zur Integration von Einwanderern bei, da sie als „Eingangstor" in die Aufnahmegesellschaft auch dazu dienen, soziale Kontakte aufzubauen und erste Erwerbsmöglichkeiten zu eröffnen.

Die Enklave als Falle

Gelingt jedoch die Öffnung zur und mithin die Integration in die Mehrheitsgesellschaft nicht, etwa aufgrund mangelnder Sprachkenntnisse oder beschränkter Arbeitsmöglichkeiten, kann eine ethnische Enklave durchaus auch zur Falle, zu einer Art permanenter Sonderzone werden, die mit den übrigen Bereichen einer Stadt

Noch heute ist ganzen Stadtbereichen, wie dem Holländischen Viertel (links) oder der Weberkolonie Nowawes (heute Babelsberg, oben) in Potsdam, in ihrer Architektur anzusehen, dass sie einst Zuwanderern als Behausung dienten. Today the architecture of entire city districts such as the Holländischer Viertel (left) or the weaving colony Nowawes (now Babelsberg, above) in Potsdam is still testimony to them once having served as immigrant accommodation.

The major political debates of the "zero years" were characterised by the consequences of globalisation and climate change, the worldwide financial crisis, and energy supplies for the future. And otherwise? Education and integration debates, which have largely remained without concrete results to date, however. As is the case, too, with the realisation that in fact everything is connected to everything else, that the lack of an inclusive, interactive integration and education policy, for example, would tacitly aid and abet the further segregation of the population. Take Germany, for example, where society in some places is becoming fragmented into ever smaller microcosms, instead of developing in the direction of an international, mixed urban society with equal opportunities for all citizens. In an age in which more than half of mankind already lives in cities (and this as an ongoing trend), we ought to look again at the actual prerequisites for this city model "success story" (as we can indeed refer to it in anticipation of the transformation of cities, in the sense of comprehensive sustainability being achieved in the approaching decades). For a start, cities live from promises: private and professional development opportunities, the prospects of economic success, and thus the related (relative) prosperity, educational opportunities, and not least the almost unlimited potential of social and cultural exchange. The dream of the wholly personal fulfilment of these promises does not come true for all city residents, whether newcomers or longstanding inhabitants, but the belief in being able to make it—or else simply bare necessity due to economically, ecologically, politically, or socially untenable circumstances in their actual homeland—propels more and more people into cities. However, there they often seek—initially—a certain degree of "warmth and security" in familiar surroundings: members of their own ethnic group and/or religion, who speak the same language and have a comparable socio-cultural background.

Creating a Home in a Foreign Setting

These familiar surroundings are often provided by enclaves (from the French enclaver = to enclose)—individual neighbourhoods or entire city districts that are inhabited by largely homogeneous population groups. Unlike medieval and even modern ghettos, in which the grounds for a spatially segregated life were principally determined by outsiders, it always being a case of exclusion on ethnic and/or religious grounds, the causes of life in an enclave are at least partly self-determined. For instance, an enclave gives migrants the opportunity, especially directly following their emigration from their homeland, to establish contacts with an ethnic and/or social group with which they are familiar, in surroundings that are (still) foreign to them. Two early examples of enclaves in German cities are to be found in Potsdam: for one, the Dutch Quarter established between 1734 and 1742 for Dutch tradesmen who had been recruited by the Prussian King Friedrich Wilhelm I, and then the weaver colony of Nowawes set up under Frederick II of Prussia, the preacher of religious freedom, as of 1751 and intended solely for Bohemian migrants, now up the Potsdam district of Babelsberg. The motivation for founding these colonies was initially purely economic: Prussia was desperately in need of immigrants in order to be able to farm the land, sparsely settled for that time, as well as wanting to increase textile production and thus alleviate the need for expensive imports. The best known enclaves are of course the many settlements that came into being as a consequence of the different immigration phases in North and South America as of the nineteenth century. Following their arrival in what was for them the New World, new arrivals—initially from northern and western Europe (between 1820 and 1880), and from southern and eastern Europe as well as Asia, too, as of about 1880—deliberately sought contact with other emigrants who spoke their language, shared their lifestyle and eating habits, and who were able to support them in their integration into a new society,

und einer Gesellschaft kaum Austausch pflegt. Dass dies sehr häufig vor allem ein Problem der ersten Einwanderergeneration ist, kann heute in vielen türkisch- oder arabischsprachigen Haushalten etwa in Berlin-Neukölln oder in Hamburg-Veddel studiert werden: Während ihre meist schon in Deutschland aufgewachsenen Kinder und Enkel oft problemlos zwischen zwei Lebenskulturen hin- und herpendeln, bewegen sich manche Immigranten selbst nach Jahrzehnten in der „neuen Heimat" noch immer ausschließlich in einem geradezu hermetisch abgeschirmten Kulturkreis, der mit jenem ihrer Herkunft nahezu identisch ist, aber keinerlei Anknüpfungspunkte für die nichtmigrantische Mehrheitsbevölkerung bietet. Dass in einer solchen Konstellation der Parallelwelten manchem Einheimischen die eigene Stadt partiell fremd erscheint und das gegenseitige Misstrauen wächst – wo keine Begegnung vorgesehen, wo kein Austausch erwünscht ist, kann schließlich kein Vertrauen entstehen –, ist durchaus nachvollziehbar.

Enklaven entstehen aber nicht nur dort, wo Neuankömmlinge bewusst die Nähe zu ethnisch und/oder religiös Gleichartigen suchen, sondern ebenso dort, wo Gleichgesinnte sich bewusst einen „geschützten Raum" einrichten, in dem sie Lebensmodelle verwirklichen können, die nicht überall toleriert werden. Ein Beispiel für diese Art von Enklaven, zu der auch die „Hochburgen" von Homosexuellen etwa im Castro-Viertel von San Francisco oder rund um den Nollendorfplatz in Berlin zählen, ist die seit 1971 existierende „Freistadt Christiania" (dänisch Fristad Christiania), eine alternative Wohnsiedlung auf den historischen Wallanlagen Kopenhagens im Stadtteil Christianshavn. Von zwischenzeitlich mehreren tausend Einwohnern – in erster Linie Hippies, Anarchisten, Aussteiger und andere Lebenskünstler – sind bis heute rund 900 Bewohner geblieben, die teilweise schon in der zweiten oder dritten Generation in Christiania leben. Die Freistadt ist nach wie vor eine erste Anlaufstation für Ausreißer, Obdachlose, Inuit und andere, die in der „normalen" Gesellschaft keinen Platz finden, seit langem ist sie aber auch eine Touristenattraktion für täglich mehrere tausend Besucher.

Offene durchmischte Stadtquartiere

Die Bewohner von Christiania verwalten ihre Freistadt bislang unabhängig von den staatlichen Behörden – basisdemokratisch und stets auf Konsens ausgerichtet. In Versammlungen werden die Regeln des Zusammenlebens festgelegt, die nicht in jedem Fall im Einklang mit den dänischen Gesetzen stehen. So wurde der Konsum sogenannter „weicher Drogen" – zum Beispiel Marihuana und Haschisch – in Christiania von der dänischen Regierung über dreißig Jahre lang toleriert und der Handel nur wenig behindert. Doch das „soziale Experiment", als das die dänischen Behörden Christiania 1972 anerkannt haben (nachdem mehrere Versuche, das Gelände zu räumen, gescheitert waren), und die Duldung als autonome Kommune ist mittlerweile existenziell gefährdet: Die dänische Mitte-Rechts-Regierung will nun auch in der „Freistadt" die sonst üblichen Bau- und Vergabebestimmungen für Wohnraum durchsetzen,

Rechts: In klassischen Einwandererstädten wie New York wurden ganze Stadtteile zu Enklaven der Zuwanderer: die Mulberry Street (Little Italy) um 1900   Right: Entire city districts became immigrant enclaves in classic immigration cities like New York: Mulberry Street (Little Italy) circa 1900

immigrant generation in particular, it can be observed today in many Turkish- or Arabic-speaking households in Berlin's Neukölln district or on Veddel in Hamburg, for example. While their adult children and grandchildren, having largely grown up in Germany, often move effortlessly between two cultures, even after decades in the "new homeland," some immigrants still move exclusively within an almost hermetically sealed cultural circle that is practically identical to where they come from but provides no links at all with the non-migrant mainstream population. It is indeed understandable that, in such a constellation of parallel worlds, some local residents perceive parts of their own city as foreign and mutual distrust grows—after all, trust is unable to develop where encounters are not anticipated and exchanges are avoided. Enclaves do not only develop where newcomers deliberately seek the proximity of ethnic and/or religious counterparts, however, but also where like-minded individuals deliberately establish a "protected space" in which they are able to implement lifestyle models not tolerated everywhere. One example of this kind of enclave—to which homosexual "strongholds" such as the Castro district of San Francisco or the neighbourhood around Nollendorfplatz in Berlin belong—is "Freetown Christiania" (Danish: Fristad Christiania), in existence since 1971, an alternative residential area comprising parts of Copenhagen's historic ramparts in the district of Christianshavn. Having at times numbered several thousand residents—primarily hippies, anarchists, dropouts, and other hedonists—around nine residents remain today, some of whom are now living as the second or third generation in Christiania. The "free town" continues to draw primarily outcasts, the homeless, Inuits, and others who find no place in "normal" society, but has long been a tourist attraction as well, attracting several thousand visitors daily.

Open Mixed City Districts

Up to now the residents of Christiania have administered their free town independently of the state authorities—on a democratic basis

without them having to completely renounce their former customs. "Chinatown," "Little Italy," and "Little Germany" in many North American cities, but also enclaves such as that of North-West Spain's Galicians in Buenos Aires (where today more people with Galician roots live than in the largest city in Galicia)—many neighbourhoods with a high ethnic minority population do happen to contribute to the integration of immigrants to some extent because they also serve as a "gateway" to the host society, for establishing social contacts, and opening up the first employment opportunities.

The Enclave as a Trap

Should access to and therefore integration into the mainstream society fail, however, due to inadequate language skills, for instance, or limited employment opportunities, then an ethnic enclave can indeed become a trap, a kind of permanent special zone with very little interaction with the other areas within a city and a society. As this is very often a problem in the first

Links: Der „Freistadt Christiania" war lange Jahre eine geduldete Enklave alternativer Lebensformen und Anlaufstelle für viele, die sich von der übrigen Stadtgesellschaft abgrenzen wollten. Die rechtliche Sonderstellung des Stadtteils ist mittlerweile aufgehoben.
Left: The „Freistadt Christiania" was long tolerated as an enclave of alternative lifestyles and shelter for many wanting to segregate themselves from the rest of urban society. The district's special legal status has since been withdrawn, however.

über die bislang die Anwohner autonom entschieden haben. Im Februar 2011 bestätigte der oberste Gerichtshof den bereits 2009 in erster Instanz beschlossenen Entzug der Selbstständigkeit Christianias. Das ehemalige Militärareal soll nun zu einem ganz normalen Stadtteil Kopenhagens werden, für den die gleichen Gesetze und gesellschaftlichen Vereinbarungen gelten wie für alle anderen.

In der dänischen Hauptstadt droht das Aus für ein durchaus erfolgreiches Beispiel einer nach außen offenen, also durchlässigen Enklave. Christiania könnte künftig etwa jenen Status erreichen, an den deutsche Enklaven schon seit langer Zeit gewohnt sind, der aber immer wieder neu austariert werden muss. Im Unterschied etwa zu den Enklaven in nordamerikanischen Städten, in denen ganze Viertel fest in der Hand nur einer ethnischen Bevölkerungsgruppe sind, zeichnen sich selbst die türkischen Hochburgen in Berlin oder Hamburg durch ihre stark durchmischte Struktur aus: Selbst in Kreuzberg oder auf den Hamburger Elbinseln gibt es kaum ein Quartier, in dem nicht mindestens die Hälfte der Bewohner keinen Migrationshintergrund hat und sich mit den längst nicht mehr fremden Gebräuchen ihrer teilweise schon vor Jahrzehnten zugewanderten Nachbarn längst vertraut gemacht hat – und umgekehrt. Dass bei allen Konflikten, die in den gemischten Stadtteilen der Mikrokosmopolis immer wieder aufflammen, das Zusammenleben verschiedener Kulturen meist recht gut klappt, darf durchaus als Erfolg einer in den jeweiligen Quartieren verankerten Integrations-, Sozial-, Bildungs- und Wirtschaftspolitik gezählt werden, wie sie zum Beispiel das Programm „Die soziale Stadt" seit vielen Jahren fördert. Deutschland wäre gut beraten, auch weiterhin mithilfe eines behutsamen Quartiersmanagements nachhaltig Impulse für ein einvernehmliches Miteinander verschiedener Bevölkerungsgruppen zu geben. Dass dies gelingen kann, belegen zahlreiche Projekte des genannten Programms und vergleichbarer Initiativen, die nicht nur in Gebäude, sondern auch in die Menschen und in die Struktur einer durchmischten Stadt investieren.

Die türkische Künstlerin Esra Ersen hat mit ihrem Projekt „Sammelsurium" auf dem Ausstellungsparcours „Aussicht auf Veränderungen" 2010 im Rahmen der Akademie einer anderen Stadt, der Kunstplattform der IBA Hamburg, die Vielfalt der kulturellen Wurzeln im Stadtteil und die Komplexität der Begriffe Heimat und Tradition thematisiert. Die Arbeit entstand in Zusammenarbeit mit dem Heimatkundemuseum Museum Elbinsel Wilhelmsburg e.V., Bewohnern der Elbinseln sowie dem Sozialkaufhaus Sammelsurium, das von der Arbeitsloseninitiative Wilhelmsburg (AIW) betrieben wird.   The project "Miscellany" by the Turkish artist Esra Ersen, included on the "Looking for Changes" 2010 route as part of the IBA Hamburg's art platform Academy of Another City, addresses the diversity of the neighbourhood's cultural roots and the complexity of the terms homeland and tradition. The project was developed in cooperation with the Elbe Islands Local History Museum, residents of the Elbe Islands, as well as the social support store Sammelsurium run by the Wilhelmsburg Unemployment Initiative (AIW).

and always aimed at consensus. The rules of communal life are drawn up in meetings but are not always compliant with Danish law. The consumption of "soft drugs" such as marijuana and hashish was tolerated in Christiania by the Danish government for over thirty years, trade in these being barely impeded. The existence of the "social experiment," the form in which Christiania was recognised by the Danish authorities in 1972 (after the failure of several attempts to clear the area), and the tolerance of this autonomous commune, are now at risk, however. The Danish Centre-Right government now wants to implement the construction and allocation conditions for housing space applicable to the rest of the city in the "free town" as well, where, up to now, the residents themselves have made autonomous decisions. In February 2011 the Supreme Court confirmed the decision handed down in the first instance in 2009 to withdraw Christiania's autonomy. It is now intended that the former military complex should become a completely normal district of Copenhagen subject to the same laws and social contracts that apply everywhere else.

In the Danish capital it appears to be the end of the line for an, indeed, successful example of an open, permeable enclave. In the future Christiania could achieve the status with which German enclaves have long been familiar, though one that continually has to be rebalanced, however. Unlike the enclaves in North American cities, for example, where entire districts are in the hands of just one ethnic population group, even the Turkish strongholds in Berlin or Hamburg are characterised by a heavily mixed structure. Even in Kreuzberg or on Hamburg's Elbe Islands there is hardly any district where at least half of the residents are without a migration background and have not long since become familiar with the no longer strange customs of the neighbours, some of whom came as immigrants decades ago—and vice versa. The fact that, despite all of the conflicts that flare up time and again in the mixed city districts of the micro-cosmopolis, the co-existence of different cultures generally works very well and can, indeed, be seen as the successful outcome of integration, social, educational, and economic policies anchored in the respective neighbourhoods and supported by programmes such as "Die soziale Stadt" ("The Social City") for many years now. Germany would be well advised to continue providing sustainable impulses for the consensual co-existence of different population groups through careful district management. The fact that this can succeed is proven by numerous projects within the above-mentioned programme and comparable initiatives that invest not only in the buildings but also in the people and in the structure of a mixed city.

LINDA HOLZGREVE

Das Franzbrötchen
Kulinarische Heimat in der Fremde gesucht!

Wenn man aus Hamburg nach Berlin zieht, ist das keine große Sache. Weit ist es nicht. Die Bahn- und Busverbindungen sind perfekt. Meine einzige Sorge vor dem Umzug war: Kann ich in einer Stadt wohnen, die keinen ordentlichen Hafen hat? Und wo geht es im Sommer hin, wenn nicht an die Elbe oder ans Alsterufer? Das sind natürlich alberne Gedanken: Ich wohne jetzt nicht weit von der Spree entfernt.

Was ich in Berlin wirklich vermissen würde, fiel mir erst auf, nachdem ich hier ein paar Mal beim Bäcker war. In Hamburg verehrt man nicht nur die Gewässer, sondern auch ein unscheinbares Zimtbrötchen namens „Franz", das der durchschnittliche Berliner Kiezbäcker leider selten im Sortiment hat. Meine ersten erfolglosen Bäckereibesuche endeten nicht selten damit, dass mir gut gemeint ein paar Rosinenschnecken eingetütet wurden – dabei sind die mit dem Franzbrötchen allerhöchstens entfernt verwandt. „Das Franz" ist keine Schnecke. Sein Teig wird gerollt und dann nach außen gedrückt. Innen muss es saftig bis matschig sein, außen darf der Zucker karamellisieren, aber nicht knirschen. Manchmal gab es zumindest Zimtbrötchen im Angebot, meist verhuschte, kleine Vollkornhäufchen, die mit dem „Franz" meiner Träume zwar den Zimtgeschmack teilten, optisch und haptisch jedoch zu wünschen übrig ließen. Sie schmeckten nach Marzipan, waren übersät mit Rosinen oder brachen komplett zusammen unter einer dicken Zuckerschicht. Bald entdeckte ich zu meiner Freude, dass nicht nur ich mich in der vermeintlichen Franzbrötchen-Brache Berlin entwurzelt fühlte: In zahllosen Internetforen traf ich Hamburger, die sich über die Qualen ihres Entzugs und sichere Berliner Nachschubquellen austauschten. Ich erfuhr, dass die Notlage von einigen Bäckereien bereits als Geschäftslücke erkannt und mit entsprechend gründlichem Pioniergeist bedient wird. Die Berliner Bäckerei Butter Lindner beispielsweise hat sich die Liebe zum Franzbrötchen

buchstäblich in Hamburg abgeguckt, als sie ihre erste Filiale dort eröffnete. „Großartig fanden wir das Brötchen", berichtet Claudia Mehrl vom Lindner-Catering-Service und klingt dabei heute noch begeistert, „so etwas wollten wir für Berlin auch". Der Clou: Butter Lindner brachte zwar das Franzbrötchen nach Berlin, backt aber nicht nach Hamburger Rezept – da werde der Teig zu trocken. „Wir haben in ganz Hamburg Franzbrötchen getestet und dann ein eigenes Rezept entwickelt", sagt Mehrl. Als ich nachmittags ins Geschäft komme, sind die Franzbrötchen längst ausverkauft.

Da ich vorhabe, länger in Berlin zu bleiben, sorge ich mich langfristig um die Zukunftsaussichten meines Heimatbrötchens. Kann es wirklich in Berlin heimisch werden? Glaubt man Thomas Götz und Peter Eichhorn, den Autoren des Gastro-Guides *Berlin beißt sich durch*, stehen die Chancen gar nicht schlecht. Berlin, schreiben sie, das ist „die ganze Welt in einer Stadt". Thomas Götz findet es daher selbstverständlich, dass sich mit der Zeit auch regionale Küchen in Berlin etablieren. Für die schwierige Übergangsphase rät er mir zu mehr Pragmatismus: „Die schwäbische ‚Seele' hat in Berlin zuerst auch ständig nach Oliven statt nach Kümmel geschmeckt. Es gibt eben nie das eine authentische Rezept."

Der Text entstand im Rahmen eines Studienprojektes am Masterstudiengang Kulturjournalismus der UdK Berlin/Zentralinstitut für Weiterbildung und wurde zuerst am 29. Juni 2010 in einer Sonderbeilage des Studiengangs in der *taz* veröffentlicht.

Das in Hamburg beheimatete Franzbrötchen ist offenbar nicht zu kopieren und erzeugt so in der Fremde einen nur schwer erträglichen Phantomschmerz.
The cinnamon roll native to Hamburg is evidently inimitable and the deprivation for those away from Hamburg causes almost unbearable phantom pain.

LINDA HOLZGREVE

Franz—The Cinnamon Roll
Looking for a Culinary Home in a Strange Land

Moving from Hamburg to Berlin is no big deal. It is not far. The rail and bus links are perfect. My only concern ahead of the move was: can I live in a city that does not have a proper harbour? And what do you do in the summer if you can't go to the Elbe or the banks of the Alster? These are of course silly concerns: where I live now is not far from the Spree.

What I was really going to miss in Berlin only came to me after I had been to the baker here a couple of times. It is not only the water that is venerated in Hamburg; it is also a modest cinnamon roll called a „Franz", something that the average neighbourhood baker in Berlin unfortunately seldom has on offer. My first unsuccessful bakery visits often ended with a couple of well-intended raisin spirals finding their way into the bag—yet these are, at best, only very distant relatives of Franz. Franz is not a spiral. His dough is rolled out and then pressed outwards. It has to be soft to soggy on the inside, while on the outside the sugar should caramelise without becoming crunchy. Sometimes there were at least cinnamon buns available, usually unassuming little wholewheat heaps that did indeed share the cinnamon flavour of the Franz of my dreams but left a lot to be desired, optically and tactilely. They tasted of marzipan, were strewn with raisins, or completely collapsed beneath a thick layer of sugar. To my delight I soon discovered that not only I felt displaced in the apparent Franz-wasteland of Berlin: in numerous internet forums I met people from Hamburg exchanging details of the torture of their withdrawal and of assured sources of supplies in Berlin. I learned that the predicament had already been recognised by a number of bakeries as a gap in the market and they were servicing this gap with a correspondingly rigorous pioneering spirit. The Berlin bakery Butter Lindner, for example, had literally adopted the love of Franz cinnamon rolls in Hamburg when they opened their first branch there. „We thought the rolls were fantastic", reports Claudia Mehrl of Lindner Catering Service, who still retains her enthusiasm to this day, „We wanted to make something like that for Berlin as well." The trick: Butter Lindner brought the Franz roll to Berlin but did not bake them according to the Hamburg recipe—so the dough became too dry. „We tested Franz rolls throughout Hamburg and then developed our own recipe", says Mehrl. The Franz rolls are all long sold out by the time I get to the shop in the afternoon.

I intend to stay in Berlin for a while and so I am concerned about the long-term future for my homeland roll. Can it really be at home in Berlin? If Thomas Götz and Peter Eichhorn, the authors of the gastro-guide *Berlin beißt sich durch* ("Berlin Bites its Way Through"), are to be believed, then the prospects are not at all bad. Berlin, they write, is the „whole world in one city". Thomas Götz therefore considers it a matter of course that regional cuisine will also become established in Berlin over time. He urges me to be more pragmatic during the difficult transition phase: „Initially the Swabian ‚baguette' always tasted of olives in Berlin instead of caraway. There is never an authentic recipe."

The text was written as part of a study project for a Master's Degree in Cultural Journalism at the Berlin University of the Arts/Central Institute for Further Education and was first published on 29 June 2010 in a study supplement to the *taz* daily newspaper.

MARK TERKESSIDIS

Para Polis

– oder die interkulturelle Stadt

In einem der erfolgreichsten deutschen Sachbücher der letzten Jahre wird für die deutschen Städte ein düsteres Szenario entworfen. Unter dem Begriff „Alptraum" phantasiert der ehemalige Berliner Finanzsenator und Mitglied des Bundesbank-Vorstands Thilo Sarrazin von Städten, in denen die deutsche Sprache als Verständigungsgrundlage abgedankt hat, Schulen und Stadtviertel sich entsprechend der vorwiegend verwendeten Muttersprachen der Einwanderer „entmischt" haben und das einheimische, bürgerliche Kulturerbe verfällt.[1] Nun mag man solche Visionen als völlig übertrieben abtun. Dennoch stießen Sarrazins bizarre Darstellungen auf erheblichen Widerhall – tatsächlich stellen sie die polemische Zuspitzung eines durchaus verbreiteten Narrativs über die Städte dar. Der Grundtenor dieses Narrativs – und zwar jenseits von politischer Orientierung – ist abwertend. Wenn man sich die Debatten der vergangenen Jahrzehnte in den Medien und teilweise auch in der Wissenschaft anschaut, dann ging es zumeist um Niedergang, um „den Verlust der Integrationsfähigkeit", um tatsächliche Desintegration oder das Verschwinden des öffentlichen Raums, wahlweise verursacht durch neoliberale Politik (Privatisierung, „McDonaldisierung", „Gentrifizierung") oder Einwanderung („Parallelgesellschaften", „Problembezirke").[2] Grundlage dieses Narrativs sind verbreitete normative Vorstellungen über die Stadt als wohlgeordneter, konfliktfreier und im Grunde familiär organisierter „Behälter". Zudem besteht eine Art utopische Nostalgie, eine Orientierung an einem niemals existent gewesenen Zustand, in dem die Stadt angeblich real so beschaffen war. Diese normativ-nostalgische Perspektive lässt die tatsächliche Stadt nicht nur grundsätzlich als mangelhaft erscheinen, sondern bringt sie in ihrer aktuellen Form regelrecht zum Verschwinden. Man braucht ja gar nicht mehr hinzuschauen! Doch was würden wir sehen, wenn wir der Stadt einen weniger voreingenommenen Blick zuwerfen? Einen Blick, der sich von jener „in-between-awareness" leiten lässt, die Aldo van Eyck definiert hat als ein Sensorium für Schwellen, Bewegung und Ambivalenzen. Einen Blick, der forscht und „lernt" im gleichen Sinne, wie Robert Venturi, Denise Scott-Brown und Steven Izenour vom scheinbaren Abfalleimer der US-Architektur, Las Vegas, gelernt haben. Zweifellos sind die Städte heute jenem Prozess unterworfen, den man gemeinhin Globalisierung nennt, was bedeutet: weniger ökonomische Sicherheit und Planungskontrolle, mehr Mobilität und Heterogenität. Dabei erweisen sich die Veränderungen jedoch keineswegs als ausschließlich negativ, sondern als höchst widersprüchlich. Vor allem stellen sie Herausforderungen dar – statt der routinierten Klage braucht es einen an der Zukunft orientierten Willen zur Gestaltung.

Was bedeuten nun zunehmende Mobilität und Vielfalt konkret? Zweifellos waren die Städte immer schon Orte des Transits, Knotenpunkte in einem internationalen Gewebe – beunruhigend erscheint die aktuelle Mobilität wohl nur vor dem Hintergrund der Jahrzehnte nach dem Zweiten Weltkrieg, in denen die Lebensgestaltung stark von einer planbaren Sesshaftigkeit bestimmt war. Die aktuelle Situation kennzeichnet, dass es eine zunehmende Anzahl von

Das ESO-Hotel Cerro Paranal, Chile, (Architekten: Auer+Weber, München/Stuttgart) dient Wissenschaftlern in seiner abgelegenen Lage in der Wüste als Ort der Forschung und des Rückzugs in eine Parallelwelt. In its remote desert location, the ESO Hotel, Cerro Paranal, Chile (architects: Auer+Weber, Munich/Stuttgart) serves scientists as a place of research and of retreat into a parallel world.

MARK TERKESSIDIS

Parapolis

—or the Intercultural City

Personen gibt, deren Status aus unterschiedlichen politisch-ökonomischen Gründen nicht eindeutig festzulegen ist. Heute leben in den Städten „Ausländer" mit einer durchschnittlichen Aufenthaltsdauer von fast 19 Jahren; „Pendler", die im Durchschnitt für ein halbes Jahr bleiben; „Geduldete", deren Aufenthaltsperspektive nach einem Jahrzehnt immer noch bei einem halben Jahr liegt, „Papierlose", die als Touristen eingereist sind und deren Existenz von der offiziellen Statistik ganz geleugnet wird. Man findet zahlreiche Studenten aus anderen Ländern, die eine bestimmte Zeit in der Stadt bleiben, „Expatriates" jeglicher Couleur, die wegen Arbeit, Liebe oder einer neuen Lebensperspektive in die betreffende Stadt gezogen sind, Zweitwohnungsbesitzer, deren Familie in einer anderen Stadt lebt oder auch Touristen, die mit ihren wiederholten Wochenendtrips und ihrem Szenewissen auf eine noch nie dagewesene Weise ins Gewebe der Stadt eindringen. Diese Personengruppen zeichnen sich durch eine „anwesende Abwesenheit" aus – sie sind da, aber gleichzeitig auch noch an einem anderen Ort. Diese neue Mobilität hat die geografischen Verhältnisse von Nähe und Ferne, aber auch von Nachbarschaft völlig verändert. So existieren in der Stadt Räume, in denen die Aktivitäten der Bewohner nur noch lose mit der direkten Umgebung korrespondieren. In den Niederlassungen transnationaler Unternehmen ist die Umgangssprache Englisch, der Kommunikationsraum global und die Mitarbeiter stammen aus vielen verschiedenen Ländern und werden vielleicht schon bald an einen anderen Ort versetzt. Diesen mobilisierten Räumen innerhalb der Stadt entsprechen solche außerhalb der Stadt, die geografisch weit entfernt liegen, tatsächlich aber eher wie eine Nachbarschaft funktionieren. Viele Arbeitsmigranten, die ursprünglich nur für „ein, zwei Jahre" nach Deutschland gehen wollten und sich schließlich doch ansiedelten, haben gleichzeitig in ihrem Herkunftsland Häuser gebaut oder Wohneigentum erworben – ohne tatsächlich zurückzukehren. So existieren aktuell vor allem außerhalb von Europa, etwa in Marokko, ganze Stadtviertel, die sich im Sommer mit Auswanderern

füllen. Selbst wenn Einwanderer keine Immobilien in ihrem Herkunftsland haben, bewohnen sie einen familiären Raum, der Netzwerke über die nationalen Grenzen hinweg spannt. In ähnlicher, aber zugleich ganz anderer Weise haben Touristen und „Rentenauswanderer" in großer Zahl an der europäischen Sonnenperipherie, etwa in Spanien, Häuser oder Wohnungen erworben. Sie bewohnen dort Siedlungen, die veritable „Parallelgesellschaften" darstellen und die mit ihrer physischen Nachbarschaft wiederum nur sehr lose Verbindungen aufweisen. Es handelt sich eher um unsichtbare Vororte westeuropäischer Städte.

Die beschriebene städtische Formation, die maßgeblich auf Mobilität und Uneindeutigkeit beruht, lässt sich als „Parapolis" bezeichnen. Seit die deutsche Statistik auch das Kriterium des Migrationshintergrunds erfasst, ist auch der durchaus dramatische demografische Wandel ins Bewusstsein vorgedrungen – bei den Unter-Sechsjährigen in deutschen Städten sind Kinder mit einer Einwanderungsgeschichte bereits in der Mehrheit, für Frankfurt oder

Das Gastdozentenhaus der Albert-Ludwig-Universität, Freiburg (Architekten: Hubert J. Horbach, Freiburg, Landschaftsarchitekten: Pit Müller, Freiburg) wird in seiner Idylle zu einer Art Elfenbeinturm wissenschaftlicher Abgeschiedenheit von der Gesellschaft. With its idyllic setting, the guest lecturer house at the Albert Ludwig University, Freiburg (architects: Hubert J. Horbach, Freiburg, landscape architects: Pit Müller, Freiburg) becomes a kind of ivory tower of scientific seclusion from society.

One of the most successful German non-fiction books of recent years presents a gloomy picture of German cities. Using the term "nightmare," the former Finance Senator in the Berlin Senate and member of the executive board of the German Federal Bank, Thilo Sarrazin, envisions cities where the German language abdicates its role as the basis for communication, schools and city districts "segregate" themselves according to the prevalent vernacular used by immigrants and the indigenous, civic cultural heritage falls into decline.[1] We might prefer to dismiss such visions as complete exaggeration, yet Sarrazin's bizarre portrayals have met with a resounding echo—they do indeed constitute the polemical intensification of what is a very widespread narrative on the subject of cities. The underlying tone of this narrative—completely irrespective of political orientation—is pejorative. If we look at such debates in the media and sometimes also among academics over the last few decades, they have mostly been concerned with demise, "the loss of the ability to integrate,"[2] with the actual disintegration or disappearance of the public environment, variously caused by neoliberal politics (privatisation, "McDonaldisation," "gentrification") or immigration ("parallel communities," "problem areas").

Forming the basis of this narrative are widespread normative notions of cities as neatly arranged, conflict-free "containers" principally organised along familial lines. Then there is also a kind of Utopian nostalgia, an orientation towards a never-having-existed state supposedly really attainable for cities. Not only does this normative-nostalgic perspective portray actual cities as fundamentally inadequate, it also preempts their very disappearance in their current form. There is no longer any need to take a closer look! What would we see, however, if we were to take a less biased view of cities? A view guided by the "in-between-awareness" defined by Aldo van Eyck as a sensor for thresholds, motion and ambivalence. A view that studies and "learns" in the sense that Robert Venturi, Denise Scott-Brown and Steven Izenour have learnt from that ostensible waste bin of American architecture, Las Vegas. Without doubt,

today's cities are subject to the process generally referred to as globalisation, meaning: less economic security and planning control, more mobility and heterogeneity. These changes have in no way proven to be solely negative, however, but, rather, highly contradictory. They constitute challenges first and foremost—instead of routine complaining, what is needed is the future-orientated will to participate.

What do increasing mobility and diversity mean in concrete terms? Cities have certainly always been transit points, junctions in an international network. Present-day mobility seems disquieting only against the background of the decades following the Second World War, when life was strongly characterised by a sedentary dependability. The present situation indicates that there are an increasing number of people whose status cannot be clearly defined on the basis of political-economic factors. City populations today include "foreigners" with an average length of stay of almost nineteen years; "commuters" who stay for half a year on average; "tolerated persons," whose residence prospects still remain at six months even after a decade; "paperless persons," who arrived as tourists and whose existence is entirely ignored by official statistics. There are a great many students from other countries remaining in cities for a certain period, "expatriates" of every hue who have moved to the city in question for work, love or a new start in life, dual home owners whose families live in another city or else tourists who, in a hitherto unprecedented manner, permeate the fabric of a city with their repeated weekend trips and their local knowledge.

These groups of people are characterised by a "present absence"—they are there, but still in another place at the same time. This new mobility has completely changed the geographical dimensions of proximity and distance, as well as of vicinity. Hence cities have spaces in which the residents' activities now correspond only loosely to their direct surroundings. The language in common use in the offices of transnational companies is English, the communication realm global, the employees come from many different countries and will shortly perhaps be

Nürnberg ergeben sich Anteile von annähernd 70 Prozent.[4] In der „Parapolis" nun müssen alle Gestaltungsansätze von der „Vielheit" der Bevölkerung im urbanen Raum ausgehen. Die Aufgabe kann dabei nicht darin bestehen, diese Vielheit wieder auf Einheit und Eindeutigkeit zu reduzieren. Zum einen muss im Rahmen der Globalisierung ein gewisser Kontrollverlust realistisch anerkannt werden. Zum anderen muss dennoch der Versuch unternommen werden, die Stadt so zu arrangieren, dass sie die unterschiedlichen Voraussetzungen und Hintergründe der Individuen berücksichtigt und diesen ermöglicht, ihr Potenzial auszuschöpfen – als Personen, die sich in ihrem Gemeinwesen engagieren und eben dadurch eine Vorstellung von Gemeinschaft entwickeln.

Die „Parapolis" benötigt ein Programm der Interkultur. Dazu braucht es eine Verortung des Interkulturellen in Bildern, Institutionen, Plätzen und Möglichkeiten zur Teilhabe. Es ist für die Zukunft der Städte höchst relevant, welches Bild sie von sich selbst entwerfen: Eine Stadt, welche die Vielheit als Niedergang begreift, ist für die Zukunft nachweislich schlechter gerüstet als eine, die ihre Vielheit als kreative Ressource begreift. Letztere stärkt bei ihren Bürgern den Optimismus und erhöht die Anziehungskraft für Zuzügler und Touristen. Die Städte müssen ihre Institutionen daraufhin befragen, ob sie der Mobilität und Vielfalt der städtischen Gesellschaft gerecht werden. Angesichts des dramatischen Wandels hat es keinen Sinn mehr, im Rahmen so genannter Integration kompensatorisch die angeblichen Defizite bestimmter Gruppen zu korrigieren, sondern der Regelbetrieb der kommunalen Angebote – Bildung, Gesundheit, Verwaltung, Kultur etc. – muss strikt auf Individuen hin orientiert werden, die sich nach ihren Voraussetzungen und Hintergründen unterscheiden. Zu dieser Öffnung würde auch die Etablierung eines an den Wohnort gebundenen „Rechts auf einen Ort" gehören. Gerade in den Zeiten knapper Finanzmittel sind die Städte auf mehr Beteiligung angewiesen. Sie müssen also auch für jene Personen mit uneindeutigem Status Partizipationsmöglichkeiten schaffen – möglicherweise

in kleineren sozialräumlichen Einheiten, also Nachbarschaften oder Vierteln.

Die Städte sind zudem dazu aufgerufen, sich in ihrer baulichen Gestalt an der Vielheit zu orientieren („Designing for Diversity") und gleichzeitig Orte zu schaffen, in denen sich diese Vielheit verkörpert. Das bedeutet, dass bei der Planung öffentlicher Gebäude danach gefragt werden muss, wen sie adressieren, welche Traditionen sie wie selbstverständlich aufgreifen und welche Schwellen sie errichten. Zudem wäre auch darüber nachzudenken, wie die interkulturelle Stadt sich symbolisch in sogenannten Leuchttürmen verkörpern könnte. Tatsächlich scheinen die Pläne für das „Humboldt-Forum" in der Mitte Berlins darauf hinzudeuten, dass die Vielfalt in der Mitte der deutschen Hauptstadt verankert werden soll – unter diesem Namen sollen die ethnologischen Sammlungen der staatlichen Museen in das wieder aufgebaute preußische Stadtschloss einziehen. Allerdings lässt die derzeitige Konzeption vermuten, dass es sich eher um eine Einhegung der lebendigen Vielheit handelt – hinter einer preußischen Fassade, unter dem Namen eines deutschen Forschers sollen die Artefakte einer vergangenen Authentizität neu präsentiert werden.

Gegen solche Art von „Containment" wäre auch die Schaffung von Plattformen geboten – offene Räume, die sich eben nicht am Vorbild der repräsentativen Plätze des 19. Jahrhunderts orientieren. Ein alternatives Modell wäre – um bei einem Berliner Beispiel zu bleiben – der Görlitzer Park im Stadtteil Kreuzberg. Im Sommer wird der überfüllte Park zu einer Fläche, auf der alle Formen von „everyday urbanism"[5] zu beobachten sind. In den alltäglichen Praxen der Raumaneignung wird Interkulturalität permanent ausgehandelt. An diesen Aushandlungen und natürlich auch Auseinandersetzungen muss eine Politik ansetzen, die kein statisches, multikulturelles Nebeneinander will, sondern einen neuen interkulturellen Raum. Die traditionellen Ideen von Gemeinschaft beziehen sich stets auf die Vergangenheit. Für Städte aber, die auf das Potenzial all ihrer Bewohner angewiesen sind, kommt es heute darauf an, sich auf die Gemeinschaft der Zukunft hin zu entwerfen.

In Ferienhaussiedlungen - wie hier an der Costa Blanca in Spanien - verbringen viele deutsche Rentner ihren Lebensabend. Allein die Geschlossenheit der Anlage erzeugt schon eine Parallelwelt, aus der heraus die Integration in die spanische Gesellschaft schwer fällt, wenn sie überhaupt gewollt ist. Many German pensioners spend their old age in holiday home developments such as this on the Costa Blanca in Spain. The complex's cohesion alone creates a parallel world hindering integration in Spanish society, should this even be called for in the first place.

the outskirts of West European cities. The urban formation described here, based largely on mobility and ambiguity, can be termed a "parapolis."[3] There has been a greater awareness of what is indeed a dramatic demographic transformation ever since German statistics began including immigrant background as a criterion—children with an immigrant background are already in the majority among children under the age of six in German cities, while in Frankfurt or Nuremberg this majority is close to seventy per cent.[4] In the "parapolis" all organisational approaches now need to derive from the "diversity" of the population in the urban environment. It cannot be a matter of reducing this diversity to unity and uniformity. On the one hand, a certain lack of control within the parameters of globalisation needs realistic recognition and, on the other, the attempt should be made to arrange cities in such a way that the different requirements and backgrounds of the inhabitants are taken into account, enabling these individuals to exploit their potential—as people participating in local affairs and thus developing a notion of community.

transferred to another location. These mobilised spaces within cities correspond to those outside cities that may be far away geographically but in fact function more as though in the same neighbourhood. Many work migrants who initially wanted to go to Germany for just "one or two years" and then ended up settling there have also built or bought homes in their countries of origin—without actually returning there. Consequently, in places outside Europe, like Morocco for instance, there are currently entire city districts that fill up with emigrants in the summer. Even if immigrants do not own property in their country of origin, they live in a family environment with networks spanning national boundaries. In a similar but also very different manner, tourists and "emigrant pensioners" have purchased houses or apartments in great numbers on Europe's sunny periphery, in Spain for example. There they inhabit districts that are veritable "parallel communities" with only a very loose connection to their physical neighbours. These tend to be the invisible suburbs on

The "parapolis" needs an intercultural agenda. This in turn needs the localisation of the intercultural in images, institutions, places and opportunities for participation. Of the utmost relevance for the future of cities is the image that they form of themselves: a city that perceives diversity as demise is demonstrably less well-equipped for the future than a city that perceives its diversity as a creative resource. The latter reinforces the optimism of its residents and increases the appeal for newcomers and tourists. Cities therefore need to survey the extent to which their institutions are able to do justice to the mobility and diversity of urban society. In the face of this dramatic transformation it no longer makes any sense to undertake compensatory corrections of alleged deficits in specific groups under the banner of integration. Instead, the regular functioning of community services—education, health, administration, culture, etc—has to be strictly orientated towards individuals differentiated according to their needs and backgrounds. This opening up would

Anmerkungen

1 Thilo Sarrazin: *Deutschland schafft sich ab*. München 2010, S. 396 ff.

2 Hartmut Häussermann / Ingrid Oswald: Zuwanderung und Stadtentwicklung. In: *Dies. (Hg.)*: *Zuwanderungs- und Stadtentwicklung. Leviathan* Sonderausgabe 17/1997, S. 17.

3 Tom Holert / Mark Terkessidis: Fliehkraft – Gesellschaft in Bewegung. Von Migranten und Touristen. Köln 2006.

4 8. Bericht der Beauftragten der Bundesregierung für Migration, Flüchtlinge und Integration über die Lage der Ausländerinnen und Ausländer in Deutschland. Berlin 2010, S. 54.

5 John Chase / Margaret Crawford / John Kaliski (Hg.): *Everyday Urbanism*. New York 2008.

Der Görlitzer Park in Berlin-Kreuzberg spiegelt die gemischte Bewohnerschaft des Stadtteils. Dieser öffentliche Raum bildet auch eine Plattform für den interkulturellen Austausch, sommers wie winters.
Görlitz Park in Berlin's Kreuzberg district reflects the district's mixed resident population. This open space also provides a platform for intercultural exchanges, both in summer- and wintertime.

also include the establishment of a "right to a place" linked to the place of residence. Cities are dependent on greater participation, particularly in times of limited financial resources. They therefore need to create participatory opportunities for those people of undefined status as well—possibly in smaller socio-spatial units, namely in neighbourhoods or districts.

Cities are also called upon to orientate their architectural framework towards diversity ("designing for diversity"), while at the same time creating places that embody this diversity. This means that, when planning public buildings, questions about whom they are intended for, which traditions they are going to appeal to and what thresholds they are creating need to be asked. It would also be worth considering how the intercultural city could embody itself symbolically in what are referred to as "lighthouses." The plans for the Humboldt Forum in the centre of Berlin do indeed seem to indicate the anchoring of diversity in the midst of the German capital with the state museums' ethnological collections occupying the rebuilt Prussian city palace. The present concept does tend to suggest a containment of this vital diversity, however, with the artefacts and their past authenticity being presented anew behind a Prussian façade, under the name of a German academic.

The creation of platforms—public spaces not based on the model of prestigious nineteenth-century squares—is what is required to counter this kind of containment. An alternative model would be—sticking to a Berlin example—Görlitzer Park in the city's Kreuzberg district. In summer the overcrowded park becomes an area where all forms of "everyday urbanism"[5] are to be observed. Interculturalism is permanently being brokered in everyday space appropriation practices. These negotiations, and of course other interactions, need to form the starting point for policies aimed not at a static, multicultural juxtaposition but at a new intercultural space. Traditional notions of community always draw on the past. For cities today, however, reliant as they are on the potential of all their residents, it is a question of conceptualising the community of the future.

Notes

1 Thilo Sarrazin: *Deutschland schafft sich ab*. Munich 2010, p. 396 ff.

2 Hartmut Häussermann / Ingrid Oswald: "Zuwanderung und Stadtentwicklung". In: *Idem* (eds.): *Zuwanderungs- und Stadtentwicklung*. *Leviathan* Special Edition 17/1997, p. 17.

3 Tom Holert / Mark Terkessidis: *Fliehkraft – Gesellschaft in Bewegung. Von Migranten und Touristen*. Cologne 2006.

4 8. Bericht der Beauftragten der Bundesregierung für Migration, Flüchtlinge und Integration über die Lage der Ausländerinnen und Ausländer in Deutschland (Report by the Government Commissioner for Integration on the Situation of Foreigners in Germany). Berlin 2010, p. 54.

5 John Chase / Margaret Crawford / John Kaliski (eds): *Everyday Urbanism*. New York 2008.

ANCA CARSTEAN

Migration und Baukultur

Das baukulturelle Erscheinungsbild der internationalen Stadtgesellschaft

Wenn die Gesellschaft in unseren Städten zunehmend kosmopolitisch und immer mehr durch Migration geprägt wird, stellt sich die Frage nach ihrem räumlichen und baulichen Pendant. Fasst man unter dem Begriff Baukultur nicht nur Architektur, sondern auch die Kultur ihrer Nutzung, Wahrnehmung, Umdeutung und Aneignung, kommt man einer Antwort näher. Baukultur entsteht als Gestalt der Vielfalt und gelebten Alltagswirklichkeit, aus Lebensbedürfnissen der Stadtbewohner. Architektur und Baukultur leisten sowohl in ihrer konkreten baulichen Ausprägung als auch als Teil des kulturellen Systems einer Stadt einen wichtigen Beitrag für das gelungene Zusammenleben von Menschen unterschiedlicher Herkunft. Migration als ein baukulturelles Handlungsfeld zu behandeln heißt, einen Querschnitt von Stadt und Stadtgesellschaft zu ziehen sowie räumliche und bauliche Qualitäten mit einem integrierenden Ansatz zu betrachten. Es geht um eine Kultur des Bauens im Sinne einer Kultur des Zusammenlebens. Die Debatten um eine multiethnische Baukultur werden in der Öffentlichkeit gerne auf den Aspekt der Religion verkürzt: Symbolisch stehen hierfür die Konflikte um den Bau repräsentativer neuer Moscheen in den Städten. Gerade diese Bauten haben eine besonders große Strahlkraft und provozieren damit emotionale Auseinandersetzungen. Es stellt sich dabei stets die Frage nach der baulichen Dominanz, der architektonischen Qualität, nach der Bedeutung und der Funktion von Moscheen in deutschen Städten. Es greift aber zu kurz, die Baukulturdebatte auf diesen Zusammenhang zu reduzieren. Nicht alle Migranten sind Muslime und auch de-ren Alltag spielt sich größtenteils außerhalb von Moscheen ab. Die baukulturellen Herausforderungen und die entsprechenden Ansprüche der Migranten beziehen sich auf alle Gebäude- und Raumtypen, die im kosmopolitischen Alltag der Stadtgesellschaft von Bedeutung sind. Öffentliche Räume und gemeinschaftliche, gemeindliche Einrichtungen sind als Funktionsräume und Orte der Inszenierung unterschiedlicher Kulturen von großer Bedeutung.

Öffentliche Räume und gemeinschaftliche Einrichtungen

Aber wo lässt sich Migration in der Stadt am besten beobachten, wenn nicht im öffentlichen Raum? Er ist der Ort, an dem das Fremde besonders wahrgenommen wird. Er ist die Bühne, „auf der sich die sozialen Gruppen zeigen; es ist der Raum, der besetzt und eingenommen wird, ohne einen Eigentumstitel zu haben."[1] Umso erstaunlicher ist es, dass dem öffentlichen Raum bislang so wenig Beachtung in der Segregations- und Integrationsforschung geschenkt wurde. Es ist bekannt, dass in vielen Ländern mehr Leben im öffentlichen Raum stattfindet als in Deutschland. Mit zunehmender Migration sind unsere Straßen und Plätze lebendiger geworden. Gebäude wurden vor dem Verfall gerettet. Und nicht nur dies: Nicht selten sind durch eine „spontan" entstandene migrantische Infrastruktur die Straßen nicht nur belebter, sondern funktionaler und attraktiver geworden. Alte Herren, die vor ihrem Café oder Teehaus sitzen, sorgen in einem schwierigen Umfeld für soziale Kontrolle und Sicherheit.

Hüseyin Bahri Alptekin, *heimat toprak*, 2001, Pailletten auf Kunststofftafel befestigt. 3,25 x 4,75 m
Hüseyin Bahri Alptekin, *heimat toprak*, 2001, sequins fastened on a plastic panel. 3.25 x 4.75 m

ANCA CARSTEAN

Migration and Building Culture

The Building Culture Aspect of International Urban Society

Noch interessanter ist die baulich-symbolische Erscheinung ethnischer Ökonomie im Straßenbild. Vorgefundene Räume wie die kleinen Lebensmittelläden („Tante-Emma-Läden"), Cafés oder Herren-Friseursalons wurden übernommen und transformiert. Sie sind durch eine Gestaltungsmischung aus alten Schildern, neuen Plakaten, Bildern oder Schriften zu höchst interessanten Räumen geworden. Durch ihre Nutzung und Erscheinung tragen sie ihre Geschichte und so etwas wie eine doppelte Topografie in sich: ihre deutsche und die heimatliche der Migranten.[2] Das Entstehen solcher Orte ist einfach und unspektakulär. Sie können aber zu Orten der Erinnerung und Identifikation werden. Sie sind oft Zeichen des kreativen Umgangs mit einer Notsituation oder Formen einer „unternehmerischen Selbsteingliederung in die Gesellschaft".[3] Solche Erscheinungen sind keine hohe Kunst, aber sie sind Kultur, eben Baukultur.[4]

Das von der Drogenszene und dem Rotlichtmilieu geprägte Frankfurter Bahnhofsviertel findet beispielsweise seine Stabilität, Sicherheit und alltägliche Funktionalität durch das Gegengewicht von „migrantischer Infrastruktur". In den Hinterhöfen und ihrer Bebauung hat sich eine vielfältige Nutzungsstruktur etabliert. Vom Blockrand bis zur Passage ist auf mehreren Geschossebenen ein vielfältiges Spektrum an Raumformen und -typen entstanden. Gestaffelt gibt es hier Einzelhandels- und Gastronomiebetriebe sowie Glaubens- und Kultureinrichtungen von Migranten. Man kann fast von einer neuen, eigenständigen Typologie des „linearen Supermarkts" sprechen.

Zahlreiche Selbstorganisationen, Netzwerke, gemeinschaftliche und religiöse Treffpunkte von Migranten gehören seit Langem zum Alltag deutscher Städte. Je mehr diese aus ihrem Schatten in die Öffentlichkeit heraustreten und sich als signifikante Bauformen behaupten, desto mehr finden sie ihren Weg ins öffentliche Bewusstsein einer Stadt, zum Teil mit größter Selbstverständlichkeit, zum Teil mit scharfen kommunalpolitischen Auseinandersetzungen. Die Alltagsrealität zeigt sich jedoch im Stadtraum eher als ein Gegenstück der Repräsentation: Die Regel ist eher ein Palimpsest des Provisorischen, der Lücke und der Brache.

Und trotzdem sind solche Erscheinungen kein Nischenphänomen; es handelt sich hierbei um erfinderische und spontane Formen des Umgangs mit einer gegebenen Situation. Das wird vor allem am Beispiel multifunktionaler Moscheen erkennbar. Diesen Gebäudetypus haben Migranten aus ihren Herkunftsländern mitgebracht und ihren lokalen Bedürfnissen angepasst, indem sie die dort als multifunktionales Gemeindezentrum dienende traditionelle Moschee um Gemüsehandel, Metzger oder Supermarkt erweitern. Diese Komplexe werden in der Regel an bestehende Wohn- oder Gewerbebauten angepasst und weiterentwickelt. Mit ihren gemischten Funktionen stellen sie in den deutschen Städten aber einen völlig neuen Gebäudetypus dar, der die entsprechende Migrantengruppe auf besondere Art repräsentiert. Eine neue architektonische Typologie musste dafür nicht entwickelt werden.

Oft sind sie aber auch mit dem Versuch verbunden, Identität und Selbstverständnis räumlich zu manifestieren. Migranten greifen dafür formal häufig auf räumliche und architektonische Bilder ihrer Herkunftsländer und ihrer Baugeschichte zurück. Das oft in der Nationalität begründete Besondere wird dabei zur Bricolage aus Klischees der Heimat, die man verlassen hat. Diese Vorstellungen nähren sich nicht nur aus eigenen Erfahrungen oder verklärenden Rückschauen, sondern speisen sich oft auch aus genau den Vorurteilen, denen man entkommen will. Die baulichen Ausdrucksformen verfolgen oft dieses Sehnsuchtsmuster und sind Zeugen von Identitätskonstruktionen, -dekonstruktionen und -rekonstruktionen. Für den Bau einer Moschee gibt es außer der Ausrichtung an der Gebetsrichtung nach Mekka keine anderen zwingenden architektonischen Elemente oder Vorschriften. Die architektonische Sprache einer Moschee ist sehr individuell und vom jeweiligen Architekten und der Gemeinde abhängig. Ein Projekt wie die Moschee in Köln-Ehrenfeld weist hingegen durch die (Neu-)Interpretation osmanischer, arabischer und europäischer Baukultur und die Mischung mit einer zeitgemäßen Architektursprache beispielhaft eine andere Qualität auf.

Von türkischen Einwanderern und deren Nachkommen betriebene Einzelhandelsgeschäfte am Kottbusser Damm in Berlin-Kreuzberg   Retail outlets run by Turkish immigrants and their descendants on the Kottbusser Damm in Berlin's Kreuzberg district

Der Interkulturelle Garten wurde 2006 in Hamburg-Wilhelmsburg gegründet und wurde 2008 in der Ausstellung „Kultur I Natur", im Rahmen des IBA Elbinsel Sommers präsentiert. Das Projekt thematisiert die Auseinandersetzung der Gartenkultur mit der städtischen Umwelt und schafft einen Ort der Begegnung sowie des Austausches für Menschen unterschiedlicher Nationen, Kulturen und Sprachen.
The Intercultural Garden in Hamburg's Wilhelmsburg district was set up in 2006 and presented in the "Culture I Nature" exhibition in 2008 as part of the IBA Elbe Islands Summer. The project highlights the interaction between the garden culture and the urban surroundings, creating a meeting place as well as a place for interaction between people of different nations, cultures, and languages.

The fact that the society in our cities is becoming more and more cosmopolitan and increasingly characterised by migration raises the question of the spatial and building equivalent. Taking the term building culture to mean not only architecture but also the culture of its use, perception, interpretation, and appropriation brings us closer to an answer. Building culture develops as the form of the diversity and the experience of everyday reality, out of the city residents' necessities of life. In both their concrete construction form and as part of a city's cultural system, architecture and building culture make an important contribution to the successful co-existence of people of different origins. Treating migration as an area of building culture endeavour means taking a cross-section of city and urban society as well as an integrative approach to spatial and building qualities. It is about a culture of building in the sense of a culture of co-existence.

Public debate on a multi-ethnic building culture is often reduced to the religious aspect, with the conflicts surrounding the construction of new, representative mosques in cities being symbolic of this. These buildings in particular have an especially strong charisma and therefore provoke emotional conflicts. Always at issue are the buildings' dominance, the architectural properties, the significance, and the function of mosques in German cities. Reducing the building culture debate to this context is too short-sighted, however. Not all migrants are Muslims and their everyday life, too, largely takes place outside of mosques. The building culture challenges and the corresponding requirements on the part of migrants relate to all building and spatial types of relevance to the cosmopolitan everyday life of urban society. The public environment and communal, municipal facilities are of great significance as function rooms and event locations for different cultures.

Public Environment and Communal Facilities

Where is migration in the city best observed if not in the public environment? That is where particular attention is paid to what is foreign. It is the stage, "on which the social groups show themselves; it is the space that is occupied and appropriated without having title of ownership."[1]
All the more astounding, therefore, that, to date, so little heed has been taken of the public environment within segregation and integration research. It is a known fact that in many countries the public environment plays a much greater role in people's lives than is the case in Germany. Our streets and squares have become livelier with increasing migration. Buildings have been saved from becoming derelict. And not only that: it is not uncommon for a street to have become not only more animated through a "spontaneously" developed migrant infrastructure, but also more functional and more attractive. Elderly gentlemen sitting in front of their café or teahouse provide monitoring

Ausblick: Migration als baukulturelles Handlungsfeld

Mit dem baukulturellen Fokus eröffnet sich eine neue Perspektive: Zuwanderung wird nicht länger als gesellschaftliches oder politisches Problem betrachtet, stattdessen wird der Blick auf Chancen und Möglichkeiten gerichtet, die sich durch Gebäude und Räume in der Stadt auftun. Allerdings gibt es keine allgemeinen Rezepte für ein Konzept, nach dem Migranten in der Stadt leben können sollten. Ihre Qualifikationen und ihre Ansprüche lassen sich nicht allein über ihren Kulturkreis herleiten, sie stehen vielmehr in einem engen Zusammenhang mit dem Milieu, dem sie sich zugehörig fühlen. Die Vielfältigkeit dieser Bevölkerungsgruppe macht es infolgedessen unmöglich, eine einheitliche Strategie oder sogar ein Modell für eine migran-

tisch geprägte Baukultur zu entwickeln. Zu oft ergeben sich Situationen, in denen sich anhand des symbolischen baulichen Ausdrucks große kulturelle Unterschiede oder auch Einheitlichkeiten zeigen. Diese Herausforderungen werden leider zumeist als unüberbrückbare Differenzen wahrgenommen und zu selten als Anregung gesehen – sei es auch nur zum Nachdenken und (Kennen-)Lernen.

Die multikulturelle Stadt drängt auf eine symbolische Repräsentanz der Migranten im Stadtbild: „Die durch die Vielfalt vertretenen unterschiedlichen Kulturen und Religionen brauchen ihre eigene Infrastruktur, die sich im Stadtbild als qualitätsvolle Architektur, repräsentativ und gut erreichbar auszeichnet und nicht in Hinterhöfen versteckt wird".[5]

Im Mittelpunkt des Interesses sollte daher nicht die räumliche Verteilung von Kulturen stehen,

Moscheen haben traditionell kein einheitliches architektonisches Erscheinungsbild. Die Moschee und das Gemeindezentrum der Ahmadiyya Muslim Jamaat Gemeinde in Berlin-Tegel befindet sich in einem einfachen Siedlungshaus und in einer Garage (oben). Rechts oben: Der Eingang zur Moschee der Türkisch-Islamischen-Union in Frankfurt am Main. Rechs unten: Ähnlich unscheinbar: ein türkischer Lebensmittelladen in einem Hinterhof im Bahnhofsviertel von Frankfurt am Main.   *Traditionally, mosques have no uniform architectural appearance. The Ahmadiyya Muslim Jamaat mosque and community centre in Berlin's Tegel district is thus located in a straightforward housing estate building and in a garage (above). Right above: The entrance to the Turkish-Islamic Union Mosque in Frankfurt am Main. Right below: similarly unimposing, a Turkish grocery shop in a backyard in the railway station district in Frankfurt am Main.*

and security in problem surroundings. Of even greater interest is the symbolism acquired by buildings through the appearance of ethnic economies on the streets. Existing spaces such as small grocery shops (corner shops), cafés, or barber shops have been taken over and transformed. A mixed composition of old signs, new posters, pictures, or writing has turned them into highly interesting places. Their use and their appearance mean that they embody their own history as well as something of a double topography: their German topography and the homeland topography of the migrants.[2] The evolution of such places is straightforward and unspectacular but they can become places of reminiscence and identification. They are often the sign of a creative approach to a case of necessity, or forms of "entrepreneurial self-integration within society"[3]. Such manifestations might not be fine art but they are culture, namely building culture.[4]

The stability, security, and everyday functionality of the Frankfurt railway station area, for example, an area characterised by the drug scene and red-light district, derives from the counterbalance of "migrant infrastructure." A diverse pattern of use has become established in the backyards and surrounding buildings. A diverse spectrum of spatial forms and types has evolved over several floors between the block perimeter and the passageways. On different levels, there are retail and food outlets as well as religious and cultural venues run by migrants. It could almost be referred to as a new, independent typology in the form of a "linear supermarket."

Numerous self-help organisations, networks, community, and religious meeting places for migrants have long formed part of everyday life in German cities. The more these step out of the shadows and into the public arena, asserting themselves as significant building forms, the more they will find their way into a city's public awareness, sometimes as a matter of course, and sometimes accompanied by sharp conflict at a local politics level. Everyday reality in the urban environment tends to emerge as a counterpart to representation, however,

with the rule being more of a blank slate of the provisional, the gaps, and the wasteland. And yet such manifestations are not niche phenomena; they are inventive and spontaneous forms of approaching a given situation. This is made evident by the example of multi-functional mosques in particular. Migrants brought this building type with them from their homelands, adapting it to their local requirements by including a vegetable seller, butcher, or supermarket within a traditional mosque serving as a multi-functional community centre. These complexes are generally adapted to existing residential or commercial buildings and further developed. With their mixed functions, however, they constitute an entirely new type of building in German cities, one that represents the corresponding migrant group in a particular way. There is therefore no need for a new architectural typology to be developed in this respect. Often, however, they are linked with the attempt to achieve a spatial manifestation of identity and self-image. To this end migrants frequently resort to the spatial forms and architectural images of their homelands and their building heritage. The particular aspect often motivated by nationality thus becomes a patchwork of clichés from the homeland they left behind. These notions are fed not only by first-hand experiences or the distortions of nostalgia, but are often nourished by the very prejudices they aim to counter. The buildings as forms of expression often reflect this pattern of longing and are testimony to identity constructions, deconstructions, and reconstructions. With the exception of the fact that the prayer facilities have to face in the direction of Mecca, there are no other essential architectural elements or rules prescribed for the construction of a mosque. The architectural style of a mosque is very individual and depends on the architects and the community in question. A project such as the mosque in the Cologne district of Ehrenfeld, however, is an example exhibiting other properties through the (new) interpretation of Ottoman, Arab, and European building culture and the combination with a contemporary architectural style.

sondern die Frage nach den räumlichen Bedingungen der Generierung von kosmopolitischer Stadt(-Atmosphäre), in der baukulturelle Vielfalt als Qualität gedeihen kann. Es geht darum, eine Baukultur „as found" weiterzuentwickeln. Das bedeutet, spezifische vorgefundene Symbole und Zeichen der Vielfalt sehen zu lernen, zu verstehen, aufzunehmen und umzusetzen. Städte sind dialektisch entstanden; sie sollten dialogisch werden.

Der Text basiert auf Erkenntnissen aus einem Forschungsprojekt zum Thema „Baukultur in der multiethnischen Stadt".

Weiterführende Literatur

BMVBS (Hg.): *Die multiethnische Stadt. Eine baukulturelle Auseinandersetzung mit Migration* (Dokumentation der öffentlichen Baukulturwerkstatt vom 26. Mai 2010, im Rahmen des ExWoSt-Forschungsprojektes „Baukultur in der multiethnischen Stadt"), Berlin 2011 (im Erscheinen).

Rauf Ceylan: *Ethnische Kolonien. Entstehung, Funktion und Wandel am Beispiel türkischer Moscheen und Cafés.* Wiesbaden 2006.

Detlev Ipsen: „Die sozialräumlichen Bedingungen der offenen Stadt – Eine Skizze". In Renate Bornberg/Klaus Habermann-Nieße/Barbara Zirbell (Hg.): *Gestaltungsraum Europäische StadtRegion.* Frankfurt/Main 2009, S. 97-109.

Erol Yildiz / Birgit Mattausch (Hg.): *Urban Recycling. Migration als Großstadt-Ressource.* Bauwelt Fundamente 140, Basel 2009.

Anmerkungen

1 Jens S. Dangschat: „Segregation(sforschung) – quo vadis?". In: *Forum Wohnen und Stadtentwicklung.* vhw FW 3/Juni-Juli 2008, S. 128.

2 Gabi Dolff-Bonekämper: Podiumsdiskussion der Baukulturwerkstatt „Baukultur in der multiethnischen Stadt" BMVBS, Berlin 2011 (im Erscheinen).

3 Mark Terkessidis: *Interkultur.* Berlin 2010, S. 169-196, hier S. 195.

4 Dolf-Bonekämper, a.a.O.

5 Tülin Kabis-Staubach: Podiumsdiskussion der Baukulturwerkstatt „Baukultur in der multiethnischen Stadt" BMVBS, Berlin 2011 (im Erscheinen).

Outlook: Migration as an Area of Building Culture Endeavour

The building culture focus opens a new perspective: immigration will no longer be seen as a social or political problem and instead attention will be directed to the opportunities and possibilities to be found in the city's buildings and spaces.

There is no general formula for a concept according to which migrants in the city ought to be able to live, however. Their features and their expectations cannot be derived from their cultural circles alone; they are far more closely associated with the milieu to which they feel they belong. The diversity of this population group consequently makes it impossible to develop a uniform strategy or even a model for a migrant-oriented building culture. Too often situations arise in which symbolic building expressions make major cultural differences, or even similarities, evident. Unfortunately, these challenges are usually perceived as insurmountable differences and are too seldom seen as motivation—be it simply to ponder, learn, and familiarise.

The multicultural city is pushing for a symbolic representation of migrants in the city landscape: "The diversity represents different cultures and religions in need of their own infrastructure, characterised in the city landscape as quality architecture, representative, and easily accessible—not hidden in backyards".[5]

The focus of this interest, therefore, should not be the spatial distribution of cultures but the question of the spatial conditions for generating cosmopolitan urban atmospheres in which building culture diversity is able to flourish as a feature. It is about further developing a building culture "as found". This means learning to see, to understand, accept, and implement specific existing symbols and signs of diversity. Cities evolved dialectically; they ought to develop dialogically.

The text is based on the outcome of a research project entitled "Baukultur in der multiethnischen Stadt" (Building Culture in the Multi-Ethnic City).

Oben: Die Baustelle der Zentralmoschee in Köln-Ehrenfeld, die nach Entwürfen des Architekten Paul Böhm bewusst als eine neue architektonische Interpretation des osmanisch geprägten Baustils entsteht, der viele neue Moscheen in Deutschland kennzeichnet. Links: Eine Hinduistische Tempelzeremonie zur Einweihung des größten Hindutempels auf dem europäischen Festland mit der Göttin Sri Kamadchi Ampal in Hamm-Uentrop. Above: The building site of the central mosque in Cologne's Ehrenfeld district, based on a design by the architect Paul Böhm with its intentionally new architectural interpretation of the Ottoman architectural style characteristic of many new mosques in Germany. Left: A Hindu ceremony for the dedication of the largest Hindu temple in mainland Europe to the goddess Sri Kamadchi Ampal in Hamm's Uentrop district.

Further reading

BMVBS (ed.): *Die multiethnische Stadt. Eine baukulturelle Auseinandersetzung mit Migration* (documentation of the public building culture workshop of 26 May 2010, as part of the ExWoSt research project "Baukultur in der multiethnischen Stadt"), Berlin 2011 (forthcoming).

Rauf Ceylan: *Ethnische Kolonien. Entstehung, Funktion und Wandel am Beispiel türkischer Moscheen und Cafés*, Wiesbaden 2006.

Detlev Ipsen: "Die sozialräumlichen Bedingungen der offenen Stadt - Eine Skizze". In: Renate Bornberg, Klaus Habermann-Niesse / Barbara Zirbell (eds): *Gestaltungsraum Europäische StadtRegion*. Frankfurt am Main 2009, pp. 97-109.

Erol Yildiz / Birgit Mattausch (eds.): *Urban Recycling. Migration als Großstadt-Ressource*. Bauwelt Fundamente 140, Basel 2009.

Notes

1 Jens S. Dangschat: "Segregation(sforschung) - quo vadis?" In: *Forum Wohnen und Stadtentwicklung*. vhw FW 3, June–July 2008, p. 128.

2 Gabi Dolff-Bonekämper: podium discussion during the building culture workshop "Baukultur in der multiethnischen Stadt" BMVBS, Berlin 2011 (forthcoming).

3 Mark Terkessidis: *Interkultur*. Berlin 2010, pp. 169-196, here p. 195.

4 Dolf-Bonnekämper, op. cit.

5 Tülin Kabis-Staubach: podium discussion during the building culture workshop "Baukultur in der multiethnischen Stadt" BMVBS, Berlin 2011 (forthcoming).

GERT KÄHLER

Kosmopolis – ein persönlicher Almanach ...

In einer Stadt sind alle Menschen Einwanderer – irgendwann. Stadt ist nichts Vorhandenes, sondern etwas Entstandenes. Gleich, ob es sich um Ansiedlungen handelt, die aus geografischen Gründen oder wegen der Handelswege entstanden, wegen einer möglichen Flussquerung oder eines Burgberges: Es siedelten sich immer Menschen an, die von außen kamen. Einer war immer der erste – und der war „Immigrant". Oder „Zuwanderer". Jeder Stadtbewohner hat also einen „Migrationshintergrund" – fragt sich nur, aus welcher Zeit. Wer aber definiert, nach wie viel vergangener Zeit jemand schon „Einheimischer" oder noch „Zuwanderer" ist?

„Einwanderung, der Übertritt aus dem einen Staatsgebiet in das andere zum Zweck der dauernden Niederlassung. Je nachdem, ob der Einwanderer das Staatsbürgerrecht in dem neuen Heimatstaat erwirbt oder nicht, unterscheidet man zwischen thatsächlicher und rechtlicher E. Man spricht von einer *Masseneinwanderung* im Gegensatz zur *Einzeleinwanderung*, wenn ganze Völkerschaften oder große Gruppen von Personen einwandern, wie bei der E. der Hugenotten in Preußen und der E. von Niederländern, Niedersachsen und Westphalen nach Schlesien und Polen" (*Meyers Konversations-Lexikon* 1895).

Unter Migration und Integration „werden die Themenkreise gezählt, die sich mit der Struktur des Teils der Bevölkerung befassen, der selbst oder dessen Eltern bzw. Großeltern aus einem anderen Staat nach Deutschland zugewandert ist. Hierzu zählen insbesondere die ausländische Bevölkerung, eingebürgerte Personen sowie die Personen mit Migrationshintergrund."
„Die Bezeichnung Migrationshintergrund kommt politisch korrekt daher und klingt nicht so prollig wie ‚Ausländer', meint aber trotzdem: ‚Der ist eigentlich gar kein Deutscher!' Diese Zuweisung verhindert auch, dass jeder in Deutschland lebende Mensch sich selbst definieren kann. Einen Riesenvorteil hat das Wortungetüm natürlich doch. Können Sie sich den Schriftzug ‚Menschen mit Migrationshintergrund raus!' an einer Häuserwand vorstellen?"

Die größte „Migration" fand in Europa zwischen dem Ende des 4. Jahrhunderts und dem Ende des 6. Jahrhunderts statt; sie wird als „Völkerwanderung" zwar nicht sehr präzise, aber schlagkräftig bezeichnet. Auslöser war der Einfall der Hunnen in Germanien, beendet wurde sie durch den Einfall der Langobarden in Italien. Fragten die terwingischen Goten noch um Erlaubnis, sich auf römisches Territorium begeben zu dürfen, so waren spätere germanische Stämme nicht mehr so rücksichtsvoll. Es zogen im Übrigen nicht ganze „Völker" durch Europa und besonders gern nach Italien, sondern (schon damals) gemischte Stämme mit höchst fragwürdiger Zusammensetzung. Zwischen 1821 und 1891 wanderten 16,2 Millionen Menschen aus Europa aus, die meisten davon aus Deutschland, gefolgt von Irland.

Die größte Migrationswelle im 20. Jahrhundert und eine der größten Wanderungsbewegungen überhaupt wurde durch den Zweiten Weltkrieg ausgelöst. Allein 12 Millionen Deutsche suchten kreuz und quer durch Europa neue Lebensorte. Die meisten Flüchtlinge in Deutschland hat (in Bezug auf das zahlenmäßige Verhältnis zur einheimischen Bevölkerung) das Gebiet des heutigen Schleswig-Holstein aufgenommen. Die Bevölkerung dort wuchs zwischen 1939 und 1946 um knapp 70 Prozent an; 1946 gab es dort 1.222.258 Flüchtlinge und Vertriebene, darunter 200.000 aus den polnisch gewordenen Ostgebieten und 150.000 aus der späteren DDR.

Gastarbeiter besetzten nicht immer nur freie, nicht zu besetzende Arbeitsplätze. Sie waren faktisch (wie heute die Leiharbeiter) Lohndrücker. Die eigentliche Immigration findet erst statt, wenn die Familie nachzieht.

Schon für die Vor- und Frühgeschichte dokumentiert und in Stein geschlagen: „Wandernde Germanenfamilie"
Documented for pre- and early history and cast in stone: "A migrant Germanic family"

GERT KÄHLER

Cosmopolis–A Personal Almanac …

All people in a city are immigrants–at some time. A city is not something already in existence but something that comes into being. Regardless of whether we are talking about settlements that developed for geographical reasons or due to trade routes, as a result of a river crossing or a castle on a hill, the people who came and settled always came from the outside. Someone was always the first one–and he was the "immigrant." Or "migrant." Every city resident has a "migration background," therefore: it is merely a question of how far back in time. But who determines the length of time that has to pass before somebody is a "local" or still a "migrant"?

"Immigration, the transfer from one national territory to another for the purpose of permanent settlement. Depending on whether the immigrant acquires civil rights in the new home country or not, the distinction is made between actual and legal immigration. One talks of *mass immigration* as opposed to *individual immigration* when entire ethnic groups or large groups of people immigrate, as was the case with the immigration of the Huguenots to Prussia and the immigration of the Dutch, the Lower Saxons, and the Westphalians to Silesia and Poland." (*Meyers Konversations-Lexikon* 1895)

Migration and Integration "cover issues relating to the structure of that part of the population who themselves, their parents, or their grandparents, immigrated to Germany from another country. In particular, this includes the foreign population, naturalised citizens, as well as people with a migration background." "The term migration background comes over as politically correct and does not sound quite as coarse as 'foreigner,' but was it nevertheless means is: 'He is not actually German!' This designation also prevents any person living in Germany from being able to define themsel-

ves. Of course, all this wordiness does have one big advantage, however. Can you imagine seeing 'People with migration background out!' scrawled on the wall of a building?"

The largest "migration" in Europe took place between the end of the fourth century and the end of the sixth century, and while the term "migration period" used to refer to it is not very precise, it is appropriate. It was triggered by the Huns' invasion of Germania and brought to an end by the Lombard invasion of Italy. While the Visigoths at least asked for permission to enter Roman territory, the later Germanic tribes were not as considerate. Incidentally, it was not entire "peoples" who migrated through Europe, and to Italy in particular, but (even back then) mixed tribes of a highly dubious composition.
16.2 million people emigrated from Europe between 1821 and 1891, the majority of them from Germany, followed by Ireland.

The largest wave of migration in the twentieth century and one of the largest migration movements ever was triggered by the Second World War. Right across Europe, 12 million Germans alone sought new places to live. The area known today as Schleswig-Holstein took in the most refugees in Germany (in terms of the numerical ratio to the local population). The population there grew by just under 70 per cent between 1939 and 1946; in 1946 there were 1,222,258 refugees and displaced persons there, 200,000 of whom were from the eastern areas that had become Polish and 150,000 from what was later to become the DDR.

Migrant workers did not always fill only the available jobs that no-one else wanted to do. They were in fact wage squeezers (like temporary workers today). Actual immigration takes place only when the family follows.

… über Migration und das Wohnen in der Stadt

Eine „Wohnsitzauflage" ist kein Ruhekissen, sondern eine Beschränkung der Freizügigkeit von Ausländern mit Aufenthaltsrecht, sofern sie „Transferleistungen" beziehen.

In Ländern mit großer Fläche und wenig Bevölkerung wird jeder Fremde zwar als potenzieller Feind beäugt, aber erst einmal als Gast behandelt: In jedem Western wird dem Fremden am Lagerfeuer erst ein Kaffee und etwas zu essen angeboten; schließlich ist man auch auf dessen Kenntnisse und Neuigkeiten angewiesen. Noch heute sind die Gesellschaften am gastfreundlichsten, bei denen Fremde selten sind: Beduinen, Türken in Anatolien, Australier. Der Fremde ersetzt Buch und Fernsehnachrichten durch Erzählungen.

Üblicherweise schleiften Eroberer zum Zeichen ihrer Macht die Städte, notfalls – wie im Fall von Jericho – mit Hilfe eines Blasorchesters. Häufig jedoch wurden auch einzelne, herausragende Bauten wegen ihrer Architektur bewahrt; die Hagia Sofia zum Beispiel diente den Eroberern als Moschee und wurde Vorbild für einen neuen Bautypus ihrer Religion.

Internationales Bauen einerseits, internationaler Architekturtourismus andererseits gab es mindestens seit dem Mittelalter (1284 zogen Baumeister aus ganz Europa nach Beauvais, um die Kathedrale zusammenkrachen zu sehen); internationale Bauhütten bauten die Kathedralen, italienische Wanderarbeiter malten Dresden (Canaletto) oder die barocken Kirchen und Fürstensitze (Tiepolo); polnische Stuckateure arbeiten heute in Deutschland im Denkmalschutz, weil hierzulande das Gewerbe weitgehend ausgestorben ist.

Die Auseinandersetzung darüber, ob in Deutschland ein Minarett höher als ein Kirchturm sein darf, reduziert die Religionen auf den Männlichkeitswahn: Wer hat den Größten? Mein Gott ist aber viel größer als deiner! So lange

ein Bürohaus höher sein darf als ein Kirchturm – was den tatsächlichen Machtverhältnissen durchaus entspricht – ist die Diskussion darüber mehr als albern.

Die Aufgabe eines Architekten mit dem Auftrag, in Neukölln oder anderen Stadtteilen mit überwiegend muslimischer Bevölkerung eine Moschee zu bauen, muss sein, einen Typus zu entwickeln, der zum einen die verschiedenen muslimischen Fraktionen, zum anderen die nationalen Gruppen (Türken, Araber, Südostasiaten, Deutsche) zusammenführt. Darüber hinaus muss dieser Typus in die deutsche Stadt und Architektur gefügt werden. Das haben Gottfried Böhm (Moschee für Köln) und die siegreichen Türken des osmanischen Reiches (Übernahme der Hagia Sofia als Grundtypus der osmanischen Moschee) erkannt.

Öffentlichkeit und öffentlicher Raum bedeuten, dass man mit anonymen, aber prinzipiell gleichberechtigten Mitgliedern auf einer Basis von Regeln (nämlich „zivilisiert") miteinander umgeht. Kann eine derartige Gesellschaft überleben, wenn sich einzelne Mitglieder so vermummen, dass man das Gesicht nicht sieht?

Hamburg hat von hinzuziehenden Ausländern immer wirtschaftlich profitiert: Calvinistische Flüchtlinge aus den Niederlanden handelten als Stoffhändler und mit Materialien, die es vorher nicht gab („Caffa" war zum Beispiel ein samtartiger Stoff aus Seide und Wolle, an den die „Caffamacherreihe" noch heute erinnert); auch das Zuckerbäckerhandwerk führten sie ein. Portugiesische Juden, deren Friedhof in Altona Weltkulturerbe werden soll, öffneten die Märkte nach Südamerika.

Zu Beginn war der „Gastarbeiter" temporär und provisorisch untergebracht … "Migrant workers" were initially housed in temporary, short-term accommodations …

...wie hier in Frankfurt am Main 1970. Die eigentliche Immigration begann erst mit dem Nachzug der Familie.
... such as here in Frankfurt am Main in 1970. Actual immigration only began when the families followed later.

... on Migration and City Living

"Residential support" is not a cushion, but a restraint on the freedom of movement of foreigners with the right of residence as long as they are receiving "transfer payments."

In countries with a large surface area and a small population, every stranger may be seen as a potential enemy but is first treated as a guest. In every Western, the stranger around the campfire is first offered some coffee and something to eat for, ultimately, the others are reliant on his knowledge and news. To this day, the most hospitable societies are those where strangers are seldom encountered: Bedouins, Turks in Anatolia, Australians. The stranger replaces books and television news with stories.

The usual practice used to be for conquerors to destroy cities as a demonstration of their power, with the help of a brass band if need be, as in the case of Jericho. It was often the case, however, that individual, outstanding buildings were also retained on account of their architecture; the Hagia Sofia, for example, served the conquerors as a mosque and became the role model for a new type of building within their religion.

International construction on the one hand, international architecture tourism on the other, have been in existence since the Middle Ages at least (in 1284 architects from throughout Europe went to Beauvais to see the cathedral collapse); international foremen built the cathedrals, migrant Italian workers painted Dresden (Canaletto) or the baroque churches and princely residences (Tiepolo); today Polish stucco plasterers still work on listed buildings in Germany, where the trade has largely become extinct.

The discussion in Germany as to whether a minaret may be higher than a church tower reduces religion to machismo: whose is the biggest? My god is much bigger than yours! As long as an office block can be higher than a church tower—which indeed corresponds to the actual power structure—any discussion on the subject is more than absurd.

The task of an architect commissioned with the building of a mosque, be it in Neukölln or in other city districts with a largely Muslim population, has to be the development of a version that brings together the different Muslim factions on the one hand, and the national groupings (Turks, Arabs, Southeast Asians, Germans) on the other. Moreover, this version needs to be incorporated into German cities and architecture. This was something recognised by Gottfried Böhm (the mosque in Cologne) and the triumphant Turks of the Ottoman Empire (adoption of the Hagia Sofia as the basic type of Ottoman mosque).

The public and public space means interacting with anonymous but principally equal members on the basis of rules ("civilised," after all). Can such a society survive if the individual members wrap themselves up in such a way that their faces are not visible?

Hamburg has always benefited economically from migrant foreigners: Calvinist refugees from the Netherlands traded as textile merchants and with materials that had never been seen before ("Caffa," for example, was a velvet-like fabric made from silk and wool, to which the street named "Caffamacherreihe" still stands testimony to this day); they also introduced the confectionery trade. Portuguese Jews, whose cemetery in Altona is to become a World Heritage Site, opened up the markets to South America.

Die offene Stadt als kosmopolitischer Lebensraum ist ein gutes, vielleicht das einzig wirklich geeignete Modell für ein selbstbestimmtes Zusammenleben der Menschen im 21. Jahrhundert. Doch existiert es nicht nur in einer Variante, sondern in vielen Ausdrucksformen oder Ansätzen - manchmal auch nur als Gedanke in den Köpfen der Bürger. Wenn Menschen internationaler Herkunft eng zusammenleben müssen, bringt das Probleme mit sich, birgt aber auch ungemeine Chancen der Entwicklung, wenn Vorurteile und Ressentiments überwunden werden können.

In diesem Kapitel wird in vielen Ansätzen diskutiert, wie ein kosmopolitisches Stadtmodell seinen territorialen Ausdruck finden kann. Sehr unterschiedlich denkende und vorgehende Autoren unternehmen den Versuch zu klären, welche Rolle Stadtplanung und die Gestaltung der Stadträume dabei einnehmen und einnahmen. Sie schlagen dabei einen großen Bogen von Toronto über Brasilien bis Perm oder St. Petersburg und zeigen, welche unterschiedlichen Voraussetzungen und Lösungen allein in Europa bestehen. Wo sind städtische Räume segregiert? Wie kann man Grenzen überwinden (Beispiele Belfast oder Stockholm)? Ist eine akademische Masterplanung für die offene Stadt, wie sie der niederländische Planer Kees Christiaanse propagiert, eine Lösungsmöglichkeit? Steht am Anfang aller Ideen heute die Beschäftigung mit den ökonomischen Verhältnissen? Kann die offene Stadt nur dann funktionieren, wenn für alle qualifizierte Arbeit vorhanden ist? Erol Yildiz versucht in seinem Aufsatz „Ethnischer Mikrokosmos in Köln" darauf zu antworten, so wie auch die Journalistin Asli Sevindim und der Planer Mustafa Tazeoglu im O-Ton Erfahrungen mit neuen Mikroökonomien in Duisburg-Marxloh gemacht haben.

Aber neben allen theoretischen Überlegungen wird man der zentralen Aufgabe, für Menschen in der Fremde Heimat zu schaffen, wahrscheinlich nur gerecht werden, wenn man nicht nur Rationalismus, sondern vor allem auch Emotionen zulässt. Ein Großteil dieses Kapitels ist deswegen den kleinen persönlichen Erlebnissen und Beobachtungen gewidmet: Ob in Wien, Marseille, Nikosia oder São Paulo - es zählen der zweite Blick und die persönliche Auseinandersetzung, die Fremde zu Freunden werden lassen. Und weil Bilder mehr als tausend Worte sagen, sollen auch viele Fotos, Zeichnungen und ein Comic sprechen ...

The open city as a cosmopolitan living space is a good, perhaps the only really suitable, model for self-determined coexistence of people in the twenty-first century. It exists in not only one version, however, but in many forms of expression or approaches—or sometimes only as a thought in the minds of citizens. People of international origin having to live together in close proximity brings problems but also harbours tremendous development opportunities if prejudices and resentments can be overcome.

This chapter discusses many ways in which a cosmopolitan city model can find territorial expression. Authors with very different thoughts and approaches attempt to clarify the role played by urban planning and the design of urban spaces in this regard. These examples extend from Toronto via Brazil to Perm or St Petersburg. They demonstrate the different prerequisites and solutions that exist just in Europe. Where are urban spaces segregated? How can we overcome boundaries (Belfast or Stockholm, for instance)? Is an academic master plan for the open city, as proposed by the Dutch planner Kees Christiaanse, a possible solution? Does the preoccupation with economic conditions form the starting point for all ideas today? Is the open city able to function only when there are qualified jobs available for all? Erol Yildiz attempts to provide answers in his article "Ethnic Microcosmos in Cologne", as do the journalist Asli Sevindim and the planner Mustafa Tazeoglu with their own experiences of new micro-economies in Duisburg's Marxloh district.

For all the theoretical considerations, however, the central task of creating a home for people amongst strangers can probably be fulfilled when not only rationalism but more particularly emotions are also permitted. A large part of this chapter is therefore dedicated to minor, personal experiences and observations: whether in Vienna, Marseilles, Nicosia, or São Paulo—it is the other perspective that counts and the personal encounters that turn strangers into friends. And because pictures can speak more than a thousand words, a great many photos, drawings, and a comic are also given room to speak ...

WELT-STADT-RÄUME
Urbanität durch Vielfalt

GLOBAL CITY SPACES
Urbanity through Diversity

STEVEN SPIER

Belfast und das Problem der Geschichte

„Eine Nation, die ihre Geschichte im Auge behält, ist weise.
Eine Nation, die beide Augen auf ihre Geschichte richtet, ist blind."

Inschrift an der Außenwand des Pubs The Garrick, Belfast

Schon die Wortwahl ist vielsagend: Heißt es Nordirland (Northern Ireland) oder nördliches Irland (the north of Ireland)? Besteht die Trennung zwischen Protestanten und Katholiken, Unionisten und Nationalisten oder Loyalisten und Republikanern? Stadterneuerung und Architektur müssen stets im Lichte umstrittener Geschichte gesehen werden. Das gilt insbesondere für Belfast, wo die urbanen Auswirkungen der Auseinandersetzungen, die als Nordirlandkonflikt in die Geschichte eingingen (1966–1996) besonders offenkundig waren. Den deutlichsten Eindruck hinterließ die militärische Präsenz: bewaffnete Soldaten mitten in einer Hauptstadt. Bevor man ein Geschäft betreten konnte, wurde man einer Leibesvisitation unterzogen. In einem Wohnviertel der Nationalisten hatte sich ein militärischer Beobachtungsposten im obersten Stockwerk eines Wohnblocks eingenistet. Das Hauptquartier der Armee befand sich am Ende einer großen Einkaufsstraße. Ein stählerner Ring aus Fahrzeugbarrieren und bemannten Kontrollpunkten umgab das Stadtzentrum. Stadtplanerische Entscheidungen wie die Schließung traditioneller Zufahrtswege in und durch die Stadt dienten als Maßnahmen zur Aufstandsbekämpfung.

Darüber hinaus kommt der Symbolwirkung von Architektur in einem Raum, der so umkämpft war wie Belfast während dieser Zeit, eine sehr große Bedeutung zu – selbst wenn sie nicht immer die erhoffte Botschaft vermittelte. Dem Bau von Freizeitzentren wurde während des Nordirlandkonflikts große Bedeutung beigemessen, ihre Wirkung jedoch verkehrte sich oft ins Gegenteil. Obwohl sie eigentlich die öffentliche Gesundheit fördern und Arbeitsplätze schaffen

sollten, waren sie vielen verdächtig: Sie galten als Maßnahme der Regierung, um junge Männer davon abzuhalten, sich paramilitärischen Gruppen anzuschließen. Die Gebäude entstanden meist nicht an Schnittstellen zwischen katholischen und protestantischen Wohnvierteln, sondern inmitten bereits abgegrenzter Gebiete. Architektonisch konnten sie letztlich zur Straße hin nur große, ausdruckslose Fassaden bieten, was ihnen in der gespannten Atmosphäre eine abwehrende Wirkung verlieh.

Der lobenswerte Bau von Sozialwohnungen verweist in ähnlicher Weise auf die Komplexität der Situation während des Nordirlandkonflikts. Im Allgemeinen handelte es sich um ein- bis zweigeschossige Gebäude, die traditionelle britische Bauweise, die durch holländische und schwedische Beispiele wieder modern wurde. Diese Art Städtebau mit ihren pittoresken Innenhöfen und Sackgassen kam insbesondere Gemeinschaften entgegen, deren Identität auf der Abgrenzung gegenüber den „Anderen" beruhte. Zudem erleichterte er den Sicherheitsbehörden die Zugangskontrolle für diese Gebiete. Das Ergebnis war eine Morphologie städtischer Inseln.

Viele Bauten spiegelten die Sicherheitsanforderungen oder wurden vor diesem Hintergrund interpretiert: Am deutlichsten wird dies bei den Repräsentanzen des britischen Staats, wie Sicherheits- oder Justizbehörden. Tatsächlich konnte man die Entwicklung des Nordirlandkonflikts an der zunehmenden Militarisierung der Polizeiwachen ablesen. Hohe explosionsfeste Schutzwände mit Überwachungskameras darauf bildeten die Umgrenzung. Die Fenster zur Straße wurden kleiner, bis sie schließlich ganz

Weil Konflikte unkontrollierbar und bewaffnet werden, müssen Grenzen zu sogenannten „Friedensmauern" ausgebaut werden: Belfast 1997.   As conflicts become uncontrollable and armed, boundaries have to comprise so-called "peace walls": Belfast 1997.

STEVEN SPIER

Belfast and the Problem of History

"A nation that keeps one eye on the past is wise.
A nation that keeps two eyes on the past is blind."

Mural on the side of The Garrick pub, Belfast

verschwanden. Den Eingang markierte ein bunkerähnliches Wachhaus. Auch Gerichtsgebäude waren von hohen Mauern umgeben, sodass ihre stattliche, staatsbürgerliche Architektur dahinter verschwand. Die zivile Architektursprache verkümmerte zusehends.

Hinter der sich verändernden Morphologie des Wohnungsbaus und der Stadt stehen jedoch auch extrem komplexe Fragen zu Segregation und gemeinsam genutztem Raum. In Belfast gibt es sogar gegensätzliche Ansichten bezüglich der Ursachen und Folgen der Segregation. Die eine Seite sieht darin den Grund für die Probleme: Da Protestanten und Katholiken kaum miteinander in Berührung kommen, werden die gegenseitig gehegten Vorurteile verstärkt, weshalb der Kontakt zwischen den beiden Gemeinschaften gefördert werden sollte. Die andere Seite argumentiert, dass es eine lange Geschichte separater Identitäten gibt und auch weiterhin geben wird; die Trennung voneinander verringere das Konfliktpotenzial.[1] Die Geschichte der Stadtplanung und Architektur während des Nordirlandkonflikts unterstützt beide Argumentationslinien und zeigt, wie komplex die Sachverhalte sind.

Die Trennung der Wohngebiete in Belfast bedeutete, dass die kleinen Inseln der jeweils anderen Gemeinschaft, die in ansonsten homogenen Gebieten verblieben waren, für die jeweilige Gruppe an symbolischem Wert gewannen und ihre Identität stärkten. Die Bemalung von Wänden und Bordsteinen und das Aufhängen von Fahnen sollte die Teilung deutlich unterstreichen. Auch Paraden, Demonstrationen oder gewalttätige Ausschreitungen gewannen in diesem Zusammenhang an Bedeutung. Die Gebiete zwischen den *communities*, die Schnittstellen, wurden häufig zu Schlachtfeldern im wörtlichen Sinne. Eine unmittelbare, pragmatische und sicherheitsorientierte Lösung war die Trennung der einzelnen Wohngebiete durch sogenannte Friedensmauern.[2] Hierbei handelte es sich um hohe Sicherheitszäune oder Mauern mit einem Tor, das von Sicherheitskräften bewacht wurde. Gedacht als Provisorien, stehen einige dieser Anlagen seit fast 40 Jahren und reichen in ihrer Länge von einigen hundert Metern bis zu weit

über einen Kilometer. Und sie sind zahlreich und verlaufen häufig in der Nähe des Stadtzentrums. Eine dieser Friedensmauern findet sich sogar in einem öffentlichen Park. Sie sind eine riesige Zumutung für die Struktur der Stadt und nehmen in den meisten Fällen keine Rücksicht auf die historische Entwicklung und die Verkehrsinfrastruktur. Obwohl sie in gesellschaftlicher wie auch in städtebaulicher Hinsicht groteske Erscheinungen sind, werden sie von der Bevölkerung bei weitem nicht grundsätzlich abgelehnt. Angeblich bieten sie den einzelnen Gruppen Schutz durch Isolation.

Doch so komplex die Stadtplanung in einer umkämpften Stadt wie Belfast auch war – der Frieden hat keine wesentlichen Veränderungen gebracht. Das anglo-irische Abkommen von 1985 führte 1998 zum Karfreitagsabkommen und zum Ende des Nordirlandkonflikts: die meisten paramilitärischen Organisationen akzeptierten den Waffenstillstand, die Waffenlager wurden aufgelöst. Die Polizei wurde reformiert und die britischen Truppen zogen sich von den Straßen und aus den Grenzgebieten zurück. Man einigte

Oben: Eingezäunte Kneipe in einem katholischen Viertel, Sommer 1981. Rechts: Demarkationslinie zwischen katholischen und protestantischen Nachbarschaften, Sommer 1981   Above: A fenced-in bar in a Catholic district, summer 1981. Right: Demarcation line between Catholic and Protestant neighbourhoods, summer 1981

The very choice of nouns is telling. Is it Northern Ireland or the north of Ireland? Is the division between Protestants and Catholics, Unionists and Nationalists or Loyalists and Republicans? History is a contested field and urban regeneration and architecture must be understood through its guise. This is especially true for Belfast, where the urban impact of what came to be known as the Troubles (1966-1996) was simply glaring. The most obvious effect was the consequence of a military presence, armed soldiers, in a capital city. There were body searches before one could enter a shop. An army observation post occupied the top floors of a residential tower block (in a nationalist neighbourhood). The army's headquarters was at the end of the major shopping street. A "ring of steel," vehicle barriers and manned checkpoints, surrounded the city centre to control access. Urban planning decisions, such as the closing of traditional routes into and across town, served a counterinsurgency agenda.

In addition, when the space of a city is as contested as it was in Belfast during that time, architecture's symbolism takes on huge importance, even if it did not always convey the message one wished. A significant building programme during the Troubles was leisure centres and these again demonstrate perverse results in the city's sectarian situation. Intended to improve public health and create employment, they were also seen by many as a government programme to keep young men from joining paramilitary groups, and thus suspect. The buildings tended to be situated not at interfaces between the Catholic and Protestant communities but within already segregated areas. Architecturally, they could hardly help but present large, blank façades to the street, and in such a fraught context convey a defensive meaning. The laudable building of social housing likewise demonstrates the complex context of the Troubles. The typology was generally low rise, which is the British tradition, made modern through examples in The Netherlands and Sweden. This picturesque urbanism often took the form of courtyards and cul-de-sacs, which suited communities that define themselves by their

otherness. It also satisfied the security services' desire to control ingress and egress to an area. The result is an urban morphology of islands. If much architecture took on or was read through the language of security imperatives, buildings representing the British state—such as those of the security and justice infrastructure—did so most explicitly. Indeed, one could map the development of the Troubles through the accretion of a police station's military-like features and consequent diminution of a civic presence. Tall blast walls mounted with closed circuit cameras defined the perimeter. Windows got smaller until they disappeared on the street. A bunker-like guardhouse was the entrance. Likewise, courthouses were surrounded by tall walls, with their grand and civic architecture just poking its head out from behind. A civic language was only vestigial.

Behind the changing morphology of housing and of the city, however, lie extremely complicated questions about segregation and shared space. In Belfast, there are even opposing views on the causes and consequences of segregation. One side argues it is a cause of problems: because Protestants and Catholics come into contact so rarely, their prejudices about each other are reinforced and so cross-community contact should be promoted. Others argue that separate identities have a long history, have become permanent, and should be managed; in short, segregation reduces conflict.[1] The planning and architectural history of the Troubles supports both arguments and demonstrates how complex the issues are.

The residential segregation in Belfast meant that the pockets of the other community that remained in otherwise homogenous areas became important symbolically and strengthened their identities. They increased the physical manifestations of division through the painting of murals and kerbstones, as well as the display of flags. It also increased the importance of events that commemorate division, such as parading, riots, and protests. The areas between communities, the interface, literally often became battlegrounds. An immediate, pragmatic, security-driven solution was to

sich auf den Grundsatz, dass Nordirland so lange britisch bleiben würde, bis sich die Mehrheit seiner Einwohner dagegen entscheiden würde; Gewaltenteilung und Selbstverwaltung wurden wieder eingeführt.

Nach dem Karfreitagsabkommen entstand eine Welle wirtschaftlicher und entwicklungstechnischer Aktivität – die sogenannte Friedensdividende. Belfast versuchte, die verlorenen Jahrzehnte aufzuholen. Aber wo in diesem Gewirr aus historischen, kulturellen, politischen und wirtschaftlichen Faktoren findet sich ein Ansatzpunkt für die Regeneration der Stadt? Dennoch: Das Ende des Nordirlandkonflikts führte zu einem Bauboom – die physische Erneuerung sollte dabei helfen, die konfessionelle Spaltung zu mildern. Schnell eröffneten etwa britische Supermarktketten erstmals Filialen in Nordirland – und verdrängten, wie abzusehen war, die lokalen Ketten. Aber im Allgemeinen war die angestrebte Entwicklung von der Hoffnung getragen, Belfast auf den Weg der Versöhnung zu führen.

Das aktuelle Standardmodell der Stadtentwicklung – einzelhandelsorientiert, mit architektonischen Aushängeschildern und Kulturvierteln oder -häusern – wird aufgrund seines homogenisierenden Effekts und seines fragwürdigen Nutzens für ärmere Bevölkerungsschichten in vielen Kreisen verspottet. Hier wurde es als Ansatz zur Schaffung einer modernen, neutralen Stadt begrüßt.[3] Bis zu einem gewissen Grad ist das geglückt. Jedoch sind die räumlichen Aufteilungen in Belfast nach dem Nordirlandkonflikt differenzierter und können anhand von vier Typen dargestellt werden: ethnisch definiert, neutral, gemeinsam genutzt und kosmopolitisch. Ethnisch definierter Raum herrscht in den segregierten Wohngegenden vor. Neutraler Raum ist eine Form öffentlicher urbaner Orte, die von allen Bewohnern für Arbeit, Einkaufen und Freizeit genutzt werden können. Der gemeinsam genutzte Raum, von dem es wenig gibt, erleichtert nicht nur die Kontaktaufnahme, sondern auch den Dialog. Der kosmopolitische Raum hat keinen Bezug zu lokalen Unterteilungen, ist noch seltener vorhanden und beinhaltet möglicherweise die Neukodierung von Räumen.[4]

Die Suche nach einer Alternative zu ethnisch definierten Räumen ist lobenswert; dennoch sollte dem neutralen Raum nicht vorschnell der Vorzug gegeben werden. Symbolwirkung ist in solchen Zeiten wichtiger als stadtplanerischer oder architektonischer Wert. Das ehemalige Armeehauptquartier an der Hauptstraße wurde beispielsweise nach dem Ende der Unruhen zu einem der ersten großen Einkaufszentren. Es wurde als Investition in die Zukunft der Stadt bejubelt; mit seiner Glasfassade trotzte es der Gefahr von Bombenanschlägen und signalisierte Belfasts Rückkehr zur Normalität. Darüber hinaus ist es jedoch auch nach innen gerichtet, hat eine verspiegelte Fassade, durfte in einem denkmalgeschützten Areal gebaut werden und blockiert eine ehemals wichtige Durchfahrtsstraße zur Innenstadt. Heute gilt es als Problemfall. Wie soll man gemeinsam und erst recht zivilgesellschaftlich genutzte Räume gestalten, wenn diese so lange und so erbittert umstritten waren? Ein mögliches Ergebnis, wie im Fall des oben beschriebenen Einkaufszentrums, ist Mittelmäßigkeit – erreicht durch „den Einsatz von Architektur und Kunst im öffentlichen Raum, um in einer Situation einen ‚banalen Nationalismus' zu fördern, in der sich dezentralisierte Regionen in einem re-territorialisierten Europa zu behaupten versuchen. Beim Cardiff Bay-Entwicklungsprojekt standen mediale Aspekte im Mittelpunkt, die eine Neudefinition und -positionierung von Wales oder einer bestimmten Version des ‚Walisisch-Seins' innerhalb des modernen Europa zum Ziel hatten. (...) In Belfast sind die Örtlichkeit selbst und der Gesamtstaat problematisch und erzwingen so eine tiefergehende Banalität im Hinblick auf öffentlichen Raum und Design."[5]

Eine solche Strategie ist, gelinde gesagt, pragmatisch und angesichts der schwelenden Konflikte vielleicht nicht so anspruchslos, wie man meinen könnte: „Für eine Stadt, deren Bild in jüngster Zeit von Gewalt, Friedensmauern und Angst geprägt war, ist die Errichtung von risikoarmen, glanzvollen und spektakulären Investitionsstandorten eine überaus wichtige Strategie auf dem Weg zur Normalisierung und Vermarktung der Örtlichkeit. Belfast wurde in

Eine Polizeistation zwischen protestantischen und katholischen Vierteln: Die Architektur wandelt sich zur Festungsarchitektur, die Fenster werden zu Schlitzen oder verschwinden ganz, 2002. A police station between Protestant and Catholic districts: the architecture transformed itself into fortress architecture, the windows became slits or else disappeared completely, 2002.

Nicht nur in Berlin üblich gewesen: Die Mauer wird zur Leinwand. It was not only common in Berlin: the wall becomes a canvas.

separate them with so-called Peace Walls.[2] These are high security fences or walls with a gate controlled by the security forces. Built as temporary structures—though many have been up for some forty years—to keep communities from each other, they range in length from a few hundred yards to well over a kilometre. And they are numerous and often near the city centre. One even runs through a public park. They are huge impositions on the urban form and mostly ignore historic development and transportation infrastructure. While grotesque socially and urbanistically, they are far from universally loathed by residents. They allegedly protect communities by isolating them.

If the interface areas demonstrate how complex planning issues are in a contested city like Belfast, peace has not made those issues much simpler. The Anglo-Irish Agreement (1985) led to the Good Friday Agreement (1998) and the end of the period known as the Troubles: ceasefires by most paramilitary organisations; the decommissioning of their arsenals; the reform of the police service; the withdrawal of British troops from the streets and border areas; the principle that Northern Ireland would remain British until a majority of its inhabitants decided otherwise; self-government would be restored to Northern Ireland and based on power sharing.

The Good Friday Agreement brought a huge amount of economic and development activity—the so-called peace dividend to Belfast as it sought to catch up for lost decades. But how regeneration should or could address such a web of historical, cultural, political, and economic factors is by no means clear. However, the end of the Troubles led to a building boom in the belief that physical regeneration could help ameliorate sectarian segregation. Some development effortlessly followed the dramatic reduction in violence. British supermarket chains, for example, opened up in Northern Ireland for the first time; and, foreseeably, forced local chains out of business. But generally, development was sought to transform Belfast in the hope that it would lead to reconciliation. The now standard model of urban development—retail-led, flagship buildings, cultural quarters or buildings—is derided in many circles for its homogenising effects and dubious benefits to the city's poorer inhabitants. Here, it was well received as a way of creating a modern, neutral city.[3] To some extent it has worked. However, the spatial divisions in Belfast after the Troubles are more differentiated than that and can be described as four types: ethnic, neutral, shared, and cosmopolitan. Ethnic space is dominant in segregated communities. Neutral space is a form of urban, public space open to all for employment, shopping, and leisure. Shared space facilitates not just contact but engagement and is rare. Cosmopolitan space has no reference to local divisions and is rarer still and probably involves the reprogramming of spaces.[4]

The laudable aspiration finding an alternative to ethnically defined space can, however, declare neutral space a victory too quickly. At such times, symbolism is given more attention than planning or architectural merit. The former army headquarters on the high street, for ex-

‚Stadtviertel' unterteilt, um neutrale Bilder der Vergangenheit und neue Orte für Touristen, Investoren und wohlhabende Anwohner zu schaffen."[6] Der einstmals konfessionell definierte Raum muss neue Bedeutung erhalten; wenn diese Neudefinition aber zu banal oder kommerziell ist, besteht die Gefahr, dass der konfessionellen Separatismus nur durch einen sozialen oder wirtschaftlichen ersetzt wird. Zunehmend ziehen junge Leute und Singles in die Innenstadt. Doch wie an anderen Orten auch sind diese Neuzuzügler jünger, besser ausgebildet und mobiler als die allgemeine Bevölkerung. Territoriale Erwägungen spielen für sie bei der Suche nach einer Wohngegend keine Rolle; die Mehrheit stammt nicht einmal aus Nordirland. Die traditionelle Arbeiterklasse hingegen fühlt sich von den neuen Entwicklungen zunehmend ausgeschlossen, sie verbleibt in ihren angestammten Wohngebieten. Diese Entwicklung, die so auch anderswo festzustellen ist, leistet einer zunehmenden Ghettoisierung Vorschub. Das neue Titanic Quarter, ein riesiges Entwicklungsprojekt mit gemischter Nutzung auf dem Brachgelände der ehemaligen Schiffswerften, könnte so die soziale Segregation untermauern. Es ließe sich natürlich auch sagen, dass sowohl die protestantische wie die katholische Kulturtradition gleichermaßen ihre Berechtigung haben und dass es dementsprechend gilt, einen Weg der friedlichen Koexistenz zu finden, wie dies etwa in zweisprachigen Ländern praktiziert wird. Aber möglicherweise sind Geschichte und Traditionen der Separation dafür zu kompliziert – was uns wieder zu der Frage bringt, was das Ziel der Erneuerung sein kann. In einem Bericht hieß es kürzlich: „Wenn unter einer ‚gemeinsam genutzten Stadt' eine ‚gemeinsam vereinbarte Stadt' zu verstehen ist und Letztere das Einverständnis beinhaltet, sich uneinig zu sein – was getrennte Lebensbereiche in gegenseitigem Respekt und ohne wechselseitige Bedrohung bedeutet – dann ist das eine Sache. Wenn es jedoch einen erheblichen Zuwachs an integrierter sozialer Interaktion und Zusammenarbeit der Gemeinschaften bedeutet, die auf Werten wie Inklusion, Diversität, Gleichheit und Interdependenz basiert, dann ist das ein wesentlich ehr-

geiziges Projekt."[7] Der Bericht unterscheidet zwischen Begrenzungen (*borders*), die durchlässig sein können, und Grenzen (*boundaries*), die undurchdringlich sind, und fragt, ob man in einer umkämpften Stadt wie Belfast erstere vielleicht akzeptieren muss. Die eigentlichen Ziele urbaner Erneuerung sind demnach schwer zu definieren und noch schwerer zu erreichen.

Das Ende des Nordirlandkonflikts führte zum Bauboom: Fußgängerzone in Belfast   The end of the Northern Ireland conflict led to a construction boom: pedestrian zone in Belfast

Anmerkungen

1 Im Jahr 2007 lebte über die Hälfte der Bevölkerung der Stadt nach wie vor in Bezirken, die entweder zu 90 Prozent protestantisch oder katholisch waren.

2 Eine weitere Variante lautet, Enklaven zum Schutz vor Projektilen und wiederum zur Zugangskontrolle einzuzäunen.

3 Brendan Murtagh: „New Spaces and Old in ‚Post-Conflict' Belfast". In: *Divided Cities/Contested States*, Working Paper No 5, 2008, S. 3.

4 Siehe Frank Gaffikin / Ken Sterrett: *Planning Shared Space for a Shared Future. A Research Report for Community Relations Council*, Belfast 2008, S. 17/18.

5 Murtagh (siehe Fußnote 3), S. 9.

6 Ebd.

7 Gaffikin / Sterrett (siehe Fußnote 4), S. VI.

ample, became one of the first large retail developments after the Troubles. It was hailed as an investment in the city and and its glass façade an important assertion of Belfast's defiance of bombings and return to normalcy. However, it is also, inward-looking, has a mirrored façade, was built in a conservation area, and blocks what was once an important way through the city centre. It is now considered a problem.

How can one design shared, much less civic, space when it has been so hotly contested for so long? One possible result, as is the case with the shopping centre described previously, is mediocrity through "the use of architecture and public art to bolster a 'banal nationalism' as devolved regions seek to assert themselves in a reterritorialized Europe. The Cardiff Bay development centered on media services features strongly in the re-branding of Wales or a certain version of Welshness in contemporary Europe.... In Belfast, the local and the nation state are problematic, forcing a deeper banality on public space and design."[5]

Such a strategy is, to say the least, pragmatic and given the conflicted nature of Belfast perhaps not as unambitious as it first seems: "For a city whose recent imagery has been built on violence, peace lines, and fear, the formation of low-risk, glitzy, and speculator investment sites has been a vital strategy in normalization and place marketing. Belfast has been 'quarterized' in order to create neutral images of the past and create new sites for tourists, investors and moneyed residents."[6] But if in stripping space of sectarian significance the result is banal or must be commercially defined, one risks the danger of substituting a social or economic separatism for a sectarian one. Living in the city centre for young people and singles has become possible but as in other places, such people tend to be younger, better educated, and more mobile than the general population; they choose where to live not based on territorial considerations but the majority have also come from outside of Northern Ireland. And as in other places, the traditional working class population does not feel like it shares in the benefits of this urban renewal and remains in

what increasingly resembles ghettoes. The new Titanic Quarter, a huge mixed-use development on the tabula rasa of the former shipyards, could simply reinforce social segregation. A different tactic would be to say that the cultures of the two main traditions have legitimacy and equal importance and a way must be found to represent that, such as in bilingual countries. But perhaps the history and traditions of separation are too complicated to treat in such a way, which again raises the question of what the aim of regeneration can be. As one recent report puts it: "If a 'shared city' means an 'agreed city' and the latter embodies agreement to disagree, and thereby a high degree of separate living in a manner that is mutually respectful and non-threatening, that is one thing. But, if it means a significant increase in integrated social interaction and inter-communal collaboration, rooted in values of inclusion, diversity, equity, and inter-dependence, that is a much more ambitious project."[7] The report makes the distinction between borders, which are porous, and boundaries, which are hard-edged, and asks if in a contested city like Belfast one has to accept the former. The very objectives of urban regeneration, then, are not easy to clarify and much less to achieve.

Notes

1 As of 2007, over half of the city's population still lived in wards that were either 90 per cent Protestant or Catholic.

2 Another version is to cage in an enclave to protect it from projectiles and again to control access.

3 Brendan Murtagh: "New Spaces and Old in 'Post-Conflict' Belfast." In: Divided Cities/Contested States Working Paper No 5, 2008, p. 3.

4 See Frank Gaffikin / Ken Sterrett: Planning Shared Space for a Shared Future. A Research Report for Community Relations Council, Belfast 2008, pp. 17–18.

5 Murtagh (see footnote 3), p. 9.

6 Ibid.

7 Gaffikin / Sterrett (see footnote 4), p. vi.

Das Titanic Quarter auf einem alten Werftgelände ist ein riesiges Entwicklungsprojekt mit gemischter Nutzung, könnte aber eine Segregation fördern.
The Titanic Quarter in an old dockyard is a huge development project with mixed use, but could promote segregation, however.

TIM RIENIETS

Urban Villages

Stadtflucht nach innen

Städte erzeugen Dichte und Diversität zwischen Menschen, Gütern und Informationen. Und sie ermöglichen ihren Bewohnern, diese Ressourcen in unterschiedlichster Art und Weise miteinander in Beziehung zu setzen: in Form von sozialen Netzwerken, von arbeitsteiligen Prozessen, von Handelsstrukturen oder Wissenstransfer. Diese Möglichkeiten sind es, die aus Städten mehr machen als die Summe ihrer Teile.

Diversität und Nähe machen Städte zu Möglichkeitsräumen, aber sie bergen zugleich ein hohes Maß an Risiken. Besonders mit der Entwicklung der modernen Großstadt entstanden erhebliche Risiken für Leib und Leben: durch die Mechanisierung der Arbeit, durch die Motorisierung des Straßenverkehrs, durch die Umweltbelastungen der Industrie sowie der mangelhaften Ver- und Entsorgungseinrichtungen. Neben den Unfall- und Gesundheitsrisiken erzeugte die moderne Großstadt auch soziale Konfliktpotenziale.

Die vorindustriellen Arbeits- und Lebensgemeinschaften – die Familie, die Zunft, das Dorf – mussten den Ansprüchen der organisierten Industriearbeit weichen. Das Individuum wurde aus der Gemeinschaft herausgelöst, um am modernen Arbeits- und Konsumleben teilnehmen zu können. Zugleich erlebten die bis dahin meist kleinen Städte eine rasante Zunahme und soziale Diversifizierung ihrer Bevölkerung. Das vertraute Leben in der Gemeinschaft wich einem Leben unter Fremden.

Als Reaktion auf die Risiken des Großstadtlebens entstanden immer neue architektonische und städtebauliche Techniken, mit denen mehr Sicherheit geboten werden sollte, ohne dass man auf die Vorzüge der Stadt hätte verzichten müssen. Sie zielten darauf ab, auch unter den Bedingungen städtischer Dichte und Diversität das sichere Gefühl von Distanz und Vertrautheit zu erzeugen. Mit dem Aufstieg einer wohlhabenden Mittelschicht, die ihre Ansprüche an Komfort und Sicherheit auf dem freien Immobilienmarkt befriedigen konnte, prägten sie nachhaltig die Architektur und Stadtentwicklung des letzten Jahrhunderts. Besonders die massenhafte Wanderung städtischer Wohnbevölkerung in vorstädtische Wohnlagen – weit weg von den Verkehrsrisiken, Umweltbelastungen und sozialen Friktionen der Stadt, aber nah genug, um an den Arbeitsmärkten, Konsumangeboten und sozialen Infrastrukturen der Stadt teilhaben zu können – wurde zum dominierenden Urbanisierungsmuster der Nachkriegszeit. Seine wesentlichen Strukturmerkmale folgten dem Wunsch nach sozialer Homogenität und räumlicher Distanz – Distanz zur Stadt, zu anderen sozialen Gruppen und zum Nachbarn.

Inzwischen konnten die Städte viele Risiken aus der Zeit der Industrialisierung und des stürmischen demografischen Wachstums hinter sich lassen. Die mechanischen, hygienischen und ökologischen Gefahren konnten reduziert werden. Die verbliebenen Zeugnisse der industriellen Ära wurden zu Museen oder Lofts, so dass die Gefahrenherde von früher mit der friedlichen Aura des Historischen umgeben sind.

Auch die Fremden, die einst wegen der Arbeit in diesen Industrieanlagen gekommen waren, haben heute ein anderes Gesicht. Sie erscheinen nicht mehr nur in Gestalt des Arbeiters, sondern als Austauschschüler, Au-pair, Krankenschwester, Geschäftsreisende, Hochquali-

In „Urban Villages" wie den Prenzlauer Gärten (Höhne Architekten) in Berlin sollen die Überschaubarkeit und die Geborgenheit dörflicher Strukturen mit den Vorzügen urbaner Vielfalt verbunden werden. Von ihrem Umfeld bleiben diese Quartiere aber oft abgegrenzt. "Urban villages" such as the Prenzlau Gardens (Höhne Architekten) in Berlin aim to combine the simplicity and the familiarity of village structures with urban diversity features. These neighbourhoods often remain cut off from their surroundings, however.

TIM RIENIETS

Urban Villages

The Inward Urban Exodus

fizierte oder Kulturschaffende. Viele der alten Migrantenquartiere haben derweil viel von ihrer früheren Fremdheit verloren und gelten nicht selten als letzte verbliebene Orte urbaner Authentizität. Sie ziehen Touristen an und sind beliebte Standorte für Kreative, Studenten und Urbanophile. Vieles, was früher fremd war, wird heute vom Stadtmarketing einverleibt und zum urbanen Erlebnis erklärt.

Es ist von einer neuen Attraktivität der Städte die Rede. Aber häufig fehlt es an Wohnraum, der auch die Ansprüche jener zahlungskräftigen Zielgruppen erfüllen kann, die immer noch vorstädtische Wohnlagen vorziehen: Besserverdienende, junge Familien, Expats oder „Best-Ager", die ihren Ruhestand in der Stadt genießen wollen. Darum soll neuer Wohnraum geschaffen werden, der jene Qualitäten in die dicht bebaute Stadt bringen kann, die sonst den suburbanen Lagen vorbehalten waren: Komfort, Sicherheit, Privatheit.

Hochwertiger Wohnungsbau in der Stadt ist an sich keine Neuheit. Neu ist aber der Trend, diese Immobilien in Form ganzer Stadtquartiere zu erstellen. Quartiere, die von privaten Bauträgern geplant, vermarktet und verwaltet werden und deren Wohnungsangebot durch exklusive Infrastrukturen (wie Tiefgaragen, Gärten, Clubräume oder Wellnesseinrichtungen) und Dienstleistungen ergänzt wird (zum Beispiel Concierge, Gärtner). In diesen Projekten geht es nicht mehr nur um die Lagegunst und den Komfort von einzelnen Immobilien, sondern um das umfassende Lebensgefühl eines ganzen Wohnquartiers. Weder in der Forschung noch in der Vermarktung kennt man eine geläufige Bezeichnung für diese Art von Projekten. Sie werden als „Wohnparks" oder als „Premium-Quartiere" umschrieben, oder als „Urban Villages",[1] was die besondere sozial-räumliche Konzeption dieser Projekte vielleicht am besten trifft (und darum auch im weiteren Verlauf dieses Textes verwendet werden soll). Der Begriff Urban Village ist ein Oxymoron, wenn man die räumliche und soziokulturelle Trennung von Stadt und Dorf voraussetzt, die traditionell unserem Siedlungsraum zugrunde liegt. Genau diese Trennung soll mit den Urban Villages aufgeho-

ben werden. Sie versprechen ihren Bewohnern beides: das Gefühl von großstädtischer Urbanität und die Überschaubarkeit und Geborgenheit der dörflichen Gemeinschaft. Kein Anbieter von Urban Villages versäumt es, diese besonderen Standortqualitäten zu vermarkten: „Ein Refugium der Ruhe inmitten einer lebendigen Stadt.", „Ruhiges Wohnen und mitreißendes Leben." oder „Paradiesisch wohnen – mitten in Berlin!". Möglich wird die Gleichzeitigkeit von städtischem und dörflichem Lebensgefühl, indem die betreffenden Projekte in innenstadtnaher Lage positioniert werden, aber gleichzeitig ein hohes Maß an räumlicher Abgeschiedenheit bieten. Es sind Wohnenklaven, meist um innen liegende Höfe oder Straßen angelegt und häufig durch Eingangstore, Sichtschutz oder Abstandsgrün von der Umgebung abgeschirmt.

Urban Villages distanzieren sich nicht nur räumlich, sondern auch durch ihr Erscheinungsbild. Anstatt sich architektonisch ins Stadtbild zu fügen, bedienen sie sich einer betont andersartigen, meist themenbezogenen Architektur.[2] Entscheidend für den Erfolg dieses Konzeptes

Das Phänomen der „Urban Villages" ist ein internationales, das in den Istanbuler Altstadtteilen Tarlabaşı, Fener Balat und Süleymaniye zu großen sozialen Umwälzungen führt. Auch hier wird vor allem die Mittelschicht angesprochen, die vom Stadtrand in die Stadt zieht. Während in Talarbaşı eine stark angegriffene Bausubstanz in den Fassaden renoviert und blockweise zu neuen Baustrukturen zusammengefasst wird (oben und links oben), steht in Fener Balat auch der Abriss bereits restaurierter Häuser an (links unten).

The "urban villages" phenomenon is an international one leading to major social upheaval in Istanbul's old town areas of Tarlabaşı, Fener Balat, and Süleymaniye. Here, too, it is aimed at the middle class that is moving from the urban periphery to the city. While the focus in Talarbaşı is on renovating the facades of buildings in very bad condition and of merging entire blocks of them into new building structures (above and page left above), Fener Balat is faced with the demolition of buildings that have already been renovated (left below).

Cities produce density and diversity among people, goods, and information. They also enable their residents to relate these resources to one another in any manner of ways: in the form of social networks, work-based processes, trading structures, or knowledge transfer. These are the options that make cities more than just the sum of their parts.

Diversity and proximity make cities into realms of possibility but they also harbour a significant degree of risk. The development of large, modern cities in particular led to considerable risks for life and limb through work mechanisation, through the motorisation of road traffic, through industrial environmental pollution, as well as through inadequate supply and disposal facilities. In addition to accident and health risks, the large, modern city also created the potential for social conflict. The pre-industrial work and social communities—the family, the guild, the village—had to make way for the demands of organised industrial labour. The individual became detached from the community in order to be able to participate in the modern working and consumer way of life. At the same time, what were until then mostly small towns experienced a dramatic increase and social diversification in their populations. Familiar community life gave way to life among strangers.

New architectural and urban development techniques were continually being developed in reaction to the risks of city life, these being intended to provide more security without having to forsake the city's advantages. They

were aimed at creating a comfortable feeling of distance and familiarity even under conditions of urban density and diversity. The rise of an affluent middle class able to fulfil its comfort and security requirements on the open property market had a sustained influence on the architecture and urban development of the last century. In particular, the mass migration of urban residential populations to suburban residential areas—far away from the traffic risks, environmental pollution, and social tensions of the city, but close enough to enable participation in the cities' labour markets, consumer opportunities, and social infrastructure—became the dominant pattern of urbanisation in the post-war years. The key structural features reflected the desire for social homogeneity and spatial distance—distance from the city, from other social groups, and from neighbours.

Cities were subsequently able to put behind them many of the risks related to industrialisation and to turbulent demographic growth. Mechanical, hygienic, and ecological threats were reduced. The remaining testimonies to the industrial age were turned into museums or lofts, giving the former sources of danger a peaceful historical aura.

The strangers, too, who initially came to these industrial plants for work now have different faces. They no longer appear as workers but as exchange students, au pairs, nurses, business travellers, highly qualified academics, or creative artists. Many of the old migrant districts have since lost much of their earlier foreign-

ist seine ästhetische Distanz zum Kontext, nicht die Architektursprache selbst. Darum findet man Urban Villages in allen erdenklichen Facetten: als farbenfrohen, arabesk anmutenden Baublock inmitten von traditionell niederländischer Backsteinbebauung (Midi, Rotterdam) oder als schneeweiße Townhouses nach englischem Vorbild inmitten der Berliner Blockrandbebauung (Prenzlauer Gärten). Um in innerstädtischen Lagen noch genügend Platz zu finden, zeigen sich die Urban Villages auch städtebaulich höchst vielseitig. Sie befinden sich in Baulücken, auf innerstädtischen Brachen oder in historischen Industriegebäuden. Eine besonders außergewöhnliche Lösung hat man für Thamrin City in Jakarta gefunden: Diese Townhousesiedlung wurde auf dem Dach einer Shoppingmall erbaut, weit weg vom Lärm und Gestank der Metropole und doch ganz nah dran am vielfältigen Freizeit- und Konsumangebot.

Viele Urban Villages entstehen in Altstadtquartieren, wo sie die Vorteile der innerstädtischen Lage mit historischem Ambiente ergänzen können (zum Beispiel Klostergärten, Münster oder auch Noorderhof in Amsterdam). In Istanbul drohen ganze denkmalgeschützte Viertel abgerissen zu werden (Talarbaşı, Süleymaniye, Fener und Balat), um dort - unter teilweiser Beibehaltung der historischen Fassaden - exklusive Wohnungen entstehen zu lassen. Ein osmanisches Disneyland für Besserverdienende, deren Ansprüche im kleinteiligen und veralteten Baubestand der Innenstadt nicht befriedigt werden können. Die Verantwortlichen forcieren für diese Projekte nicht nur die Verdrängung der eingesessenen Bevölkerung, sie nehmen auch die Aberkennung des Weltkulturerbestatus durch die UNESCO in Kauf.

Kann ein Urban Village seine Identität nicht aus der Geschichte des Ortes gewinnen, dann wird sie mittels Architektur- und Marketingsprache konstruiert. Besonders in der Namensgebung vieler Urban Villages schwingt etwas geheimnisvoll Ortsspezifisches mit: Marthashof (Berlin), Winsgärten (Berlin), Sophienterrassen (Hamburg). Auf diese Weise bieten die Urban Villages nicht nur Wohnraum, sondern gleich

Die Anlage Marthashof (Architekten: Grüntuch Ernst) liegt als eine Enklave mitten in dem Berliner Trendstadtteil Prenzlauer Berg. The Marthashof complex (architects: Grüntuch Ernst) is an enclave in the midst of Berlin's trendy Prenzlauer Berg neighbourhood.

ein Stück Ortsverbundenheit dazu. Diese ist ein immer selteneres Lebensmodell. Anpassungsfähigkeit gilt heute als Voraussetzung für Erfolg in Ausbildung und Beruf, ganz gleich welcher sozialen Schicht man angehört. In einer modernen Biografie ist der Ortswechsel zum Normalfall geworden. Darum ist das Leben in der Stadt mehr denn je ein Leben unter Fremden, sowohl für die Ortsansässigen und erst recht für die zugezogenen Stadtbewohner. Das Gefühl, an einem bekannten Ort oder in einer vertrauten Gemeinschaft zu leben, muss unter diesen Bedingungen künstlich hergestellt werden, durch Selektion, Distinktion und Homogenisierung.[3] Die Immobilienindustrie hat diesen Bedarf längst erkannt und Produkte wie die Urban Villages entwickelt, die insbesondere der mobilen Elite ein Wohnumfeld liefern, das überall auf ähnlichen räumlichen und sozialen Mustern fußt.

Es ist anzunehmen, dass die Bewohner verschiedlichener Urban Villages mehr Werte und Interessen miteinander teilen als mit den Bewohnern benachbarter Stadtquartiere. Die Wahrscheinlichkeit, innerhalb eines Urban Village einem benachbarten Mitbürger zu begegnen oder einer anderen kulturellen Herausforderung gegenüberzustehen, ist gering und auch nicht

ness and are often seen as the last remaining places of urban authenticity. They attract tourists and are popular locations for artists, students, and urbanophiles. Much of what used to be alien is now incorporated into city marketing and declared an urban experience.

The talk is now of a new city appeal. But the residential space also able to fulfil the demands of the solvent target groups still preferring suburban residential locations is often lacking: high income earners, young families, expats, or "best agers" who want to enjoy their retirement in the city. New residential space therefore needs to be created, space that is able to incorporate into the densely built-up city the qualities that have otherwise been reserved for suburban locations: comfort, security, privacy.

High-quality housing construction in the city is nothing new in itself. What is new, however, is the trend towards building these properties in the form of entire city districts. Districts, planned, marketed, and administered by private construction companies, with supplementary residential services (concierge, gardener, for example) and an exclusive infrastructure (such as underground parking garages, gardens, club rooms, or spa facilities). These projects are no longer just about the favourable location and the comfort of the individual properties but the overall lifestyle feeling of an entire residential district.

Neither in the research fields nor in marketing is there a common term for this type of project. They are referred to as "residential parks," as "premium neighbourhoods," or else as "urban villages,"the latter term perhaps best capturing the particular socio-spatial design of these projects (and which is therefore the term used in the rest of this text).[1] The term "urban village" is an oxymoron given the prerequisite spatial and socio-cultural separation of city and village that has traditionally formed the basis of our settlement environment. This is precisely the separation that urban villages aim to overcome. They promise their residents both the urban feeling of the city as well as the simplicity and security of the village community. None of the urban village contractors fails to market these particular location features: "A haven of peace and quiet in the midst of a vibrant city," "Peaceful living and an exciting life," or "Living as if in paradise–in the middle of Berlin!"

The synchronism of the urban and rural lifestyle feeling is made possible by the relevant projects being positioned in close proximity to the city centre while also offering a high degree of spatial seclusion. They are residential enclaves, usually built around inward-facing courtyards or streets, and often shielded from their surroundings by entrance gates, screening, or belts of greenery.

Urban villages distance themselves not only spatially but also through their appearance. They do not fit into the cityscape architecturally, instead featuring a deliberately different, usually theme-oriented architecture.[2] The architectural style itself is not the key to the success of this concept, but rather the aesthetic distance from the context. Urban villages are therefore to be found in all conceivable variations: as brightly coloured, arabesque-style tower blocks in the midst of a traditional Dutch brick building area (Midi, Rotterdam), or as snow-white, English-style townhouses in the middle of a Berlin perimeter development (Prenzlauer Gärten).

The need to find sufficient space in inner city locations also makes urban villages extremely diverse in terms of urban development. They are to be found in building gaps, on inner city wasteland, or in historic industrial buildings. An especially unusual solution was found for Thamrin City in Jakarta, where this townhouse complex was built on the roof of a shopping mall, well apart from the noise and smell of the city and yet very close to the multitude of leisure and consumer opportunities.

Many urban villages are developed in old town areas where they supplement the advantages of city centre location with historical ambience (e.g. the Klostergärten in Münster or the Noorderhof in Amsterdam). In Istanbul entire districts of listed buildings face the threat of being pulled down (Talarbaşı, Süleymaniye, Fener, and Balat) in order to make way for the construction of exclusive residential buildings, some of them retaining the historic façades.

erwünscht. Kritische Diskussionen über Urban Villages finden nur auf lokaler Ebene statt, etwa wenn es um den Mangel an bezahlbarem Wohnraum oder um die Gentrifizierung eines betroffenen Stadtquartiers geht. Die globale Dimension des Phänomens wurde hingegen noch nicht erkannt. Sie liegt wegen der vielfältigen Erscheinungsformen der Urban Villages auch nicht auf der Hand. Viel naheliegender ist der Versuch, Urban Villages durch den Vergleich mit anderen städtebaulichen Typen erklärbar zu machen. Besonders häufig werden sie mit Gated Communities verglichen, jenen eingezäunten und bewachten Wohnsiedlungen, die hierzulande als Inbegriff einer sozial desolaten und hochgradig ungerechten Gesellschaft gelten.[4]

In der Tat teilen die Urban Villages einige Eigenschaften mit den Gated Communities: ihren Hang zu Sicherheit, Privatheit und Prestige; ihre Tendenz zur sozialen Homogenität und Segregation. Doch entspringen die Urban Villages im Kern einem anderen Motiv. Die Stadt ist nicht – wie bei den Gated Communities – ein dystopischer Hintergrund, vor dem eine schöne, sichere Wohnwelt hinter Mauern konstruiert werden kann. Im Gegenteil: Die Stadt ist ein konzeptioneller Bestandteil der Urban Villages, die das Leben in der Stadt zum Erlebnis erklären. Die Urban Villages ermöglichen einen Lebensstil, der das städtische Umfeld in touristischer Manier konsumiert, aber nicht an ihm partizipiert. Die räumliche und symbolische Distinktion der Urban Villages dient darum nicht wie bei den Gated Communities der Abwehr äußerer Gefahren. Ihre Distanzierung dient in erster Linie dazu, die Stadt als etwas Äußerliches kenntlich zu machen – als einen Raum, von dem man selber nicht Teil ist, an dem man aber jederzeit teilhaben kann. Das Motiv der Stadtflucht – die Flucht vor den Risiken städtischer Dichte und Diversität – wird durch die Urban Villages nach innen gekehrt.

Anmerkungen

1 Ursprünglich stammt der Begriff „Urban Village" aus einer Studie des Soziologen Herbert Gans über das intensive und räumlich begrenzte Sozialleben italienischer Immigranten in Boston. In den 1990er Jahren wurde der Begriff von der britischen „Urban Villages Group" eingeführt, die – ähnlich der „New-Urbanism-Bewegung" in den USA – für eine menschengerechte und nachhaltige Quartiersentwicklung warb. Heute wirbt der Bauträger Stofanel mit diesem Begriff für seine Projekte in Berlin und im Mittelmeerraum.

2 Vgl. Arnold Reijndorp / Sabine Meier: *Themawijk. Wonen op een verzonnen plek.* Bussum 2010.

3 Vgl. Zygmunt Bauman: *Gemeinschaften: auf der Suche nach Sicherheit in einer bedrohlichen Welt.* Frankfurt/ Main 2009.

4 Vgl. Tim Rieniets: „Urban Villages. Ein Reisebericht über die Suche nach dem Berliner Townhouse". In: *ARCH+* 201/202, 2011, S. 96–99.

An Ottoman Disneyland for high-income earners whose demands are unable to be met by the small, ageing structures of the city centre. Those responsible are accelerating not only the expulsion of the long-established population for these projects but are also willing to accept the withdrawal of UNESCO World Heritage status. If an urban village is not able draw its identity from the history of the place, then it is constructed using architectural style and marketing language. The names of many urban villages, in particular, often have a somewhat secretive, location-specific resonance: Marthashof (Berlin), Winsgärten (Berlin), Sophienterrassen (Hamburg). In this way, urban villages provide not only a living environment but an element of local attachment as well.

Local attachment is becoming ever more rare as a component of life. Today, flexibility is considered the prerequisite for academic and career success, irrespective of social class. Change of location has become the norm in modern biographies. Consequently, more than ever before, city life is a life among strangers, both for the locals and more especially for migrant city residents. Under these conditions, the feeling of living in a familiar place or in a familiar community has to be created artificially, through selection, distinction, and homogenisation.[3] The property industry has long been aware of this need and has developed products like urban villages that provide a living environment for the mobile elite in particular, everywhere based on similar spatial and social models.

It is to be assumed that the residents of different urban villages share more values and interests with one another than with the residents of adjoining districts. The probability of encountering a fellow citizen among the neighbours within an urban village or of being faced with a different cultural challenge is minimal and is also undesired. Critical discussion of urban villages takes place at a local level only, for instance in the context of a lack of affordable residential space or the gentrification of a particular city district. The global dimension of this phenomenon has not yet been recognised, however. The diverse forms of urban village appearance make it less obvious. Far more evident, however, is the attempt to explain urban villages through comparison with other urban development types. They are very often compared with gated communities, the fenced-in and guarded residential complexes considered in Germany to be the epitome of a socially desolate and highly unjust society.[4]

Urban villages do indeed share some features with gated communities: their inclination towards security, privacy, and prestige; their tendency towards social homogeneity and segregation. There is another motif at the heart of the urban villages concept, however. The city is not—as with the gated communities—a dystopian background against which a safe, appealing living environment can be built behind walls. On the contrary: the city is part of the urban villages concept, declaring city life to be an experience in itself. The urban villages enable a lifestyle involving tourist-like consumer behaviour in the urban surroundings but without participation in it. The spatial and symbolic distinction of urban villages does not, therefore, serve to ward off danger from outside, as with gated communities. Their distancing primarily serves to make the city recognisable as an external feature—as a space of which one is not part but of which one can partake at any time. Urban villages are turning the urban exodus motif—the exodus in the face of the risks of urban density and diversity—inwards.

Notes

1 The term "urban village" originates from the sociologist Herbert Gans' study of the intensive and spatially limited social life of Italian immigrants in Boston. In the 1990s the term was introduced by the British "Urban Villages Group", who—similarly to the "New Urbanism Movement" in the USA—campaigned for humane, sustainable urban development. Today the construction company Stofanel uses this term to promote its projects in Berlin and in the Mediterranean region.

2 Arnold Reijndorp / Sabine Meier: *Themawijk. Wonen op een verzonnen plek*. Bussum 2010.

3 Zygmunt Bauman: *Gemeinschaften: auf der Suche nach Sicherheit in einer bedrohlichen Welt*. Frankfurt am Main 2009.

4 Tim Rieniets: "Urban Villages. Ein Reisebericht über die Suche nach dem Berliner Townhouse". In: *ARCH+*, 201/202, 2011, pp. 96–99.

Die Sophienterassen Hamburg liegen in einem wohl-situierten Stadtbereich in der Nähe der Alster. Eine Abgrenzung gegen das Umfeld wirkt hier vor allem identitätsstiftend. The Sophienterassen in Hamburg are located in a well-situated city area close to the Alster. Here the demarcation from the surroundings functions largely as a source of identity.

AHMED ALLAHWALA, ROGER KEIL

Zwischen *Ethnoburb* und *Slums in the Sky*

Torontos Einwanderungsgeografie heute

Während die Region um Toronto seit Jahrhunderten von Ureinwohnern der Huron- und Iroquois-Stämme besiedelt war, wurde die Siedlung selbst erst im 18. Jahrhundert von britischen Kolonialherren gegründet. Für die räumliche Siedlungsstruktur lassen sich drei Tendenzen unterscheiden. Zunächst wird Toronto im Laufe des 19. Jahrhunderts, wie von Michael Redhill in seinem historischen Roman *Consolation* (2007) schön in Szene gesetzt, als Handelskontor des britischen Imperiums und später als auf Rohstoffe und Landwirtschaftsprodukte spezialisiertes Industriezentrum ausgebaut. Die Geschichte Torontos als zentralisierte Kolonialstadt am Ontariosee begründete die historische Rolle der Innenstadt im 20. Jahrhundert als Hauptansiedlungsort der Migranten, die oft in der zweiten Generation in die Vorstädte abwanderten; zweitens folgte im späten 20. Jahrhundert die durch die Aufwertung der Innenstadt eingeleitete Verdrängung ärmerer Migranten in Richtung der Hochhausquartiere des „alten" Innenstadtrings. Dort befinden sich heute die sogenannten *priority neighbourhoods*, von der Kommune und sozialen Trägern ausgewiesene Problemgebiete, in denen hohe Armut, Arbeitslosigkeit und Jugendkriminalität, andererseits geringe Dienstleistungs-, Infrastruktur- und Einzelhandelsdichte aufeinandertreffen. Drittens schließt sich die Ansiedlung einer neuen Migrantenmittelklasse in sogenannten *ethnoburbs*, das heißt neueren und stark ethnokulturell geprägten Mittelklassevororten, im äußeren Ring der Vorstädte an.[1]

Bis Mitte des 20. Jahrhunderts ist die Einwanderung nach Toronto vor allem eine Domäne britischer Immigranten, die bis dahin noch 70 Prozent der Bevölkerung ausmachten und die Stadt in kolonialer Manier als eine verzerrte Spiegelung ihrer alten Heimat prägen. Sie bauen zunächst, zum Teil in Eigenarbeit und Selbstfinanzierung, den Kern der heutigen alten Vorstädte. Stück für Stück, Anbau nach Anbau entsteht so der Wohnungsbestand in einer postviktorianischen Wohnlandschaft von Eigenheimen, die Blaupause für die sozialräumliche Struktur einer Stadt, die ihren Erfolg in der Integration von Neuankömmlingen unter anderem auf die starken ethnischen Nachbarschaften zurückführt, in denen Migranten ihre erste Bleibe finden.[2] Die später folgenden Kontinentaleuropäer bauen die großen Infrastrukturen der 30er und 40er Jahre des 20. Jahrhunderts, vor allem das Bloor Viaduct, eine Straßenverkehrsbrücke, unter der später die Untergrundbahn fahren und den Osten der Stadt schneller der Besiedelung öffnen sollte. Sie selbst bleiben in den marginalen Quartieren der Innenstadt gefangen. Jüdische Einwanderer konzentrieren sich vorerst im westlichen Innenstadtbereich, wo auch die Bekleidungsindustrie ansässig ist. Nach dem Zweiten Weltkrieg ändert sich das Bild. Vor allem Südeuropäer beziehen die westlichen Innenstadtteile, die von den in Richtung „besserer" Quartiere im Norden der expandierenden Metropole ziehenden Juden verlassen werden. Sie sind die Arbeiter, welche die kühnen regionalen Expansionspläne der Stadtherren jener Zeit in die Tat umsetzen: U-Bahnbau, Hochhäuser, Autobahnen, Satellitensiedlungen am Stadtrand, eine Universität und Infrastruktur aller Art.

Die Innenstadt von Toronto ist der historische Ansiedlungsort der europäischen Kolonialisten. Ärmere Migranten wurden im späten 20. Jahrhundert in die Hochhausquartiere des „alten" Innenstadtrings verdrängt. The Toronto city centre is historically the area of European colonial settlement. Poorer migrants were displaced in the late 20th century, moving to the high-rise districts of the "old" inner city ring.

AHMED ALLAHWALA, ROGER KEIL

Between *Ethnoburb* and *Slums in the Sky*

Toronto's Immigration Geography Today

Die Probleme der Armut, des Rassismus und des baulichen Zerfalls der Innenstädte, die die Prozesse sozialräumlicher Differenzierung in US-Metropolen der Nachkriegszeit bestimmten, sind in Toronto weniger ausgeprägt. Hier war die für alle nordamerikanischen Städte typische Suburbanisierung begleitet vom massiven Zuzug europäischer Einwanderer. In privater Eigeninitiative investieren diese in do-it-yourself-Renovierungen ihrer Häuser in den Innenstadtquartieren, was deren Bausubstanz instand hält.[3] Erst in der nächsten Generation zieht es auch sie in die neuen Vorstädte, während ihre Innenstadtwohnhäuser von einer Welle der Gentrifizierung überschwemmt werden und die Bevölkerung dort wohlhabender, weißer und jünger wird.

Ende der 60er Jahre vollzieht sich ein wichtiger Wandel in der kanadischen Immigrationspolitik. Einwanderer werden nicht mehr nach ihrem Herkunftsland ausgewählt, was dazu führt, dass nun vor allem Menschen aus nicht-europäischen Ländern nach Toronto kommen. Teil der Reformen war auch, das Immigrationssystem nach „ökonomischen" Gesichtspunkten aufzuwerten, das heißt mehr Menschen mit höherem Bildungsniveau anzuziehen. Dieser Wandel überschneidet sich mit der globalen Wirtschaftskrise der 70er Jahre und der daraus folgenden dramatischen Deindustrialisierung der stadtregionalen Ökonomie. Neue Einwanderer sind kaum noch in der gewerblichen Industrie beschäftigt und stellen vermehrt die Arbeitskräfte für die wachsenden Billiglohndienstleistungssektoren. Hochqualifizierte Einwanderer werden oft unter ihrem Ausbildungsgrad beschäftigt. Das Bild vom Taxi fahrenden Arzt aus Indien bestimmt jüngere Diskussionen um die mangelnde Integration der Einwanderer in Toronto.[4]

Mit dem raschen Anstieg nichteuropäischer Einwanderung nimmt die Bedeutung der notorischen sozialdemografischen Kategorie der visible minorities zu, vom kanadischen Staat definiert als die Personen - von Ureinwohnern abgesehen - die „nicht-kaukasisch in Rasse oder nicht-weiß in Hautfarbe" sind. Im öffentlichen Diskurs wird zumeist eine Überschneidung von visible minorities mit der Gruppe der Neuein-

wanderer angenommen, wenngleich das zum Beispiel für diejenigen Afrokanadier und Chinesen nicht zutrifft, die zur Zeit der Sklaverei und des Eisenbahnbaus im 18. und 19. Jahrhundert ins Land kamen.

Seit den 90er Jahren stellt sich immer öfter die Frage, inwieweit die Zunahme nichteuropäischer Migranten am Anteil der Gesamtbevölkerung zu einer Herausbildung neuer sozialräumlicher Segregation führt. Die ursprüngliche Lehrmeinung lautet hier, dass Kanada sich vom großen Nachbarn im Süden unterscheidet: Es gibt keine Ghettobildung.[5] Hingegen spricht Geograf Larry Bourne von der „Hypothese des sozialen Mosaiks", das inzwischen auch von der „Hypothese der zerstreuten Stadt" ergänzt wurde, was sagen will, dass Migranten nicht mehr notwendigerweise zuerst ins Stadtzentrum streben, sondern sich oft direkt in den Vorstädten ansiedeln.[6] Die Innenstadt hat ihre Funktion als erster Ort der Integration, wie sie von den Soziologen der Chicagoer Schule in den 20er Jahren beschrieben wurde, weitestgehend verloren.

Die nichtweißen Einwohner Torontos sind ungleich im Stadtraum verteilt und an bestimmten Orten, wie zum Beispiel in Vierteln mit älterem Baubestand (ob Einfamilienhaus oder Wohnturm), konzentriert. Solche Segregationstendenzen sind zeitlich andauernd und, wie man jetzt weiß, zunehmend.[7] Insbesondere die vertrackte Überschneidung dreier sozialer Indikatoren weist auf Ausgrenzung und Konzentration hin: Wenn die Charakteristika Einwanderer, visible minority und Mieter zusammenkommen, lässt sich auf eine prekäre soziale Situation schließen.[8] In neueren Studien wird klar, dass Menschen mit diesen Attributen vornehmlich die Miethochhäuser des alten Vorstadtrings bevölkern. Eine neuere Studie spricht in diesem Zusammenhang von der „vertikalen Armut" in Toronto.[9] Ein Projekt des National Film Board widmet sich in einer Serie von Dokumentationen unter anderem diesen „Slums in the Sky"[10]. Toronto zerfällt zunehmend in drei auseinanderdriftende und sozialräumlich polarisierte Städte. Während 1970 mittlere Einkommensgruppen noch gut zwei Drittel der Stadtbe-

YONGE STREET, TORONTO.

Die Yonge Street in der City von Toronto etwa in den 1920er Jahren   Yonge Street in the City of Toronto in about the 1920s

Although the Toronto region has been inhabited for centuries by the indigenous Huron and Iroquois peoples, the settlement itself was only founded by British colonists in the eighteenth century. Three trends in the settlement's spatial structure can be distinguished. As portrayed in Michael Redhill's historical novel *Consolation* (2007), Toronto initially developed during the course of the nineteenth century as a British Empire trading post and later as an industrial centre specialising in raw materials and agricultural products. Toronto's history as a centralised colonial town on Lake Ontario formed the basis of the inner city's historical role in the twentieth century as the primary place of settlement for migrants, who often moved to the suburbs in the second generation. Secondly, in the late twentieth century, the upgrading of the inner city initiated the displacement of poorer migrants towards the high-rise districts of the "old" inner city ring. Today this is an area of priority neighbourhoods, designated by local authorities and social institutions as problem areas, where poverty, unemployment, and juvenile delinquency encounter a low density of services, infrastructure, and retail trade. Thirdly, there is an adjoining new migrant middle class in what are referred to as *ethnoburbs*, namely newer and strongly ethno-cultural middle class suburbs in the outer suburban ring.[1]

Until the mid-twentieth century, immigration to Toronto was primarily the domain of the British, who then made up seventy per cent of the population, moulding the colonial city as a skewed reflection of their home country. They initially built what is today the heart of the old suburbs, at times with their own hands and on a self-financing basis. Step by step, extension by extension, the housing thus developed in a post-Victorian residential landscape of owner-occupied homes, the blueprint for the socio-spatial structure of a city owing its success in the integration of newcomers in part to strongly ethnic neighbourhoods where migrants found their first place to stay.[2] The Continental Europeans who followed later in the twentieth century built the major infrastructural elements of the 1930s and 40s, notably the Bloor Viaduct,

a road bridge beneath which the subway was later to travel, and which also made the east of the city more accessible for rapid development. The European migrants themselves remained trapped in the marginal inner city districts. Jewish immigrants initially concentrated in the western inner city area, where the clothing industry was also based. The picture changed after the Second World War. Southern Europeans in particular moved into the western inner city areas from which the Jews had moved out in the direction of "better" quarters in the north of the expanding city. They provided the labour force that implemented the enterprising regional expansion plans of the city authorities at the time: subway construction, high-rise buildings, highways, satellite towns on the city's periphery, a university, and infrastructural developments of every kind.

The problems of poverty, racism, and of inner city buildings falling into disrepair, which characterised the processes of social-spatial differentiation in post-war US cities, were less prevalent in Toronto. Here the suburbanisation typical of all North American cities was accompanied by a massive influx of European immigrants. They invested in do-it-yourself renovations of their homes in inner city districts as a private initiative, maintaining the buildings in good condition.[3] It was only in the next generation that they, too, moved to the new suburbs, while their inner city homes were swamped by a wave of gentrification and the population there became more prosperous, whiter, and younger. The end of the 1960s saw an important change in Canadian immigration policy. Immigrants were no longer selected according to their country of origin, meaning that it was now primarily people from non-European countries who came to Toronto. Part of the reforms also involved the upgrading of the immigration system according to "economic" criteria, i.e. attracting more people with a higher level of education. This change coincided with the global economic crisis of the 1970s and the subsequent dramatic de-industrialisation of the regional economy. Immigrants now hardly find employment in manufacturing and instead

völkerung ausmachten, ist es 2001 nur noch ein Drittel. Wohlhabende Stadtteile werden immer reicher, während die ärmeren Quartiere abrutschen.[11]

Drei Viertel des Mietwohnungsbestandes in Toronto sind in privater Hand und viele Bewohner klagen über mangelnde Instandhaltung der Gebäude. Darüber hinaus hat die Bevölkerungsdichte in den Wohnhochhäusern der Vorstädte stark zugenommen, ohne dass dabei gleichzeitig in neue Infrastruktur investiert wurde. Während die Innenstadtquartiere aufgrund ihrer relativ kompakten Bebauung eine sozialräumliche Zentralität der Quartiere ermöglichten, ist die

bauliche Umwelt der Nachkriegsvorstädte auf das Automobil ausgerichtet. Dort gibt es einen entsprechenden Mangel an sozialer Infrastruktur und minderwertige Anbindungen an den öffentlichen Personennahverkehr.[12]

Jenseits der Kommune von Toronto, wo 2,5 Millionen Menschen leben, bildet sich schließlich ein neuer Siedlungstypus ab, die sogenannten *ethnoburbs*.[13] In und um die ausufernden und zum Teil rasch wachsenden Vorstädte wie Mississauga, Brampton, Vaughan oder Markham gibt es jetzt erhebliche Konzentrationen von ethnischen Mittelklassequartieren, die mehrheitlich von Einwanderern aus Südasien

Während die kompakten innerstädtischen Stadtviertel von Toronto wie Kensington Market in mehrfacher Hinsicht - unter anderem im Hinblick auf ihre Erreichbarkeit - attraktiv sind (oben), sind viele Vorstadtsiedlungen nur durch privaten Autoverkehr erschlossen, die Anbindung über öffentlichen Personennahverkehr und auch die soziale Infrastruktur sind mangelhaft (rechts).
While Toronto's compact inner city districts such as Kensington Market are appealing for several reasons, including their accessibility (above), many of the suburban areas are accessible by means of private car only, public transport links as well as the social infrastructure being inadequate (rechts).

increasingly make up the labour force for the growing low-income service sectors. Highly qualified immigrants are often employed beneath their level of education. The image of the Indian doctor driving a taxi has characterised recent discussions on the inadequate integration of immigrants in Toronto.[4]

The significance of the notorious socio-demographic category of "visible minorities", defined by the Canadian state as persons—with the exception of indigenous inhabitants—of "non-Caucasian race or non-white skin colour" increased with the rapid rise of non-European immigrants. Public discourse usually assumes an overlap between visible minorities and new immigrants, even though this does not apply to those Afro-Canadians and Chinese, for example, who came to the country during the era of slavery and railway building in the eighteenth and nineteenth centuries.

Since the 1990s the question has increasingly been posed as to what extent the increase in the proportion of non-European migrants within the overall population leads to new socio-spatial segregation. The original school of thought maintained that Canada differed from its big neighbour to the south in that it had no ghettos.[5] The geographer Larry Bourne, however, states that the "hypothesis of the social mosaic" needs to be supplemented by the "hypothesis of the dispersed city," meaning that migrants no longer necessarily seek out the city centre first, but often settle directly in the suburbs.[6] The inner city has largely lost its function as the first place of integration, as described by the sociologists of the Chicago School in the 1920s.

Toronto's non-white residents are unevenly distributed in the city and are concentrated in specific places such as districts with older buildings; be they single-family homes or tower blocks. Such segregation trends are ongoing and, as we now know, on the rise.[7] The blurred overlap of three social indicators in particular is indicative of exclusion and concentration: the combination of the characteristics immigrant, visible minority and renter implies a precarious social situation.[8] Recent studies have clearly shown that the tower blocks of the old suburban ring are principally occupied by people with these attributes. In this context, a new study talks of "vertical poverty" in Toronto.[9] These *Slums in the Sky*[10] form part of the subject of a documentary series project by the National Film Board. Toronto is increasingly disintegrating into three disparate and socio-spatially polarised cities. While in 1970 the middle income groups still made up a good two thirds of the city population, they accounted for just one third in 2001. The prosperous city districts are becoming ever wealthier, while the poorer areas are going downhill.[11]

Three quarters of the rental accommodation in Toronto is in private hands and many residents bemoan the lack of building maintenance. The population density in the high-rise residential buildings in the suburbs has also increased dramatically, without any simultaneous investment in new infrastructure, in particular a lack of social infrastructure and inferior connections to the public transport system.[12]

Finally, beyond the municipality of Toronto where 2.5 million people live, a new type of

und verschiedenen Teilen Chinas, aber auch aus Italien oder dem Iran bewohnt werden. In diesen *ethnoburbs* entsteht ein neuer Typus der Enklave, in der neue kommunitäre Gebilde, oft im Zusammenhang religiöser Institutionen, aber auch bezogen auf bestimmte Industrie- und Arbeitsmarktsegmente, auftauchen. In den fast drei Millionen Einwohner zählenden exurbanen Quartieren liegt die zukünftige Schnittstelle von Einwanderung und Siedlungsform in der Großregion Toronto. Ob sich an dieser Schnittstelle die gegenwärtigen stadträumlichen Segregationstendenzen der Neuen, der Anderen und der Armen fortsetzen werden, steht dabei noch im Raum.

Anmerkungen

1 Vgl.: Wei Li: *Ethnoburb: the new ethnic community in urban America.* Honolulu 2009.

2 Vgl.; Richard Harris: *Unplanned Suburbs: Toronto's American Tragedy, 1900 to 1950.* Baltimore 1996; Richard Harris: *Creeping Conformity: How Canada Became Suburban, 1900-1960.* Toronto 2004.

3 Vgl.: Trudi Bunting / Pierre Filion: „Epochs of Canadian Urban Development". In: Trudi Bunting / Pierre Filion / Ryan Walker (Hg.): *Canadian Cities in Transition. New Directions in the Twenty-First Century.* Oxford 2010, S. 19-38.

4 Vgl.: Ahmed Allahwala: „Politik der Vielfalt in Toronto". In: Andreas Merx (Hg.): Politics of Diversity. Berlin 2008, S.5-10.

5 Vgl.: Alan Walks / Larry Bourne: „Ghettos in Canada's Cities? Racial Segregation, Ethnic Enclaves and Poverty Concentration in Canadian Urban Areas." In: *Canadian Geographer*, 50(3), 2006, S. 273-97.

6 Vgl.: Walks / Bourne: „Ghettos in Canada's Cities? Racial Segregation, Ethnic Enclaves and Poverty Concentration in Canadian Urban Areas", S. 314.

7 Vgl.: H. Bauder / B. Sharpe: „Residential Segregation of visible minorities in Canada's gateway cities." In: *The Canadian Geographer/Le geographe canadien*, Heft 46(3), 2002, S. 208.

8 Vgl.: Walks / Bourne: „Ghettos in Canada's Cities? Racial Segregation, Ethnic Enclaves and Poverty Concentration in Canadian Urban Areas".

9 Vgl.: United Way Toronto. *Poverty by Postal Code 2: Vertical Poverty.* Toronto 2011.

10 Vgl.: Edward Keenan: „Slums in the Sky". In: *Eye-Weekly* (http://www.eyeweekly.com/city/features/article/109713; http://highrise.nfb.ca); Zugriff am 20. Januar 2011.

11 Vgl.: David Hulchanski: *The Three Cities Within Toronto. Income Polarization among Toronto's Neighbourhoods 1970-2005.* Toronto 2010.

12 Vgl.: Douglas Young / Patricia Burke Wood /Roger Keil (Hg.): *In-Between Infrastructure: Urban Connectivity in an Age of Vulnerability.* Kelowna 2011 (Kann von http://www.praxis-epress.org/availablebooks/books.html heruntergeladen werden).

13 Vgl. Li: *Ethnoburb: The New Ethnic Community in Urban America.*

Das chinesische Einkaufszentrum im Ethnoburb, den neuen Enklaven für Zuwanderer aus China, aber auch aus Italien und dem Iran: die Pacific Mall in Markham, nördlich von Toronto   An ethnoburb Chinese shopping centre, the new enclave for immigrants from China, as well as from Italy and Iran: the Pacific Mall in Markham, north of Toronto

urban settlement is being formed, referred to as *ethnoburbs*.[13] In and around the mushrooming and in part rapidly growing suburbs like Mississauga, Brampton, Vaughan or Markham there are now significant concentrations of ethnic middle class districts, predominantly inhabited by immigrants from South Asia and various parts of China, as well as from Italy or Iran. A new kind of enclave is developing in these *ethnoburbs*, one in which new communal structures are evident, often in the context of religious institutions but also related to specific industrial and labour market sectors. The future interface between immigration and settlement type in the Greater Toronto Area lies in these exurban districts with their almost three million residents. It remains to be seen whether the current urban segregation trends of newcomers, the others, and the poor will be perpetuated at this interface.

Notes

1 Cf. Wei Li: *Ethnoburb: the new ethnic community in urban America.* Honolulu 2009.

2 Cf. Richard Harris: *Unplanned Suburbs: Toronto's American Tragedy, 1900 to 1950.* Baltimore 1996; Richard Harris: *Creeping Conformity: How Canada Became Suburban,* 1900–1960. Toronto 2004.

3 Cf. Trudi Bunting / Pierre Filion: „Epochs of Canadian Urban Development". In: Trudi Bunting / Pierre Filion / Ryan Walker (Hg.): *Canadian Cities in Transition. New Directions in the Twenty-First Century.* Oxford 2010, p. 19–38.

4 Cf.: Ahmed Allahwala: „Politik der Vielfalt in Toronto". In: Andreas Merx (ed.): *Politics of Diversity.* Berlin 2008, p. 5–10.

5 Cf. Alan Walks / Larry Bourne: „Ghettos in Canada's Cities? Racial Segregation, Ethnic Enclaves and Poverty Concentration in Canadian Urban Areas." In: *Canadian Geographer,* 50(3), 2006, p. 273–97.

6 Cf. Walks / Bourne: „Ghettos in Canada's Cities? Racial Segregation, Ethnic Enclaves and Poverty Concentration in Canadian Urban Areas", S. 314.

7 Vgl.: H. Bauder / B. Sharpe: „Residential Segregation of visible minorities in Canada's gateway cities." In: *The Canadian Geographer/Le geographe canadien,* vol. 46(3), 2002, p. 208.

8 Cf. Walks / Bourne: „Ghettos in Canada's Cities? Racial Segregation, Ethnic Enclaves and Poverty Concentration in Canadian Urban Areas".

9 Cf. United Way *Toronto. Poverty by Postal Code 2: Vertical Poverty.* Toronto 2011.

10 Cf. Edward Keenan: „Slums in the Sky". In: *EyeWeekly* (http://www.eyeweekly.com/city/features/article/109713; http://highrise.nfb.ca); (visited 20 January, 2011).

11 Cf. David Hulchanski: *The Three Cities Within Toronto. Income Polarization among Toronto's Neighbourhoods 1970–2005.* Toronto 2010.

12 Cf. Douglas Young / Patricia Burke Wood / Roger Keil (ed.): *In-Between Infrastructure: Urban Connectivity in an Age of Vulnerability.* Kelowna 2011 (downloadable from http://www.praxis-epress.org/availablebooks/books.html).

13 Cf. Li: Ethnoburb: *The New Ethnic Community in Urban America.*

Eine typische Wohnhochhauslandschaft in den inneren Vorstädten von Toronto   A typical high-rise residential area in Toronto's inner city suburbs

MARTIN KOHLER

Brasilien - das tropische Rom

Auf der Suche nach gemeinsamen Räumen unterschiedlicher Kulturen

Der Titel ist ein Zitat aus dem Buch des Anthropologen und Kulturtheoretikers Darcy Ribeiro zur Entstehung der brasilianischen Identität *O Povo Brasileiro*. Das brasilianische Volk – so die These – ist hervorgegangen aus der Kollision der portugiesischen Invasoren mit den indigenen Völkern und afrikanischen Sklaven sowie der nachfolgenden „Brasilianisierung" europäischer, asiatischer und arabischer Einwanderer im 19. und 20. Jahrhundert durch Menschen einer schon hybriden, neuen Ethnie.

Durch die Konfrontation verschiedener ethnischer Ursprünge, eigener kultureller Traditionen und variierender sozialer Formationen entstand eine neue Nation. Neu, weil sie sich als nationale Ethnizität kulturell von ihren prägenden Matrizen abhebt, getrieben von einer synkretischen Kultur und unterscheidbar von ihren Vorgängern durch die Umdefinitionen kultureller Merkmale.

Anstatt einer multiethnischen und konfliktbeladenen Gesellschaft entwickelte sich das Gegenteil: Ein Amalgam, das weder in antagonistische ethnische, kulturelle oder regionale Minderheiten aufgespalten noch an deren vielfältige ethnische Loyalitäten gebunden ist. In der Tat ist Brasilien eine der sprachlich und kulturell homogensten Nationen der Erde, in der keine nach einem Autonomiestatus verlangende Gruppierung existiert.

Die Besonderheit an Darcy Ribeiros Ideen über eine „Theorie der brasilianischen Kultur" ist die Bedeutung, die er Indianern, Afro-Brasilianern und weiteren Mischethnien bei der brasilianischen Nationwerdung beimisst. Statt einer Fortentwicklung aus der Kultur der elitären portugiesischen Minderheit beschreibt Ribeiro die Ausbildung der brasilianischen Kultur als Transformationsprozess entwurzelter Siedler, Arbeiter, Sklaven und Bauern, die schon bei ihrer Geburt zwischen allen Ethnien standen – Menschen, die nichts anderes sein konnten und nichts anderes gemein hatten als Brasilianer zu sein.

Während einer vierwöchigen Reise durch Brasilien habe ich nach dem spezifischen Niederschlag der über 500-jährigen Immigrationsgeschichte des Landes gesucht und deshalb sieben Personen, die ich auf dieser Reise traf, nach den gemeinsamen Räumen der Afro-, Nippo-, Gringo-, Luso- und sonstigen Brasilianer befragt.

Jeder könnte Brasilianer sein. Angeblich dienen brasilianische Pässe sehr oft als Vorlage für gefälschte Ausweisdokumente.

MARTIN KOHLER

Brazil—The Tropical Rome

In Search of Spaces Common to Different Cultures

Anyone could become a Brazilian. Apparently Brazilian passports often serve as templates for forged identity documents.

The title is a quotation from the book *O Povo Brasileiro* (The Brazilian People) by anthropologist and cultural theorist Darcy Ribeiro on the emergence of Brazilian identity. The Brazilian people—so it is claimed—are the result of the Portuguese invaders encountering the indigenous peoples and African slaves, as well as the subsequent "Brazilianisation" of European, Asian, and Arab immigrants in the nineteenth and twentieth centuries by a new hybrid ethnic group.

Rafael Xavier
Carneiro,
Künstler artist,
São Paulo

A new nation emerged from the confrontation between different ethnic origins, their own cultural traditions, and varied social formations. New because, as a national ethnic group, it distinguished itself culturally from its formative matrices, driven by a syncretic culture and distinguishable from its predecessors through the redefinitions of cultural features. What developed was the opposite of a multi-ethnic society wrought with conflict: an amalgam split neither into antagonistic ethnic, cultural, or regional minorities nor bound by diverse ethnic loyalties. Brazil is in fact one of the most linguistically and culturally homogeneous nations on Earth, one in which there is no single constellation demanding autonomous status. The particular feature of Darcy Ribeiro's "Theory of Brazilian Culture" is the importance accorded to the Indians, Afro-Brazilians, and other mixed ethnic groups in the emergence of the Brazilian nation. Instead of a further progression of the culture of the elite Portuguese minority, Ribeiro describes the formation of Brazilian culture as a transformational process of displaced settlers, workers, slaves, and subsistence farmers who, at birth, already spanned all of the ethnic groups—people who could not be anything else and who had nothing else in common other than being Brazilian. I sought the specific fallout of the country's more than five hundred years of immigration history during the course of a four-week journey through Brazil and consequently interviewed seven people I met en route on the subject of the communal spaces of the Afro-, Nippo-, Gringo-, Luso-, and other Brazilians.

18:06:34
18:06:38
18:06:40

18:06:41
18:06:42
18:06:44

18:06:44
18:06:48
18:06:48

18:06:49
18:06:51
18:06:52

18:06:53
18:06:55
18:06:56

18:06:57
18:06:58
18:06:59

Die Räume einer synkretischen Nation

Bloco do Beco, Jardim Ibirapuera, São Paulo

Trotz vieler staatlicher Förder- und Integrationsprogramme bleibt mehr als die Hälfte der Stadtfläche und ihre Bewohner von Arbeitsmarkt und Bildungsangeboten abgeschnitten. Brasilien reproduziert seine enorme soziale und ökonomische Disparität mit jeder Generation neu und stigmatisiert Stadtteile wie M'Boi Mirim als Orte der Gewalt und „der Anderen". Der „Bloco do Beco" ist hier eine Freie Schule für Samba. Das private und prekäre Bildungs- und Kulturprojekt bietet Semestermodule zur Geschichte und Bedeutung des Samba, Gesang und Tanz sowie Instrumentenbau an. Vor allem für die Kinder sind die Kurse eine der wenigen Möglichkeiten, sich in einer respektierten Kultur zu verorten und ihren Körper über konfliktfreie Bewegung zu erfahren. „Als Architekt kann ich eine ganze Siedlung bauen und doch nichts gegen die Ungerechtigkeit der Armut tun."

Guido Otero nahm mich mit zu „seinen" Kindern und seinen Kollegen – Freiwillige in einem ganz persönlichen Kampf gegen die Armut.

Museu de Favela, Ipanema, Rio de Janeiro

Die informellen Siedlungen brasilianischer Städte sind Auffangbecken für die aus ihren sozialen und kulturellen Zusammenhängen gerissenen Stadtmigranten. In diesen vom Staat marginalisierten Stadtteilen sammeln sich Menschen aus unterschiedlichen Landesteilen und formen unter dem Druck des Zusammenseins aus den kulturellen Reststücken ihrer Bewohner eine eigene Kultur. Das „Museu de Favela" ist ein Freiluftmuseum, in dem Touristen und Nachbarn aus den umgebenden reichen Stadtteilen die Favelakultur in Ausstellungen und Führungen nahegebracht werden soll.

Auf einer Tagung hörte ich der Stadtplanerin Kátia Loureiro zu. Am Ende ihrer leidenschaftlichen Rede beschloss ich, dieses Grassroots-Projekt einer kulturellen und ökonomischen Emanzipation näher kennenzulernen.

Pedra do Sal, Maua, Rio de Janeiro

Samba ist ein populärer brasilianischer Musikstil und basiert auf Elementen afrikanischer Kulturen. Musik und Tanz sind eng mit dem brasilianischen Selbstverständnis verbunden und sind quer durch alle Alters- und Sozialschichten von großer Bedeutung.

Die Bands entwickelten sich in den 1970er Jahren aus den Trommelgruppen der ärmsten Stadtteile; sie sind politischer Ausdruck von schwarzem Selbstbewusstsein und Widerstandsform gegen den ökonomischen Ausschluss. Um eine Sambaband wie hier in Pedra do Sal entsteht ein Netzwerk von informellen Händlern, Barbetreibern und Musikproduzenten, die regelmäßig Straßenräume für eine Nacht zu kostenlosen Tanzhallen für ein heterogenes Publikum verwandeln.

Gabriel Jauregui, ein Fotograf mit argentinischen Wurzeln, führte mich nach einem Gespräch über seine Fotografien kreolischer Trommelgruppen zum Pedra do Sal.

Ocupacao Criativa, Zambuci, São Paulo

Priscilla Passareli, Raffaela Meneguetti, Bruno Barnabé, Jeff Anderson – in die Namen der vier Mitglieder des Kunstprojekts „Bio Urban" ist die brasilianische Immigrationsgeschichte eingeschrieben. Ihre städtischen Interventionen mit vorgefundenem Müll wurden mit einer Erwähnung beim Urban Age Award ausgezeichnet. Mit „Ocupacao Criativa" begleiten sie in nun über zweijähriger Arbeit den Umbauprozess eines von mittellosen Familien und verarmten Arbeitern besetzten Hauses. In bröckelnden, stinkenden Fluren werden Zimmer vermietet, Kinder aufgezogen, Wäsche getrocknet – im verzweifelten Versuch, selbst dieser Hölle eine menschenwürdige Normalität abzutrotzen. Social Artists sind oft die wichtigsten Berichterstatter solcher Zustände und verknüpfen die Landlosen mit Medien und internationalen Gruppen.

Jeff Anderson ist Soziologe, Aktivist und Künstler. Als ich ihn per Facebook nach synkretischen Räumen fragte, lud er mich ein auf einen Dérive durch das besetzte Haus.

Momentaufnahmen aus Brasilien: Snapshots from Brazil:
Oben above: Bloco de Beco, Jardim Ibirapuera, São Paulo
Unten below: Museo da Favela, Ipanema, Rio de Janeiro

Oben above: Pedra do Sal, Maua, Rio de Janeiro
Unten below: Ocupacao Criativa, Zambuci, São Paulo

The Spaces of a Syncretic Nation

Bloco do Beco, Jardim Ibirapuera, São Paulo

Despite alot of state support and integration programmes, more than half of the city area and its residents remain cut off from the job market and from educational opportunities. Brazil's enormous social and economic disparity is reproduced with every generation and stigmatises city districts like M'Boi Mirim as places of violence that are for "the others."

The "Bloco do Beco" here is a free samba school. This private and precarious educational and cultural project offers semester modules on the history and significance of samba, song, and dance as well as on instrument making. For children in particular, the courses are one of the few opportunities for gaining a grounding in a respected culture and experiencing conflict-free physical movement. "As an architect I can build whole housing areas and yet do nothing in the face of the injustice of poverty." Guido Otero took me with him to "his" children and his colleagues—volunteers in a very personal battle against poverty.

Museu de Favela, Ipanema, Rio de Janeiro

The informal settlements of Brazilian cities are catchment areas for urban migrants torn from their social and cultural contexts. People from different areas of the country congregate in these city areas marginalised by the state and, under the pressure of coexistence, form their own culture out of the cultural remains of the residents. The Museu de Favela is an open air museum aimed at presenting the favela culture to the tourists and neighbours from the surrounding affluent city districts with exhibitions and tours.

I heard the urban planner Kátia Loureiro speak at a conference. At the end of her passionate presentation I decided to find out more about this grassroots project aimed at cultural and economic emancipation.

Pedra do Sal, Maua, Rio de Janeiro

Samba is a popular Brazilian music style based on African cultural elements. Music and dance are an integral part of the Brazilian self-image and are of great importance right across the age and social spectrums.

The bands developed in the 1970s out of the drumming groups from the poorest city districts and are the political expression of black consciousness and a form of resistance against economic exclusion. Here in Pedra do Sal, for instance, a samba band brings with it a network of informal traders, bars, and music producers who regularly convert street areas into dance halls for a night with free entry for a heterogeneous public.

Gabriel Jauregui, a photographer with Argentinean roots, took me to Pedra do Sal following a discussion about his photographs of Creole drumming groups.

Ocupacao Criativa, Zambuci, São Paulo

Priscilla Passareli, Raffaela Meneguetti, Bruno Barnabé, Jeff Anderson—the names of the four members of the "Bio Urban" art project—reflect the history of Brazilian immigration. Their urban action projects with gathered refuse have been rewarded with a mention in the Urban Age Awards. With "Ocupacao Criativa" they have now been working for more than two years on the process of converting a house occupied by destitute families and poverty-stricken workers. In crumbling, stinking corridors, rooms are rented out, children brought up, clothes dried—in a desperate attempt to squeeze an element of humane normality even out of a hell like this. Social artists are often the most important reporters on such circumstances and put the dispossessed in touch with the media and international groups.

Jeff Anderson is a sociologist, activist, and artist. When I approached him via Facebook on the subject of syncretic spaces, he invited me to visit the occupied house.

Galerie do Rock, Centro, São Paulo

Shopping ist in Brasilien ein so populärer Zeit-
vertreib wie in anderen Ländern auch. Galerien
und Ladenpassagen als Einkaufstypologie der in
Brasilien nach wie vor sehr lebendigen Moderne
spicken den Stadtraum der Innenstädte. Die
als „Great Mall Galleries" von einem Schüler
Niemeyers, Alfredo Mathias, gebaute Galerie
wurde 1963 als architektonisch herausragendes
Einkaufszentrum in einem inzwischen etwas
heruntergekommenen Innenstadtteil eingeweiht. Nach einer Phase des Niedergangs wurde
die Galerie in den 1980ern von Plattenläden
und Tattooshops erobert und ist heute Mekka
der alternativen Rock- und Hip-Hop-Musikszene.
Über 450 Läden der Musikkultur sind hier
versammelt. Durchschnittlich 5000 Menschen
zirkulieren täglich durch die vier Etagen und
passieren Tattoostudios, hören CDs und LPs
aus den Bereichen Rap, Hip Hop, Funk, brasilianische Musik, Hardcore, Punk, Blues und Jazz,
kaufen Band-T-Shirts, Musikgeräte, Piercings,
Magazine, Ohrringe, Armbänder, Masken,
Schlüsselanhänger, Aufkleber oder Perücken.
Der Lonely Planet nennt die Galerie ein Symbol
für die kulturelle Demokratie in São Paulo.
Renato Anelli ist Professor an der Universität
von São Paulo, Architekturhistoriker und Exper-
te für italienische Architektur im Brasilien der
Moderne. An einem Samstagmorgen führte er
mich zur Galerie.

Passeio Publico, Centro, Curitiba

Angesichts städtischer Monstren wie São
Paulo und omnipräsenter Favelas vergisst man
schnell, dass Brasilien viele gut geplante städtische Orte hat, in denen ganz undramatisch
ein weiter Mix sozialer Gruppen und ethnischer
Kulturen zusammenkommt. Der Passeio Publico
ist eine ökologische Oase im Herzen von Curitiba mit Inseln und Seen, Grotten, einer Hänge-
brücke, einer Seebühne und einem kleinen Zoo.
Als erster öffentlicher Park 1886 fertiggestellt,
orientiert sich die Gestaltung zwar an europäischen Gärten wie der Ménagerie du Jardin des
Plantes in Paris, entwickelt aber mit seinem
gewöhnungsbedürftigen Eklektizismus aus po-
pulären Unterhaltungselementen und architek-

tonischer Hochkultur einen ganz eigenen Stil.
Fabio Duarte, Professor für Verkehrsplanung
an der Universität von Parana, schickte mich
nach seinem Vortrag über das Metrobussystem
und die öffentlichen Räume Curitibas auf meine
Frage hin ohne zu zögern zu den Transvestiten,
Rentnern, Familien, Liebespaaren und Joggern
im Passeio Publico.

Feira de São Cristovão, São Cristovão, Rio de Janeiro

Brasiliens Nordosten ist geprägt von den
Nachkommen der afrikanischen Sklaven der
Zuckerrohrplantagen. Das anrüchige „schwarze
Brasilien" hat hier sein Epizentrum. Die Feira
de São Cristovão entstand in Rio de Janeiro
in einem Stadtteil der Arbeitsmigranten aus
dem Nordosten. Auf dem 1945 in Baracken
spontan entstandenen Markt handelte Rios
nordostbrasilianische Gemeinde ihre Produkte
und Lebensmittel. Seit 2003 sind mit offizieller
Genehmigung und in einem neuen Gebäude die
Bars, Bühnen und Läden einer der wichtigsten
Orte in Rio für afrobrasilianische Kultur, Küche
und „Nortestino", Kunsthandwerk, vor allem
aber für Forró, den Tanz des Nordostens, untergebracht.

Sacolão das Artes, Parque Santo Antônio, São Paulo

Überall dort, wo die brasilianische Stadtverwal-
tung nicht so präsent ist, füllen „Communities"
als inoffizielle Form einer Gemeindeselbstver-
waltung die Lücke. In einer für Außenstehende
extrem undurchsichtigen Struktur organisiert
sich die Bewohnerschaft. Über Finanzmittel
oder öffentliche Flächen verfügen sie aber
meist nicht. Eine der wenigen verfügbaren
Flächen in Santo Antônio war lange einem
Marktbeschicker überlassen. Nach seinem Aus-
zug wurden die leeren Hallen nach langen Ver-
handlungen einer Künstlergruppe überlassen,
die sich mit einem selbstorganisierten offenen
Kunstraum in den Hallen auch auf ein Angebot
für die Bewohner verpflichtete. Die Community überlässt den Künstlern die Immobilie und
sorgt für Strom. Alle weiteren Mittel müssen sie
selbst durch ihre Projekte einwerben.

Bilder aus den großen Städten: Images from the big cities:
Oben above: Galerie do Rock, Centro, São Paulo
Unten below: Passeio Publico, Centro, Curitiba

Oben above: Feira de São Cristovão, São Cristovão, Rio de Janeiro
Unten below: Sacolão das Artes, Parque Santo Antônio, São Paulo

Galerie do Rock, Centro, São Paulo

Shopping as a means of passing the time is as popular in Brazil as it is in other countries. Inner-city areas are studded with galleries and retail complexes as the shopping typology of the modern age is still very much alive and well in Brazil. The "Great Mall Galleries," built by one of Niemeyer's students, Alfredo Mathias, was opened in 1963 as an architecturally outstanding shopping centre in what is now a somewhat rundown city-centre area. Following a phase of decline, the shopping centre was taken over by music and tattoo shops in the 1980s and is today a landmark of the alternative rock and hip-hop music scenes. More than 450 shops related to music culture are congregated here. An average of 5000 people move through the four floors daily, passing tattoo studios, listening to rap, hip hop, funk, Brazilian music, hardcore, punk, blues, and jazz CDs and LPs, buying band T-shirts, musical instruments, body piercing, magazines, earrings, armbands, masks, key tags, stickers, or wigs. *Lonely Planet* describes the mall as a symbol of São Paulo's cultural democracy.
Renato Anelli is professor at the University of São Paulo, an architectural historian, and an expert on modernist Italian architecture in Brazil. He took me to the shopping centre on a Saturday morning.

Passeio Publico, Centro, Curitiba

Faced with urban monsters like São Paulo and the omnipresent favelas, we are quick to forget that Brazil has many well-planned urban locations in which a broad mix of social groups and ethnic cultures coexist in a manner completely devoid of drama. The Passeio Publico is an ecological oasis in the heart of Curitiba, with islands and lakes, grottoes, a rope bridge, an open air stage, and a small zoo. Completed in 1886 as the first public park, its design was based on European gardens such as the Ménagerie du Jardin des Plantes in Paris but, with its particular brand of eclecticism, it developed its very own style comprising elements of popular entertainment and architectural sophistication.
In answer to my question following his talk on the metrobus system and Curitiba's public spaces, Fabio Duarte, professor of traffic planning at the University of Parana, sent me without hesitation to the transvestites, pensioners, families, lovers, and joggers in the Passeio Publico.

Feira de São Cristovão, São Cristovão, Rio de Janeiro

The northeast of Brazil is characterised by the descendants of African slaves from the sugar plantations. This is the epicentre of the infamous "black Brazil." The Feira de São Cristovão came into being in Rio de Janeiro in a city district of migrant workers from this region. Rio's northeast Brazilian community trades its products and foodstuffs at the market that developed spontaneously among the shacks in 1945. Having acquired official approval in 2003 as well as a new building, the bars, stages, and shops are one of the most important places in Rio for Afro-Brazilian culture, cuisine, and "Nortestino" arts and crafts, but especially for Forró, the dance of the northeast.

Sacolão das Artes, Parque Santo Antônio, São Paulo

Wherever the Brazilian urban authorities have less of a presence, the gaps are filled by "communities" as an unofficial form of communal self-administration. The residents organise themselves into a structure that is utterly unintelligible to outsiders. They generally have no access to financial means or public spaces, however. One of the few sites available in Santo Antônio was long the domain of a market supplier. Following his departure and subsequent lengthy negotiations, the empty halls were made available to a group of artists who committed themselves to making opportunities available to residents with a self-organised public art space in the halls. The community gives the artists the use of the property and supplies the electricity. All other resources have to be procured through their projects.

Brasília

„Sie können die Stadt mögen oder nicht, aber Sie werden nicht behaupten können, so etwas schon mal gesehen zu haben." Die Hauptstadt Brasília, eingeweiht 1960, sollte ein gebauter Entwurf des neuen Brasiliens werden. Modern, wirtschaftsstark, aus einem Guss innerhalb einer geregelten Verfassung. Der Gegenentwurf zur damaligen Hauptstadt Rio de Janeiro, korrupt und unkontrollierbar. Luiz Costa entwickelte aus der Topografie des Geländes einen einem Flugzeug ähnelnden Stadtgrundriss. Die in den Flügeln des „Plano Piloti" angeordneten Wohn- und Sozialbereiche waren eine undogmatische Interpretation einer Architekturmoderne, die auch Elemente aus Vorbildern historischer europäischer Städte wie Berlin oder Paris aufnehmen konnte.

Die Superquadras sind die Kerneinheiten und organisieren die aufgeständerten Gebäude in einem fließenden Raumgefüge als Heimat der neuen Hauptstadtbewohner, die hier – einem fast kommunistischen Ideal Oscar Niemeyers folgend – unabhängig von ihrem sozialen und ökonomischen Status zusammenwohnen sollten. Der Wissenschaftler Frederico Holanda fand mithilfe einer Analyse auf Basis statistischer Daten zur Einkommensverteilung einen Stadtteil, der fast exakt die durchschnittliche Einkommensverteilung widerspiegelt, die der Idealvorstellung Oscar Niemeyers am nächsten kommt. Vila Planalto ist fünf Gehminuten vom „Platz der drei Gewalten" entfernt. Es ist eine ungeplant entstandene Siedlung mit hoher baulicher Heterogenität. Klassische Einfamilienhäuser, kleine Bürogebäude, Blechbarracken und Bungalows – das Straßenbild erinnert an das Pittoreske informeller Siedlungen.

Darcy Ribeiro bezeichnete einmal die Stereotypen Brasiliens als Mischung aus Schlaffheit und Anarchie, Mangel an Zusammenhalt, Unordnung, Disziplinlosigkeit und Faulheit mit einer Tendenz zu Despotie, Autoritarismus und Tyrannei: „Wären wir das Gegenteil dieser Defekte, es wäre vielleicht viel schlimmer. Denn es hätte uns die Kreativität des Abenteurers, die Anpassungsfähigkeit des Flexiblen, die Lebendigkeit des Wagemutigen, die Originalität des Undisziplinierten genommen."

Darcy Ribeiro gründete die Universität von Brasília, war ihr erster Rektor, später Bildungsminister Brasiliens und Gouverneur von Rio de Janeiro und zählt zu den wichtigsten Denkern Lateinamerikas im 20. Jahrhundert.

Bibliografie

Carmen Stephan: *Brasília Stories – Leben in einer neuen Stadt*, Berlin, 2005.

Darcy Ribeiro: *The Brazilian People – The Formation and Meaning of Brazil*, University Press of Florida, 2000.

Linke Seite: Stadtmodell Brasília mit dem „Südflügel"
im Vordergrund und Standort Projekt Villa Planalto
(Details auf dieser Seite)   Left page: city model of
Brasília, in the foreground the "South Wing" and the
site of Villa Planalto project (details on this page)

Brasília

"You either like the city or you don't, but you
will not be able to claim ever having seen
anything like it before." The capital Brasília, in-
augurated in 1960, was to be the architectural
blueprint for the new Brazil. Modern, economically strong, created in a single, regulated
swoop. The antithesis of the former capital
Rio de Janeiro, corrupt and uncontrollable.
Luiz Costa developed the topography of the
area into an aircraft-like city layout. The residential and social areas situated in the wings
of the "Plano Piloti" were a non-dogmatic
interpretation of modernist architecture, also
incorporating elements from role models in

historic European cities like Berlin or Paris.
The "superquadras" are the core units and
organise the elevated buildings in a seamless
spatial arrangement as the home of the new
capital's residents, who were to live together
here independently of their social and economic status, in accordance with one of Oscar
Niemeyer's almost communist concepts.
Using a GIS analysis based on statistical income distribution data, the scientist Frederico
Holanda found a city district that almost exactly reflected the average income distribution
closest to Oscar Niemeyer's ideal. Vila Planalto
is a five-minute walk from the "Square of the
Three Powers." It is an unplanned district with
a high degree of architectural heterogeneity. Classic single family homes, small office
buildings, tin sheds, and bungalows—the street
scene is reminiscent of the picturesque aspects of informal settlements.
Darcy Ribeiro once described Brazil's stereo-
types as a mixture of slackness and anarchy,
a lack of cohesion, disorder, indiscipline, and
laziness, with a tendency towards despotism,
authoritarianism, and tyranny: "If we were the
opposite of these defects, it would perhaps be
much worse. For that would have deprived us
of the creativity of adventure, the adaptability
of the flexible, the vibrancy of the daring, the
originality of the undisciplined."
The founder of the University of Brasília, its
first vice-chancellor, later Brazil's minister of
education and governor of Rio de Janeiro,
Darcy Ribeiro is one of Latin America's most
important twentieth-century intellectuals.

Bibliography

Stephan, Carmen: *Brasília Stories—Leben in einer
neuen Stadt*. Berlin, 2005.

Ribeiro, Darcy: *The Brazilian People—The Formation
and Meaning of Brazil*. University Press of Florida,
2000.

OLAF BARTELS

Migrantas
Oder der Versuch, immigrierten Frauen eine öffentlich vernehmbare Stimme zu geben

Wie leben Frauen in der Immigration? Welches Lebensgefühl konnten sie entwickeln, nachdem sie ihr Herkunftsland verlassen haben? Sind sie in der neuen Gesellschaft angekommen? Fühlen sie sich zugehörig? Haben sie Heimweh? Was ist aus ihren Hoffnungen geworden? Welche Sorgen treiben sie um? Welche Zukunft sehen sie für sich und ihre Kinder?

Statistische Erhebungen, Befragungen oder soziologische Untersuchungen können auf diese Fragen Antworten geben, aber wie nahe kommen sie den Menschen über die sie berichten, wirklich und welche persönlichen Schicksale bleiben hinter Daten verborgen, die mit dem Anspruch auf wissenschaftliche Objektivität erhoben werden? Das Kollektiv *Migrantas* geht einen sehr direkten Weg, um dem Lebensgefühl migrantischer Frauen auf den Grund zu gehen. Es veranstaltet Workshops, auf denen die Frauen über ihr Befinden sprechen und es in einfachen Zeichnungen zum Ausdruck bringen. Daraus entwickelt *Migrantas* vereinfachte, prägnante Piktogramme mit wenigen Worten oder kurzen Sätzen, die auf Postkarten, Plakaten, Tragetaschen, Anstecknadeln und andere Medien mit dem Ziel gedruckt werden, sie im öffentlichen Raum - vor allem in dem der Städte - präsent zu halten. Dafür organisiert *Migrantas* Ausstellungen, Plakatieraktionen, mietet Werbeflächen an oder platziert kleine Filme, die auf Werbebildschirmen in U-Bahnen gezeigt werden. Die Bildsprache der Piktogramme ist international, die wenigen Worte leicht zu übersetzen und so fand die Gruppe schnell weltweite Verbreitung.

Das Kollektiv *Migrantas* besteht aus der Künstlerin Marula Di Como, der Grafikdesignerin Florencia Young, der Journalistin Alejandra López, der Soziologin Estela Schindel - alle vier kamen aus Argentinien und leben in Berlin - sowie der Stadtplanerin Irma Leinauer. Das *Migrantas*-Team kennt Migration aus eigener Anschauung

und eigenem Erleben und ist so sehr nah an der Lebenslage seiner Workshopteilnehmerinnen. Die Arbeitskreise haben in Berlin begonnen und mittlerweile in vielen Städten Deutschlands und Europas stattgefunden. Ausstellungen und andere Aktionen haben die Piktogramme bis nach Argentinien getragen, einem der klassischen Einwanderungsländer, das selbst zu einem Entsendeland geworden ist.[1]

Anmerkung

1 Siehe auch: www.migrantas.de.

Zuhause

Das Kollektiv Migrantas übersetzt die Befindlichkeiten migrantischer Frauen in Piktogramme (oben), die sie im öffentlichen Raum präsentieren: hier in der argentinischen Hauptstadt Buenos Aires (links). The Migrantas Collective translates the feelings of migrant women into pictograms (above), which it then displays in public spaces: here in the Argentinean capital Buenos Aires (left).

OLAF BARTELS

Migrantas
Or, the Attempt to Give Immigrant Women an Audible Public Voice

What is life like for women migrants? What approach to life are they able to develop after leaving their country of origin? Are they accepted in the new society? Do they feel that they belong? Are they homesick? What has become of their hopes? What worries do they carry with them? What future do they see for themselves and their children?

Statistical enquiries, surveys, or sociological studies can provide answers to these questions but how close do they really get to the people they are reporting on and what are the personal stories hidden behind data captured with a claim to scientific objectivity? The Kollektiv Migrantas (Migrantas Collective) adopts a very direct approach in order to get to the bottom of migrant women's approach to life. It holds workshops in which women are able to talk about their feelings and to express them in simple drawings. Migrantas develops these into simplified, succinct pictograms with just a few words or short sentences that can be printed on postcards, posters, bags, badges, and other media with the goal of giving them a presence in the public space—particularly in public spaces in cities. To this end, Migrantas organises exhibitions, poster campaigns, hires advertising space, or places short films shown on advertising screens in underground stations. The visual language of the pictograms is international, the few words are easily translated, and so the group soon came to enjoy worldwide distribution.

The Kollektiv Migrantas is made up of artist Marula Di Como, graphic designer Florencia Young, journalist Alejandra López, sociologist Estela Schindel—all four are from Argentina and live in Berlin—as well as the urban planner Irma Leinauer. The Migrantas team has its own firsthand experience of migration and is therefore very close to the life circumstances of it workshop participants. The working groups began in Berlin and have since taken place in many other cities in Germany and Europe. Exhibitions and other promotions have taken the pictograms as far as Argentina, one of the classic emigration countries that has itself become a source country.[1]

Note

1 See also: www.migrantas.org

JÜRGEN GOTTSCHLICH

Das kosmopolitische Istanbul

Gewinnt die alte osmanische Hauptstadt ihre Internationalität zurück?

Ich bin ein großer Fan des norwegischen Jazzmusikers Jan Garbarek. Auf seiner letzten CD *Officium Novum*, einer Synthese aus Jazz und geistlicher Musik, finden sich vier anrührende Stücke eines gewissen Komitas – uralte, orientalisch klingende Gesänge, untermalt von Garbareks Saxofon. Laut Begleitheft ist Komitas ein armenischer Komponist und Musikethnologe, über dessen Leben und Werk man aber nicht viel mehr erfährt. Seit dem 16. Dezember letzten Jahres weiß ich nun Bescheid. Ein außergewöhnliches Kulturereignis in Istanbul öffnete mir Augen und Ohren. Im größten Konzertsaal der Stadt, dem Lütfi Kirdar Sarayi, drängten sich mehr als 1000 Menschen, um an einem Liederabend teilzuhaben. In Erinnerung an den vor 140 Jahren geborenen Komponisten Gomidas sangen armenische Chöre Lieder und Kompositionen dieses Begründers der neuzeitlichen armenischen Musik. Gomidas, alias: Komitas. Doch nicht die Tatsache, dass überhaupt einem armenischen Komponisten ein Konzert in so prominentem Rahmen gewidmet war, sorgte für einen einmaligen Abend, sondern die Person Gomidas selbst machte den Unterschied. Gomidas gehörte zu der Gruppe von über 100 armenischen Intellektuellen, die am 24. April 1915 in Istanbul verhaftet und in ein Lager in der Nähe Ankaras gebracht wurden. Diese Verhaftung der Istanbuler Intellektuellen, der geistigen Elite der armenischen Minderheit, war der Auftakt zum Genozid an den Armeniern im Osmanischen Reich. Gomidas galt als armenischer Nationalist, von türkischen Nationalisten gehasst bis heute. Er war einer der wenigen, die das Lager überlebten, kam zurück nach

Istanbul, fand seine Kompositionen und Liedersammlungen verwüstet und verfiel in eine tiefe Depression. Er sprach nie wieder ein Wort und starb 1935 in einer psychiatrischen Anstalt in Paris. Dass jetzt in Istanbul im Rahmen der Veranstaltungen zur Kulturhauptstadt 2010 und im Beisein von Kulturminister Ertugrul Günay des Komponisten Gomidas gedacht wurde, macht deutlich, dass in der Türkei tatsächlich eine neue Zeit begonnen hat. In der Tat war das Konzert kein singuläres Ereignis. Gleichzeitig fand im wichtigsten Istanbuler Museum für zeitgenössische Kunst, dem Istanbul Modern, eine große Ausstellung über die armenischen Architekten der Stadt statt. Staunend standen die Besucher vor den großformatigen Fotos und stellten fest, dass der größte Teil der öffentlichen Bauten des 19. Jahrhunderts – vom Dolmahbahçe-Palast über die großen Moscheen bis hin zur Militärakademie in Harbiye – allesamt von armenischstämmigen Architekten gebaut worden war. Was Sinan für das 16. Jahrhundert war, das stellte die armenische Balyan-Familie für das 19. Jahrhundert dar. Sie prägte die Silhouette der Stadt. Nicht zufällig ist diese Architektur auch Ausdruck der Öffnung des Osmanischen Reiches nach Westen. Nie zuvor und nie mehr danach war Istanbul so kosmopolitisch wie am Ende des 19. Jahrhunderts.
Doch auch wenn nun an diese Zeit erinnert wird, die kosmopolitische Stadt kehrt dadurch noch längst nicht zurück. Selbst von den Armeniern, die nach der „Großen Katastrophe" von 1915 zunächst in Istanbul blieben, verließen in den nachfolgenden Jahrzehnten immer mehr das Land. Dasselbe gilt für die Griechen. Blieb

Der bis in die erste Hälfte des 20. Jahrhunderts vorwiegend von Armeniern und Griechen, also Christen, und Juden bewohnte Istanbuler Stadtteil Beyoğlu (früher Pera) wird in den letzten 15 Jahren immer stärker von Ausländern besiedelt. Er könnte an seine kosmopolitische Geschichte wieder anschließen. The Istanbul district of Beyoğlu (formerly Pera), home primarily to Armenians and Greeks, i.e. to Christians, and Jews until the mid-20th century, has seen an increasing influx of foreigners in the last 15 years. It has thus been able to resume its cosmopolitan past again.

JÜRGEN GOTTSCHLICH

The Cosmopolitan Istanbul

Is the Old Ottoman Capital Regaining its Internationality?

Istanbul vom türkisch-griechischen Bevölkerungsaustausch von 1924 noch weitestgehend verschont, so sorgten in den 40er Jahren die Diskriminierungen gegen die nichtmuslimische Bevölkerung und die 1955 von oben orchestrierten Pogrome gegen Griechen und Armenier dafür, dass im Jahr 2010 gerade einmal noch 3000 Griechen und rund 60.000 Armenier unter den etwa 15 Millionen Einwohnern Istanbuls lebten.

Expats Cosmopolitan

Im Sommer 2010 fand in einer kleinen Gasse in Beyoğlu eine Buchpremiere der besonderen Art statt. Mein Kollege Yigal Schleifer stellte zusammen mit seinem Co-Autor Ansel Mullins sein Buch *Istanbul Eats – Exploring the Culinary Backstreets* vor. Vor der Galerie, in der die Premiere gefeiert wurde, versammelten sich gleich eine ganze Reihe der Protagonisten des Buches, die ihr „Straßenessen" aus der rollenden Küche feilboten. Freunde und Bekannte trafen sich dort, gut 100 Leute, durchweg Amerikaner, Briten, Deutsche, ein paar Franzosen, vielleicht noch Spanier und Holländer. Aber keine Armenier und Griechen. Nicht, weil sie nicht willkommen gewesen wären, sondern weil sie zum heutigen kosmopolitischen Istanbul einfach nicht mehr dazugehören. Yigal Schleifer ist ein junger amerikanischer Journalist, der acht Jahre in der Stadt lebte, Istanbul liebt, aber heute wieder zurück in New York ist. Er ist ein typisches Beispiel für die Sorte Menschen, die Istanbul heute wieder ein kosmopolitisches Gepräge verleihen. Fast alle leben in Beyoğlu, dem Stadtteil, der um die Wende vom 19. zum 20. Jahrhundert schon einmal das Herz des weltoffenen Istanbuls bildete und damals Galata/ Pera hieß. Insbesondere Galata ist auch heute wieder ein Begriff. Gemeint ist damit der Hügel, der sich vom Tünel-Platz am Ende der Istiklal Caddesi hinunter nach Karaköy und zur GalataBrücke erstreckt. Als ich vor zwölf Jahren nach Istanbul kam, glich dieser Hügel noch einem Trümmerfeld. Heruntergekommene Straßenzüge ehemals schöner Stadthäuser, die Griechen, Armeniern oder Juden gehört hatten, nun leer

standen oder von Binnenmigranten aus Zentralund Ostanatolien bewohnt wurden.

Doch die Trendwende war schon eingeleitet. Der kosmopolitische Schein, den Istanbul heute in Beyoğlu wieder offenbart, ist das Ergebnis einer liberalisierten, international ausgerichteten Wirtschaftspolitik, die der damalige Ministerpräsident Turgut Özal Mitte der 80er Jahre initiierte und die AKP-Regierung unter Tayyip Erdoğan fortsetzte. Die Integration in den globalen Markt hatte zur Folge, dass sich im Laufe der letzten 15 Jahre mehr und mehr internationales Personal in Istanbul einfand. Thomas Mühlbauer, Besitzer der alteingesessenen deutschen Buchhandlung auf der Istiklal Caddesi, schätzt, dass mittlerweile gut 30.000 deutsche Expats, also von Firmen oder deutschen Institutionen entsandte Mitarbeiter, in Istanbul leben. Die englischsprachige Community ist noch wesentlich größer. Nicht zuletzt die Nachfrage dieser Leute auf dem Wohnungsmarkt hat zur Wiedergeburt Beyoğlus oder Galatas geführt. Etliche verfallene historische Gebäude sind in den letzten Jahren entweder als Wohnhäuser

Die Istiklal Caddesi, die frühere Grande Rue Pera, war das Herz des kosmopolitischen Stadtteils Beyoğlu in Istanbul. Ihre Architektur legt davon noch heute Zeugnis ab. Die Hausfassaden stehen unter Denkmalschutz. Heute ist sie wieder die Schlagader des Stadtbezirks.
The Istiklal Caddesi, formerly the Grande Rue Pera, was the heart of the cosmopolitan neighbourhood of Beyoğlu in Istanbul. Its architecture still stands as testimony to this and the building façades are protected as historical monuments. It is once again the district's main artery.

I am a great fan of the Norwegian jazz musician Jan Garbarek. His latest CD, *Officium Novum*, a synthesis of jazz and religious music, features four moving pieces by a certain Komitas—ancient, oriental-sounding melodies—accompanied by Garbarek's saxophone. According to the enclosed booklet, Komitas is an Armenian composer and music ethnologist, but there is little other detail about his life and work. I was enlightened on 16 December last year, however, when an extraordinary cultural event in Istanbul opened my eyes and ears. More than 1,000 people thronged into the city's largest concert hall, the Lütfi Kirdar Sarayi, to participate in an evening of song. Armenian choirs sang songs and compositions by the founder of modern Armenian music, the composer Gomidas, alias Komitas, commemorating the 140th anniversary of his birth. It was not the fact of a concert in such a prominent setting being dedicated to an Armenian composer that made the evening so unique, however, it was the man Gomidas himself who made the difference.

Gomidas belonged to the group of over 100 Armenian intellectuals arrested in Istanbul on 24 April 1915 and taken to a camp close to Ankara. This arrest of Istanbul intellectuals, the learned elite of the Armenian minority, was the start of the genocide against Armenians in the Ottoman Empire. Gomidas was considered an Armenian nationalist, hated by Turkish nationalists to this day. He was one of the few to survive the camp, came back to Istanbul, and when he found his compositions and song collections destroyed, he fell into the depths of depression. He never spoke another word again and died in 1935 in a psychiatric institution in Paris. The fact that the composer Gomidas has now been commemorated in Istanbul as part of the events relating to the city's role as the European Capital of Culture 2010, and in the presence of the Minister of Culture Ertugrul Günay, makes it clear that a new era has indeed begun in Turkey. The concert was in fact no isolated event. At the same time, the most important Istanbul museum for contemporary art, the Istanbul Modern, staged a major exhibition on the city's Armenian architects. Astounded visitors

stood in front of large-format photos, realising that the majority of nineteenth-century public buildings—from the Dolmahbahçe Palace to the great mosques through to the military academy in Harbiye—were all built by architects of Armenian descent. What Sinan was for the sixteenth century, the Armenian Balyan family was for the nineteenth century. They shaped the city's skyline. It is no coincidence that this architecture is also an expression of the Ottoman Empire the opening up to the West. Never before and never again was Istanbul as cosmopolitan as at the end of the nineteenth century. Even though this era is now being commemorated, the cosmopolitan city is still a long way from making a comeback, however. Even the Armenians who initially remained in Istanbul following the "Great Catastrophe" of 1915 left the country in increasing numbers over the decades that followed. The same applies to the Greeks. While Istanbul was largely spared the Turkish-Greek population exchanges of 1924, discrimination against the non-Muslim population in the 1940s, and the pogroms against the Greeks and Armenians orchestrated from above in 1955, ensured that by 2010 there were just 3000 Greeks and around 60,000 Armenians living amongst Istanbul's fifteen million residents.

Cosmopolitan Expats

In summer 2010, a small alleyway in Beyoğlu was the setting for a book launch of a special nature. My colleague Yigal Schleifer, together with his co-author Ansel Mullins, presented his book *Istanbul Eats—Exploring the Culinary Backstreets*. Outside the gallery where the launch was being celebrated, there soon gathered a whole group of the book's protagonists, offering "street food" from their kitchens on wheels. Friends and acquaintances met up there— about 100 people, largely Americans, British, Germans, a couple from France, perhaps also someone from Spain and Holland. No Armenians or Greeks, however. Not because they would have been unwelcome but because they simply no longer belong to today's cosmopolitan Istanbul. Yigal Schleifer is a young American

Während die Bevölkerung in den Wohnungen im Stadtteil Kuledibi um den Galataturm herum in den vergangenen 15 Jahren fast komplett ausgetauscht worden ist (links), haben die Bewohner des benachbarten Stadtteils Tophane durch tätliche Angriffe auf das Vernissagepublikum Ende September 2010 erreicht, dass Kunstgalerien wieder geschlossen wurden (oben), und damit für internationale Irritationen gesorgt. While the residents in the apartments in the neighbourhood of Kuledibi, surrounding the Galata Tower, have changed almost completely in the last fifteen years (left), physical assaults on vernissage visitors at the end of September 2010 by residents of the neighbouring district of Tophane brought about the closure of art galleries (above) causing international irritation.

oder als Hotels restauriert worden. Die beiden prominentesten Beispiele in Galata sind die Doğan-Appartements und das Camondo-Haus, ehemals Sitz der jüdisch-französischen Bankerdynastie Camondo.

Die Doğan-Appartements, luxuriöse Wohnungen, die Ende des 19. Jahrhunderts auf dem Gelände der früheren preußischen Gesandtschaft erbaut wurden und in den 70er und 80er Jahren des letzten Jahrhunderts scheinbar hoffnungslos heruntergekommen waren, erstrahlen heute wieder in neuem Glanz. Dasselbe gilt für das nur wenige Meter entfernte Camondo-Haus - vor fünf Jahren noch eine Ruine, heute Zweitwohnung für Ausländer, die es sich leisten können.

In den sanierten Häusern in Galata leben nun mehr oder weniger gut situierte Expats. Doch anders als früher die Griechen und Armenier, sind sie kein in die Istanbuler Bevölkerung integrierter Bestandteil. Fast alle, die kommen, gehen auch wieder. Nur in seltenen Fällen findet eine echte Einwanderung statt, was mit dem restriktiven türkischen Ausländerrecht zu tun hat und auch ein wenig mit der Baupolitik der AKP in Beyoğlu.

Die AKP hat Beyoğlu ihren Anhängern geschenkt

Beyoğlu ist heute ein zweigeteilter Bezirk. Die Grenze zwischen dem immer mondäner werdenden, kosmopolitischen Beyoğlu und dem armen, verslumten Beyoğlu bildet der Tarlabaşı-Boulevard, eine vierspurige Autoschneise, die der frühere Istanbuler Oberbürgermeister Bedrettin Dalan durch dichtes Wohngebiet schlagen ließ. Auf der linken Seite des Boulevards liegt das arme Tarlabaşı mit einer kosmopolitischen Mischung ganz eigener Art. Hier leben diejenigen, die in den Kneipen, Hotels und Läden auf der anderen Seite der Schneise die Drecksarbeit machen. Kurden und Roma, aber auch immer mehr Afrikaner oder andere Flüchtlinge, die illegal dort sind und in dem heruntergekommenen Viertel untertauchen konnten. Bis in die 50er Jahre war Tarlabaşı noch überwiegend von Griechen und Armeniern bewohnt.

Zahlreiche Kirchen im Viertel zeugen von dieser Vergangenheit. Mit den Pogromen 1955 verschwanden die Griechen und die meisten Armenier. Tarlabaşı verkam und wurde zum größten innerstädtischen Refugium für die Istanbuler Armen und Ausgestoßenen. Doch damit soll bald Schluss sein. Mit Unterstützung von ganz oben - Ministerpräsident Tayyip Erdoğan lässt sich persönlich über die Fortschritte informieren - ist Bezirksbürgermeister Ahmet Misbah Demircan dabei, Tarlabaşı umzukrempeln. Das Viertel soll „gentrifiziert", die Armen verdrängt und begütertes Publikum angelockt werden.

Den Auftrag für die Umwandlung von Tarlabaşı hat als Generalunternehmer die Großbaufirma GAP Insaat erhalten. Wer sich dem Konzern in den Weg stellt und sein Haus nicht zu einem Spottpreis verkaufen will, wird enteignet. Den Grundstein dafür hat die Erdoğan-Regierung mit einem neuen „Stadterneuerungsgesetz" gelegt, das es erlaubt, auch denkmalgeschützten Baubestand abzureißen. Seit Oktober 2010 schaffen die Bagger mit der Abrissbirne nun

Das öffentliche Leben im Viertel Tünel im Bezirk Beyoğlu hat sich erheblich verändert. Heute bestimmen Restaurants und Bars das Bild (links). Im benachbarten Tarlabaşı prägt noch reges Alltagsleben das Straßenbild (oben). Public life in the Tünel neighbourhood in the Beyoğlu district has changed considerably. Restaurants and bars now predominate (left). The streets of neighbouring Tarlabaşı are still characterised by hustle and bustle (above).

journalist who lived in the city for eight years; he loves Istanbul but is now back in New York. He is a typical example of the sort of person now giving Istanbul a cosmopolitan character once again. Almost all of them live in Beyoğlu, the district that used to be the heart of the open-minded Istanbul at the transition of the nineteenth to the twentieth century, the district then called Galata/Pera. Galata in particular is again a familiar term today. It refers to the hill extending from Tünel Square at the end of the Istiklal Caddesi down to Karaköy and as far as the Galata Bridge. When I came to Istanbul twelve years ago, this hill still resembled a heap of rubble. Dilapidated streets with what used to be lovely town houses that had belonged to Greeks, Armenians, and Jews were then standing empty or occupied by inland migrants from Central and Eastern Anatolia. However, the trend reversal has begun.

The cosmopolitan image that Istanbul again presents in Beyoğlu is the result of the liberalised, international economic policy initiated by former premier Turgut Özal in the mid-1980s

and continued by the AKP government under Tayyip Erdoğan. Integration in the global market has meant that increasing numbers of international employees have come to Istanbul in the course of the last fifteen years. Thomas Mühlbauer, owner of the long-established German bookshop on the Istiklal Caddesi, estimates that there are now about 30,000 German expats, i.e., employees sent by companies or German institutions, living in Istanbul. The English-speaking community is even larger. The demand from these individuals on the property market has been a key factor leading to the renaissance in Beyoğlu and Galata.

In recent years, a great many dilapidated historical structures have been restored either as apartment buildings or hotels. The two best-known examples in Galata are the Doğan Apartments and Camondo House, formerly the seat of the Jewish-French Camondo banking dynasty. The Doğan Apartments, luxurious flats built at the end of the nineteenth century on the grounds of the former Prussian embassy and apparently in hopeless ruin by the 1970s and 1980s, have now acquired a new radiance. The same applies to Camondo House, just a short distance away—still in disarray five years ago, it now houses second homes for foreigners who can afford them.

The restored houses in Galata are now occupied by expats, well-heeled to a greater or a lesser degree. Unlike the Greeks and the Armenians of old, however, they are not an integrated sector of the Istanbul population. Almost all of those who come go again. It is only seldom that true immigration takes place, because of the restrictive Turkish laws on aliens and, to a lesser degree, to the AKP's building policies in Beyoğlu.

The AKP has Handed Beyoğlu to its Supporters

Beyoğlu today is a divided precinct. The boundary between the ever more sophisticated, cosmopolitan Beyoğlu and the poor, slum-like Beyoğlu is the Tarlabaşı Boulevard, a four-lane traffic corridor running through a heavily populated residential area and commissioned

Fakten in Tarlabaşı. In wenigen Jahren soll es auch hier glänzen wie auf der anderen Seite des Boulevards.

Es ist wohl kein Zufall, dass die GAP Insaat zum Calik-Konzern gehört, in dem ein Schwiegersohn des Ministerpräsidenten im Vorstand sitzt. Überall, wo im Istanbuler Zentrum großflächig saniert wird, ist die Calik-Holding mit am Ball. Das gilt für Tarlabaşı und die Bezirke am Goldenen Horn, aber auch für Beyoğlu insgesamt. „Beyoğlu", erzählte mir ein deutsch-türkischer Architekt, der seit einigen Jahren ein Büro in Istanbul betreibt, aber namentlich nicht genannt werden will, „hat die AKP ihren Anhängern geschenkt". Das ist einer der Gründe, warum das kosmopolitische Istanbul bislang ein nicht nachhaltiges Oberflächenphänomen geblieben ist. Denn Ausländer dürfen in Beyoğlu keine Immobilien erwerben. Ausländische Konzerne können in dem Trendbezirk nur mit einem türkischen Partner investieren, ausländische Privatpersonen bleiben ganz außen vor. Das widerspricht zwar den Gesetzen und wird offiziell mit allerlei vorgeschobenen Gründen erklärt (zum Beispiel behauptet die Bezirksverwaltung, es würde ein neues Liegenschaftsregister erstellt und in der Zeit könnten keine Grundbucheintragungen für Ausländer vorgenommen werden), tatsächlich aber geht es wohl darum, die lukrativsten Immobiliengeschäfte der Stadt nicht aus der Hand zu geben.

Doch trotz solcher Schwierigkeiten wird Istanbul immer internationaler. Da die Regierung plant, die Stadt zum neuen Finanzzentrum zwischen London und Dubai auszubauen, werden auch die noch bestehenden Restriktionen irgendwann verschwinden. Spätestens dann, wenn der Goldrausch auf dem Immobilienmarkt vorbei ist.

In den Visualisierungen des Architekturbüros Erginoğlu & Çalışlar Architects für den Umbau eines ganzen Straßenblocks in Tarlabaşı ist eine durch den Alltag belebte Straße offenbar nicht mehr vorgesehen (oben). Ausgetauscht werden sollen nicht nur die Bewohner des Stadtteils, sondern auch die Häuser. Von ihnen bleiben nur die Fassaden, hinter denen Wohnungen mit bis zu 300 m² und großzügige Innenhöfe (rechts) entstehen. The plans by the architectural practice Erginoğlu & Çalışlar Architects for the conversion of an entire block in Tarlabaşı no longer seem to include a street full of everyday life (above). Not only the neighbourhood's residents but also its buildings are to be replaced. Only their façades remain, behind which apartments up to 300 squaremetres in size and spacious courtyards (right) are being built.

by the former Istanbul mayor Bedrettin Dalan. The poor district of Tarlabaşı, with its very own cosmopolitan mix, is located on the left-hand side of the boulevard. This is where those doing the dirty work in the bars, hotels, and shops on the other side of the traffic route live: Kurds and Roma, as well as an increasing number of Africans or other refugees who are there illegally and have been able to go underground in the rundown district. Tarlabaşı was largely occupied by Greeks and Armenians until the 1950s, a past to which the many churches in the district are testimony. The Greeks and most of the Armenians disappeared with the pogroms of 1955. Tarlabaşı went downhill and became the largest inner city refuge for Istanbul's poor and outcast. This is all set to change shortly, however. With support coming right from the top—premier Tayyip Erdoğan is personally keeping tabs on progress—the district mayor Ahmet Misbah Demircan is busy turning Tarlabaşı upside down. The district is to be "gentrified," the poor expelled and a well-heeled population enticed. As general contractor, the large construction company GAP Insaat has been commissioned with its transformation. Anyone standing in the company's way with reluctance to sell property for ridiculously low prices will be dispossessed. The Erdoğan government has laid the foundation stone with a new "Urban Renewal Act," allowing even listed buildings to be torn down. The excavators with their demolition balls have been laying down the law in Tarlabaşı since October 2010. In just a few years, it will all be shiny and new here too, like on the other side of the boulevard.

It is no coincidence that GAP Insaat belongs to the Calik concern, where the premier's son-in-law is one of the directors. This firm is involved wherever extensive renovations are taking place in the centre of Istanbul. This applies to Tarlabaşı and the districts on the Golden Horn, as well as to Beyoğlu.

A German-Turkish architect who has been running an office in Istanbul for a number of years but who does not wish to be named told me, "the AKP has handed Beyoğlu to its supporters." That is one of the reasons the cosmopolitan Istanbul has so far remained a non-sustainable, superficial phenomenon. Foreigners are not allowed to purchase property in Beyoğlu. Foreign companies may invest in this fashionable district together with a Turkish partner, but foreign private individuals are left out in the cold. This is against the law and all kinds of reasons are found to provide an official explanation (for example, the district authorities claim that a new property register was being drawn up and at that time no land registry entries could be made for foreigners), but in actual fact it is about not giving away the most lucrative property deals in the city.

Despite such difficulties, however, Istanbul is becoming ever more international. The government's plans to establish the city as a new financial centre between London and Dubai mean that the remaining restrictions will disappear at some stage. Certainly, at least, by the time the gold rush on the property market is over.

OLAF BARTELS

Geteiltes Land, geteilter Kaffee?
Kaffeekultur auf der geteilten
Mittelmeerinsel Zypern

Kürzlich, erzählte mir mein türkisch-zypriotischer Freund Yalçin, hätte sich in einem der Cafés am Rathaus der nordzypriotischen Hafenstadt Kyrenia eine bemerkenswerte Szene abgespielt: Eine, wie er betonte, schöne, elegant in Schwarz gekleidete Dame habe dort einen zypriotischen Kaffee bestellt. Sie habe Englisch gesprochen, aber in ihrem Akzent habe er einen griechischen Einschlag erkannt. Der Kellner habe der Frau dann bescheinigt, er könne ihr nur türkischen Kaffee anbieten, zypriotischen Kaffee gäbe es nicht. Sie beharrte aber auf ihrer Bestellung und ließ den Inhaber des Cafés kommen. Der bestätigte ihr: Er könne ihr keinen zypriotischen Kaffee bringen. Es gäbe nur türkischen Kaffee, aber sie könne ihr Glück gerne in der Nachbarschaft versuchen. Eigentlich hatte es sich Yalçin zum Prinzip gemacht, sich nicht in Angelegenheiten einzumischen, die nur den Wirt und seine Gäste etwas angehen, doch in diesem Fall konnte er nicht an sich halten: „Warum lässt Du diese wunderschöne Frau ziehen?", fragte er, „bist Du von allen guten Geistern verlassen?" „Sie wollte zypriotischen Kaffee trinken", entgegnete der Wirt, „auf Zypern gibt es aber nur türkischen Kaffee. Erst kommen die Griechen und bestellen zypriotischen Kaffee und bald bestellen die Türken hier noch ‚griechischen Mokka'". „Mein lieber Freund", antwortete Yalçin ihm, „hast Du es immer noch nicht verstanden? Der Kaffee, der hier in Kyrenia oder Nikosia geröstet und gemahlen wird, ist zypriotischer Kaffee! Den vom türkischen Festland trinken wir beide auch nicht, Du weißt doch, wie er schmeckt: viel zu stark gebrannt und säuerlich bitter! Da trinke ich doch lieber den hiesigen Kaffee. Sei froh, dass auch die griechische Dame das erkannt hat. Du schickst sie weg! Wir sollten uns nicht auf den blöden Streit einlassen, ob man den Kaffee türkisch oder griechisch nennt. Hier gibt es weder das

eine noch das andere, hier gibt es ausschließlich zypriotischen!"
Ich habe mich über Yalçin schon so manches Mal gewundert. Er ist als türkischer Zypriot in einem Dorf südlich von Nikosia aufgewachsen. In seinem Elternhaus leben heute griechische Zyprioten. Yalçin und seine Brüder hatten nach dem von griechischer Seite angezettelten Putsch gegen das damalige Staatsoberhaupt Markarios III. und dem Einmarsch der türkischen Armee in den Nordteil der Insel ihr Heimatdorf verlassen müssen und waren in der Nähe von Kyrenia untergekommen. In der Zwischenzeit haben sie im Holzhandel, im Autohandel und in der Baubranche wieder Fuß fassen und damit und auch einiges Geld verdienen können. Seine Eltern waren damals von griechischen Scharfschützen erschossen worden. Yalçin hat eigentlich allen Grund, seinen griechisch-zypriotischen Landsleuten zu misstrauen. Dennoch kämpft er für die Wiedervereinigung der Insel und ihre kulturelle Identität, auch wenn es nur um den Kaffee geht.

OLAF BARTELS

Divided Country, Divided Coffee?
Coffee Culture on the Divided Mediterranean Island of Cyprus

Das Kaffeetrinken hat auf Zypern wie im ganzen ehe-maligen Osmanischen Reich eine lange Tradition. Seit seinem Zerfall schwelt ein Streit über die Namensge-bung des Kaffees. Der nimmt sich auf der geteilten Mittelmeerinsel besonders seltsam aus. As in the whole of the former Ottoman Empire, coffee-drinking in Cyprus has a long tradition. There has been a grow-ing dispute since the partition regarding the naming of the coffee there. This dispute acquires extraordinary dimensions on the divided Mediterranean island.

My Turkish-Cypriot friend Yalçin recently told me about a remarkable incident that took place in one of the cafés near the town hall in the northern Cypriot port city of Kyrenia. An attrac-tive, he stressed, elegant lady dressed in black ordered a Cypriot coffee in the café. She spoke in English but with a slight Greek accent. The waiter then gave the woman to understand that he was only able to offer her a Turkish coffee as there was no such thing as Cypriot coffee. She insisted on her order, however, and asked to speak to the owner of the café. He confirmed to her that he would not be able to bring her a Cypriot coffee. There was only Turkish coffee, but she could try her luck elsewhere in the neighbourhood.

As a matter of principle Yalçin does not gener-ally interfere in matters between the proprietor and his guests but, in this case, he was unable to help himself: "Why are you sending this beauti-ful lady away?" he asked, "Have you completely lost your senses?" "She wanted to drink Cypriot coffee," answered the proprietor, "but there is only Turkish coffee in Cyprus. First the Greeks come and order Cypriot coffee and soon it will be the Turks ordering 'Greek mocha' here."

"My dear friend," Yalçin answered him, "have you still not got it? The coffee roasted and ground here in Kyrenia or Nicosia is Cypriot coffee! Neither of us drinks the coffee from the Turkish mainland. You know what it tastes like: far too strongly roasted and sour and bitter! So I prefer to drink the coffee from here. Be glad that the Greek lady has also recognised that fact. And you are sending her away! There is no need for a silly argument about whether the coffee is Turkish or Greek. Here there is neither the one nor the other: here we just have Cypriot coffee!"

I have been amazed by Yalçin at other times in the past. He grew up in a village south of Nicosia as a Turkish Cypriot. There are now Greek Cypriots living in his childhood home. Following the coup instigated by the Greek side against the former head of state Makarios III and the invasion of the northern part of the island by Turkish troops, Yalçin and his broth-ers had to leave their home village and settled near Kyrenia. They have since gained a foothold in the lumber trade, in the automotive sector, and in the construction business, and have thus been able to earn their own living. Their parents were shot by Greek snipers at the time of the coup. Yalçin, in fact, has every reason to mistrust his Greek-Cypriot compatriots, yet he fights for the island's reunification and for its cultural identity, even when it is just a question of coffee.

JÖRG BABEROWSKI

Die Stadt als Erzieherin

St. Petersburg, Leningrad, St. Petersburg

„Die glückliche Besonderheit von Petersburg besteht darin", schrieb im Jahr 1922 der russische Historiker und Publizist Nikolai Anziferow, „dass nach einer Idee ganze Plätze errichtet wurden und ein jeweils vollendetes künstlerisches Ganzes darstellen ... Hier wurden nicht einzelne Gebäude mit einer selbstgenügsamen Schönheit errichtet, sondern ganze architektonische Landschaften."

Als die Stadt zu Beginn des 18. Jahrhunderts auf sumpfigem Gelände an der Peripherie des russischen Reiches entstand, war sie wenig mehr als militärische Festung und Zentrum absolutistischer Verwaltung. Aber von Anbeginn präsentierte sie sich als Symbol für die Willens- und Schaffenskraft der Autokratie. Nicht nur Fenster nach Westen sollte sie sein, sondern Repräsentation autokratischer Machtvollkommenheit. St. Petersburg war der in Stein gehauene Anspruch des Imperators, Russland nach Europa zu bringen und Europa Russlands Ebenbürtigkeit und Größe spüren zu lassen. In der Linienführung von Straßen und Kanälen und in der Anordnung der Festungen, Schlösser und Verwaltungsgebäude kam zum Ausdruck, dass St. Petersburg nichts als Modell sein sollte. „Ganzheitlich und tief organisch" sei die Stadt, schrieb Anziferov. Was immer in ihr auch entstehe und heranwachse, es werde sofort „vergeistigt".[1]

Wer Städte anschaut, kann in ihren steinernen Landschaften lesen und dabei auch etwas über ihren Geist und die Lebensweise ihrer Bewohner erfahren. St. Petersburg war nicht bloß ein Ort der Herrschaft. St. Petersburg war ein steinernes Ausrufungszeichen, der Gegenentwurf zum alten Russland der Hütten und Holzhäuser, das man in Moskau noch besichtigen konnte. Seht her, wozu Aufklärung und Veränderungswille imstande sind! Neue Menschen sollten in neuen Städten wohnen: „Sankt Petersburg – das ist die große Erzieherin der aus allen Ecken und Enden Russlands herströmenden Jugend, der die Stadt nicht nur wissenschaftliche Kenntnisse vermittelt, sondern auch das Bedürfnis nach einem zivilisierten Leben einpflanzt, damit die Früchte dieser Kultur dann auf das Antlitz des ganzen russischen Landes übergehen."[2]

Seit Peter I. (1682–1721) verstanden sich die Herrscher Russlands als Eroberer, die Untertanen unterwarfen und in zivilisierte Europäer verwandelten. Russlands neue Menschen kamen aus der autokratischen Retorte, und sie wurden unter Umständen geboren, die sie nicht beherrschten. St. Petersburg war der Ort dieser Umformung. Es war die Kultur des Hofes und der Rhythmus des Behördenalltags, die den Takt des Lebens in der jungen Stadt bestimmten. Nicht Bürger und Kaufleute, sondern Offiziere und Beamte gaben St. Petersburg ein Gesicht. Im architektonisch neu gestalteten Raum musste man sich zu bewegen verstehen. Und deshalb veränderten Hof und Behörden den Habitus aller Menschen, die mit ihnen in Berührung kamen. Auf den Boulevards wurde das Leben der Stadtbewohner ausgestellt, vormals Verstecktes und Verborgenes an das Licht der Öffentlichkeit gebracht. Man könnte auch sagen, dass die Linienführung der Petersburger Boulevards ein Akt der Sozialdisziplinierung war.

Alle Herrscher nach Peter I. hatten ein feines Gespür für die symbolische Wirkung der steiner-

Rechts: Ansicht aus der Luft: St Petersburg etwa um 1850: Residenz- und Hafenstadt in der Wasserlandschaft. Unten: *Peter der Große gründet Petersburg* – allegorisches Gemälde von August Alexander von Kotzebue   Right: Aerial view: St Petersburg in about 1850: imperial residence and port city in a water landscape. Below: *Peter the Great is founding St Petersburg*–allegorical painting by August Alexander von Kotzebue

JÖRG BABEROWSKI

The City as Educator

St. Petersburg, Leningrad, St. Petersburg

nen Repräsentation. 1763 verfügte Katharina II.,
in St. Petersburg dürften nur noch Steinhäuser,
aber keine Hütten und Holzhäuser mehr errichtet werden. Das alte Russland sollte für immer
aus dem Gesichtsfeld und den Erinnerungen
verschwinden. Russland sollte Europa, es sollte
St. Petersburg werden.

St. Petersburg aber war nicht nur ein Fenster
zum Westen, es war auch ein Fenster zum Süden und Osten. Im 19. Jahrhundert musste die
Stadt zweierlei sein: Hauptstadt des Imperiums
und Metropole des entfesselten Kapitalismus,
Zentrum der Herrschaft und Puls der Wirtschaft. Beides aber ließ sich nicht vereinbaren.
Denn die Bauernmassen, die im späten 19.
Jahrhundert nach St. Petersburg einwanderten,
widersetzten sich dem Formungsanspruch des
autokratischen Regimes. Die Industrialisierung
des Imperiums beseitigte die Mobilitätsschran-
ken, sie brachte Bauern und Eliten in Kontakt
und verwandelte Residenzstädte in Metropolen.
Am Ende des Jahrhunderts konnte man St.
Petersburg schon nicht mehr wiedererkennen.
Kopfbahnhöfe wurden in das Stadtbild einbezogen, Mietskasernen im Zentrum und an den
Rändern der City errichtet. Auf dem Newski-
Prospekt, der die Enden der alten Innenstadt
miteinander verband, entstanden mehrstöckige
Kaufhäuser, Banken und Wohnhäuser, die den
strengen Stil der Erzieherstadt durchbrachen
und die Buntheit des Lebens widerspiegel-
ten. Mitten in der Stadt wurden Fabriken und
Werkstätten errichtet, die dem einheitlichen
Stadtbild den Todesstoß versetzten.

Der Kapitalismus untergrub den Ordnungswillen
der zaristischen Bürokratie, und man konnte
täglich sehen, was mit dem Anspruch des alten
Regimes geschah. Traditionalisten, die vom un-
aufhaltsamen Wandel überfordert waren, klag-
ten noch Jahre nach der Revolution darüber,
dass die Vulgarität der kapitalistischen Kultur
das autokratische Projekt der Schönheit zerstört
habe. „Es sind einzig die Missbildungen, die auf
dem majestätischen Organismus der Stadt als
krankhafte Auswüchse verbleiben. Die charak-
terlose Epoche am Ende des 19. Jahrhunderts
verdarb die strenge Erscheinung St. Petersburgs
mit seinen Gebäuden im pseudorussischen Stil,

seinem nicht-architektonischen ‚Jugendstil' und
schließlich dem babylonischen Durcheinander
aller Stile, die keine eigene Seele haben."[3]
Symbole des neuen St. Petersburg waren die
Bahnhöfe und Fabriken, die die Stadt mit der
Peripherie des Imperiums und mit den Dörfern
verbanden, die zu Umschlagplätzen von Waren
und Menschen wurden. Jahr für Jahr kamen
Bauern aus allen Gouvernements des Riesenrei-
ches in die Stadt. Zwar ließen sich die meisten Arbeiter in der Nähe der Fabriken nieder,
manchmal wohnten sie auch in den Werkstätten,
in denen sie arbeiteten. Aber diese Fabriken
befanden sich nicht an den Rändern, sondern im
Zentrum der Stadt, weil Unternehmen dorthin
gehen mussten, wo es Hände gab. Deshalb gab
es in St. Petersburg keine räumliche Trennung
des einfachen Volkes von den Eliten. Nicht
einmal auf den Boulevards und Plätzen konnte
sich die Gesellschaft von Besitz und Bildung der
Allgegenwart roher Bauernburschen entziehen.
Überall in Europa wanderten Menschen vom
Dorf in die Stadt und nirgendwo vollzog sich
dieses Geschehen ohne soziale Verwerfungen

Der Anspruch der Zaren: mit St. Petersburg Russland
nach Europa zu bringen. Blick über die Stadt von der
Isaak-Kathedrale. Auf dem Platz das Reiterdenkmal
Zar Nikolas I., vorne rechts die Kaiserliche Deutsche
Botschaft (um 1900)   Tsarist aspirations: to bring
Russia into Europe with St Petersburg. View of the city
from the St Isaac's Cathedral. The square features the
mounted statue of Tsar Nicholas I, in the foreground to
the right the Imperial German Embassy (circa 1900)

Oben: Heerschau der russischen Infanterie vor dem Palast des Zaren in St. Petersburg (Radierung um 1815)
Unten: der Newski-Prospekt im Winter (Holzstich 1884, nach einer Zeichnung von G. Broling)
Above: Russian Infantry parade in front of the Tsar's palace in St Petersburg (etching, circa 1815)
Below: Nevsky Avenue in winter (wood engraving 1884, from a drawing by G. Broling)

In 1922 the Russian historian and publicist Nikolai Anziferov wrote that "the fortunate feature about Petersburg is that entire squares were built according to an idea, each representing a consummate artistic whole ... What were built here were not individual buildings of self-sufficient beauty but entire architectural landscapes."

When the city was built, on swampy land on the periphery of the Russian empire at the beginning of the eighteenth century, it was little more than a military fortress and centre of absolutist administration. From the outset, however, it presented itself as a symbol of the autocracy's resolution and creative power. It was intended to be not only a window to the West but also the representation of absolute autocratic power. St. Petersburg was the imperator's stone-carved aspiration to bring Russia to Europe and to make Russia's equality and magnitude felt in Europe. The layout of the streets and canals, as well as the configuration of fortresses, castles, and administrative buildings, were an expression of the fact that St. Petersburg was to be far more than just a model. The city was "integral and deeply organic," wrote Anziferov. Whatever might be built or might develop in the city is "immediately sublimated."[1]

Anyone observing cities is able to read their stone landscapes and thus able to learn something about their spirit and the way of life of their residents. St. Petersburg was not simply a place of power. St. Petersburg was a stone exclamation mark, the antithesis of the old Russia of huts and wooden buildings, still visible in Moscow. Look at what enlightenment and a willingness to change are capable of! New people were to live in new cities: "Saint Petersburg—it is the great educator for all of the young people emerging from all corners of Russia, imparting not only academic expertise but also implanting the desire for a civilised life, so that the fruits of this civilisation should devolve on the countenance of the whole of the Russian nation."[2]

From Peter I (1682–1721), Russia's rulers saw themselves as conquerors, subjugating their subjects and transforming them into civilised Europeans. Russia's new people came out of the autocratic test tube and were born under circumstances beyond their control. St. Petersburg was the site of this transformation. It was the court culture and the everyday rhythm of administrators that determined the pace of life in the young city. It was not citizens and merchants who shaped St. Petersburg, but officers and civil servants. People needed to know how to move within the new architecturally designed space and so the court and the administrators changed the habits of all those with whom they came into contact. The lives of the city residents were displayed on the boulevards; what had been hidden and unseen before was made public. The layout of St. Petersburg's boulevards could also be seen as an act of social disciplining.

All of the rulers after Peter I had a fine sense of the symbolic effect of prestige in stone. In 1763 Catherine II decreed that only stone buildings could be constructed in St. Petersburg and no more huts or wooden buildings. The old Russia was to disappear from sight and from memory forever. Russia was to become Europe: it was to become St. Petersburg.

The city was not only a window to the West, however; it was also a window to the South and the East. The city served two purposes in the nineteenth century: as the imperial capital and centre of unbridled capitalism, and as the centre of power and the economic pulse. The two were not compatible, however, for the peasant masses who migrated to St. Petersburg in the late nineteenth century resisted the autocratic regime's reshaping aspirations. The industrialisation of the empire broke down the barriers to mobility, bringing the peasants and the elite into contact and transforming imperial seats into major cities. St. Petersburg had already become unrecognisable by the end of the century. Rail termini were incorporated into the city landscape, while tenement buildings were constructed in the centre and on the city peripheries. Multistoried department stores, banks, and residential buildings were built along Nevsky Prospect, which links the ends of the old city centre, structures that broke away from the rigid style of the educator city and reflected

und Konflikte. Nur schlugen Russlands Arbeiter in den Städten, in denen sie arbeiteten, keine Wurzeln. Sie blieben Bauern, weil es auch in St. Petersburg nichts gab, was sie davon abgehalten hätte, in ihre Dörfer zurückzukehren. Nur wer für sich und seine Familie eine sichere Zukunftsperspektive sieht, wird dauerhaft vom Dorf in die Stadt umziehen. Für Arbeiter gab es in St. Petersburg aber nur geringe Anreize, die Brücken hinter sich abzubrechen, das Dorf blieb bis zur Stalinschen Kollektivierung in den 30er Jahren des 20. Jahrhunderts Lebensmittelpunkt und Lebensversicherung der russischen Bauern. Die meisten St. Petersburger Arbeiter waren junge, unverheiratete Männer, die sich in den städtischen Raum und seinen Arbeits- und

Lebensrhythmus nicht integrieren ließen. Die Gesellschaft der Besitzenden und Gebildeten und die Gesellschaft der Bauern lebten in einer Stadt, auf engstem Raum. Aus der Erzieherstadt war eine Bauernstadt geworden. Als die Revolution des Jahres 1917 die alte Ordnung in nur wenigen Wochen zerstörte, blieb vom Anspruch der Autokratie nichts weiter als die steinernen Symbole ihrer Macht.

Keine Revolution kommt ohne Bilderstürmer aus. So war es auch in St. Petersburg, das seit 1914 Petrograd hieß, wo Bauernsoldaten Denkmäler zerstörten, Paläste verwüsteten und den öffentlichen Raum besetzten. Sie okkupierten die symbolischen Orte der Macht, aus dem Straßenbild verschwanden die Uniformen der

Die Feier zum 1. Mai 1917 fand nach gültigem zaristischem Kalender am 18. April statt: ein Bilddokument dafür, wie aus St. Petersburg, das kurz vorher noch in Petrograd umgenannt worden war, bald Leningrad werden sollte.   According to the Tsarist calendar valid at the time, the celebrations of 1 May 1917 were held on 18 April: a documentary image of how St Petersburg, only recently renamed Petrograd, was soon to become Leningrad.

life in all its hues. Factories and workshops were built in the middle of the city, delivering a deathblow to the homogeneous St. Petersburg landscape.

Capitalism undermined the tsarist bureaucracy's desire for order and, day by day, it became evident what was happening to the old regime's aspirations. Traditionalists, overwhelmed by the inexorable transformation, complained for years following the Revolution that the vulgarity of the capitalist culture had destroyed the autocratic elegance project. "Only the deformities remain as diseased growths on the city's majestic being. The characterless epoch at the end of the nineteenth century spoilt St. Petersburg's exacting appearance with its pseudo-Russian-style buildings, its non-architectural 'Art Deco style,' and ultimately with the Babylonian tangle of styles with no soul of their own."[3]

The symbols of the new St. Petersburg were the railway stations and the factories linking the city with the imperial periphery and with the villages that became transshipment points for goods and for people. Peasants came to the city from all regions of the huge empire, year by year. While most of the workers settled close to the factories, some lived in the workshops where they worked. These factories were not located on the edges but in the centre of the city because the business enterprises had to go to where the labour was. There was therefore no spatial segregation of the ordinary people and the elite in St. Petersburg. Not even on the boulevards and squares were the educated and propertied classes able to evade the presence of the coarse peasantry.

All over Europe, people were migrating from villages to cities and nowhere was this process free of social distortions and conflicts. Russia's workers, however, did not put down roots in the cities in which they worked. They remained peasants because there was nothing in St. Petersburg that might have deterred them from returning to their villages. Only someone who sees secure future prospects for himself and his family makes a permanent move from the village to the city. St. Petersburg, however, offered only limited incentives for workers to burn

their bridges, for Russian peasants the village remaining the centre of their lives and their life insurance until the Stalinist collectivisation of the 1930s. The majority of St. Petersburg's workers were young, unmarried men who did not integrate with the way of life and working rhythm of the urban environment. The educated, propertied classes and the peasant class lived in a city in very close proximity. The educator city had become a peasant city. When the Revolution of 1917 destroyed the old order in just a matter of weeks, all that remained of the autocracy's aspirations were the stone symbols of its predominance.

No revolution is free of iconoclasts and this applied to St. Petersburg, too, known as Petrograd since 1914, where the peasant militia destroyed monuments, ransacked palaces, and seized public areas. They occupied the symbolic places of power, the uniforms of the officers and the tail coats of the civil servants disappeared from the streets, as did the strollers and the horse-drawn coaches, with the village way of life triumphantly taking their place. Grass grew on Nevsky Prospect, peasants and workers were billeted in the large residential buildings along the boulevards. The years of the civil war saw the start of the exodus of the former elite, who preferred to evade persecution by fleeing. The old St. Petersburg was relocated to Berlin and Paris, disappearing from Russia forever.

It may sound like a paradox, but the Bolshevik Revolution saved St. Petersburg as a city for, like their predecessors in the tsarist bureaucracy, the new city authorities also wanted to transform the cities into representations of a new order. They implemented their architectural vision in Moscow, however, the new centre of the multicultural realm. What Leningrad was spared took place in Moscow: the obliteration of the city landscape through inhuman, intimidating architecture. It was in Moscow that the creation of the new world was visible. Leningrad, on the other hand, was now just a theme park of the past, a place of defunct rituals and a stone museum on the periphery of the realm in which peasants and workers lived in buildings not built for them.

Offiziere und die Fräcke der Beamten, die Flaneure und vierspännigen Kutschen, und an ihrer Stelle triumphierte der Lebensstil des Dorfes. Gras wuchs auf dem Newski-Prospekt, in die großen Wohnungen an den Boulevards wurden Bauern und Arbeiter einquartiert. Schon in den Jahren des Bürgerkriegs begann der Exodus der alten Eliten, die sich ihrer Verfolgung durch Flucht entzogen. Das alte St. Petersburg wurde nach Berlin und Paris verlegt, aus Russland war es für immer verschwunden.

Es mag paradox klingen, aber die Revolution der Bolschewiki rettete St. Petersburg als Stadt. Denn wie ihre Vorgänger in der zarischen Bürokratie wollten auch die neuen Herren Städte in Repräsentationen der neuen Ordnung verwandeln. Aber sie verwirklichten ihre architektonische Vision in Moskau, dem neuen Zentrum des Vielvölkerimperiums. In Moskau geschah, was Leningrad erspart blieb: die Verödung des Stadtbildes durch eine menschenfeindliche Einschüchterungsarchitektur. Dort, in Moskau, konnte man die Entstehung der neuen Welt besichtigen. Leningrad hingegen war jetzt nur noch ein Themenpark der Vergangenheit, ein Ort stillgelegter Rituale und ein steinernes Museum an der Peripherie des Imperiums, in dem Bauern und Arbeiter in Häusern wohnten, die für sie nicht gebaut worden waren.

Als architektonisches Ensemble und Museum überlebte St. Petersburg die stalinistische Kulturrevolution. Seine Seele aber erlosch endgültig. Denn in den 30er Jahren strömten Hunderttausende Bauern in die Metropole an der Newa. Sie blieben für immer, weil sie in die Dörfer, die Stalins Kollektivierung entvölkert und zerstört hatte, nicht wieder zurückkehren konnten. Die großen Quartiere wurden in Kommunalwohnungen verwandelt, in denen Dutzende Menschen miteinander wohnten, liebten und stritten. Das Dorf eroberte die Stadt, Leningrad wurde zu einer Bauernmetropole, in der sich Hunderttausende an den Lebensrhythmus der Stadt und ihrer Arbeitswelt gewöhnen mussten. Vom Alten blieb nichts als die Architektur, stumme Zeugen imperialer Vergangenheit. Als im Dezember 1934 der Parteichef der Stadt, Sergei Kirow, von einem verwirrten jungen Arbeiter ermordet wurde, nahm Stalin die Mordtat zum Anlass, alle Adligen, die noch in der Stadt lebten, deportieren oder ermorden zu lassen. Spätestens 1937 war St. Petersburg tot, sein Geist erloschen.

Und dennoch gab es in der St. Petersburger Intelligenzija das Gefühl, die Stadt könne ein Gegenentwurf zum sowjetischen Imperium sein, das von Moskau repräsentiert wurde. Leningrad war die Hauptstadt der Perestroika, und seine intellektuellen Eliten empfanden sich für eine kurze Zeit auch als Sachwalter des St. Petersburger Geistes. 1991 entschieden die Bürger Leningrads, dass die Stadt, in der sie lebten, wieder ihren Geburtsnamen tragen solle. St. Petersburg kehrte auf die geistige Landkarte Europas zurück. Von ihren Bewohnern wird die Stadt als ein St. Petersburg erlebt, das einmal Leningrad war. Wie könnte es auch anders sein?

Anmerkungen

1 Nikolai Anziferow: *Die Seele Petersburgs*. München 2003 (erstmals erschienen 1922 in St. Petersburg), S. 70/71.

2 Zitiert in: Karl Schlögel: *Jenseits des Großen Oktober. Das Laboratorium der Moderne*. Petersburg 1909–1921. Berlin 1988, S. 40.

3 Anziferow: *Die Seele Petersburgs* (siehe Anmerkung 1), S. 71/72.

Immer noch oder schon wieder: der Newski-Prospekt ist die geschäftige Magistrale von St. Petersburg, auch in der Zeit nach der Sowjetunion. Still or once again: Nevsky Avenue is St Petersburg's busy main traffic artery, even during the time after the Soviet Union.

St. Petersburg survived the Stalinist Cultural Revolution as an architectural ensemble and museum. Its soul was extinguished forever, however. In the 1930s, hundreds of thousands of peasants thronged into the city on the Neva River. They stayed for good because they were never able to return to the villages depopulated and destroyed by Stalin's collectivisation. The expansive neighbourhoods were converted into communal housing where dozens of people lived, loved, and quarrelled together. The village conquered the city, Leningrad became a peasant city in which the huge incoming population had to get used to the city way of life and to the world of employment. All that remained of the old world was the architecture, silent testimony to the imperial past. When, in December 1934, the city's party leader, Sergei Kirov, was murdered by a disturbed young worker, Stalin used the deed as grounds for having all of the aristocrats still living in the city deported or killed. By 1937 St. Petersburg was dead, its spirit extinguished.

And yet there was a feeling among the St. Petersburg intelligentsia that the city could become the antithesis of the Soviet realm as represented by Moscow. Leningrad was the capital of Perestroika, and its academic elite also considered themselves for a short time to be the trustees of the St. Petersburg spirit. In 1991 the citizens of Leningrad decided that the city in which they lived should again bear the name of its birth. St. Petersburg returned to the intellectual map of Europe. The residents perceive their city an a St. Petersburg which once happened to be Leningrad. How could it be otherwise?

Notes

1 Nikolai Anziferov: D*ie Seele Petersburgs*. Munich 2003, pp. 70-1 (first published in St. Petersburg in 1922).

2 Cited in: Karl Schlögel: *Jenseits des Grossen Oktober. Das Laboratorium der Moderne. Petersburg 1909-1921.* Berlin 1988, p. 40.

3 Anziferov: op. cit., pp. 71-2.

DIRK MEYHÖFER

Das Prinzip Open City - Beispiel Perm

Planen für das Zusammenleben

Keine andere Idee wird in diesem Band häufiger aufgegriffen. Von Saskia Sassen über Tim Rieniets zu Angelus Eisinger – sie alle setzen sich implizit oder explizit mit dem Prinzip einer „offenen Stadt" auseinander. Die Begriffe *öffentlich*, *halböffentlich* und *privat* spielen dabei hinein. Und doch ist der Versuch einer Annäherung nicht ohne Tücken: Hamburg war 1945 eine offene Stadt, als sie sich den britischen Truppen kampflos ergeben hatte. Schon bald entstanden in der Hansestadt geschlossene Bezirke, die für die Hamburger wie in Harvestehude *off limits* waren. Eine weitere Schwierigkeit: Eine offene Stadt kann baulich und räumlich hinter einer Mauer, einem Autobahnring oder Eisenbahnlinien liegen und doch innerhalb dieser „Schranken" offen, öffentlich und multikulturell sein. Bleibt die Frage, ob es die Open City überhaupt als spezifisches und räumlich strukturiertes Modell, also als *Urban Design* von Architekten und Planern erarbeitet, geben kann?

Der Markt ist der Architekt

Eine offene Stadt ist zunächst ein theoretisch-philosophisches Modell und es ist – so die These vieler Autoren in diesem Buch – wünschenswert, dass sie das Fundament für den Stadtorganismus des 21. Jahrhunderts bilden soll. Aber nur dann, wenn die Stadtgesellschaften und ihre Fachplaner realisieren, dass die offene Stadt nicht als Rendering auf den Bildschirmen ihrer Computer entsteht, sondern in multidisziplinärer Anstrengung politische, soziale und ökonomische Konditionen aufnehmen und vernetzen muss. Der Hauptfeind einer

demokratischen, öffentlichen und multivalenten Stadt ist die Industrialisierung und die damit Hand in Hand gehende Kapitalwirtschaft und Aufbereitung des Grund und Bodens als Immobilienwirtschaft. Und: Die Stadt der Funktionstrennungen bedeutet am Ende ihren Tod. „Zerfällt die Idee des Öffentlichen im Zuge der Kapitalströme und der Privatisierung in eine Stadt unübersichtlicher Bruchstücke und Teile?", fragte Kaye Geipel 2008 im Vorwort zum Wettbewerb *Europan 9* unter der Überschrift „Open City versus Closed City".[1] Man wird mit Ja antworten müssen, wenn nicht energisch umgesteuert wird.

Die Wiederbelebung der Städte, schreibt Kaye Geipel in Anlehnung an den Kommunikationstheoretiker Karl Bolz weiter, „hängt an der Konstruktion von solch hocheffektiven konsumierbaren Räumen". Nicht der Planer, sondern der Markt sei der wirkliche Architekt der Städte. Das trifft zu, besonders auf jene europäischen Städte, die noch wachsen und die einem großen Entwicklungsdruck ausgesetzt sind. Hamburg gehört dazu und das Großprojekt der Hamburger HafenCity folgt den Gesetzen des Immobilienmarkts. Aber Hamburg als traditionell sozialdemokratische Stadt kann es sich gar nicht leisten, gegen den Willen all ihrer Bewohner zu denken. Und so wird vielleicht gerade die HafenCity zum guten Gegenbeweis dafür, wie eine Innenstadterweiterung – trotz des offensichtlichen Interesses des Kapitalmarkts – durch die Stärkung des öffentlichen Raumes zu einer öffentlichen Stadt wird: durch artifiziellen und sorgfältigen Ausbau von Plätzen, Parks und Promenaden als Angebot für alle Bewohner und Besucher der Stadt.[2]

Symbol einer sowjetischen Stadt wie hier in Perm: das Siegesdenkmal des „Großen Vaterländischen Kriegs" auf dem zentralen Aufmarschplatz an der Leninstraße
Symbol of a Soviet city as here in Perm: the victory monument from the "Great Patriotic War" on the central parade square on Leninstraße

DIRK MEYHÖFER

The Open City Principle—Example Perm

Planning for Coexistence

Das Baukastenprinzip Open City

Der holländische Urbanist Kees Christiaanse ist einer der Masterplaner der Hamburger Hafen-City. Mit der Frage nach der offenen Stadt hat er sich vielfach beschäftigt – in Holland, aber auch am Beispiel von Singapur, London oder dem russischen Perm. Zusammen mit Tim Rieniets und Jenniver Sigler hat er für die Rotterdamer Biennale 2009 das Projekt „Open City" mit dem wichtigen Untertitel „Designing Coexistence" entwickelt. Deutlich wurde dort, wie moderne Architektur offene Stadtmodelle bedroht und verhindert: „Mit dem Verlust der Parzelle, wenn sie aufgegeben wird, verliert man die Kontrolle über die Raumstruktur", sagt Kees Christiaanse. In seinem Aufsatz „The Open City and its Enemies"[3] über Beispiele offener Städte in Holland stellt er die These auf, das eine offene Gesellschaft sowohl Freund als auch Feind der Open City sein kann. Kees Christiaanse hat als Architekt versucht, die offene Stadt schematisch in einer Skizze (nicht in einer Tabelle!) zu erfassen. Er stellt dabei seine inzwischen berühmt gewordenen Erschließungsskizzen der „City as Tree" und der Open City gegeneinander, sozusagen das komplizierte System von Einzelerschließungen der auto- und kapitalismusgerechten Stadt und ein schnelles flexibles Netz mit vielen Schnittstellen. Es ist die zeichnerische Übersetzung seiner These, dass „eine Monofunktionalität, wie sie die Moderne im größeren Maßstab marktgerecht entwickelt hat, als städtischer Organismus nur durch ein diversifiziertes Zugangssystem und den Einsatz großer technischer Infrastruktur möglich wird. Oder: Schlichtweg einen höheren Grad der Mobilisierung erfordert." Christiaanse sagt auch, dass die Open City nicht entworfen werden könne, sie müsse über „eine Strategie der aktiven Interventionen hergestellt werden".

Das Beispiel Perm

Wenn Kees Christaanse seine Strategie nun ausgerechnet an der russischen Uralstadt Perm überprüft hat, erstaunt das, weil der Standort fremd ist, weit entfernt liegt und eine sich neu

organisierende (nun kapitalistisch geprägte) ehemalige sozialistische Stadt beplant wird. Mit 1,1 Millionen Einwohnern ist Perm die sechstgrößte Stadt in Russland und die zweitgrößte Stadt im Ural. Dass Perm früher den Namen Molotows – also des zweimaligen sowjetischen Außenministers zunächst unter Stalin und dann nach dem Tod des Diktators – trug, verfestigt den Eindruck einer „geschlossenen" Stadt. Heute ist Perm Synonym und Gedenkstätte für den GULAG. Bis zum Ende des Kalten Krieges wurde der Status einer „verbotenen Stadt" jedoch aufrecht erhalten, weil die soziologischen und historischen Zusammenhänge zwischen den GULAG-Lagern und der Stadt dem Westen verschwiegen werden sollten.
Perm bekam erst 1781 das Stadtrecht. Von Perm aus wurde Sibirien besiedelt, Perm ist reich an Bodenschätzen (Mineralien, Öl und Holz), und diese können dank des mächtigen Flusses Kama, der Transsibirischen Eisenbahn und inzwischen dank der Hauptautobahn Moskau-Kazan abtransportiert werden. Perm ist ein Verkehrsknotenpunkt Russlands und das Tor von Europa nach Asien, insbesondere nach Sibirien. Der geopolitische Vorteil eines Schlüssels zu den Energie- und Rohstoffreserven Russlands lässt den *Spiegel* auch schon mal vom „Dubai des Ostens" schreiben. Für Kees Christiaanse war und ist Perm eine Stadt, die „wie eine kolonisierte Stadt des amerikanischen Westens geöffnet, repariert und erweitert werden muss".[4]

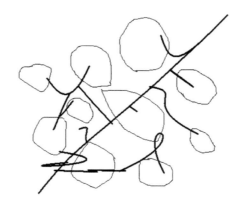 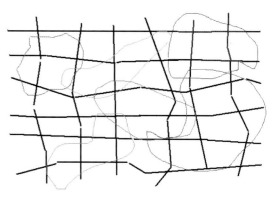

„City as Tree" versus „Open City": Separation, Segregation, Monofunktionalität oder Vernetzung, Koexistenz, Diversität   "City as Tree" versus "Open City": separation, segregation, monofunctionality or networking, coexistence, diversity

Rechts oben: Eine künstlerisch-architektonische Annäherung an das Thema Open City: Der Stadt-Igel, für die 4. Internationale Architekturbiennale Rotterdam 2009 von der Forschungsgruppe KAISERSROT der ETH Zürich entwickelt: Eine Stadt ohne Beginn; eine Stadt, die sich nicht auf einem 2D-Plan darstellen lässt. Rechts unten: Schema „Framework for Quality/Perm Strategic Masterplan": Stufen der Transformation zur Open City Perm   Right above: An artistic, architectural approach to the theme of the Open City: the City Hedgehog, for the 4th International Architecture Biennale in Rotterdam 2009, developed by the KAISERSROT research group at the ETH in Zurich: a city with no beginning; a city that does not allow itself to be presented on a 2D level." Right below: Model "Framework for Quality/Perm Strategic Masterplan": Transformation steps to Open City Perm

STADT-IGEL

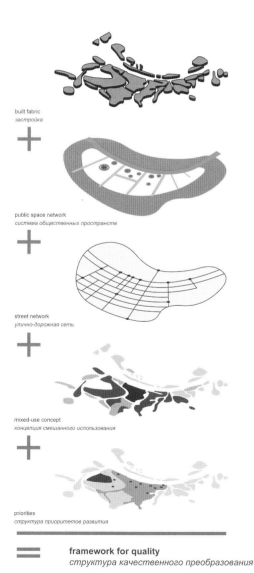

built fabric
застройка

+

public space network
система общественных пространств

+

street network
улично-дорожная сеть

+

mixed-use concept
концепция смешанного использования

+

priorities
структура приоритетов развития

=

framework for quality
структура качественного преобразования

No other idea is addressed more frequently in this book. From Saskia Sassen and Tim Rieniets to Angelus Eisinger—implicitly or explicitly, they all deal with the principle of an "open city." The terms public, semi-public, and private are involved. And yet the attempt at rapprochement is not without its hazards: Hamburg in 1945 was an open city when it surrendered to the British troops without a fight. Closed areas soon appeared in the *Hansestadt* that were off limits for Hamburg residents like those in Harvestehude. A further difficulty: architecturally and spatially, an open city can lie behind a wall, a motorway ring road, or railway lines and yet it can be open, public, and multi-cultural within these "barriers." The question remains as to whether there can be such a thing at all as the open city in terms of a specific, spatially structured model, developed as urban design by architects and planners.

The Market is the Architect

An open city is, first of all, a theoretical, philosophical model and—according to the theses of many of the authors in this book—it is expedient that it should form the foundations of the twenty-first-century city organism. But only once urban society and its specialist planners realise that the open city does not emerge as a graphic on their computer screens, but needs to assimilate and link political, social, and economic conditions by means of multi-disciplinary effort. The archenemy of a democratic, open, and multivalent city is industrialisation and, going hand in hand with it, the capitalist economy and treating land as part of a property industry. And: the functional separation of the city ultimately spelt its own end. "Is the idea of what is public disintegrating, with capital flows and privatisation, into a city of convoluted fragments and parts?" asked Kaye Geipel in 2008 in the foreword to the Europan 9 competition under the heading "Open City versus Closed City."[1] The answer will have to be yes unless there is a dramatic turnaround.

Urban renewal, continues Kaye Geipel, alluding to the communication theorist Karl Bolz, "de-pends on the construction of highly effective consumable spaces." It is not the planners but the markets who are the real city architects. That is true, especially with regard to those European cities that are still growing and are subject to tremendous development pressure. Hamburg is one of them and the major Hamburg HafenCity project follows the rules of the property market. Yet Hamburg, as a traditional social democratic city, simply cannot afford to go against the will of its residents. And so even the HafenCity itself might come to provide good counter-evidence of how inner city expansion —despite the obvious interest of the capital market—can lead to a public city through the reinforcement of public space,[2] through the artificial and careful construction of squares, parks, and promenades as an option for all of the city's residents and visitors.

The Building Kit Principle of the Open City

The Dutch urbanist Kees Christiaanse is one of the master planners behind Hamburg's HafenCity. The issue of the open city is one that he has addressed many times—in Holland, but also in Singapore, London, and the Russian city of Perm, for example. He developed the "Open City" project together with Tim Rieniets and Jenniver Sigler for the Rotterdam Biennale in 2009 with the important subtitle of "Designing Coexistence." This made it clear how modern architecture threatens and hinders open city models: "With the loss of lots, when they are given up, you lose control of the spatial structure," says Christiaanse. In his essay "The Open City and its Enemies,"[3] about examples of open cities in Holland, he sets out the thesis that the open society can be both the friend and the enemy of the open city. As an architect, Christiaanse has tried to capture the open city diagrammatically in a sketch (by hand)! In doing so he juxtaposes his now famous development sketches of the "City as Tree" and the open city, the complicated system of individual developments in the car- and capitalism-based city and a fast, flexible

100 Prozent russisch multikulturell

In diesem Zusammenhang zählt noch etwas anderes. Im russischen Vergleich ist Perm einer der multikulturellsten Orte Russlands; seit der Zarenzeit leben in Perm zahlreiche unterschiedliche ethnische Gruppen zusammen. Am Zentralplatz dokumentieren die heutigen Russen in vielen typischen kleinen Kiosken ihre Herkunft: Georgier und Armenier, die ihre würzigen Originalkebabs und Schoarmas direkt vom Grill verkaufen, daneben Tataren, die in einfachen, bunten Ständen Schmucksachen feilbieten. Weiterhin gibt es in Perm eine Vielfalt an Sakralbauten, von denen einige aus dem 17. Jahrhundert stammen: russisch-orthodoxe und katholische Kirchen, eine Moschee und auch eine Synagoge. Heute aber deutet sich im Stadtbild an, wie der Stalinismus das alte Gefüge mit Aufmarschhallen und -plätzen, sowjetischen Siegesdenkmälern und stalinistischer „Zuckerbäckerarchitektur" überformt hat – das alles macht Perm wiederum im Erscheinungsbild so sowjetisch, wie es aus westlicher Sicht nur sein kann. Seit 2008 wird der Masterplan von einem internationalen, multidisziplinären Team unter der Leitung von KCAP (Kees Christiaanse Architects and Partner) entwickelt.

Der strategische Masterplan von Perm

Wie nun geht man mit dieser schwierigen Ausgangslage um? KCAP begreifen Perm geografisch als die erste europäische Stadt westlich des Urals. Der strategische Masterplan für Perm definiert die wichtigsten räumlichen Entwicklungen: ihr Potenzial, deren Begrenzungen, Restriktionen und wünschenswerte Veränderungen. Die Planer denken in Perioden von 30 bis sogar 50 Jahren und versuchen das Bild der kompakten, verdichteten Stadt aufzunehmen. Mit dem Masterplan werden stadträumliche, siedlungstechnische und geografische Bedingungen mit sozialen und wirtschaftlichen Bedingungen abgeglichen. In den Städten der ehemaligen Sowjetunion kommt es dabei besonders darauf an, die ehemaligen zentralen,

ortsfremden Planungen der sozialistischen Stadt – Aufmarschplätze, sozialistischer Baustil und dergleichen mehr – in eine nachhaltige Stadt mit humanen Lebensbedingungen und entsprechend komplexer Verdichtung zu transformieren. Das bedeutet: Perm soll zur selben Zeit eine offene wie auch kompakte Stadt sein. KCAP stellen sich der Herausforderung, indem sie versuchen, die alten stadträumlichen Qualitäten wieder herzustellen, also die Stadt wieder mit dem Fluss Kama zu verbinden, ihn als Rückgrat der Entwicklung zu benutzen und mit neuen grünen Parkflächen zu veredeln. Hinzu kommen als Entwicklungsträger auch die breiten grünen Boulevards, die Impulse für urbanes Leben stiften werden.

Das ist Planerhandwerk. Der heutige Aufstieg der Stadt am Ural aber wird nicht allein deswegen in der Welt wahrgenommen, sondern auch, weil den physischen Veränderungen eine philosophische Öffnung vorangegangen ist. Das Engagement der westlichen Planer ist dafür nur ein Beispiel. Offene „Denkräume" locken nicht nur Kapital. Sie sind auch für Künstler und andere Alternative, etwa aus Moskau, attraktiv: Panzerschmieden wurden zu Kunstmuseen, Militärverkehr ersetzt durch Kreuzfahrttourismus. „Die Open City soll nicht als ein Strukturmodell für die Stadt verstanden werden", meint Kees Christiaanse, der Masterplan sei anders als ein General- oder Zonierungsplan keine gesetzliche Verordnung.[4] Er steht stattdessen für eine Haltung – darüber, wie sich die Stadt in Planung und Stadtpolitik aufstellen, ja, offen halten soll. Für Veränderungen, aber auch für Traditionen. Und: offen für alle und vor allem für ihre heutigen und zukünftigen Bewohner.

Der Gulag Perm 36 beim Dorf Kucino ist das einzige erhaltene Arbeitslager auf dem Gebiet der ehemaligen Sowjetunion. Das Straflager wurde 1943 eröffnet und erst 1987 geschlossen. Links im Bild: Eingangs- und Verwaltungsgebäude   The Gulag Perm 36 near the village of Kucino is the only surviving labour camp on former Soviet territory. The prison camp was opened in 1943 and only closed in 1987. To the left of the picture is the entrance and administrative building.

Anmerkungen

1 Kaye Geipel: „Unsichtbare Grenzen und notwendige Schwellen". In: *Bauwelt* 17-18/2008.

2 Jürgen Bruns-Berentelg/Angelus Eisinger/Martin Kohler/Marcus Menzl (Hg.).: *HafenCity Hamburg Neue urbane Begegnungsorte zwischen Metropole und Nachbarschaft.*Wien/New York, 2010.

3 Vgl.: Kees Christiaanse: „The Open City and its Enemies". In: Tim Rieniets / Jenniver Sigler / Kees Christiaanse (Hg.): *Open City.* Amsterdam 2009, S. 25ff.

4 Interview mit Kees Christiaanse. In: Zürich Mai 2011.

Alte und neue Architektur treffen am Amtssitz des Gouverneurs zusammen. Old and new architecture merge in the governor's official residence.

network of many interfaces, as it were. It is the graphic translation of his thesis that "mono-functionality, as developed by Modernism on a larger scale in line with market requirements, will only be possible as an urban organism through a diversified access system and the use of a greater technical infrastructure. Or: it simply takes a higher degree of mobilisation." Christiaanse also says that the open city cannot be designed, it has to be produced by "a strategy of active intervention."

The Perm Example

The fact that Kees Christaanse tested his strategy in the city of Perm in Russia's Ural Mountains, of all places, is astounding because the location is a foreign one, it is far away, and what is planned is the reorganisation of a (now capitalist in nature) formerly socialist city. With 1.1 million residents, Perm is the sixth largest city in Russia and the second largest in the Urals. The fact that Perm used to be called Molotov—after the man who was twice Soviet foreign minister, initially under Stalin and then following the dictator's death—confirms the impression of a "closed" city. Today Perm is both synonym and memorial for the GULAG. Its status as "forbidden city" was maintained up until the end of the Cold War, however, because the sociological and historical correlations between the GULAG camps and the city were to be kept secret from the West.

The town of Perm was only granted its town charter in 1781. Perm was the base for the settlement of Siberia and is rich in natural resources (minerals, oil, and timber), these being transported by the mighty Kama River, the Trans-Siberian Railway, and now also the main Moscow-Kazan motorway. Perm is one of Russia's traffic junctions and the gateway from Europe to Asia, to Siberia in particular. The geo-political advantage of access to Russia's energy and raw materials reserves led to *Der Spiegel* once describing it as the "Dubai of the East." For Christiaanse, Perm was and is a "city that has to be opened, repaired, and expanded like a colonised city in the American West."[4]

100 Per Cent Russian Multiculturalism

There is another important point in this context. In Russian terms, Perm is one of the most multi-cultural places in Russia; different ethnic groups have been living together in Perm since the Tsarist era. The present day Russians document their origins in the many little kiosks typical of the central square: Georgians and Armenians, selling their authentic spicy kebabs and schwarmas direct from the grill, next to them are the Tatars proffering jewellery from simple, colourful stands. Perm also has a multitude of religious buildings, some of which date from the seventeenth century: Russian Orthodox and Catholic churches, a mosque, and also a synagogue. Today, however, the cityscape is suggestive of how Stalinism reformed the old framework with parade grounds and squares, Soviet victory monuments, and Stalinist "wedding cake style architecture"—all of which, to Western eyes, makes Perm appear as Soviet as it possibly can. The master plan in development since 2008 is the work of an international, multi-disciplinary team lead by KCAP (Kees Christiaanse Architects and Partners).

Perm's Strategic Master Plan

So how do you deal with this difficult starting position? KCAP perceives Perm geographically as the first European city west of the Ural Mountains. The strategic master plan for Perm defines the most important spatial developments: their potential, their limitations, restrictions, and the changes desired. The planners think in periods of thirty or even fifty years and attempt to assimilate the image of the compact, built-up city. The master plan aligns urban spatial, housing, and geographical conditions with the social and economic situation. In the cities of the former Soviet Union in particular, this means transforming the former central, alien planning of the socialist city—parade grounds, socialist architectural style, and the like—into a sustainable city with a humane style of living and the correspondingly complex, built-up

Simulationen der Veränderungen im Luftbild: KCAP teilen dies in einen Prozess in mehreren Stufen auf: Aus einer geschlossenen Industriestadt wird eine offene, zum Fluss orientierte Metropole. Simulated changes to the aerial view: KCAP divides this into a process in several steps: a closed, industrial city becomes an open, river-oriented metropolis.

environment. This means: Perm is to become both an open and a compact city at the same time. KCAP meets this challenge by attempting to reproduce the old urban spatial qualities, namely reconnecting the city with the Kama River, to be used as the development backbone, and refining it with new green park areas. Also to be used as development supports are the wide, green boulevards that are to provide the impulses for urban life.

This is the craft of the planners. The current ascent of the city in the Ural Mountains is not coming to the world's attention for this reason alone, however, but also because the physical changes have been preceded by a philosophical openness. The involvement of Western planners is just one example of this. Open "thinking spaces" draw not only capital. They also appeal to artists and other "alternative" individuals from Moscow, for example; tank workshops have become art museums, military traffic has been replaced by cruise ship tourism. "The open city should not be understood as a structural model for the city," says Kees Christiaanse: unlike a general or zoning plan, the master plan is not subject to legislative regulation.[4] Instead, it stands for an approach to how the city ought to project itself, or keep itself open, in terms of planning and city policy. Open to change but also to tradition. And: open for all, especially for its present and future residents.

Notes

1 Kaye Geipel: "Unsichtbare Grenzen und notwendige Schwellen." In: *Bauwelt* 17-18, 2008

2 Jürgen Bruns-Berentelg / Angelus Eisinger / Martin Kohler / Marcus Menzl (eds.).: *HafenCity Hamburg. Neue urbane Begegnungsorte zwischen Metropole und Nachbarschaft.* Vienna/New York, 2010.

3 cf.: Kees Christiaanse: "The Open City and its Enemies." In: Tim Rieniets / Jennver Sigler / Kees Christiaanse (eds.): *Open City.* Amsterdam, 2009, pp. 25ff.

4 Interview with Kees Christiaanse in Zurich, May 2011.

MEIKE SCHALK

Das „gute Heim"

Segregation in Stockholm

Schweden ist für viele der Inbegriff eines Musterlands. Der sehr hohe, relativ gleichmäßig auf die Bevölkerung verteilte Wohlstand, das große soziale Gewissen und die Vorreiterrolle in Sachen Gleichberechtigung – Schweden ist das Land mit dem höchsten Frauenanteil im Parlament und in der Regierung der Welt – werden gerne hervorgehoben. Schaut man allerdings genauer hin, werden durchaus Widersprüche deutlich. Das „schwedische Modell", das in den nordischen Ländern als Grundlage des Wohlfahrtsstaats gilt, hat sich im Stadtraum Stockholms ganz unterschiedlich, aber vor allem in Segregation niedergeschlagen. Das betrifft heute vor allem die Lebensumstände der Migranten.[1] Ethnische Segregation ist ein weltweites Problem, das auch in vielen europäischen Städten aktuell ist, aber warum wird es gerade in Stockholm so deutlich sichtbar, in einem Land, dessen Politik historisch stets von guten Intentionen und sozialen Ideen geprägt war? Das sogenannte Millionenprogramm ist dafür ein markantes Beispiel: Es war ein staatliches und kommunales Bauprogramm, das mit dem Ziel aufgelegt worden war, zwischen 1965 und 1975 eine Million Wohnungen in Stockholm und seinen Vororten zu bauen. Wohnungen wurden nicht auf dem freien Markt verkauft oder vermietet, sondern nach staatlich festgelegten Regeln vergeben. Trotz der damit verbundenen Steuerungsmöglichkeiten hat sich in der Stadt vor allem eine ethnische Segregation der Bevölkerung ergeben: Die schwedische Majorität lebt vorzugsweise in der Innenstadt und in einigen teuren Einfamilienhausvororten, während sich eine multikulturelle ausländische Bevölkerung

in den Vororten des sogenannten Millionenprogramms konzentriert. Erst in zweiter Linie ist auch eine sozioökonomische und demografische Segregation erkennbar: überwiegend junge und einkommensschwache Zugezogene leben in der Peripherie, die gut ausgebildeten, kaufkräftigen Schweden im Zentrum.
In Vororten wie Tensta und Rinkeby, wo 90 Prozent der Bevölkerung einen Migrationshintergrund haben und vorwiegend aus Somalia, Eritrea, Irak und Afghanistan stammen, ist das Durchschnittseinkommen weniger als halb so hoch wie in der Innenstadt, die Arbeitslosigkeit hingegen ist hier fünfmal höher.[2]
Eine freie Wahl des Wohnortes aus sozialen und nachbarschaftlichen Vorlieben heraus ist für viele Stockholmer nicht möglich, der extrem angespannte Wohnungsmarkt hat eigene Spielregeln. Wohnungen werden über Wartelisten vergeben. Auf einen eigenen Mietvertrag für eine Wohnung in der Innenstadt wartet man in der Regel 15 bis 20 Jahre. In den Vororten kann man dagegen innerhalb weniger Jahre eine Wohnung bekommen. Die, die ihren Wohnort wählen können, besitzen entweder schon einen Mietvertrag, sind ressourcenstark oder können sich durch ihr soziales Netzwerk auf informellen Wegen eine Wohnung beschaffen. Neuzugezogene sind deshalb benachteiligt. Sie haben keine Eltern, die sie kurz nach ihrer Geburt bei der kommunalen Wohnungsvermittlung als Wohnungssuchende registriert haben. Demzufolge können sie auch keine sogenannte Wohnungskarriere machen. Sie haben keinen Vertrag über eine der beliebten Innenstadtwohnungen, können sie nicht zum Tausch anbieten,

Das staatliche, in den 1960er Jahren aufgelegte sogenannte Millionenprogramm sollte allen Schweden ein „gutes Heim" sichern. Die Wohnungsvergabeverfahren erzeugten eine derart starke Segregation, dass heute in den Außenbezirken von Stockholm 90 Prozent der Bevölkerung Migrationshintergrund haben. Der Stadtteil Tensta 1971 (rechts) und Rinkeby heute (unten)
The Million Programme set up by the state in the 1960s was intended to ensure a "good home" for all Swedes. The housing allocation process created such severe segregation that, today, 90 per cent of the population in Stockholm's outer districts has a migration background. The district of Tensta in 1971 (right) and Rinkeby today (below)

MEIKE SCHALK

The "Good Home"

Segregation in Stockholm

langfristig in zweiter Hand untervermieten oder gar den Mietvertrag auf dem Schwarzmarkt verkaufen. So wird die Segregation Ausdruck sozialer Verhältnisse und vor allem der Herkunft. Dabei herrscht an allen politischen Fronten Einigkeit darüber, dass das Problem der Marginalisierung von neuzugezogenen Migranten ein Mangel an Wahlmöglichkeiten ist. Uneinig ist man sich jedoch darüber, wie der Segregation zu begegnen sei. Während die Linke die Notwendigkeit des Erhalts von Mietwohnungen betont, aber kein neues staatliches Bauprogramm vorlegen kann, setzt die Rechte darauf, kommunale Mietwohnungen zu verkaufen. Beide Lager betonen das Ziel, soziale Mischungen befördern zu wollen. Die einen wollen den Status quo erhalten, um auch Einkommensschwachen zumindest theoretisch die Möglichkeit zu geben, in den Mietwohnungen der Innenstadt leben zu können. Die andere Seite will den Wohnungsmarkt durch das Schaffen von Eigentum aktivieren. Die letztere Strategie versucht den faktisch lahm gelegten Mietmarkt zu beleben, auf dem niemand, der einmal eine Mietwohnung ergattert hat, sie je wieder aufgeben würde – zu wertvoll ist der Besitz eines solchen Mietvertrags, der wie eine informelle Valuta funktioniert. Damit begünstigt diese Strategie jedoch die kaufkräftige Klientel und diskriminiert die anderen.

Der schwedische Wohlfahrtsstaat

Mitverantwortlich für diese Situation ist der wirtschaftliche Sonderweg Schwedens in Europa seit den 1930er Jahren, der als das schwedische Modell bekannt wurde. Wohnungsbaupolitik, Stadtplanung und Architektur waren grundlegende Werkzeuge für die Schaffung des Wohlfahrtstaates. Indem sie die Klassenkampfrhetorik zugunsten einer allgemeinen Wohlfahrtsvision aufgab, gelang es der schwedischen Sozialdemokratie, eine breite Unterstützung in der Gesellschaft zu etablieren. Um der allgemeinen Wohnungsnot beizukommen, wurden ab 1935 verschiedene staatliche Bauprogramme umgesetzt. Eigens gegründete kommunale Wohnbaufirmen errichteten erschwinglichen

Wohnraum mit einem für die damalige Zeit hohen Standard. Der zugrundeliegende Gedanke war ein postuliertes grundsätzliches Recht auf eine menschenwürdige Wohnung, das durch die profitlose Bereitstellung und Verwaltung der Kommunen gewährleistet werden sollte. Dadurch wurden nicht nur der Bausektor und der Wohnungsmarkt reformiert, sondern auch das gesamte schwedische Wirtschaftssystem. Man spricht heute von einem historischen Kompromiss, dem Übereinkommen zwischen Arbeiterbewegung, Gewerkschaften und großen Teilen der Wirtschaft, der zum „schwedischen Mittelweg" zwischen Kapitalismus und Sozialismus geführt hat.[3] Dieses politische Konzept wurde unter dem Namen „Folkhemmet" populär. Der Schwedische Staat sollte ein „gutes Heim" werden, von Gleichheit und gegenseitigem Verständnis geprägt. Ein „Volksheim" sollte die traditionelle Klassengesellschaft ersetzen. Das politische Programm propagierte eine Vision von Gleichheit ohne Sonderbehandlung

Das Zentrum des Stadtteils Tensta (oben ein Foto vom Anfang der 1970er Jahre) ist heute durch seine internationale Bewohnerschaft geprägt (links): Es gibt einen regelmäßigen Markt und im Obergeschoss des gelben Gebäudes eine Moschee. The centre of the Tensta district (above a photo from the early 1970s) is today characterised by its international resident population (left): there is a regular market and a mosque upstairs in the yellow building.

For many people Sweden is the epitome of a model country. The very high level of prosperity, distributed relatively evenly across the population, the considerable social conscience, and the leading role in issues of equality– Sweden has the highest proportion of women in parliament and in government in the world– are often emphasised. A closer look, however, reveals contradictions. The "Swedish model," in the Nordic countries considered to form the basis of the welfare state, has had widely differing impacts on the Stockholm area, especially with regard to segregation. Today this applies to the living conditions of migrants in particular.[1] Ethnic segregation is a worldwide problem, currently an issue in many other European cities as well, but why is it so clearly evident in Stockholm, of all places, in a country where, historically, politics has always been characterised by good intentions and social ideas? The so-called Million Programme is a striking example of this. This was a state and a communal construction programme established between 1965 and 1975 with the goal of building a million homes in Stockholm and its suburbs. The apartments were not sold or rented on the open market but were allocated according to rules drawn up by the state. Despite the control options related to this, ethnic segregation within the population has arisen, in the city in particular. The Swedish majority prefer to live in the city centre and in a number of expensive, single family home suburbs, while a multicultural, foreign population is concentrated in the Million Programme suburbs. Only at a secondary level is socio-economic and demographic segregation evident: largely young, low income newcomers live on the periphery, the well-educated Swedes with purchasing power in the centre.

In suburbs like Tensta and Rinkeby, where nineteen per cent of the population has a migration background, coming largely from Somalia, Eritrea, Iraq, and Afghanistan, the average income is less than half that of the city centre, while unemployment here is five times higher.[2] Freedom of choice in terms of place of residence, based on social and neighbourhood preferences, is not possible for many people in Stockholm, where the extremely tight property market has its own rules. Apartments are allocated on the basis of waiting lists. People generally wait 15-20 years for a lease to their own apartment in the city centre. In the suburbs, however, people can get an apartment within just a few years. Those who are able to choose their place of residence either have a lease already, have ample resources of their own, or are able to acquire an apartment through informal contacts within their social network. Newcomers are therefore at a disadvantage. They do not have parents who registered them shortly after their birth with the local housing services as seeking accommodation. Consequently they are not able to climb the apartment ladder, so to speak. They have no lease to a popular city centre apartment, are unable to offer to exchange it, to sublet it for the long term, or even sell the lease on the black market. Segregation thus becomes an expression of social situation and of origin in particular. All political fronts agree that the problem of the marginalisation of newly arrived migrants is one of a lack of choice. Where they disagree, however, is on how segregation is to be countered. While the left emphasises the need for the retention of rented apartments but is unable to come up with a state construction programme, the right focuses on the sale of communal rented apartments. Both sides emphasise the objective of wanting to promote social mixing. The one side wants to retain the status quo in order to give low income earners at least a theoretical chance of being able to live in the city centre rental apartments. The other side wants to revive the housing market by creating ownership. The latter strategy attempts to stimulate the effectively paralysed rental market, in which no-one who ever manages to get hold of a rented apartment would ever give it up–the possession of such a lease being so valuable that it functions like an informal currency. This strategy favours those with purchasing power, however, and discriminates against the others.

oder Stigmatisierung und wendete sich damit ausdrücklich gegen jede Art der Segregation in der Bevölkerung. Statt Sozialwohnungen nur für einen Teil der Gesellschaft zu planen, setzte die damalige Wohnungsbaupolitik auf das Prinzip des „Allmännyttan", mit „Allgemeinwohl" wohl treffend ins Deutsche zu übersetzen. Alle Wohnungen sollten von so hoher Qualität sein, dass auch die Mittelschicht am Wohlfahrtssystem teilhaben und private Alternativen überflüssig werden würden. Die mannigfaltigen Eigeninteressen sollten im Solidaritätsprinzip des Allgemeinwohls aufgehen. Allmännyttan war lange eine Erfolgsgeschichte ohnegleichen. Doch die letzten großen Wohnbauprojekte, die als Teil des Millionenprogramms entstanden, wurden zwar wie geplant abgeschlossen, galten aber bald als Problemquartiere. Warum?

Die Zahl der Immigranten stieg zur Zeit der Fertigstellung des Millionenprogramms dramatisch an. Das führte dazu, dass die meisten der Neuankömmlinge genau in diesen Neubaugebieten ihre Wohnungen fanden. Gleichzeitig hob in den Medien eine Debatte an, in der die neuen Vororte als Misserfolg und als eintönige, graue und gesichtslose Trabantenstädte gebrandmarkt wurden.

Dazu entbrannte während der 1990er Jahre eine Diskussion über die ethnische Segregation, die sich ausschließlich auf die Vororte fokussierte. Daraus folgten in den Siedlungen des Millionenprogramms Maßnahmen wie Gebäuderenovierung oder die Aufwertung öffentlicher Räume, um sie hauptsächlich für Schweden attraktiver zu machen. Dieses einseitige Vorhaben schlug fehl. Die Vorstädte wurden nur noch stärker als soziale Brennpunkte wahrgenommen, vor allem aber verlor sich das Bewusstsein darüber, dass Segregation ein relationales Phänomen darstellt, das die gesamte Stadt betrifft und auch durch das Verhalten der Einwohner beeinflusst wird.

Zur Stigmatisierung trugen dann auch die von vielen Schweden als fremdartig empfundenen kulturellen Aktivitäten der Gruppen und die hohe Arbeitslosigkeit in diesen Gegenden bei, was die Siedlungen des Millionenprogramms für viele zu Wohngebieten zweiter Wahl machte.

Ihre Bevölkerung hat sich außerdem seit den 1960er Jahren erheblich verändert. Kamen zuerst Gastarbeiter, leben dort heute vorwiegend Flüchtlinge. Die Fluktuation ist höher als in anderen Bezirken, denn die Hälfte derer, die, nach fünf bis sieben Jahren eine Arbeit gefunden haben, zieht weiter, was viele der Vororte zu einer Durchgangsstation werden lässt.[4]

Fazit

Die eigentlich außergewöhnlich erfolgreiche Wohnungspolitik, die die Grundlage des berühmten schwedischen Wohlfahrtsstaats schuf, brachte auch Strukturen hervor, die es heute erschweren, eine zur reinen Liberalisierung alternative Stimulierung des Wohnungsmarktes zu entwickeln und zu testen. Die Konzentration der Wohnungsbauproduktion auf wenige große Akteure und die Monopolisierung der Planungsbüros begünstigte eine rasche und groß angelegte Bauaktivität. Sie schloss gleichzeitig den Großteil mittelständiger und kleiner Unternehmen davon aus und verhindert zurzeit

Der öffentliche Raum zeigt die starke Segregation der Bevölkerung in Stockholm: Gebürtige Schweden leben vornehmlich im Zentrum der Stadt (rechts), während die Zuwanderer in den Außenbezirken konzentriert sind (oben). The public realm illustrates the strong segregation within Stockholm's population: Swedes by birth generally live in the city centre (right), while the immigrants are concentrated in the outer districts (above).

The Swedish Welfare State

Jointly responsible for this situation is the economic path taken by Sweden in Europe since the 1930s, becoming known as the Swedish model. Housing policy, urban planning, and architecture were the fundamental tools for the creation of the welfare state. Renouncing the rhetoric of class warfare in favour of a common welfare vision enabled Sweden's social democracy to establish a wide support base within society. A variety of state construction programmes were implemented as of 1935 in order to overcome the general housing shortages. Communal construction companies were set up especially to build affordable housing of a high standard for that time. The underlying idea was postulated as a fundamental right to a home fit for human beings, to be achieved through non-profit provision and administration on the part of the municipalities.

This resulted in a reform not only of the construction sector and the housing market, but also of the entire Swedish economic system, which is referred to today as a historic compromise, the "Swedish middle road" between capitalism and socialism.[3] The "Swedish middle road" meant the agreement between the labour movement, trade unions, and large sectors of the economy. This political concept was popularised under the name "Folkhemmet." The Swedish state was to become a "good home," characterised by equality and mutual understanding. The traditional class society was to be replaced by a "people's home." The political agenda propagated a vision of equality without special treatment or stigmatisation and thus expressly rejected any form of segregation within the population. Instead of planning subsidised housing for a part of the population, the then housing policy focused on the principle of "Allmännyttan," best translated into English as "the common good." All apartments were to be of such a high quality that the middle class would also participate in the welfare system and private alternatives would become superfluous. The diverse self-interests were to merge into a solidarity principle for the common good. "Allmännyttan" was an unparalleled success for a long time but, although the last major housing projects, forming part of the Million Programme, were completed as planned, they soon came to be seen as problem areas. Why?

The number of immigrants rose dramatically at the time the Million Programme was completed. This meant that the majority of new arrivals found homes in precisely these newly developed areas. At the same time, a debate evolved in the media in which the new suburbs were stigmatised as a failure and as monotone, grey, and faceless satellite towns.

Furthermore, the 1990s witnessed a discussion about ethnic segregation focused solely on the suburbs. This resulted in renovation measures or the upgrading of public spaces in the Million Programme areas in order to make them more appealing to Swedes in particular. This one-sided undertaking failed. The suburbs simply became more strongly perceived as social hot spots, but more especially there was

die Entstehung alternativer Märkte sowie die Beteiligung neuer Akteure am Planen und Bauen der Stadt.[5]

In Stockholm herrscht eine von Institutionen generierte Migration, an der Politiker, Kommunen, das Plansystem, Wohnbaufirmen, Wohnungsvermittlungen, Banken und das Kreditsystem, die Steuerpolitik, Makler und private Vermieter ihren Anteil haben, indem sie ankommende Flüchtlinge regelrecht in die Vororte verweisen. Außerdem muss auch von einer durch Segregation generierten Migration gesprochen werden, bei der die Majoritätsbevölkerung dazu tendiert, aus Gegenden mit hohem Ausländeranteil wegzuziehen. Eine freiwillige, durch Netzwerke generierte Migration ist in Stockholm[6] dagegen eher selten, aber nicht unmöglich. Das zeigt das Beispiel der iranischen Gemeinschaft, die bewusst versucht, sich in dem Vorort Kista anzusiedeln und sich mit diesem Stadtteil auch identifiziert.

Die Segregation bezieht sich dabei nicht nur auf unterschiedliche Wohnsituationen, sie wird auch im öffentlichen Raum sichtbar. Stockholms migrantische Bevölkerung ist in der Innenstadt faktisch kaum präsent, gleichzeitig begeben sich gebürtige Schweden nur selten in die multikulturellen Vororte; dabei wäre auch ein solcher Austausch schon eine Bereicherung für Stockholm mit dem selbst gesetzten Anspruch einer weltläufigen und innovativen Metropole.

Anmerkungen

1 Als Migrant bezeichnet man in Schweden Einwanderer, die in einem anderen Land geboren sind und ihre Kinder als Migranten der zweiten Generation. Die Hälfte aller Migranten besitzt die schwedische Staatsbürgerschaft.

2 Kent Werne: *Om utförsäljningen av allmännyttan.* Stockholm 2010, S. 102

3 Mehr zum historischen Kompromiss als Kern des schwedischen Modernismus in Helena Mattsson / Sven-Olov Wallenstein: *Der schwedische Modernismus am Scheideweg.* Stockholm 2009, S. 72-73.

4 Jonas Hugosson / Camilla Maandi: *Boendesegregation i Sverige.* Hyresgästförening 2008.

5 Laut Boverket (dem Wohnungsamt) benötigt Stockholm 9000 neue Wohnungen jedes Jahr, es wird aber nur ungefähr die Hälfte produziert.

6 Für eine Analyse verschiedener Formen der Segregation, siehe Irene Molina / Robert Andersson: *Sverige, framtiden och mångfalden.* SOU, 1996:55 (Fritzes offentliga publikationer, 1996).

a loss of awareness of the fact that segregation constitutes a relational phenomenon affecting the entire city, also influenced by the residents' conduct.

The cultural activities of these groups, felt by many Swedes to be strange, and the high unemployment in these areas contributed to the stigmatisation, making the Million Programme areas second choice residential areas for many people. Their populations have also changed considerably since the 1960s. While it was migrant workers initially, today it is largely refugees who live there. The turnover is higher than in other areas because half of those who have found a job after five to seven years then move on, turning many of the suburbs into transit points.[4]

Conclusion

What was in fact the extraordinarily successful housing policy that formed the basis of the renowned Swedish welfare state also created structures that to this day make it difficult to develop and to test an alternative stimulation of the housing market purely aimed at liberalisation. The concentration of housing construction in the hands of a few large protagonists and the monopolisation of the planning offices facilitated rapid, expansive construction activity. At the same time, this excluded the majority of medium-sized and small companies and currently prevents the development of alternative markets as well as the participation of new protagonists in the city's planning and construction.[5]

What prevails in Stockholm is institution-generated migration, in which politicians, municipalities, the planning system, construction companies, housing agencies, banks, the credit system, taxation policy, brokers, and private landlords all have a share through the straightforward referral of newly arrived refugees to the suburbs. It is also a matter of segregation-generated migration, where the majority population tends to move out of areas with a high proportion of foreigners. Voluntary, network-generated migration, on the other hand, tends to be rare in Stockholm,[6] but is not impossible. This is illustrated by the Iranian community, which deliberately tries to settle in the suburb of Kista and also identifies with this district of the city.

The segregation relates not only to the different housing situations, it is also evident in public areas. Stockholm's migrant population is in fact barely present in the city centre, while only seldom do born and bred Swedes visit the multicultural suburbs not very often. An exchange of this nature, however, would be an enrichment for Stockholm, with its own claims to be a cosmopolitan and innovative city.

Notes

1 Immigrants born in another country are described as migrants in Sweden, and their children as second generation migrants. Half of all migrants have Swedish citizenship.

2 Kent Werne: *Om utförsäljningen av allmännyttan.* Stockholm 2010, p. 102.

3 More on the historic compromise at the core of Swedish modernism in Helena Mattsson / Sven-Olov Wallenstein: *Der schwedische Modernismus am Scheideweg.* Stockholm 2009, pp. 72-3.

4 Jonas Hugosson / Camilla Maandi: *Boendesegregation i Sverige.* Hyresgästförening 2008.

5 According to Boverket (the housing office) Stockholm needs 9000 new apartments every year, but only about half are built.

6 For an analysis of different forms of segregation, see Irene Molina / Robert Andersson: *Sverige, framtiden och mångfalden.* SOU, 1996, p. 55 (Fritzes offentliga publikationer, 1996).

Stadtteile wie Södermalm (links) in der Stockholmer Altstadt erleben derzeit eine erhebliche Aufwertung, an der die Zuwanderer kaum Anteil haben. Die Stadtteile liegen in der Nähe des Sergels Torg, des für die schwedische Hauptstadt zentralen Stadtplatzes, an dem sich die großen Kaufhäuser, aber auch das von dem Architekten Peter Celsing als sozialer Mittelpunkt der Stadt konzipierte Kulturhuset befindet (oben, das Kulturhuset ist im Bild rechts angeschnitten).
Districts such as Södermalm (left) in Stockholm's old town are currently undergoing a considerable upgrade in which immigrants are barely involved. The districts are located close to Sergels Torg, the Swedish capital's central square where the large department stores as well as the Kulturhuset designed by architect Peter Celsing as a social focal point, are located (above, the Kulturhuset is to the right of the picture).

RUTH ASSEYER

Cosmopolis – Ville Populaire Marseille

Marseille ist laut, chaotisch und hat ein unvergleichlich strahlendes Licht, das die Kontraste überdeutlich werden lässt: das Nebeneinander von Arm und Reich, von europäischer und orientalischer Kultur. Die Stadt ist ein Gewirr aus modernen Hochhaussiedlungen, Boulevards aus dem 19. Jahrhundert, Autobahnen und dörflichen Vorortstraßen. Geht man vom Alten Hafen aus eine Straße südlich der „Canebière" hoch, passiert man die Schaufenster teurer Geschäfte. Doch kaum betritt man den Boulevard Garibaldi und geht Richtung Metrostation Noallies, hat man das Gefühl, Europa zu verlassen. Vor der Metrostation gibt es einen Markt, wo man günstig Gemüse und Lebensmittel kaufen kann. Arabische Straßenhändler säumen die engen, hohen Gassen, sie bieten Uhren und Handys an. Afrikanerinnen in bunten, traditionellen Gewändern bewegen sich lässig durch das Gewühl. Überall sind einfache Cafés, arabische Imbisse und Pizzerias. Dieser plötzliche Szenenwechsel ist typisch für Marseille. Die Mittelmeermetropole ist eine Einwandererstadt und allein schon durch die geografische Lage ein Tor nach Europa oder umgekehrt: nach Afrika. Ab Mitte des 19. Jahrhunderts kamen zuerst die Italiener, später die Spanier, die Griechen, die Armenier. Sie fanden Arbeit in den neuen Hafenanlagen, den neuen Mehl- und Seifenfabriken, Stahlwerken und Ziegeleien. Anfang des 20. Jahrhunderts lebten in der Stadt 750.000 Einwohner. Davon waren etwa 30 Prozent Einwanderer! 1962, als Frankreich seine nordafrikanischen Kolonien aufgab, ließen sich etwa 150.000 Algerienfranzosen in Marseille nieder, die sogenannten *pied-noirs*. Später folgten ihnen andere ehemals Kolonisierte des Maghreb.

Dieses Völkergemisch bildete eine ganz eigene lokale Identität heraus, die lebendige Musikszene der Stadt gibt Zeugnis davon. Wie viele Künstler betrachtet der Schriftsteller Henri-

Frédéric Blanc – er hat korsische Wurzeln – Marseille als Gegenpol zu Paris. Beispielsweise sei die Sprache hier viel kreativer als in der Hauptstadt: „Ständig entstehen neue Ausdrücke, neue Wörter. Das ist eine Sprache, die wenig Respekt zeigt, sie ist vielleicht ein bisschen brutal, eben sehr direkt und ironisch. Sie ermöglicht, sich dem derzeitigen Geschehen besser anzunähern. Denn die Welt ist nicht klassisch, nicht akademisch, sie ist wunderlich, ungereimt, sie ist verrückt. Also, ich glaube, die Marseiller Art zu sprechen ist geeigneter, die Gegenwart auszudrücken."

Bis zur großen Krise der 1980er Jahre hat Marseille gut mit der Einwanderung gelebt: Die Industrie hatte immer ausreichend billige Arbeitskräfte, die Neuankömmlinge konnten sich integrieren und sind sozial aufgestiegen. Sie begreifen sich bis heute zuerst als Marseiller, danach als Franzosen. Der Soziologe und Schriftsteller Gilles Ascaride – selbst Nachfahre italienischer und armenischer Einwanderer – bezeichnet das als „Zwischenidentität": „Viele Einwanderer oder deren Kinder sehen sich erst einmal als Marseiller, dann erst als Franzosen. Es gibt diese Art der ‚Zwischenidentität' – voilà, wir sind die Stadt! Unser Zuhause, unsere Heimat, das ist Marseille. Dieser Marseiller Traum funktioniert ganz gut, warum nicht? Nur – wenn man die Stadt saniert, dann wird man ihn zerstören. Denn die armen Leute werden sich nicht in einen Lebensstil integrieren können, der für die gehobene Mittelschicht reserviert ist, das ist nicht möglich." Ascaride meint das Projekt „Euromediteranée": Um den Niedergang der Stadt zu stoppen, begann der französische Staat 1995 mit dem gigantischen Sanierungsprogramm. Es umfasst die ehemaligen Arbeiterstadtteile des Bahnhofsviertels Saint Charles bis zu den Hafenbecken von Joliette und Arenc. Das sind 311 Hektar. Trotz einiger Sozialwohnungen werden die modernen Firmenzentralen und Appartementhäuser von „Euromediterranée" Marseilles Charakter als *ville populaire* grundlegend verändern.

Größer können Gegensätze nicht sein: der Markt France Bouches-du-Rhone und das Projekt „Euroméditerranée" (CMA CGM Hauptquartier Marseille, Architektin Zaha Hadid)   The extremes could not be greater: the Bouches-du-Rhone market, France and the "Euroméditerranée" project (CMA CGM headquarters, Marseille, architect Zaha Hadid)

RUTH ASSEYER

Cosmopolis—Marseilles, Ville Populaire

Marseilles is loud, chaotic, and has an incomparably radiant light that makes the contrasts blatantly obvious: the juxtaposition of rich and poor, of European and Oriental cultures. The city is a maze of modern high-rise apartment buildings, nineteenth-century boulevards, highways, and village-like suburban streets. If you walk along a road heading south from the Old Port up the "Canebière," you pass the windows of the expensive shops. Yet you have hardly entered the Boulevard Garibaldi heading towards the Noallies metro station before you have the feeling that you are leaving Europe. In front of the metro station is a market where you can buy cheap vegetables and groceries. Arab street hawkers line the narrow, high-walled alleyways, offering watches and mobile phones. African women in colourful traditional garments move nonchalantly through the crowd. There are simple cafés, Arab takeaways, and pizzerias everywhere. This sudden change of scenery is typical of Marseilles.

The Mediterranean metropolis is a city of immigrants and, due to its geographical location alone, a gateway to Europe, or vice versa: to Africa. The Italians came first, from the middle of the nineteenth century, later the Spanish, the Greeks, and the Armenians. They found work in the new port facilities, the new flour and soap factories, steelworks, and brickworks. At the start of the twentieth century the city had 750,000 residents, some 30 per cent of whom were immigrants! In 1962, when France relinquished its North African colonies, about 150,000 French Algerians settled in Marseilles, and were referred to as the pied-noirs. They were later followed by other immigrants from the former colonies of the Maghreb.

This ethnic mix developed its very own local identity, to which the city's vibrant music scene is a testimony. Like many artists, the writer Henri-Frédéric Blanc—he has Corsican roots—sees Marseilles as the antithesis of Paris, claiming, for example, that the language here is far more creative than in the capital: "New expressions, new words are continually being created. It is a language showing little respect, it is perhaps a little brutal, it is very direct and sarcastic. It enables a better approach to contemporary events as the world is not classic, not academic, it is whimsical, absurd, it is crazy. I therefore think that the way they speak in Marseilles is better suited to expressing the present."

Up until the major crisis of the 1980s, Marseilles had got along well with immigration. The industries always had sufficient cheap labour, the new arrivals have been able to integrate, and have advanced socially. To this day they see themselves first and foremost as natives of Marseilles, and then as French. The sociologist and writer Gilles Ascaride—himself the descendant of Italian and Armenian immigrants—describes this as "interim identity": "Many immigrants or their children see themselves as being from Marseilles first of all, and then from France. There is a kind of 'interim identity'—voilà, we are the city! Our home, our homeland, that is Marseilles. This dream Marseilles functions very well, why shouldn't it? If the city were to be renovated, however, it would be destroyed. For the poor people will not be able to integrate themselves in a lifestyle reserved for the upper middle class, that is not possible." Ascaride is referring to the "EuroMediterranée" project, a huge redevelopment programme begun by the French state in 1995 in order to halt the city's decline. It encompasses the former working class areas of the railway station district of Saint Charles through to the harbour basins of Joliette and Arenc. That is 311 hectares. Despite the provision of some subsidised housing, the modern "EuroMediterranée" company offices and apartment buildings will mean a fundamental change to Marseilles' character as *ville populaire*.

JENS S. DANGSCHAT

Verwienern
Oder: Als Gast in Wien arbeiten

Vor 13 Jahren bin ich nach Wien gegangen, ein wichtiger Grund waren die schlechten Arbeitsbedingungen an der Universität Hamburg. Von den meisten KollegInnen wurde ich offensiv beneidet – dennoch habe ich schweren Herzens meine „Heimat" Hamburg verlassen. Aber was soll einem schon passieren – Beamter der Republik Österreich zu werden, bedeutet ökonomische Sicherheit und so viel anders als München wird es auch nicht sein – man kennt ja die lieben Nachbarn vom Schifahr'n und der Durchreise ans Mittelmeer.

Weit gefehlt: „Wien ist anders", so lautet der offizielle Slogan der Stadt, zum einen völlig nichtssagend, zum anderen überheblich. Aber: Er stimmt. Wien hat nach der Mercer-Studie die höchste Lebensqualität aller Städte der Erde – man sieht es nur nicht in den Gesichtern der Bim-Fahrgäste. In Wien haben über die letzten Jahrhunderte Mengen von Literaten sich ihr Leiden an der Stadt vom Herzen geschrieben – und konnten nicht von ihr lassen. Wien ist eine Stadt, die zu verlassen man sich freut und gleichzeitig kommt man dennoch gerne wieder zurück. Am Flughafen haut's einen dann unweigerlich wieder hinaus, wenn man die ersten Wiener in ihrem schlamperten Dialekt hört, insbesondere wenn er aus Körpern kommt, die zu den übergewichtigsten in der EU zählen. Die kulturelle Entfernung zwischen zwei Städten im deutschsprachigen Raum könnte trotz aller Gemeinsamkeiten kaum größer sein als die zwischen Hamburg und Wien! Die Fahrt im Schlafwagen zwischen Wien und Hamburg glich Ende der 1990er Jahre einer Zeitreise von 10 bis 15 Jahren.

Wien ist die sicherste Großstadt Europas und dennoch sehr gefährlich: Man sollte sie nach wenigen Jahren wieder verlassen – sonst kommt man nicht von ihr los und „verwienert" ohne Gnade. „Verwienern" heißt, sich mit allem und jedem zu arrangieren lernen – akzeptieren, dass Unfreundlichkeit dazu gehört, um beim Gegenüber bloß keine Freude im Alltag aufkommen zu lassen, akzeptieren, dass am Wochenende die österreichischen Beisln geschlossen haben und Köche in Restaurants wochentags um 22:00 Uhr ihre Arbeit einstellen, akzeptieren, dass man lieber keine Meinung hat, zumindest sie nicht äußert – man lässt lieber alles in der Schwebe. Die Erziehung und das Schulsystem sind noch sehr autoritär – ein ruhiges Kind ist in Wien ein braves Kind.

Kritik ist kaum möglich – sie ist entweder Loyalitätsbruch oder grenzt an Hochverrat und „überhaupt ist das anderswo ja auch nicht anders". Kritik an der Sache wird sofort ins Grundsätzliche gehoben und als Angriff auf Leib und Leben aufgefasst. Schuld ist man in Wien nie selbst – es sind immer die Anderen: die da oben, die Globalisierung oder eben die Deutschen. Wir werden als „großer Bruder" angesehen – beneidet und trotzdem mit Schadenfreude bedacht, wenn mal was nicht klappt.

Gesetze und Verordnungen sind im Entstehen nicht heiß umkämpft – man wartet lieber, bis sie kommen, um dann zu sehen, wie man sie elegant umgeht. „Freunderlwirtschaft" wird das genannt, was anderswo als Vorteilsnahme eingeordnet wird, in Wien aber als „geschickt" und normal gilt. Man hält sich in Wien gewogen, indem man sich die Leichen in den Keller schiebt.

Die „Wiener Gemütlichkeit" ist in Wahrheit eine Last der Langsamkeit – im Reden, im Denken und im Gehen. Es wird nur dann gerannt – und zwar immer – wenn die Bim kommt, denn sie ist ja Stellvertreterin für die Obrigkeit. Die Stadt ist seit den 1920er Jahren fest im Griff der SPÖ, welche die Stadt mit paternalistischer Zuwendung erdrückt. Kaum etwas geht ohne Parteibuch und immer nach dem Muster rot, rot, schwarz, rot, rot, schwarz, … Die Rhetorik der Ausländerfeindlichkeit ist niederschmetternd. Wenn das alles so negativ ist, warum kommen dann aber so viele Menschen in die Stadt – als Touristen (etwa elf Millionen Nächtigungen im Jahr), zu Konferenzen (Wien ist die Stadt mit den meisten Konferenzen weltweit) und gar zum Bleiben? Wien ist die Großstadt im deutschsprachigen Raum mit der am stärksten

Wenn die Bim kommt, wird in Wien gerannt – und zwar immer. Sie ist Stellvertreterin der Obrigkeit.
In Vienna, when the tram comes, you run–always– for it represents authority.

JENS S. DANGSCHAT

Viennafied
Or: Working as a Guest in Vienna

I went to Vienna thirteen years ago, one of the main reasons being the poor working conditions at the University of Hamburg. The majority of my colleagues envied me openly, yet it was with a heavy heart that I left my "homeland" Hamburg. There couldn't be much to it, though—becoming a civil servant in the Republic of Austria means economic security and it can't be that much different from Munich—we know our dear neighbours anyway from skiing trips and from the journey down to the Mediterranean. Far from it! "Vienna is different" is the city's official slogan, completely trivial on the one hand, pretentious on the other. But it's true. According to the Mercer Survey, Vienna has the highest quality of life of all cities on Earth—it's just that it is not evident in the faces of the tram passengers. Over the last few centuries, a great many of the literati have written from the heart of their suffering in the city of Vienna—and yet were unable to let go. Vienna is a city that you are pleased to leave and, at the same time, you are happy to come back again. Invariably it hits you again at the airport when you hear the first Viennese with their slovenly dialect, particularly when spoken by bodies that are among the most overweight in the EU. The cultural distance between two cities in the German-speaking realm could hardly be greater than that between Hamburg and Vienna, despite all that they have in common! The journey by sleeping car between Vienna and Hamburg at the end of the 1990s was like a journey through time of ten to fifteen years.

Vienna is the safest of Europe's major cities and yet it is very dangerous: you ought to leave the city after a few years otherwise you never get away and will become mercilessly "Viennafied." Becoming "Viennafied" means learning to come to terms with everything and everyone—accepting that this includes unfriendliness so as not to give anyone any kind of display of joy in everyday life, accepting that the Austrian pubs are

steigenden Einwohnerzahl – und unter ihnen
steigt vor allem die Zahl der Deutschen: Allein
zwischen 2007 und 2011 hat sich deren Zahl
verdoppelt und „wir Deutschen" haben jüngst
die türkischen StaatsbürgerInnen vom Platz
zwei der Zugewanderten verdrängt. Knapp 20
Prozent der in Wien Lebenden haben keinen
rot-weiß-roten Pass, etwa 35 Prozent haben
einen Migrationshintergrund.

Deutscher zu sein in Wien wirft ein völlig anderes Licht auf Zuwanderung und Integration, als
es in Deutschland üblicherweise diskutiert wird.
Die zugewanderten Deutschen entsprechen
in ihrem demografischen und sozioökonomi-
schen Profil weitgehend den Wienerinnen und
Wienern – sie sind nur etwas jünger und besser
gebildet. Man wird zwar als „Piefke" oder „Preu-
ße" nicht wirklich diskriminiert, es wird einem
nur mit „Schmäh" und sehr subtil mitgeteilt,
dass man nicht von „da" ist.

Wenn man über 40 Jahre in Hamburg gelernt
hat, was (dort) gut und richtig ist, dann bekommt
man in Wien Probleme, denn vieles steht im Wi-
derspruch dazu, insbesondere dann, wenn in der
Diaspora die alte Heimat rosarot verklärt wird. Es
gibt ein Recht auf Nicht-Integration! Man sollte
sich – zumal gegen die eigene Überzeugung –
nicht anpassen müssen. Man sollte als erstes zu
einer Zeitung von zuhause greifen dürfen und
auch die bevorzugten Fernsehsender sollten aus
der Heimat berichten. Die wahre Integration ist,
wenn man selbst entscheiden kann, wie viel von
was man (er-)leben möchte – der Stadtsoziologe
Hans Paul Bahrdt hat das in den 1960er Jahren
in seiner Abhandlung über die moderne Großstadt als „partielle Integration" bezeichnet.

Mit der Sicherheit, sich seinen „eigenen"
Hintergrund bewahren zu können, lebt es sich
nicht schlecht in Wien, denn nirgendwo ist das
kulturelle Angebot so dicht und qualitätsvoll,
nirgendwo ist die Stadt so kompakt und der
öffentliche Nahverkehr so gut, dass man kein
Auto braucht, nirgendwo ist der Rotwein besser
und das Klima so pannonisch – und bis in die
Alpen und zum Mittelmeer ist es nicht weit.
Warum also das ganze Gemotschkere über die
„zweite Heimat"? Ich bin wohl doch schon stärker verwienert als ich zugeben mag ...

closed at the weekend and that the cooks in restaurants stop work at 10 p.m. during the week, accepting that people prefer to have no opinion, or at least not one that they express—everything is left in abeyance instead. Upbringing and the school system are still very authoritarian—in Vienna a quiet child is a good child.

Criticism is hardly possible—it is either a breach of loyalty or borders on high treason and "anyway, it is no different anywhere else either." Direct criticism is immediately elevated to the fundamental and seen as an attack on life and limb. No one in Vienna is every guilty themselves—it is always the others: them up there, globalisation, or in fact the Germans. The Germans are seen as "big brother"—envied and yet the object of gloating when something goes wrong.

There is no fierce resistance to rules and regulations while they are being drawn up—you prefer to wait until they are in place to then see how you can get around them elegantly. The "old boys' network," in other words, known elsewhere as cronyism but considered "clever" and the norm in Vienna. People in Vienna consider themselves well-disposed towards others by keeping the skeletons in the cupboard.

"Viennese ease" is in truth a burden of slowness—in talking, in thinking, and in walking. The only time you run—and then always—is when the tram comes, for it represents authority. The city has been firmly in the grip of the SPÖ (the Austrian Social Democratic Party) since the 1920s, crushing the city with its paternalistic care. Party membership is the prerequisite for practically everything and this always in accordance with the pattern of red, red, black, red, red, black ... the xenophobic rhetoric is shattering.

So, if everything is so negative, why do so many people come to the city—as tourists (about eleven million overnight stays per year), to conferences (Vienna is the city with the most conferences worldwide), and even to stay? Vienna has the fastest growing number of residents of all major cities in the German-speaking realm—and of these it is the Germans that are increasing in particular. The number of Germans doubled between 2007 and 2011 alone and "we Germans" have recently pushed the Turkish citizens from second place among the immigrants. Almost 20 per cent of those living in Vienna have no red-white-red passport; about 35 per cent have a migration background.

Being German in Vienna throws a whole new light on immigration and integration in comparison to how this is normally discussed in Germany. The demographic and socioeconomic profile of the immigrant Germans largely corresponds to that of the Viennese—they are just a little younger and better educated. They are not really discriminated against as "Piefkes," or "Prussians," they are merely "taunted" with very subtle reminders that they are not from "here."

If you have spent more than forty years in Hamburg learning what is good and right (there), you run into problems in Vienna because there is much that contradicts this, particularly when the old homeland is viewed through rose-tinted spectacles in the Diaspora. There is such a thing as a right to non-integration! You should not have to adapt when it contravenes your own convictions. You should first be able to get hold of a newspaper from home and also be able to get your preferred TV broadcaster from your homeland. True integration is when you can decide for yourself how much you want to experience—in the 1960s the urban sociologist Hans Paul Bahrdt referred to this as "partial integration" in his treatise on the modern city. With the assurance of being able to retain your "own" background, life is not bad in Vienna, for nowhere else is the cultural life as rich and of such high quality, nowhere is the city so compact and the public transport so good that you do not need a car at all, nowhere is the red wine better and the climate so "Pannonian"— and the Alps and the Mediterranean are not far either. So what is all the fuss about the "second homeland"? I am indeed more Viennafied that I care to admit ...

EROL YILDIZ

Selbstständigkeit als Ressource

Das urbane Potenzial migrantischer Ökonomie

In einer Wiener U-Bahnstation sah ich kürzlich ein Plakat, das die komplexe Beziehung von Stadt und Migration sehr schön auf den Punkt bringt: „Ach Wien, ohne uns Fremde, Migranten, Zugewanderte, hättest Du weder Vergangenheit noch Zukunft."

Zwar wird Mobilität allseits als Erfordernis unserer globalisierten Welt beschworen, transnationaler Migration bzw. Zuwanderung aber weiterhin mit Argwohn und Ablehnung begegnet. Nahezu unreflektiert erstreckt sich dieser pessimistische Blick auch auf Stadtviertel oder Straßenzüge, die sichtbar von Migration geprägt sind, wo inzwischen die Nachkommen von Zuwanderern bereits in der dritten Generation leben und arbeiten. Schnell werden solche Quartiere als Ghetto, Parallelgesellschaften oder Problemviertel abgetan, geraten langfristig in Verruf. Das führt schließlich dazu, dass der konstitutive Zusammenhang von Migration und Urbanisierung aus dem Blick gerät und die Potenziale, die solche Einwandererquartiere für urbanes Leben bieten, gar nicht erst zur Kenntnis genommen werden. Wie wir sehen, impliziert der Horizont des Fragens bereits die Antwortmöglichkeiten und schließt andere Perspektiven und Zusammenhänge aus.

Wer sich die Mühe macht, solche Stadtviertel aus der Nähe zu betrachten, sieht ein anderes Bild vor sich. Es wird schnell klar, dass es sich keineswegs um abgeschlossene, homogene Parallelwelten handelt. Urbane Strukturen motivieren, ja nötigen Menschen in den verschiedensten Kontexten zum Austausch. Netzwerke des Handels, der Gastronomie und anderer Unternehmungen verbinden die Quartiere mit dem größeren Umfeld – auch über nationale Grenzen hinweg. Das Leben folgt einer unspektakulären Alltagspragmatik, die sich am konkreten Umfeld orientiert und gerade bei Migranten und ihren Nachkommen in überregionale, transnationale Verbindungen eingebettet ist. Es sind informelle Gestaltungsräume, mit denen Einwanderer aktiv zur Entwicklung von Urbanität beitragen.[1]

Dies möchte ich nachfolgend anhand eines Fallbeispiels veranschaulichen: der Keupstraße in Köln-Mülheim.

Rückblick

Befasst man sich mit der Kölner Medienberichterstattung zu Migration, stößt man schnell auf die rechtsrheinisch etwas abseits gelegene Keupstraße. Auffallend ist der durchweg negative Grundton, wie etwa in den folgenden Zitaten aus dem *Kölner Stadtanzeiger* 2005:

„Wer an der Keupstraße wohnt, braucht im Alltag kein Deutsch. Eine Parallelgesellschaft mit eigenen Regeln. Auch die dritte und vierte Generation wächst auf nach anatolischer Art. (...) In Gruppenräumen und Klassenzimmern prallen die Kulturen aufeinander. Hier wird tagtäglich um Werte gefochten."[2]

„In die Keupstraße ist seit Jahrzehnten das Morgenland eingezogen. Hier herrschen türkische Sitten, die Gesetze einer in sich fast geschlossenen Gesellschaft (...)"[3]

Auch in einer kommunalen Dokumentation wurde die Keupstraße als ein Einwandererghetto beschrieben, in dem „Isolation, Hoffnungslosigkeit, Konkurrenzangst, Desintegration und Gewaltbereitschaft" ein hohes Konfliktpotenzial

Die Geschäftsleute an der Keupstraße in Köln-Mülheim haben ihrer Straße ein orientalisch-mediterranes Flair gegeben und gleichzeitig dafür gesorgt, dass der Mülheimer Karnevalszug hindurchzieht. The Keupstraße entrepreneurs in Cologne's Mühlheim district have given their street an Oriental-Mediterranean flair while also ensuring that it forms part of the Mülheim carnival procession route.

EROL YILDIZ

Self-Employment as a Resource

The urban potential of the migrant economy

bieten und „die notwendige Kommunikation und konstruktive Auseinandersetzung zwischen Migranten und Deutschen" erschweren würden.[4] Seit der Industrialisierung im 19. Jahrhundert waren hier unterschiedliche Migrantengruppen gekommen und gegangen. Die letzte große Zuwanderungswelle fand mit der Gastarbeiteranwerbung Anfang der 1960er Jahre statt. Überwiegend Migranten türkischer Herkunft verblieben schließlich in der Keupstraße. Die Schließung zahlreicher traditioneller Industriebetriebe sowie die Verlagerung von Großbetrieben führten im Zuge der Deindustrialisierung zu Arbeitslosigkeit und Niedergang. Die letzten alteingesessenen Besitzer schlossen ihre Geschäfte und zogen fort. Zurück blieb ein zerfallender und sanierungsbedürftiger Stadtteil. Vor allem Migranten waren es, die nach und nach leer stehende Wohnungen, Lokale und Läden übernahmen. Der Schritt in die Selbstständigkeit war oft der einzige Weg zur Existenzsicherung. Allmählich wurden die Geschäfte renoviert und wiedereröffnet. Dienstleister, kleine Läden und Restaurants reihen sich seitdem aneinander, bald wurden Fassaden und Wohnungen instand gesetzt. Auch von der Stadt Köln wurde schließlich eine Sanierung durchgeführt.[5]

Vom Gastarbeiter zum Unternehmer

Heute bietet die Straße ein attraktives Bild. Es gibt fast 100 unterschiedliche Läden, die sich vornehmlich in privater Hand befinden. Die vorhandenen Geschäfte decken eine breite Palette des täglichen Bedarfs ab. Neben Bäckereien und Konditoreien finden sich Bekleidungsgeschäfte, aber auch ein Elektrofachhandel und eine Buchhandlung. Vertreten sind mehrere Restaurants, Bistros und Imbissbuden ebenso wie Kneipen und die für Köln typischen Kioske. So ist die Keupstraße heute über Köln hinaus bekannt als attraktive Einkaufsstraße mit orientalisch-mediterranem Flair. Bei genauerer Betrachtung handelt es sich dabei nicht etwa um das Abbild einer „Herkunftskultur", sondern um eine Mischung kultureller Elemente, eine Art „orientalischer Inszenierung", die sich schlicht

als ein Zugeständnis an die lokalen Vorstellungen vom „Orient" erweist. Wie in Rothenburg ob der Tauber „deutsche Weihnacht" für amerikanische Touristen inszeniert wird, wird hier Orientalismus, den Edward Said eine „imaginäre Geografie" nannte, als Geschäftsstrategie in Szene gesetzt.[6] So gestaltete der Besitzer des Lokals „Kervansaray" mit einem befreundeten Architekten seine Hausfassade nach dem Vorbild eines türkischen Museums. Die Bekleidung des Personals wurde entsprechend angepasst (Kopfbedeckung, rote Westen). An der Finanzierung und Umsetzung beteiligte sich die gesamte Verwandtschaft.

Die Angebotsvielfalt der Keupstraße wird über Köln hinaus geschätzt, Durchreisende biegen zum Essen in das nahe der Autobahn gelegene Viertel ab, Kunden bestellen Hochzeitstorten, für die eine türkische Konditorei berühmt ist, Festtagskleidung beim Hochzeitsausstatter oder mehrsprachige Einladungskarten in der ansässigen Druckerei. Frau S., die Besitzerin der Konditorei, verweist auf die heterogene Kundschaft:

Das Orientalische der Keupstraße entspringt weniger einer nostalgischen Verklärung der Heimatkultur als äußeren Erwartungen eines Orientbildes, denen die Einzelhändler entsprechen wollen. Keupstraße's oriental character is due less to a nostalgic glorification of cultural background and more to the expectations of an Oriental image that the retailers want to accommodate.

I recently saw a poster in a Vienna underground station that made the point very neatly about the complex relationship between city and migration: "Oh Vienna, without us foreigners, migrants, and newcomers you would have neither a past nor a future."

Mobility may be invoked everywhere as a requisite of our globalised world, but transnational migration and/or immigration continues to be met with suspicion and hostility. With very little thought at all, this pessimistic view is extended to city districts or streets visibly characterised by migration, where the third generation descendants of immigrants are now living and working. Such districts are quickly written off as ghettos, parallel societies, or problem areas, falling into disrepute in the long term. This ultimately means that we lose sight of the essential context of migration and urbanisation and the urban life potential of such immigrant districts is not even noted. The scope of the question clearly implies certain response options and excludes other perspectives and correlations. Anyone making the effort to take a closer look at such urban districts is confronted with a different picture. It quickly becomes clear that this is not at all about self-contained, homogeneous parallel worlds. Urban structures motivate, in fact, compel people to engage in interaction in many different situations. Trade networks, catering, and other undertakings link the districts with their larger environs—even extending beyond national boundaries. Life proceeds according to an unspectacular everyday pragmatism, based on the concrete surroundings, and, with migrants and their descendants in particular, embedded within interregional and transnational connections. The active contribution made by immigrants to the development of urban life is informal in nature.[1]

I wish to illustrate this using a case study based on Keupstrasse in Cologne's Mülheim district.

In Retrospect

Anyone following Cologne's media reports on migration quickly comes across mention of Keupstrasse, on the right bank of the Rhine,

somewhat off the beaten track. What is striking is the consistently negative tone, as is illustrated by the following quotations from the *Kölner Stadtanzeiger* in 2005:

"Anyone living in Keupstrasse has no need of German in their everyday life. A parallel society with its own rules. Even the third and fourth generations grow up the Anatolian way. The cultures collide in community spaces and classrooms. A daily battle for values is fought here."[2]

"The Orient has been in residence in Keupstrasse for decades. Turkish customs prevail here, the laws of an almost closed society ..."[3]

Keupstrasse is also described as an immigrant ghetto in municipal documents, one in which "isolation, hopelessness, intimidation, disintegration, and a propensity for violence" create high conflict potential and hinder "the necessary communication and constructive encounters between migrants and Germans."[4]

Different migrant groups have come and gone here since industrialisation in the nineteenth century. The last major wave of immigration was the migrant worker recruitment at the beginning of the 1960s. Migrants of largely Turkish origin ultimately stayed in Keupstrasse. The closure of many traditional industries as well as the relocation of large firms led to unemployment and decline during the course of deindustrialisation. The last of the established owners closed their businesses and moved away. What was left behind was a crumbling urban district in need of renovation. It was primarily migrants who gradually took over the empty housing, restaurants, and shops. The move towards self-employment was often the only way to ensure a living. The shops were gradually renovated and reopened. Service providers, small shops, and restaurants have since lined up alongside one another, with façades and apartments then also being refurbished. Even the City of Cologne subsequently carried out renovations.[5]

From Migrant Worker to Entrepreneur

Today the street enjoys an agreeable appearance. There are almost one hundred different

„Durch unsere Mehrsprachigkeit und unseren Freundeskreis sind auch andere Nationalitäten darauf aufmerksam geworden, also inklusive auch gemischte Pärchen. (…) Und dann haben sich unsere deutschen Kunden auch geöffnet und getraut, hierher zu kommen und ihre Geburtstagstorten zu kaufen. Und die essen auch sehr gern unser Gebäck, das wir auch als Weihnachtsgebäck mittlerweile an die Düsseldorfer Weihnachtsmärkte verkaufen."

Sowohl lokale als auch überregionale Ereignisse werden von den Geschäftsleuten aufgegriffen. Anlässlich des katholischen Weltjugendtags und des Papstbesuches 2005 in Köln zierte eine Torte mit seinem Konterfei das Schaufenster der türkischen Konditorei. Auch der jährliche kölsche Karnevalszug nimmt auf Initiative der ansässigen Unternehmer seinen Weg durch die Straße, wo die Anwohner dann mitfeiern. Eine selbst gestaltete Festtagsbeleuchtung erhellt die Straße zu Weihnachten, Silvester und Ramadan. Selbst Touristen werden inzwischen von alternativen Reiseführern oder im Internet auf das Viertel aufmerksam gemacht und schauen gern vorbei.[7]

Unspektakuläre Alltagspraxis

Angebotsvielfalt, aber auch kulturelle Mischung und Offenheit stellen zentrale Aspekte der ökonomischen Prosperität und Attraktivität der Keupstraße dar. Durch Öffentlichkeitsarbeit, Projekte und kulturelle Veranstaltungen ist es den Geschäftsleuten der Interessengemeinschaft Keupstraße gelungen, das Image der Straße zu verbessern und die bestehende Infrastruktur zu professionalisieren.

Beim Vergleich mit nahe gelegenen Einkaufsmeilen des Stadtviertels wird deutlich: Während sich woanders ein Niedergang vollzog, der sich in der hohen Fluktuation der Geschäfte und einer wachsenden Präsenz von Billigketten äußert, ist die Keupstraße durch Beständigkeit geprägt. Dieser Erfolg verdankt sich nicht zuletzt der Flexibilität der Kleinunternehmer und ihrer Fähigkeit, vorhandene Ressourcen formeller und informeller Art kreativ zu nutzen.

Die meisten Anwohner fühlen sich hier wohl und betonen die Lebensqualität. Bei den Alteingesessenen klingt wohlwollende Distanz an. Man hat sich arrangiert und betrachtet die Situation durchaus positiv, wenn auch unter exotischem Blick. Herr M., der aus der Eifel kommt und seit 15 Jahren hier lebt, äußert sich pragmatisch: „Das ist Klein-Istanbul hier, ich habe mich gewöhnt an die Istanbulis, was bleibt mir auch anderes übrig". Auch im Gespräch mit Herrn A., der in Mülheim geboren und aufgewachsen ist, kommt der pragmatische Umgang zum Ausdruck:

„Wir sind vereinzelt noch ein paar Deutsche, die hier noch leben, wir kommen eigentlich mit türkischen Kollegen sehr gut zurecht (…) Das Flair hat ein bisschen was von Urlaub, gerade jetzt, wo die Sonne scheint und wenn die Jungs hier draußen sitzen mit ihrem Tee.)… Man ist hier integriert. Jetzt, als Deutscher ist man hier schon integriert, das ist ja schon paradox. Wir gehen ja nur in türkische Geschäfte, wir gehen ja nur hier einkaufen".

Fazit

Das Fallbeispiel zeigt, wie Arbeitsmigranten und deren Nachkommen unter erschwerten Bedingungen eine Kultur der Selbstständigkeit entwickelten, die ohne die Nutzung informeller Ressourcen nicht denkbar wäre. Durch Benachteiligung auf dem formellen Arbeitsmarkt gezwungen, andere Strategien und Beziehungskompetenzen zu entwickeln,[8] „soziales Kapital zu akkumulieren",[9] waren es gerade Familienunternehmen, die in schwierigen Zeiten und an desolaten Standorten Risiken eingingen, Geschäfte eröffneten, transkulturelle Bezüge und Verbindungen nutzten und so zur Aufwertung und Stabilität der Quartiere, zu urbaner Lebensqualität beitrugen. Ohne Übertreibung kann man hier von selbstorganisierter Integration sprechen. Es ist längst an der Zeit, diese Leistung anzuerkennen und Diversität als Potenzial der Stadtentwicklung zu betrachten.

Die Internationale Gesellschaft in der Keupstraße hält eine Vielzahl an Dienstleistungen bereit: von Übersetzungen bis zur Fertigung von individuellen Torten, die auch mal das Konterfei des Papstes tragen. Im Schaufenster des Konditors spiegelt sich aber auch die Kultur des Kopftuchs. The international society in Keupstraße has a multitude of services on offer: from translations through to the making of individual cakes, some of them even bearing the image of the Pope. The bakery window also reflects the headscarf culture though.

shops, most of which are in private hands. The existing businesses cover a wide spectrum of daily needs. In addition to bakeries and pastry shops, there are also clothing outlets as well as an electrical retailer and a bookshop. Also featured are several restaurants, bistros, and snack stands, as well as bars and the kiosks typical of Cologne.

Keupstrasse is now known throughout Cologne as an attractive shopping street with an Oriental-Mediterranean flair. A closer look reveals that this is not the reflection of "cultural background," for instance, but a mixture of cultural elements, a kind of "oriental production," simply making a concession to the local notions of "Orient." Just as the "German Christmas" is staged in Rothenburg ob der Tauber for American tourists, here Oriental-ism, which Edward Said called an "imaginary geography," is instrumentalised as a business strategy.[6] With the help of an architect friend, the owner of the restaurant "Kervansaray" thus designed the façade of his building based on a Turkish museum. The staff wear corresponding

attire (headgear, red waistcoats) and the entire extended family was involved in the financing and realisation.

The diversity of options on offer in Keupstrasse is well known beyond the boundaries of Cologne, with passing travellers turning off to eat in the district, located close to the autobahn. Customers order the wedding cakes for which a Turkish baker is famous, special clothes from the wedding outfitter, or multi-lingual invitations from the local printer. Ms S., the owner of the pastry shop, refers to the heterogeneous customer base:

"With us and our circle of friends being multilingual we have also become known to other nationalities, including mixed couples. ... And then our German customers opened up and dared to venture in here to buy their birthday cakes. And they really like our baked goods, which we now also sell at the Düsseldorf Christmas markets as seasonal treats."

The entrepreneurs make the most of both local and interregional events. On the occasion of Catholic World Youth Day and the Pope's visit to Cologne in 2005, the window of the Turkish pastry shop featured a cake with the Pope's likeness. The route of the annual Cologne carnival procession includes Keupstrasse, at the initiative of the entrepreneurs based there; the residents join in the celebrations. The street is lit up with its own festive lights at Christmas, New Year, and Ramadan. The district is now even brought to the attention of tourists in alternative guide books or on the internet and attracts frequent visitors.[7]

Unspectacular Everyday Practices

A diversity of options, but also cultural mingling and openness constitute the central aspects of Keupstrasse's economic prosperity and appeal. Through public relations, projects, and cultural events the Keupstrasse entrepreneurs' interest group has managed to improve the street's image and to professionalise the existing infrastructure.

A comparison with nearby shopping streets makes it clear: where decline was the outcome

Anmerkungen

1 Vgl. Laura Vanhué: „Migration – Stadt im Wandel". In: Joachim Brech / Laura Vanlué (Hg.): *Migration – Stadt im Wandel*. Darmstadt 1997, S. 11-15, hier S. 14.

2 Kirstin Boldt: „'Deutze Spracke isse swäre Spracke'. Die Lage der Einwandererkinder in Köln – Das tägliche Elend in Kindergärten und Schulen". In: *Kölner Stadt-Anzeiger* vom 14.11.2005.

3 Ebd.

4 Die Dokumentation: IG. Keupstraße e.V., Stadt Köln u.a. (Hg.): *Dokumentation. Veränderungsprozesse und Konfliktebenen in der Keupstraße*. Köln 1999.

5 Wolf-Dietrich Bukow / Erol Yildiz: „Der Wandel von Quartieren in der metropolitanen Gesellschaft am Beispiel Keupstraße in Köln oder: Eine verkannte Entwicklung?". In: Wolf-Dietrich Bukow / Erol Yildiz (Hg.): *Der Umgang mit der Stadtgesellschaft. Ist die multikulturelle Stadt gescheitert oder wird sie zu einem Erfolgsmodell?* Opladen 2002, S. 81-111.

6 Edward W. Said: *Orientalism*. New York 1978.

7 Elizabeta Jonuz / Erika Schulze: „Vielfalt als Motor städtischer Entwicklung. Das Beispiel der Keupstraße in Köln". In: Wolf-Dietrich Bukow / Gerda Heck / Erika Schulze / Erol Yildiz (Hg.): *Neue Vielfalt in der urbanen Stadtgesellschaft*. Wiesbaden 2011, S. 33-48, hier S. 37ff.

8 Vgl. Felicitas Hillmann: „Ethnische Ökonomien: eine Chance für die Städte und ihre Migrant(inn)en?". In: Norbert Gestring / Herbert Glausauer u.a. (Hg.): *Jahrbuch StadtRegion*. Opladen 2001, S. 35-56, hier S. 43f. sowie: Holger Floeting: „Selbstständigkeit von Migranten und informelle Netzwerke als Ressource für die Stadtentwicklung". In: Erol Yildiz / Birgit Mattausch (Hg.): *Urban Recycling. Migration als Großstadt-Ressource*. Basel/Boston/Berlin 2008, S. 52-62, hier S. 52ff.

9 Saskia Sassen: „Dienstleistungsökonomien und die Beschäftigung von Migranten in Städten". In: Klaus M. Schmals (Hg.): *Migration und Stadt. Entwicklungen – Defizite – Potentiale*. Opladen 2000, S. 87-114, hier S. 103.

Zum Service in der Keupstraße gehört der des türkischen Barbiers. Die Straße ist aber auch zum Zentrum für Brautmoden geworden. The Turkish barber is one of the services available in Keupstraße. The street has also become a centre for bridal fashion too.

elsewhere, evidenced by the high turnover of shops and a growing presence of low price outlets. In contrast, Keupstrasse is characterised by consistency. This success is owed not least to the flexibility of the small scale entrepreneurs and their ability to creatively use existing resources of both a formal and informal nature. The majority of residents feel at home here and emphasise the quality of life. There are overtones of benevolent distance from the old timers who have come to terms with a situation generally seen as positive, despite being viewed as exotic. Mr M., who comes from Eifel and has lived here for fifteen years, is pragmatic: "It is Little Istanbul here, I have got used to the Istanbulis—what other choice do I have?" In a conversation with Mr A., born and brought up in Mülheim, he also expresses a practical approach:

"Here and there are a few of us Germans still living here; we actually get along very well with our Turkish neighbours ... The atmosphere is a bit like being on holiday, especially now when the sun is shining and when the lads are sitting out here with their tea. ... People are integrated here. Now, as Germans, we are integrated here too, which is indeed a paradox. We only go to the Turkish shops, we only go shopping here."

Conclusion

The case study shows how migrant workers and their descendants have developed a culture of self-reliance under difficult conditions, something that would have been unthinkable without the use of informal resources. Forced by discrimination in the formal job market to develop other strategies and relationship skills,[8] "to accumulate social capital,"[9] it was the family entrepreneurs who took risks in difficult times and in desolate locations, opening businesses, using transcultural resources and connections, thus contributing to the upgrading and stability of the district, to the urban quality of life. It is no exaggeration to speak of self-organised integration here. It is high time that this effort was recognised and diversity seen as offering potential for urban development.

Notes

1 cf. Laura Vanhué: "Migration – Stadt im Wandel". In: Joachim Brech, Laura Vanlué (eds.): *Migration – Stadt im Wandel*. Darmstadt 1997, pp. 11-15, here p. 14.

2 Kirstin Boldt: "Deutze Spracke isse swäre Spracke'. Die Lage der Einwandererkinder in Köln – Das tägliche Elend in Kindergärten und Schulen". In: *Kölner Stadtanzeiger* dated 14.11.2005.

3 Ibid.

4 The documentation: IG. Keupstraße e.V., City of Cologne et al. (eds.): *Dokumentation. Veränderungsprozesse und Konfliktebenen in der Keupstraße*. Cologne 1999.

5 Wolf-Dietrich Bukow / Erol Yildiz: "Der Wandel von Quartieren in der metropolitanen Gesellschaft am Beispiel Keupstraße in Köln oder: Eine verkannte Entwicklung?". In: Wolf-Dietrich Bukow / Erol Yildiz (eds.): *Der Umgang mit der Stadtgesellschaft. Ist die multikulturelle Stadt gescheitert oder wird sie zu einem Erfolgsmodell?* Opladen 2002, pp. 81-111.

6 Edward W. Said: *Orientalism*. New York 1978.

7 Elizabeta Jonuz / Erika Schulze: "Vielfalt als Motor städtischer Entwicklung. Das Beispiel der Keupstraße in Köln". In: Wolf-Dietrich Bukow / Gerda Heck, Erika Schulze / Erol Yildiz (eds.): *Neue Vielfalt in der urbanen Stadtgesellschaft*. Wiesbaden 2011, pp. 33-48, here pp. 37ff.

8 cf. Felicitas Hillmann: "Ethnische Ökonomien: eine Chance für die Städte und ihre Migrant(inn)en?". In: Norbert Gestring / Herbert Glausauer et al. (eds.): *Jahrbuch StadtRegion*. Opladen 2001, pp. 35-56, here pp. 43f.; and Holger Floeting: "Selbstständigkeit von Migranten und informelle Netzwerke als Ressource für die Stadtentwicklung." In: Erol Yildiz / Birgit Mattausch (eds.): *Urban Recycling. Migration als Großstadt-Ressource*. Basel/Boston/Berlin 2008, pp. 52-62, here pp. 52ff.

9 Saskia Sassen: "Dienstleistungsökonomien und die Beschäftigung von Migranten in Städten". In: Klaus M. Schmals (ed.): *Migration und Stadt. Entwicklungen – Defizite – Potentiale*. Opladen 2000, pp. 87-114, here p. 103.

DIRK MEYHÖFER

Chancen für die postindustrielle Wildnis

Ein Gespräch mit Aslı Sevindim und Mustafa Tazeoğlu über die Zukunft von Duisburg-Marxloh

Das Erbe der Kulturhauptstadt Ruhr 2010

Marxloh, ein Duisburger Vorstadtkiez, gehörte zu den Projekten der Kulturhauptstadt Ruhr 2010. Warum?

Aslı Sevindim: Marxloh ist ein stark gefährdeter Stadtteil der ehemaligen Stahlstadt Duisburg. Doch es steckt viel Potenzial darin und mit der Ruhr 2010 ergab sich die Möglichkeit, genauer hinzuschauen, zu inszenieren und im Bereich der Kreativwirtschaft Unterstützung zu organisieren und damit Bewusstsein bei Politik und Wirtschaftsförderung zu wecken.

Was steckt hinter dem Begriff „Kreativwirtschaft" – mit diesen beiden Begriffen in einem Wort, die einander fremd zu sein scheinen?

AS: Gemeint sind Berufe, in denen ein schützenswerter Urhebergedanke wirtschaftlich umgesetzt werden kann. Das reicht von Musik über Medien bis zum Design; daraus macht man seinen Beruf und ein hoffentlich gutes Geschäft. Im Ruhrgebiet gibt es in der Kreativwirtschaft inzwischen mehr Arbeitsplätze als in der ehemals lebenswichtigen Montanindustrie. Und damit bin ich schon bei unserer Kernaufgabe: Wie fördert man in einer solch kosmopolitischen Region, in der die alten Arbeitgeber immer unwichtiger werden, die Menschen? Meist machen sie sich selbstständig und beuten sich dabei aus – wie in der heimischen Familiengastronomie. Aber man darf das nicht so eng

sehen mit der Kreativität. Wenn man damit Geld verdienen kann, dann ist das Design von Brautmoden wie hier in Marxloh sicher auch Teil der Kreativwirtschaft.

Im Rahmen der Ruhr 2010 präsentierte sich Marxloh im Internet als ein „Stadtquartier im interkulturellen Transformationsprozess" – als eine „Liaison von Herz und Verstand". Das Design von Brautkleidern fand sich in dieser Idee ebenso wieder wie Kunst im öffentlichen Raum. Sie beide waren damals sehr aktiv bei der Ruhr 2010; wie?

AS: Wir stammen beide aus der freien Szene und haben uns dann in den Kulturstadt-Apparat eingebracht. Wichtig ist vorab eine Begriffsklärung: Wir sehen Kultur einmal als eine ethnische, also eine türkische, kurdische, italienische oder polnische Angelegenheit im Alltag, darüber hinaus aber auch als einen sehr weit gefassten Oberbegriff wie „Lebensart". Wir waren schließlich keine Kunst-, sondern eine Kulturhauptstadt. Das hat sich dann in der Konzertreihe „Nightprayer" abgebildet, bei der übergreifend unterschiedliche Religionen einbezogen wurden: Der größte Hindu-Tempel Europas steht in Hamm und keiner wusste das. In Marxloh haben wir den größten osmanisch-byzantinischen Kuppelbau in Deutschland! Die Menschen waren sehr erstaunt, dass es im Ruhrgebiet etwa 2000 Glaubensgemeinschaften gibt. Deswegen haben wir an insgesamt zehn religiösen Orten Gruppen eingeladen, die für unterschiedliche spirituelle Musikrichtungen standen. Diese Konzerte einschließlich

Der Situation Room in Duisburg-Marxloh während der Veranstaltung „Urban Dingsbums" (s. auch Anmerkungen)   The Situation Room in Duisburg-Marxloh during the "Urban Whatnot" event (see also Footnotes)

DIRK MEYHÖFER

Opportunities for the Post-Industrial Wilderness

A conversation with Aslı Sevindim and Mustafa Tazeoğlu about the future of Duisburg-Marxloh

der Gottesdienste dauerten Stunden – und sie waren sehr erfolgreich. Der „Ruhri" ist nicht wahnsinnig kosmopolitisch oder weit gereist. Aber wenn er so etwas pragmatisch vor Ort erleben kann, dann geht er hin.

Guter Türke, schlechter Türke

Das Ruhrgebiet ist seit den 1920er Jahren ein traditionelles Einwanderungsgebiet, hier dürfte es ja eigentlich keine „Ausländerproblematik" geben?

AS: Im Prinzip ist das Zusammenleben im Ruhrgebiet recht entspannt. Vieles ist hier gut gelaufen und das hat mit dem Menschenschlag zu tun. Zwar kommt immer schnell der Vorwurf, die Freundschaft ende am Werktor. Na und? Ich bin ja draußen auch nicht mit jedem Türken befreundet. Trotzdem ist der gesamte Dialog zwischen den Kulturen überfrachtet. Das beginnt mit unklaren Begrifflichkeiten und endet mit Klischees über Ausländer. Das gilt auch für das Ruhrgebiet, aber in geminderter Form.

Mustafa Tazeoğlu: Im neuen „Situation Room" von Legenda e.V.[1], einer Mischung aus Show-, Arbeits- und Begegnungsraum, hilft gerade mein kleiner Bruder beim Renovieren. Der ist einer, vor dem die Mehrheit der deutschen Gesellschaft Angst hat: jugendlich, hängt in einer größeren Gruppe auf der Straße ab, die Hormone wachsen ihm aus den Ohren – da wechselt man die Straßenseite. Er geht auf die Gesamtschule und hat keine hohen Bildungschancen, dafür 1000 Fragen. In den zwei Tagen, die er mir hilft, meinen „Laden" zu renovieren, hat er, so glaube ich, mehr gelernt als bisher in der Schule und mehr Selbstbewusstsein bekommen. Ihm beizubringen, dass er gebraucht wird, das ist meine, das ist unser aller Hauptaufgabe.

Und das versuchen Sie beide nachzuholen?

MT: Ja. Wie viele andere Migranten auch heben wir uns aus der Masse „der" Türken ab, weil wir uns gesellschaftlich anerkannte Positionen erarbeitet haben. Wir fühlen uns als Teil der hiesigen Gesellschaft, auch wenn wir uns deswegen gegenüber unseren eigenen Landsleuten häufig rechtfertigen müssen. Gleichzeitig werden wir bei vielen Deutschen zur Ausnahme hochstilisiert. Dagegen wehre ich mich! Das ist doch unfair, wenn wir in Talkshows als „gute Ausländer" vereinnahmt werden, um auf die „Bösen" einzudreschen.

AS: Im Grunde werden wir für Normalität gelobt, denn wir haben uns Bildung erarbeitet und sind sozial engagiert. Das Problem dieser Gesellschaft ist ein Komplex vor anderen Nationalitäten, der dazu führt, zu glauben, Türken, Kurden, Sinti und all die anderen seien permanent aggressive, ihre Frauen einsperrende, komische Leute. Aber wir alle gehören zusammen in dieses Land. Die Stärkeren sollten die Schwächeren mitnehmen wie Mustafa seinen Bruder. Nicht nur im Kleinen, sondern auch im Großen.

Tausche Bildung für Wohnen

Reden wir über Lösungen und Strategien. Wenn zu wenig Arbeit für zu viele Leute vorhanden ist – wie schafft man Arbeit, die Mehrwert erzielt und die Menschen obendrein zufrieden macht?

MT: Eine unserer Aktionen heißt „Tausche Bildung für Wohnen".[2] Die entscheidenden Stichworte: *Soziale Teilhabe – Bildung – Leerstand*. Und zwar an Orten, wo es viele Kinder gibt, den entsprechenden Bildungsbedarf und auch leere Wohnungen. Weil dort kein Streetworker helfen kann – Türken haben keine direkte Beziehung zu Streetworkern –, schicken wir jemand anderes: einen Studenten, der bei jedem Ausländer für die Begriffsfolge *Student – Nachhilfe – Kind* steht. So kam es zur Aktion „Tausche Bildung für Wohnen", denn Studenten brauchen billige Wohnungen. Die Erben der alten Montanindustrie – die Wohnungsgesellschaften von Krupp oder Grillo etwa – verfügen über einen sehr großen Wohnungsbestand, der leer steht; sie könnten Wohnungen zur Verfügung stellen.

Aslı Sevindim ist als Tochter türkischer Eltern in Duisburg geboren und aufgewachsen. Sie arbeitet seit 1999 für den Westdeutschen Rundfunk. Für das Kulturhauptstadtjahr Ruhr 2010 war Aslı Sevindim als eine von vier künstlerischen Direktoren für das Themenfeld „Stadt der Kulturen" zuständig.
Aslı Sevindim was born in Duisburg, the daughter of Turkish parents, and grew up there. She has been working for the Westdeutscher Rundfunk since 1999. As one of four artistic directors for the Ruhr European Capital of Culture 2010, she was responsible for the theme "Stadt der Kulturen" ("City of Cultures").

Mustafa Tazeoğlu, geboren in Duisburg-Marxloh. Lebt und arbeitet auch dort. Zwischen 2007 und 2010 gehörte er zum Kollektiv des Medien-Bunkers Marxloh, für die Europäische Kulturhauptstadt Ruhr 2010 leitete Mustafa Tazeoğlu das Projekt „Kreativ.Quartiere". Mustafa Tazeoğlu was born in Duisburg-Marxloh, where he lives and works. He was a member of the Marxloh Medien-Bunker collective between 2007 and 2010 and ran the "Kreativ.Quartiere" ("Creative Quarters") project for the Ruhr European Capital of Culture 2010.

The Legacy of the Ruhr European Capital of Culture 2010

Marxloh, a suburban area of Duisburg, was one of the Ruhr European Capital of Culture 2010 Projects. Why?

Aslı Sevindim: Marxloh is a highly vulnerable district within the former steel metropolis of Duisburg. It has a great deal of potential, however, and the Ruhr European Capital of Culture 2010 provided the opportunity to take a closer look, to stage something, and to arrange support within the creative industry, and thus to create political and business development awareness.

What do we understand by the term "creative industry"–two words that appear to be alien to one another?

AS: It refers to work in which a creative idea worthy of protection can be implemented commercially. This might range from music to media to design; people make this their occupation and hopefully into a lucrative business. In the Ruhr area there are now more jobs in the creative industry than in the formerly vital coal and steel industry. And that brings me to our core task: how to support people in such a cosmopolitan region in which the former employers are becoming increasingly unimportant? The majority start out on their own and overwork themselves–as in local, family-run restaurants. But you should not look at creativity in such narrow terms. If you earn money doing it, then designing bridal fashion, as is the case here in Marxloh, is certainly also part of the creative industry.

Within the scope of the Ruhr European Capital of Culture 2010, Marxloh presented itself in the internet as a "city district in an intercultural transformation process"–as an "interaction between heart and mind." Bridal fashion design was reflected in this idea, as was art in public spaces. You were both very actively involved in the Ruhr European Capital of Culture 2010; how?

AS: We are both freelancers and then got involved in the Capital of Culture apparatus. We need to clarify some terms first of all: we see culture as an everyday ethnic, that is a Turkish, Kurdish, Italian, or Polish, issue, but also as a very broad umbrella term in the sense of "way of life." At the end of the day, we were not an art capital but a capital of culture. This then became apparent in the "Nightprayer" concert series incorporating different, overlapping religions: the biggest Hindu temple in Europe is in Hamm and no-one knew that. In Marxloh we have the largest Ottoman Byzantine domed building in Germany! People were simply astounded that there are some 2,000 religious communities in the Ruhr area. This is why we staged events at a total of ten religious locations with groups representing various spiritual music styles. These concerts, including the religious service, lasted for hours–and they were very successful. Your average "Ruhri" (Ruhr area resident) is not terribly cosmopolitan or well-travelled but if they are able to access an enjoyable experience locally then they take part.

Good Turk, Bad Turk

The Ruhr area has traditionally been an immigrant region since the 1920s, so there shouldn't be any "foreigner problems" here, should there?

AS: Co-existence in the Ruhr area is very easy-going in principle. There is a great deal that has worked well, which is due to the type of people here. Of course there is always the reproach that the friendship ends at the factory gate. And so? I am not friends with every Turk out there either. Nevertheless, this whole dialogue between cultures is overloaded. It begins with ambiguous terminology and ends with clichés about foreigners. This also applies to the Ruhr area, albeit to a lesser degree.

Mustafa Tazeoğlu: My younger brother is currently helping with the renovations in the Legenda e.V.'s[1] new "Situation Room," a combination of show, working area, and meeting place.

Warum sollten sie das tun?

MT: Sie könnten damit werben, dass sie ein innovatives Wohn-Bildungssystem fördern. Normalerweise kostet hier in der Gegend ein WG-Zimmer mit Nebenkosten etwa 180 Euro im Monat, mit Verpflegung 320 Euro. Studenten, die bei uns umsonst oder viel billiger wohnen, müssen sich um maximal drei Kinder im Stadtteil kümmern – egal welcher Nationalität, wir beginnen mit Erstklässlern und der 5. Klasse. Im Projekt lernen die Studenten auch, dass man in größeren WGs, also für zehn Bewohner in mehreren Wohnungen, günstiger einkaufen und sich entsprechend verpflegen kann. Das ist ein weiterer Synergieeffekt. Die Studenten sollten aus dem Stadtteil stammen und demografisch passen. Wir reden gerade mit der Industrie- und Handelskammer, ob sie nicht ein Zertifikat darüber ausstellen kann. Die Grundidee ist es dann, ein Haus zu kaufen und als Modell zu nutzen. So lange hier Studenten wohnen, werden auch Impulse für den Stadtteil entstehen.

AS: Wir nennen das ein sehr nachhaltiges nachbarschaftliches Engagement – im eigenen Haus macht man das ja auch, wenn man der Tochter des Nachbarn hilft.

MT: Nachhaltig auch deswegen, weil man die Immobilie als Verein erwirbt. Nach Anschubfinanzierungen durch Kunstprojekte ist schließlich die Immobilie in unserer Hand.

Kompensationsgeschäfte und Kleinökonomien

Funktioniert also die Stadtteilentwicklung nur über Kunst und Kreativität?

AS: Wir glauben nicht an Dinge, die man implantieren muss; Kreativwerkstätten in ganz normalen Wohnvierteln sind Quatsch. Es muss schon etwas vor Ort angelegt sein. Es gilt, die Ethno-Nischen weiter auszubauen und mit der deutschen Kultur zu verbinden.

MT: Ein Beispiel: Meine Mutter macht zusammen mit einer Freundin einen wunderbaren Dorfkäse, so eine Art türkischen Mozzarella, der ist schon verkauft, wenn die Produktion im Keller noch gar nicht abgeschlossen ist. Allein in ihrem unmittelbaren Umfeld hat sie 30 Stammkunden, die ich gefragt habe, ob sie für den Käse einen Vorschuss leisten könnten. Das Versprechen: Ihr bekommt die 200 Euro zurück und den Käse als Rendite. Mit den 6000 Euro kann man eine Industriekäsemischküche einrichten und das Dreifache produzieren – ein Drittel für die Rendite, ein Drittel für die Abzahlung der Küche und ein Drittel kann man hier auf dem Markt verkaufen. Nach etwa zwei Jahren hat sich das Ganze amortisiert. Die Küche ist abbezahlt, die Leute haben ihr Geld wieder zurück und das Unternehmen steht. Das ist eine qualifizierte Variante des Tauschhandels, des Vertrauenshandels. Vorteil ist die dörfliche Vertrauensbasis, hier gilt noch der Handschlag.

Aktuelle Straßenszene aus Duisburg-Marxloh: Türkische Hochzeitsausstatter zählen hier ganz gewiss zur Kreativbranche. Contemporary street scene in Duisburg-Marxloh: Turkish wedding outfitters are very much part of the creative industry here.

He is one of those of whom the majority of German society is afraid: young, hangs around the streets with a large group, has hormones sprouting out of his ears—people prefer to cross to the other side of the street. He goes to a comprehensive school and does not have particularly great educational prospects, but he has 1,000 questions. I believe he has learnt more in the two days he has been helping me to renovate my "shop" than he has at school so far and has more self-confidence. Teaching him that he is needed, that is my—that is our—main task.

And that is what you are both trying to catch up on?

MT: Yes. Like many other migrants, too, we stand out from the mass of "the" Turks because we have worked our way up into socially recognised positions. We feel ourselves to be part of the society here, even though we often have to justify ourselves to our own compatriots as a result. At the same time, we are portrayed as the exceptions by many Germans. I dispute that! It is simply unfair for us to be treated on talk shows as "good foreigners" in order to lay into the "bad ones."

AS: Basically it is normality that we are praised for, because we have acquired an education and are socially involved. The problem this society has is a complex in the face of other nationalities, leading to the belief that Turks, Kurds, Sinti (a Gypsy people), and all the others are strange, permanently aggressive people who lock up their women. But we all belong together in this country. The stronger should carry the weaker, like Mustafa did his brother. Not only on a small but also on a grander scale.

Education for Free Accommodation

Let us talk about solutions and strategies. When there is too little work for too many people, how do you create jobs aimed at creating additional value and that also fulfil people into the bargain?

MT: One of our projects is called "Tausche Bildung für Wohnen" ("Education for Free Accommodation").[2] The critical key words: *Social Participation–Education–Vacant Buildings*. And this in places where there are lots of children, the corresponding need for education, and also vacant housing. Because outreach workers are not able to help there—Turks have no direct contact with outreach workers—so we send someone else: a student who, for every foreigner, is symbolic of the sequence *Student–Extra Tuition–Child*. That is what led to the "Tausche Bildung für Wohnen" project, for students need cheap housing. The heirs to the former coal and steel industry—the Krupp or Grillo housing associations, for instance—have a great deal of empty housing; they could make apartments available.

Why should they do that?

MT: They could use it to advertise the fact that they support an innovative housing-education system. A room in shared accommodation in this area normally costs about 180 Euros per month with utilities costs, with board 320 Euros. Students housed by us for free or cheaply have to take care of a maximum of three children in the neighbourhood—irrespective of nationality, beginning with first-graders and the fifth grade. With the project the students also learn that, in larger shared houses, for instance for ten residents in several apartments, shopping and therefore cooking can be cheaper. That is a further synergetic effect. The students need to be from the neighbourhood and fit in demographically. We are currently talking to the Chamber of Commerce and Industry to see whether they might issue a certificate to this effect. The basic idea is then to buy a building and use it as a model. Neighbourhood impulses will be created for as long as students are living here.

AS: We see that as a highly sustainable neighbourhood commitment—it is the same as in your own building when you help your neighbour's daughter.

Das klingt danach, dass die Stadt wieder zum Dorf wird?

MT: Das Ruhrgebiet ist eine Stadt aus 1000 Dörfern. In Berlin kenne ich Leute, die Kreuzberg nicht mehr als an fünf Tagen in ihrem Leben verlassen haben. Das sind doch keine Berliner, sondern Kreuzberger oder Neuköllner. Zusammen mit Boris Sieverts und Dirk E. Haas haben wir das Projekt „Urban Dingsbums" initiiert. Dahinter steckt die Frage, was Stadt heute eigentlich darstellt? Urbane Metropole? Urban City? Urban Area? Fragmentierte Landschaft, Stadt der 1000 Dörfer?

Stadt der 1000 Dörfer – das bedeutet doch eine neu überdachte Entwicklungsplanung?

MT: Ja – ein Beispiel persönlichen Engagements ist dieses Restaurant, in dem wir gerade sitzen. Es heißt „Elale" (Wasserfall), benannt nach dieser kleinen künstlichen Kaskade dort an der Wand. Auf der anderen Straßenseite ist eine Baulücke, darüber führt der Weg zum Kindergarten. Im Winter traut sich keine Frau mit ihren Kindern dort durchzulaufen, die nehmen lieber einen Umweg von 500 Metern in Kauf. Wir verhandeln mit der Stadt, ob man das Grundstück für eine nachhaltige Patenschaft freigegeben kann. Der Restaurantbesitzer möchte einen Teegarten und einen Wasserspielplatz anlegen, das würde ihn 600 Euro kosten, aber keine Pacht, weil er Pate des Ortes wird. Im Gegenzug verspricht er, seinen Tee für maximal 1,50 Euro anzubieten. Das Prinzip ist einfach: Geschäfte machen verbunden mit sozialer Verantwortung. Ein Viertel hat immer nur soviel Perspektive oder Zukunft, wie die Anwohner investieren – mit Geld oder sozial.

Anmerkungen

1 Der „Situation Room" wird betrieben von Legenda e.V. Gesellschaft für explorative Landeskunde, Untermieter des "Situation Rooms" ist Urban Rhizome Agentur für Stadt | Kultur | Ökonomie (Mustafa Tazeoglu und Christine Bleks).

2 Das Projekt „Tausche Bildung für Wohnen" wurde von Urban Rhizome initiiert: „Wissen als Hilfsmittel zur Bildung – und damit als Entwicklungsprozess.

Die Moschee in Duisburg-Marxloh im osmanischen Stil (Architekt: Cavit Sahin) wurde 2008 eröffnet. Sie ist mit 1200 Plätzen eine der größten Moscheen Deutschlands. The Ottoman-style mosque in Duisburg-Marxloh (architect: Cavit Sahin) was opened in 2008. Accommodating 1200, it is one of the largest mosques in Germany.

MT: It is sustainable also because the property is acquired by the association. Following start-up funding through arts projects, the property is then ultimately in our hands.

Barter Exchanges and Micro-Economies

Does neighbourhood development function only via art and creativity?

AS: We do not believe in things that need to be implanted; creative workshops in totally normal residential districts are nonsense. There needs to be something already set up locally. It is about developing ethno-niches further and linking them with German culture.

MT: An example: together with a friend of hers, my mother makes a wonderful country cheese, a kind of Turkish mozzarella. It is already sold before the production in the cellar is even finished. In her direct circle alone she has thirty regular customers and I asked them whether they would be prepared to pay an advance for the cheese. The promise: they will get their 200 Euros back and the cheese as a return on their investment. With the 6,000 Euros you can set up an industrial cheese-making kitchen and produce three times as much—one third for the investment returns, one third to pay off the kitchen, and the other third to be sold at the market. The whole thing is taken care of after about two years. The kitchen is paid off, the people have got their money back, and the business is running. That is a qualified version of barter trade, trade based on trust. The advantage is the village trust basis—a handshake still counts for something here.

That sounds like the city is becoming a village again?

MT: The Ruhr area is a city comprising 1,000 villages. I know people in Berlin who have never been out of Kreuzberg for more than five days in their lives. Those are not Berliners, they are Kreuzbergers or Neuköllners. We initiated the "Urban Dingsbums" ("Urban Whatnot") project together with Boris Sieverts and Dirk E. Haas. It is derived from the question as to what today's cities actually represent. An urban metropolis? An urban city? An urban area? A fragmented landscape, a city of 1,000 villages?

City of 1,000 villages—but that means newly thought out development planning, doesn't it?

MT: Yes—one example of personal involvement is the restaurant we are sitting in right now. It is called "Elale" (Waterfall), named after the small, artificial cascade there on the wall. There is an empty piece of land on the other side of the street; that's where the path to the nursery school goes through. In the winter none of the mothers dares to walk through there with their children, they prefer to take a detour of 500 metres. We are negotiating with the city to get the land released for a sustainable sponsorship. The restaurant owner wants to set up a tea garden and a water playground that would cost him 600 Euros, but no rent because he will become the site sponsor. In return he undertakes to sell his tea for a maximum of 1.50 Euros. The principle is very simple: doing business combined with social responsibility. A neighbourhood has only as many prospects or as much future as what the residents invest—either with money or socially.

Notes

1 The "Situation Room" is run by the Legenda e.V. Gesellschaft for explorative regional studies, the Urban RhizomeAgency for City | Culture | Economy (Mustafa Tazeoglu and Christine Bleks) is a subtenant of the "Situation Room."

2 The "Tausche Bildung für Wohnen" ("Education for Free Accommodation") project was initiated by Urban Rhizome.

DIRK MEYHÖFER

Ziqqurrat – die Kosmopolis als Comic

Der Weg wird lang und steinig. Aber ich weiß, eines Tages werde ich ans Ziel gelangen, und dann können wir alle von Neuem zu leben beginnen ...!
Schlusswort des Architekten Eugen Robick in dem Comic *Das Fieber des Stadtplaners* von François Schuiten und Benoît Peeters

Die Welt als Comic – das ist ein guter Ansatz, sie besser verstehen zu lernen, aber auch besser zu ertragen. Mit *Das Fieber des Stadtplaners* hat das weltbekannte Comic-Duo Benoît Peeters und François Schuiten das nicht mehr steuerbare, geschwürartige Wachsen der Stadt sozialkritisch mit spitzer Feder und entlarvenden Kurzdialogen beschrieben.[1] Auf der Biennale in Venedig 2004 drehte sich im japanischen Pavillon alles um das Lebensgefühl des metropolitanen Japaners und dessen Begeisterung für den Manga-Comic. Zurzeit tingelt die Werkschau *Yes is more* des dänischen Architekten Bjarke Ingels (BIG) durch die Welt – der Katalog ist ein Comic. Das Thema der Kosmopolis und ihrer Chancen beschäftigt auch die japanische Künstlerin und Illustratorin Maki Shimizu (*1981) und die Architekten David Fischer (*1978) und Oliver Gibbins (*1981), die 2006 mit dem Space Prize for International Students of Architecture Design ausgezeichnet wurden – für ihre Idee einer Wohnbebauung mit 1000 Einheiten mit jeweils 90 Quadratmetern in Südkorea. Zwei Dinge machen den Entwurf interessant: Er ist als Comic präsentiert und heißt *Ziqqurrat* (oder auch *Zikkurat*).[2] Das ist nach Definition des Weltlexikons der Architektur ein altmesopotamischer Monumentalbau, der aus mehreren übereinanderliegenden, nach oben kleiner werdenden Plattformen besteht und einen Tempel auf der Spitze trägt; der Aufstieg erfolgt über Treppen und Rampen. Der Bautyp ist seit der dritten Dynastie historisch belegt – und in der abendländischen Malerei und Literatur vor allem als

Turmbau zu Babel bekannt; ein Projekt, das aus interkultureller Sicht an nicht funktionierender Sprachkommunikation scheiterte.

Hier ist alles anders, fröhlicher, optimistischer. Der Comic wird aus der Sicht von drei Kindern erzählt, die einen Traum haben. Ort der Handlung ist Budang in der Nähe von Seoul, beschrieben wird Stadtplanung von unten, also ein Prozess, der wie in vielen Elendsquartieren der Welt praktisch über Nacht ablaufen kann. David Fischer und Oliver Gibbins bereiteten ihre Idee wie Filmemacher als Storyboard auf – mit Kameraposition, Kamerafahrten, Dramaturgie, Szenenabfolgen, mit Vordergrund und Hintergrund. Dann wurden Charaktere mit ihren Wohnschicksalen erfunden, denn Architektur vermittelt sich durch die Erlebnisse der Menschen, ihre Siege, Niederlagen und Gefühle. Die Architekten trennen sich von Ideal- oder überhöhter Darstellung und präsentieren die ambivalente Welt von Traum und Albtraum. Maki Shimizu setzte sie mit schwarzem Fineliner um. Mit vielen kleinen Details, die so wichtig für einen lebendigen Comic sind. Und sicher gehört zu den Schlüsselszenen jene, in der die jungen Helden die Megalopolis bestaunen und ein Schälchen Reis genießen: die Stadt – und sei sie noch so groß – als Bauchraum!

Die Geschichte beginnt mit drei Kindern aus der alten Stadt Seoul, die über den Highway hinausgehen und ihre alternative Stadtbauarbeit dort beginnen. Eine gute Idee, die einen Kernpunkt trifft: Die Stadtautobahnen übernehmen heute die Funktionen früherer Stadtwälle und definieren Übergänge der Entwicklung. Es sind Zonen, die zur Ordnung der Stadtentwicklung beitragen sollen: Konzentration und Orientierung statt Sprawl, Ziqqurrat statt „Urban Plankton". „Was passt besser in die heutige babylonische Welt, als eine neue Ziqqurrat zu entwickeln, mit Strukturen, die innerhalb eines bestehenden Systems die Lücken ausfüllen, wie Schaumstoff in der Wand?", fragt Oliver Gibbins.

Ziqqurrat ist als soziologisches Supergebilde eine Art Leitsystem für entwickelte Urbanität. Ziqqurrat huldigt der Trivialität und ihrer verblüffenden Ästhetik. Während sie wächst, nimmt sie die umliegende Stadt in sich auf.

Häuser werden abgetragen, Straßenlaternen abmontiert, Möbelstücke an ihren neuen Ort versetzt. Die Stadt dient der schnell wachsenden Ziqqurrat als gigantisches Materiallager. Jeder Bewohner beteiligt sich an dem allumfassenden Prozess, diesen Traum zu verwirklichen. Jede arbeitende Hand, jeder Gedanke und jeder neu gesetzte Stein folgt der Vision, dem Traum der Kinder. Die erbaute Stadt erfährt eine neue Dichte städtischen Lebens, öffentlicher und privater Raum verschmelzen. Eine ganze Stadt wird zu einem neuen System umstrukturiert, eine neue Lebensart entsteht. Die kleinste Einheit hier ist der Gedanke einer einzelnen Person. Die Gesamtstruktur ist die Summe ihrer Einheiten. „Der Weg wird lang und steinig. Aber ich weiß eines Tages werde ich ans Ziel gelangen, und dann können wir alle von Neuem zu leben beginnen ...!" sagt Eugen Robick am Ende seines Fiebers. Vielleicht liest man diese Hoffnung ein bisschen aus den Bildern von Ziqqurrat heraus!

Anmerkungen

1 Schuiten, Benoit/Peeters, François: *Die geheimnisvollen Städte – Das Fieber des Stadtplaners.* Stuttgart 2002.

2 www.ziqqurrat.de

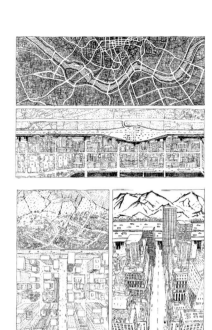

ZIQQURRAT

„Every epoch dreams its successor. "
Jules Michelet (1798 - 1847)

Maki Shimizu   David Fischer   Oliver Gibbins

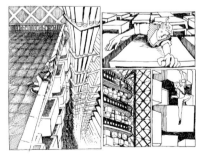

DIRK MEYHÖFER

Ziqqurrat–the Cosmopolis as a Comic Book

The road will be long and rocky. But I know I will reach my goal one day, and then we can all start to live anew again ...!
Closing words of the architect Eugen Robick in the graphic novel *Fever in Urbicand* by François Schuiten and Benoit Peeters

The world as a comic book–that is a good approach for learning to understand it better, as well as for being better able to endure it. *Fever in Urbicand* by the world-renowned graphic novel duo Benoît Peeters and François Schuiten is a socio-critical description of the no longer controllable, almost cancerous growth of the city, using a sharp pen and concise, revelatory dialogue.[1] At the Venice Biennale in 2004, the Japanese pavilion focussed on the lifestyle of the metropolitan Japanese and their enthusiasm for Manga comics. The showpiece *Yes Is More* by the Danish architect Bjarke Ingels (BIG) is currently on a world tour–the catalogue is a comic book.

The issue of the Cosmopolis and its opportunities is also addressed by the Japanese artist and illustrator Maki Shimizu (b. 1981), and the architects David Fischer (b. 1978) and Oliver Gibbins (b. 1981), who were awarded the Space Prize for International Students of Architecture Design in 2006–for their idea of a residential building in South Korea with 1,000 units of 90 square metres each. The design has two interesting aspects: it is presented as a graphic novel and is called Ziqqurrat (or Zikkurat).[2] According to the definition in the *Lexicon of World Architecture*, a ziqqurat was a monumental construction in Ancient Mesopotamia comprising several stacked platforms, becoming smaller the higher up they go, and featuring a temple at the very top, reached via stairs and ramps. There is historical evidence of this type of construction dating back to the 3rd dynasty and it is known in Western painting and literature primarily in the

form of the Tower of Babel, a project that failed from an intercultural perspective as a result of non-functioning language communication. Everything is different here, more cheerful, more optimistic. The graphic novel's story is told from the perspective of three children who have a dream. It takes place in Budang, close to Seoul, with town planning being described from below as a process that can take place practically overnight, as is the case in many of the world's slum areas. David Fischer and Oliver Gibbins presented their idea, like film makers, as a storyboard–with camera positions, camera movements, dramaturgy, scene changes, focus, and backdrops. They then invented characters with their housing fortunes, for architecture is communicated through people's experiences, their triumphs, setbacks, and feelings. The architects detach themselves from idealised or inflated portrayals and present the ambivalent world of dream and nightmare. Maki Shimizu depicted the characters with a fine black liner pen and the great many small details so important for a lively comic. And of course the key scenes include those in which the young heroes marvel at the megalopolis while enjoying a bowl of rice: the city–so big–as a belly!

The story begins with three children from the old city of Seoul who venture beyond the highway to begin their alternative urban planning work. A good idea that highlights a key issue: the city highways today perform the function of the city walls of old, defining developmental transitions. They are zones intended to contribute to the organisation of the city's development: concentration and orientation instead of sprawl, ziqqurat instead of "urban plankton." "What is better suited to today's Babylonian world than developing a new ziqqurat with structures that fill the gaps within an existing system, like plastic foam in the wall?", asks Oliver Gibbins.

As a sociological superstructure, Ziqqurrat is a kind of manual for developed urbanism. It pays homage to the trivialities and their astounding aesthetics. The ziqqurat is absorbed by the surrounding city as it grows. Buildings are torn down, street lights are dismantled, and pieces of

furniture are transferred to new locations. The city serves as a gigantic materials store for the rapidly growing ziqqurat. Every resident is part of the all-embracing process of realising this dream. Every working hand, every thought, and every newly laid brick pursues the children's vision, their dream. The built-up city experiences a new density of urban life, public and private spaces amalgamate. An entire city is restructured to become a new system, a new way of life is created. The ziqqurat's smallest unit is a single person's thought. The overall structure is the sum of its units. "The road will be long and rocky. But I know I will reach my goal one day, and then we can all start to live anew again ...!" says Eugen Robick after his fever. Perhaps a little of this hope can be gleaned from the Ziqqurrat pictures!

Notes

1 Benoît Schuiten, François Peeters: *Stories of the Fantastic: Fever in Urbicand*. New York 1990.

2 www.ziqqurrat.de.

Die Graphic Novel *Das Fieber des Stadtplaners* gilt als zentrale Blaupause zum Thema Stadtplanung und Comic.   The graphic novel *Fever in Urbicand* is considered a key blueprint on the issue of urban planning and comics.

Städte müssen ihren Bürgern heute angemessene Aktionsfelder, Bewegungsräume und Zufluchtsorte bieten. Das vorige Kapitel hat zahlreiche internationale Beispiele erläutert - aber was hat Hamburg in diesem aktuellen Diskurs in Stadtentwicklung und -planung zu bieten? Die folgenden Beiträge im Kapitel STADT-RÄUME zur Struktur der internationalen Stadtgesellschaft und ihrer räumlichen und baulichen Entsprechung versuchen Antworten für die Metropolregion Hamburg, die Hansestadt und die Elbinseln als Standort der IBA Hamburg zu geben.

Der Wunsch für die Zukunft wurde in der Vergangenheit geboren: Hamburg als Hanse- und Hafenstadt galt traditionellerweise als weltgewandte Stadt. Wie es dazu kam und ob Hamburg den Ruf zu Recht trägt, untersuchen die Autoren Carola Hein und Gert Kähler, der in „Freiheit für die Bönhasen" dokumentiert, dass Hamburg sich im Konkurrenzkampf mit umliegenden Hansestädten besonders clever angestellt haben muss, um diesen Wettkampf zu gewinnen. Carola Hein legt ihren Schwerpunkt auf die Dokumentation der Bauten des Hafens, der Hafenwirtschaft und der entstehenden Exportwirtschaft und endet bei der HafenCity und ihren internationalen Bezügen. Angelus Eisinger nimmt die aktuelle Entwicklung Hamburgs im Zeitalter neuer Netzwerke zum Anlass, sie mit einer Global City - Zürich - zu vergleichen.

Neue Chancen für die Stadt zeigt der Beitrag „Kosmopolis Elbinseln" auf - er skizziert exemplarische Projekte, die die IBA Hamburg in ihrem Leitthema „Kosmopolis" entwickelt hat. Im Brennglas dieser Projekte zeigt der Beitrag „Ausblick auf Veränderung" den Umbau und den heutigen interkulturellen Zusammenhang einer alten Wilhelmsburger Arbeitersiedlung auf. Und weil jede Stadt sich in der Emotionalität ihrer Bewohner widerspiegelt und sich ihre Alltagskultur am besten durch Beobachtungen und Reflexionen der Bürger vor Ort wiedergeben lässt, wird der „Mikrokosmos Elbinseln" in diesem Kapitel durch eine „teilnehmende Beobachtung" von Bewohnerinnen und Bewohnern dokumentiert - zahlreiche Interviews und Originalstatements zu den Themen Wohnen, Religion, Kunst oder Musik stehen hier im Mittelpunkt.

Cities today need to provide appropriate fields of activity, public spaces, and places of refuge for their citizens. The previous chapter presented numerous international examples but what does Hamburg have to offer in this discussion on urban development and planning? The following contributions on the structure of international urban society as well as its spatial and architectural counterparts attempt to provide answers for the Hamburg metropolitan region, the Hanseatic city, and the Elbe islands as the IBA Hamburg location.

Hopes for the future are born in time spaces of the past: as a Hanseatic and a port city, Hamburg has traditionally been seen as cosmopolitan. The authors Carola Hein and Gert Kähler take a look at how this came about and whether Hamburg's reputation is justified, with the article "Freedom for the Bönhasen" documenting the fact that Hamburg must have adopted a particularly clever position in the competition with surrounding Hanseatic cities in order to win this contest. Carola Hein focusses on the documentation of the harbour buildings, the harbour economy, and the resultant export economy, concluding with the HafenCity and its international features. Angelus Eisinger uses current developments in Hamburg in the age of new networks as the opportunity for a comparison with another global city—Zurich.

The article "Cosmopolis Elbe Islands—the IBA Hamburg Projects as an Impetus for Coexistence in an International Urban Society" illustrates new opportunities for cities. It outlines exemplary projects developed by the IBA Hamburg within its key theme "Cosmopolis". The article "Village —World—Life" takes a close look at the transformation and contemporary intercultural context of a former working class residential area in Wilhelmsburg. And because every city is a reflection of the emotions of its residents and its everyday culture is best told through the observations and reflections of the local inhabitants, this chapter documents the "Elbe Islands Microcosmos" through the residents' "participatory observations" - numerous interviews and personal statements on the issues of living, religion, art, or music form the focus here

STADT-RÄUME
Chancen statt Probleme

CITY SPACES
Opportunities instead of Problems

ANGELUS EISINGER

Neue Netzwerke der offenen Stadt

Beobachtungen in Zürich und Hamburg

Die offene Stadt ist ein fragiles, voraussetzungsreiches Konstrukt. Bereits die sprachliche Ebene lässt hierüber nur wenig Raum für Zweifel. Indem sich Attribut und Subjekt nebeneinander schieben, wird uns angezeigt: Das Offene gehört nicht einfach zur Stadt.

Was sich sprachlich bereits als flüchtige Verbindung präsentiert, begleitet auch die Suche nach Indizien für eine offene Stadt auf Schritt und Tritt. Sobald das Wort von der offenen Stadt fällt, beginnt unser kulturelles Verständnis ein reiches Panorama von Momenten, Bildern, ja sogar Stadträumen zu collagieren. Je näher wir dann den konkreten Situationen kommen, in welchen wir die offene Stadt vermuten, desto mehr beginnt sich diese eigentümliche Liaison zu verflüchtigen. Die offene Stadt wird zum Phantom. Und doch schwingt sie in jedem Diskurs über europäische Stadtentwicklung mit. Sie steht für das Versprechen auf geglückte Existenz.

Ich möchte deshalb als eine vorläufige Annäherung vorschlagen, die offene Stadt als einen ermöglichenden materiellen wie immateriellen Raum zu verstehen, in dem sich die Optionen und Herausforderungen des Alltags produktiv bündeln lassen. Diese Stadt ist in jedem Moment neu zu bestimmen. Sie verlangt nach einer wachen, auf die stadtgesellschaftliche Gestaltung der Verhältnisse fokussierte Begegnung mit den Bedingungen der Zeit. Vor dieser Herausforderung stehen auch Hamburg und Zürich.

Es muss gegen Ende der 1980er Jahre gewesen sein, aber vielleicht war es erst in den 1990er Jahren, als das Wort von der Wahlverwandtschaft zwischen diesen beiden Städten die Runde machte. Wer es lancierte und worauf dies gründete, entzieht sich meiner Kenntnis. Allein: Die Idee hält sich bis heute und das recht hartnäckig. Botschafter in dieser Sache ließen sich bald schon ausmachen. Da waren zum Beispiel die regen Austauschbeziehungen in der Theaterszene oder die Band Goldene Zitronen, deren Sänger Schorsch Kamerun bald auch das Zürcher Theaterpublikum aufschreckte. Doch damit nicht genug. Entsprach nicht der nüchterne Realitätssinn der Hamburger Kaufleute dem opportunistischen Habitus der Zürcher Bankiers? Und, auf der Ebene der Stadtentwicklung, waren nicht Hamburg und Zürich mit ihrer entschiedenen Bejahung städtischen Wachstums erfreulich dissonante Stimmen im Chor der Schrumpfungspropheten?

Doch wie steht es denn nun wirklich mit der Verwandtschaft zwischen der „wachsenden Metropole" mit ihren 1,8 Millionen Einwohnern und der *little big city* mit ihren globalen Headquarters mit nicht einmal einem Viertel der Bevölkerung der Hansestadt? Die eigentliche Verwandtschaft, will mir scheinen, liegt, neben der politischen Bejahung des Wachstums, in einem stadträumlichen Paradigma, an dem sich beide Städte über die letzten gut zwei Jahrzehnte ausgerichtet haben – samt der Folgeerscheinungen: Es handelt sich dabei um die Vorstellung einer Renaissance der Stadt durch die Wiederentdeckung von Urbanität, die einseitig als räumliches Programm begriffen wird und deshalb viele Stadtteile ungewollt starken Veränderungen aussetzt.

Rechts: Die HafenCity Hamburg will mit ihren Plätzen und Promenaden öffentliche Räume für alle Bewohner, Besucher, Touristen und Angestellten als urbanen „Spielplatz" anbieten. Im Bild die Osaka-Allee als Teil der Verbindungsachse Innenstadt–HafenCity.
Unten: Der erste intakte Park in der westlichen HafenCity, der Sandtorpark Right: With its squares and promenades HafenCity Hamburg aims to provide public spaces for all residents, visitors, tourists, and employees as an urban "playground." Pictured here is Osaka-Allee as part of the axis connecting the city centre with HafenCity. Below: the first intact park in the west of HafenCity, the Sandtorpark

ANGELUS EISINGER

New Networks in the Open City

Observations in Zurich and Hamburg

Erschütterungen in der Topografie der urbanen Diskurslandschaft

Urbanität gehört aktuell zum Standardrepertoire der Standortentwicklungsrhetorik und meint dabei nicht viel mehr als die Anziehung von kaufkräftigen Tourismusströmen und belebte Straßenzüge. Eine solche Vorstellung fügt sich passgenau in die Prioritäten einer über die letzten Jahre immer stärker ökonomistisch geprägten Stadtentwicklungspolitik ein, die ihre politische Agenda von den ausgleichsorientierten Politiken auf Wettbewerbsfähigkeit und Marktöffnungen verlagert. Hamburg zählte ja

bekanntlich auf dem europäischen Kontinent mit dem 1983 vom damaligen Oberbürgermeister Klaus von Dohnanyi lancierten Vorhaben „Unternehmen Stadt" zu den Pionieren dieser Tendenz. In der Leitvorstellung „Unternehmen Stadt" wurde damals eine fundamentale Einsicht bereits vorweggenommen, die dann die schrumpfenden Städte von Halle-Neustadt bis Detroit und von Liverpool bis St. Étienne in drastischen Bildern vor Augen geführt haben: Stadtgesellschaft zerfällt ohne ökonomisches Fundament. Stadtentwicklung und wirtschaftliche Entwicklung schmücken die beiden Seiten derselben Medaille.

Mit dem Slogan „Kommt in die Gänge" geriet einer der letzten Zeugen der ehemaligen altstädtischen Bebauung Hamburgs, das Gängeviertel, in internationale Schlagzeilen und stand für einen Paradigmenwechsel in der Stadtentwicklung – mit dem Anspruch einer Stadt für alle, für die kreative Klasse unter öffentlicher Beteiligung der Bürger. Dahinter das ehemalige Hauptquartier von Unilever One of the last testimonies to Hamburg's former old town buildings, the Gängeviertel, made international headlines with the slogan „Kommt in die Gänge" (a play on words, meaning also "Shake a leg!") and stood for a paradigm shift in urban development with its aspirations of a city for all, for the creative class with the public participation of citizens. In the background the former Unilever head office.

The open city is a fragile, demanding construct. Even at the language level there is little room for doubt in this respect. The jostling of attribute and subject alongside one another shows us that openness is not automatically a city feature.

What already appears as a fleeting linguistic connection also characterises the quest for open city indicators at every turn. As soon as mention is made of the open city, our cultural understanding begins to form a collage with a rich panorama of moments, images, even urban spaces. The closer we then come to the concrete situations in which we expect to find the open city, the more fleeting this odd liaison starts to become. The open city becomes a phantom. And yet it resonates in every discussion on European urban development. It stands for the promise of a charmed existence.

As an initial approach, therefore, I want to propose understanding the open city as an enabling, material and immaterial space in which everyday options and challenges can be concentrated productively. This city can be redefined at any moment. It requires an alert encounter with contemporary conditions focussed on the circumstances at an urban social level. This is a challenge also faced by Hamburg and Zurich.

It must have been towards the end of the 1980s, or perhaps only in the 1990s, that the first mention was made of the elective affinity between these two cities. Who initiated this idea, and on what basis, escapes me. All I know is that the idea has held to this day and with great tenacity. Its ambassadors soon made themselves known. There were the lively exchanges in the theatre scene, for example, or the Golden Lemons, whose singer Schorsch Kamerun was soon to startle Zurich's theatre-going public. But that was not all. Did the prosaic realism of Hamburg's merchants not match the opportunistic tendencies of Zurich's bankers? And, at the urban development level, were Hamburg and Zurich, with their decided affirmation of urban growth, not refreshingly dissonant voices in the choir of shrinkage prophets?

What, however, is really the state of the relationship between the "growing metropolis" with its 1.8 million inhabitants and the *little big city* with its global headquarters and not even a quarter of the population of the Hanseatic city? It seems to me that, in addition to the political affirmation of growth, the actual relationship lies within an urban paradigm on which both cities have based themselves over the last two decades or so—complete with the after-effects. It is about the notion of the city renaissance through the rediscovery of urbanism, perceived unilaterally as a spatial agenda and thus subjecting many urban areas to major unwanted changes.

Turbulence in the Topography of the Urban Discourse Landscape

Urbanism currently forms part of the standard repertoire of location development rhetoric and as such means little more than attracting the purchasing power of streams of tourists and vibrant streets. Such a plan fits perfectly the priorities of the urban development policies of recent years, which have continued to become more and more economically influenced, shifting their political agenda from the equilibrium-oriented policies of competitiveness and market openings. Hamburg is of course known to be one of the pioneers of this trend on the European continent with the "Unternehmen Stadt" ("Enterprise City") project launched in 1983 by the city's then mayor Klaus von Dohnanyi. At the time, the basic "Unternehmen Stadt" concept anticipated a fundamental insight subsequently dramatically illustrated by shrinking cities from Halle-Neustadt to Detroit and from Liverpool to St. Étienne: without an economic basis urban society declines. Urban development and economic development are two sides of the same coin.

And yet this perspective is a limited one, as has become clear recently. Urban development and economic development do not function as synonyms at all: the focus on economic aspects does not create urban society. A one-sided concentration on economic requirements and versions of the city ignore the essence of what is urban: the moderation of difference.

Und doch greift eine solche Sicht der Dinge zu kurz, wie über die letzte Zeit deutlich geworden ist. Stadtentwicklung und wirtschaftliche Entwicklung fungieren keineswegs als Synonyme, der Fokus auf ökonomische Aspekte schafft noch keine Stadtgesellschaft. Eine einseitige Ausrichtung auf ökonomische Bedürfnisse und Lesarten von Stadt übergeht die Essenz des Städtischen: die Moderation von Differenz. Hamburg hat in den Debatten um das Gängeviertel erfahren, wie weit der Fächer der Zukunftsfragen einer Stadt dabei werden kann. Das Echo im internationalen Feuilleton auf den Fall war erstaunlich. Es lässt sich deshalb vermuten, dass, was scheinbar so lokal ist, an eine generelle Frage rührt, auf welche noch nirgends eine befriedigende Antwort gefunden worden ist. Die Antwort, die sich Hamburg für den Moment (und vielleicht auch nur an dieser Stelle) gegeben hat, ist bemerkenswert: Die Stadt hält inne. Sie realisiert damit das, was der Ausgangspunkt für ein zukunftsfähiges Stadtverständnis sein könnte, das sich nicht darauf beschränkt, eine adrett komponierte Kulisse für die Latte-Macchiato-Generation abgeben zu wollen: Hamburg nimmt für den Moment Differenz an.

In Zürich sind in den letzten Monaten die Folgen des Wachstums medial immer präsenter geworden. Es ist deutlich geworden, dass die Ressourcen an Raum und Kreativität, die die rasante Deindustrialisierung mit den großen, zentrumsnah gelegenen Brachen nach 1990 haben entstehen lassen, nicht nur erschöpft sind, sondern dass die planerischen Strategien der Stadt nicht ausreichen, die Wachstumsfolgen wie Verdrängungsprozesse in zentrumsnahen Stadtteilen oder das rasante Wachstum der Immobilienpreise stadtgesellschaftlich verträglich zu beantworten. Wie in Hamburg zeigt sich auch hier, dass die offene Stadt nicht auf ökonomischen Rezepturen privater Entwickler beruhen kann. Und dass es eine Politik braucht, die sich bewusst als gestaltender Faktor begreift. Dazu bedarf es einiger Lernprozesse.

Der öffentliche Raum

Der öffentliche Raum als belebter Platzraum oder als dicht bevölkerter Boulevard bildet eine der klassischen Metaphern im Mythos der offenen Stadt, die diesen mit dem räumlichen Gerüst der europäischen Stadt kurzschließt. Ein solcher Kurzschluss ist nicht ohne Tücken. Sowohl Hamburg wie Zürich haben sich in den vergangenen Jahren konsequent dem öffentlichen Raum verpflichtet gezeigt, haben erhebliche Gestaltungsambition in die Schaffung neuer Platzräume gesteckt und einige von der Fachpresse eifrig diskutierte innovative Realisierungen gewagt. Doch werfen sich dem Flaneur bei der Betrachtung der Neuschöpfungen in Neu-Oerlikon oder der Hafencity doch etliche Fragen auf. Was er sieht, entspricht dem gegenwärtigen disziplinären Konsens über die Elemente des Bausatzes „öffentlicher Raum", die freilich weder die ehemaligen Alltage in den historischen Referenzen einer kritischen Prüfung unterziehen noch die aktuelle *condition urbaine* bedenken, wo die Stadtbewohnerinnen und -bewohner zunehmend konkurriert werden von den Stadtnutzerinnen, an denen sich aus ökonomischen Gründen die Politik immer mehr orientiert.

Die stadtalltäglichen Konsequenzen solcher Kurzschlüsse sind nicht zu übersehen: Wenn beim Oerliker Park beispielsweise die Chiffre vom Volkspark die Runde macht, meint die Fachwelt Dimensionierungen und Maßstäbe. Es geht ihr aber nie um die Prozesse, wie sich solche Vorstellungen zu entsprechenden Stadtalltagen entwickeln lassen. Unterbleibt dies, entstehen Plätze und Anlagen, die wie Kulissen wirken, die der Stücke harren, die hier aufgeführt werden sollten. Anders formuliert: Die offene Stadt bedarf nicht neuer Räume, sie bedarf der Aneignung und stetigen Neudeutung ihrer Räume.

Städtische Selbstverortungen in der *Global City*

In den letzten Jahren sind sich die Städte ihrer eigenen Rolle im Zeitalter der Globalisierung zusehends bewusst geworden. Darin zeigt sich,

Oben: Der Turm im Oerlikerpark. Auf dem ehemaligen Industrieareal der ABB im Norden von Zürich entstand um die Jahrtausendwende das Quartier „Neu-Oerlikon" komplett neu. Links: Das Entwicklungsgebiet Zürich West umschreibt das größte Stadtumbauprojekt der Schweizer Metropole der letzten Jahre.
Above: The tower in Oerlikerpark. The entirely new "Neu-Oerlikon" district was built on the former ABB industrial area in the north of Zurich at the turn of the millennium. Left: The Zurich West development area involves the largest urban renewal project in the Swiss metropolis in recent years.

as displacement processes in areas close to the city centre or the rapid growth in property prices. As in Hamburg, here too it is evident that the open city cannot be based upon the economic formulae of private developers. And that a policy consciously perceived as a constitutive factor is required. A number of learning processes are also needed.

Public Space

Public space, in the form of a vibrant square or a crowded boulevard, forms one of the classic metaphors in the myth of the open city, bypassing these with the spatial framework of the European city. A bypass of this nature is not without its hazards. Both Hamburg and Zurich have deliberately shown their commitment to public space in recent years, have demonstrated considerable structural ambition in the creation of new public spaces, and have dared to implement a number of innovative measures fervently discussed in the specialist press. The flaneur is faced with a range of questions when viewing the new creations in Neu-Oerlikon or Hafencity, however. What he sees corresponds to the contemporary disciplinary consensus on the elements of "public space" building kit, which of course subjects neither the everyday life of the past from historical references to a critical review nor does it consider the current *condition urbaine*, where urban residents face increasing competition from urban users, towards which, for economic reasons, policies are becoming increasingly oriented.

The consequences of such bypasses for everyday urban life are unmistakeable. In the case of Oerliker Park, for instance, what the experts mean when there is talk of a public park is dimensioning and benchmarks. They are never concerned with the processes via which such ideas can be incorporated into everyday urban life. The absence of such processes results in squares and facilities that look like backdrops waiting for the performances to be staged there. In other words: the open city does not need new spaces, it needs the appropriation and constant reinterpretation of its spaces.

In the course of the debates on the Gängeviertel, Hamburg learnt how broad the spectrum of a city's future issues can become. The reactions in the international press were astounding. It can therefore be supposed that what is seemingly so local is based on a general issue to which no satisfactory response has yet been found anywhere. The response that Hamburg has adopted for the moment (and perhaps only in this instance) is a remarkable one: the city remains silent. In doing so it achieves what could be the starting point for a sustainable urban understanding not limited to wanting to provide a neatly designed backdrop for the latte macchiato generation: for the moment Hamburg is adopting difference.

In recent months, the consequences of growth have become ever more present in the Zurich media. It has become clear that not only are the space and creativity resources that emerged as a result of rapid deindustrialisation and the large areas of wasteland close to the centre after 1990 exhausted, the city's planning strategies do not provide an adequate urban social response to the after-effects of growth such

dass die städtischen Verantwortlichen zusehends aufgefordert sind, die Zukunft der Stadt selbst und somit lokal sowohl zu entwerfen wie auch herbeizuführen und sich dabei direkt in die Globalisierungsprozesse einzuschalten. Die daraus resultierenden und austauschbaren Inszenierungen als *creative hub*, als Wissenspol, als touristische Attraktion oder Wirtschaftsmetropole fokussieren nur bestimmte Elemente, Räume und Kompetenzen der Stadt.

Hamburg oder Zürich haben über die letzten Jahre die Einladung, sozusagen direkt ins Weltgeschehen einzugreifen, angenommen: Ihre Stadtentwicklungspolitik baut auf *soft factors* auf wie einem exzellenten Dienstleistungsangebot, Lebensstilen am Puls der Zeit (unvermeidlich dabei das Stichwort Kreativwirtschaft), einer guten Infrastruktur und Vernetzung wie auch öffentlichen Gütern wie Sicherheit und Umweltqualität. Dabei avancierte Architektur in beiden Städten zu einem wichtigen Instrument von Stadtplanung und Stadtmarketing. Dahinter steht zunächst einmal eine Verlagerung städtischer Politik auf eine „Bilderpolitik" (Werner Sewing). Die Bildhaftigkeit der Architektur wird darin zum Versprechen auf die notwendige Sichtbarkeit im internationalen Städtewettbewerb, was in Hamburg geradezu paradigmatisch von der Elbphilharmonie erfüllt wird und sich in Zürich bis zum heutigen Tag im Bestreben zeigt, ein Kongresszentrum mit internationaler Stararchitektur realisieren zu können.

Auf einen zweiten Blick zeigt sich dabei gerade in der Konjunktur der Architektur, wie fundamental sich die stadtpolitischen Schwerpunkte und die Spielregeln städtischer Entwicklung gegenüber den ersten Jahrzehnten nach 1945 verschoben haben – nämlich von der nationalstaatlichen auf die städtische Ebene, von der technokratischen Regulierung gesellschaftlicher Transformationsprozesse in der Breite auf ein räumlich und thematisch hochgradig selektives Vorgehen. Die Risiken einer derartigen Strategie werden gerade im Drama der Kostenüberschreitungen der Elbphilharmonie und seinen Nebenfolgen auf den Hamburger Kulturetat deutlich; sie gefährdet die offene Stadt.

Stadtentwicklung in neuen Netzwerken

Die drei Beobachtungspunkte der europäischen Stadt „in action" haben Bruchstellen und Herausforderungen der aktuellen Stadtentwicklung deutlich gemacht. Die beschränkte Prägekraft der Konzepte der Wachstumsphasen der 1990er Jahre mit ihrer ökonomistischen Ausrichtung ist nicht zu leugnen. Gleichzeitig stößt auch das europäische Stadtmodell immer deutlicher an seine Grenzen, solange wir es als Bild begreifen. In Zürich und Hamburg hat die Stadt als „Vergesellschaftungsmaschine" über die letzten Jahrzehnte wesentliche Integrations- und Adaptionsleistungen vollbracht. Dies wurde aber nicht von der räumlichen Logik der Struktur einer europäischen Stadt ermöglicht, sondern hat sich in dieser Struktur ereignet. Die Gründe für diesen vergangenen Erfolg lagen in den institutionellen Innovationen und Angeboten, die die Stadtgesellschaften damals schufen, um den gesellschaftlichen, sozialen und technischen Herausforderungen der Industrialisierung begegnen zu können.

Diese Innovationen können wir nicht mehr länger als Vorlage für einen Bausatz der offenen Stadt begreifen, da die Voraussetzungen nicht mehr gegeben sind. Sie zeigen aber an, wie die notwendigen Neuerungen entstehen können: Mit einem realistischen Auge auf die Grundbedingungen der Zeit – heute also unter anderem die ökologischen Herausforderungen, die Internationalität der Akteure im Standortwettbewerb und der Standortentwicklung – und mit dem anderen auf die faktischen Bedürfnisse der Stadtbevölkerung. Hier besteht der eigentliche Innovationsbedarf: Diese Bedürfnisse nicht mehr länger zu diskreditieren und zu normieren, sondern gemeinsam mit allen Teilen der Stadtgesellschaft festzulegen und zu konkretisieren. So nähern wir uns der offenen Stadt.

Die neue Mitte Altona in Hamburg wird in der Hansestadt eine ähnliche Bedeutung bekommen wie die HafenCity. Sie entsteht auf einem ehemaligen Bahngelände. Alte Bahnhallen werden umgenutzt, neue Grünzonen entstehen, der Wohnanteil ist sehr hoch. The new Altona Central in Hamburg will acquire a status in the Hanseatic city similar to that of HafenCity. It is being developed on former railway property. Old rail sheds are being converted, new green zones developed, while the residential proportion is very high.

Urban Self-Localisation in the Global City

In recent years cities have become noticeably aware of their own role in the age of globalisation. This has seen urban authorities being increasingly called upon to both formulate and implement the future of the city themselves and therefore locally, thus engaging directly in the globalisation processes. The resulting interchangeable versions, be they a creative hub, a knowledge terminal, a tourist attraction, or an economic centre, reflect only specific elements, spaces, and skills within a city.

In recent years Hamburg and Zurich have accepted the invitation to become directly involved in world events, as it were: their urban development policies are based on soft factors such as an excellent range of services, lifestyles in tune with the times (there is no escaping the catchphrase creative economy), good infrastructure and networking, as well as public amenities like security and environmental quality. In both cities architecture has advanced to become an important instrument of urban planning and city marketing. This involves, in the first instance, a shift from urban policy to "image policy" (Werner Sewing). Herein the image aspect of architecture becomes a promise of the visibility necessary in international city competition, to be paradigmatically fulfilled in Hamburg with the Elbe Philharmonic Hall and evident to this day in Zurich with the efforts aimed at developing a congress centre in cooperation with an international star architect.

At second glance, the business of architecture itself shows how fundamentally the foci of urban policy and the rules of urban development have shifted in comparison to the first decades following 1945—namely, from the national to the city level, from the technocratic regulation of wide-ranging social transformation processes to a highly selective spatial and thematic process. The risks of such a strategy are made clear by the drama of the cost overruns with the Elbe Philharmonic Hall and the side-effects for Hamburg's cultural budget; they endanger the open city.

Urban Development in New Networks

The three perspectives on the European city "in action" have clearly revealed the weak points and challenges of contemporary urban development. There is no denying the limited influence of concepts from the growth phases of the 1990s with their economic orientation. At the same time, the European city model appears ever more limited as long as we perceive it as an image. In Zurich and Hamburg the city as a "socialisation machine" has demonstrated important achievements in integration and adaptation over the last few decades. This was made possible not by the spatial logic of the structure of a European city, however, but occurred within this structure. The reasons for this past success lay in the institutional innovations and options created by the urban society at the time, in order to meet the social and technical challenges of industrialisation.

We can no longer regard these innovations as the template for an open city building kit because the prerequisites no longer exist. They do indicate, however, how the necessary innovations can emerge: with a realistic view of the basic circumstances of the time—today including the ecological challenges, the international character of the protagonists in location competition and location development—and of the factual requirements of the urban population. This is where the actual need for innovation lies: in no longer discrediting and normalising these needs, but in establishing and implementing them together with all members of urban society. That is how we will come closer to the open city.

GERT KÄHLER

Freiheit für die Bönhasen

Hamburg und seine Nachbarstädte rangen in der Geschichte um die Zuwanderung

Hamburg und die großen Heere

„Qualifizierte Zuwanderung" - das ist heute populär, um die Wirtschaftskraft eines Landes oder einer Stadt zu stärken: Nur die Klugen mit der jeweils gerade benötigten Ausbildung sollen kommen dürfen, ob mit Hilfe von *green cards* oder nach Punktesystemen ausgewählt. Was klingt wie ein modernes Verfahren zur Selektion, hat nicht nur ein populäres Vorbild in der Natur: „survival of the fittest" nannte es der britische Philosoph Herbert Spencer. Es prägte als politisches Handeln auch die Menschheit und ihre großartigste Errungenschaft, die Stadt. Und selbst wenn es nicht immer erfolgreich war, so wurde es immerhin als bestmögliches Instrument angesehen, der am Ende des 16. und im 17. Jahrhundert dynamisch wachsenden Stadt Hamburg Konkurrenz zu machen: Man hätte das mit kriegerischen Mitteln machen können, die hätten aber vor allem viel Geld gekostet. Besser war es, der Stadt den Wohlstand abzujagen durch den Aufbau von Konkurrenzunternehmen. Durch eigene, möglichst ebenso florierende Städte, die Hamburg das wirtschaftliche Wasser an der Elbe hätten abgraben sollen. Seit der Befreiung Schwedens von der dänischen Hegemonie in der Kalmarer Union 1523 kämpften beide Länder um die Vorherrschaft im Ostseeraum. Die Auseinandersetzungen dauerten bis zum Großen Nordischen Krieg (1700-1721) und erstreckten sich bis nach Norddeutschland; Stade wurde als Teil des Herzogtums Bremen-Verden 1648 schwedisch, nachdem es vorher für kurze Zeit von Dänemark erobert worden war, das auf dem nördli-

chen Elbufer mit dem Herzogtum Holstein eine starke Position besaß. Zu dieser zählte allerdings noch nicht Altona, das bis 1640 Teil der Grafschaft Schauenburg blieb. Und Glückstadt wurde überhaupt erst 1617 vom dänischen König Christian IV. gegründet.

Hamburg, eine Stadt, die vom Kaiser zur Freien Reichsstadt erklärt worden war (was 1618 auch vom Reichskammergericht bestätigt, aber von Dänemark nie anerkannt wurde, das die Stadt als Teil Schleswig-Holsteins betrachtete), schien ein Leckerbissen für Großmachtbestrebungen zu sein, weil sie zwei unschätzbare Vorteile aufwies: den strategischen mit seiner Lage an einer Stelle der Elbe, an der diese vergleichsweise problemlos überquert werden konnte, weil sich der Strom in zahlreiche kleinere Arme zwischen Inseln aufspaltete, und den kommerziellen – Hamburg war eine reiche Stadt und Kriege von Söldnerheeren waren auch im Dreißigjährigen Krieg ein teures Unterfangen.

Nun hatte Hamburg, gerade noch rechtzeitig vor dem Erscheinen großer Heere, zwischen 1616 und 1625 eine gewaltige Stadtbefestigung bauen lassen. Die Stadt hätte militärisch nur unter größtem Aufwand und nach langer Belagerung eingenommen werden können. Deshalb sannen die umgebenden feindlichen Landesherren – vor allem die Dänen und Schweden, aber auch das Herzogtum Braunschweig-Lüneburg und das Kurfürstentum Brandenburg – darauf, wie sie die Macht Hamburgs brechen und dessen wirtschaftlichen Erfolg auf eigene Ansiedlungen lenken könnten. Ziel war, wie es Christian IV. von Dänemark optimistisch im Hinblick auf seine Gründung Glückstadt meinte: „Geht es, wie es

Militärisch war Hamburg im 17. und 18. Jahrhundert nicht zuletzt durch die starke Stadtbefestigung nicht zu bezwingen. Seine Nachbarstädte versuchten es mit wirtschaftlichem Druck. *Hamburgs Stadtansicht von der Elbe*, Gemälde von Elias Galli d. Ä., um 1680
The city's strong fortifications were one of the main reasons why Hamburg could not be conquered militarily in the 17th and 18th centuries. Its city neighbours tried to use economic pressure. *View of the City of Hamburg from the Elbe*, painting by Elias Galli Snr., circa 1680

GERT KÄHLER

Freedom for Unaffiliated Tradesmen

During the Course of History, Hamburg and its Neighbouring Cities Used to Compete for Immigrants

jetzt geplant ist, glücklich weiter, wie es mit Gottes Hilfe wohl geschieht, dann wird Glückstadt eine Stadt – und Hamburg ein Dorf!".[1]

Stapelrecht, Elbzoll und Gastarbeiter

Das eine Mittel, um Hamburgs Handel zu zerstören, nutzte die Lage der konkurrierenden Städte an der Unterelbe; sie konnten ein- und auslaufende Schiffe abfangen. Stapelrecht und Elbzoll schienen geeignete Instrumente, den Handel in Hamburg empfindlich zu beeinträchtigen. Das Stapelrecht verpflichtete die Kaufleute, ihre Waren eine bestimmte Zeit an einem Ort feilzubieten, der dieses Recht für sich beanspruchte. Es stärkte also die Handelsfunktion der jeweiligen Stadt und schwächte andere; wenn „das Beste schon weg ist", dann ist die Ladung nur noch die Hälfte wert. Und der Elbzoll war einfach eine Abgabe für alle vorbeifahrenden Schiffe, die eingeführt wurde, weil man die Macht dazu hatte.

Das andere Mittel aber, eine starke Konkurrenz zu Hamburg aufzubauen, war die Stärkung der jeweiligen Stadt durch Zuwanderung. „Kosmopolis" ist keine Erfindung des 20. Jahrhunderts; ganze Städte entstanden dadurch, dass ein strategisch denkender Landesherr durch Privilegien, Steuererleichterungen oder Landschenkung Auswärtige anlockte. Das zielte immer – auch das keine Erfindung von heute – auf die Anwerbung erfolgreicher, gut ausgebildeter Handwerker und Händler; die „Unterprivilegierten" waren auch im Mittelalter genau das: unter-privilegiert.

Auch die Auseinandersetzungen zwischen verschiedenen Gruppen innerhalb einer Stadt aus religiösen, sozialen oder ethnischen Gründen entstanden nicht erst nach dem Import der „Gast"arbeiter in den 1960er Jahren. Nur ein Beispiel: 1649 wurden viele Juden von Hamburg nach Altona vertrieben, weil der Hamburger Klerus sie bekämpfte. In Altona wurden sie gern aufgenommen, mussten aber „Schutzgeld" bezahlen; die „Viehakzise" der jüdischen Schlachter war doppelt so hoch wie die der nicht-jüdischen.[2]

Insofern – und das gilt für Altona wie für Glückstadt, für Stade, Buxtehude oder Harburg, die fremde Kaufleute und Handwerker ansiedeln wollten, um Hamburg Konkurrenz zu machen – ging es nicht um Toleranz als Lebensprinzip, sondern um Opportunität und Wirtschaft. Ein Satz wie: „Altona wurde in dieser Zeit zur ersten religiösen Freistatt in Europa. Auch Juden ließen sich dort nieder und erhielten Schutzbriefe vom Grafen" relativiert sich bei dessen Fortsetzung: „Es sammelte sich in Altona alles, was in der benachbarten Stadt kein ‚Fortkommen' fand"[3], also keine wirtschaftliche Existenz. „It's the economy, stupid!": Als der Altonaer Landesherr Graf Ernst von Schauenburg im Jahre 1610 ein Areal als „Freiheit" einräumte, auf dem die Zugehörigkeit zu einer Zunft nicht Existenzvoraussetzung war, sodass die „Bönhasen" dort arbeiten konnten, dann konnten sie das nicht wegen des Fürsten liberalem Geiste, sondern deshalb, weil er eine Sonderabgabe erheben konnte. „Bönhasen": Das waren die zunftlosen Handwerker, die sich andernorts bei Kontrollen über die Dachböden hasengleich verdrücken mussten.

Die Hamburger Börse am Adolphsplatz war im 17. Jahrhundert ein wichtiges Machtzentrum im norddeutschen Raum. In ihrer Säulenhalle und auf dem Platz davor trafen sich die Kaufleute, um Geschäfte zu machen. Kupferstich von Jan Diricks van Campen (Dierksen), 1606   The Hamburg stock exchange on Adolphsplatz was an important centre of power within the north German realm in the 17th century. It columned hall and the square outside were where merchants met to do business. Etching by Jan Diricks van Campen (Dierksen), 1606

Die seit Mitte des 17. Jahrhunderts dänische Stadt Altona diente König Christian IV. als Bastion gegen Hamburg, allerdings nur im übertragenen Sinne. Die Stadt hatte keine Befestigung. Der König nutzte ihre Offenheit zur Ansiedlung auswärtiger Arbeitskräfte, um Hamburg Konkurrenz zu machen. *Ansicht von Altona*, Kupferstich, um 1725   A Danish city since the mid-17th century, Altona served King Christian IV as a bastion against Hamburg, albeit only symbolically. The city had no fortifications. The king used its openness to resettle foreign workers and thus compete with Hamburg. *View of Altona*, etching, circa 1725

Hamburg and the Great Armies

"Qualified immigration"–popular today as a means of boosting the economic potency of a country or city: only the clever with the qualifications currently required are allowed to come, be it with the help of green cards or selected according to points systems. What sounds like a modern selection process has a popular precedent in nature's "survival of the fittest," to use the term coined by the British philosopher Herbert Spencer. As a political approach it has also characterised mankind and mankind's greatest achievement, the city. And even though it was not always successful, it was seen as the best possible means of competing with the city of Hamburg's dynamic growth at the end of the sixteenth and seventeenth centuries. Warfare could have achieved the same but that, above all, would have cost a great deal of money. It was better to steal the city's wealth by establishing rival enterprises, cities, equally prosperous in their own right, intended to turn the waters of the Elbe river into Hamburg's economic grave. Following the liberation of Sweden from Danish hegemony in the 1523 Kalmar Union, the two nations had been fighting for supremacy over the Baltic Sea area. The conflicts lasted until the Great Northern War (1700-21) and extended as far as northern Germany; in 1648 Stade be-

came Swedish as part of the Duchy of Bremen-Verden, having been conquered for a short period beforehand by Denmark, which occupied a strong position on the northern shores of the Elbe with the Duchy of Holstein. Altona was still excluded at this time, however, remaining part of the County of Schauenburg until 1640, while Glückstadt was founded only in 1617 by the Danish King Christian IV.

Hamburg, declared a Free Imperial City by the emperor (also confirmed by the Imperial Court of Justice in 1618, but never recognised by Denmark, the Danes treating the city as part of Schleswig-Holstein), seemed to be a prize at the focus of the great powers' efforts because it had two invaluable advantages: its strategic position on the Elbe where the river was comparatively easy to cross because the current split up into several smaller channels between the islands, and its commercial success–Hamburg was a wealthy city and wars with armies of mercenaries were an expensive undertaking even in the Thirty Years' War.

Between 1616 and 1625, Hamburg had built massive city fortifications, just before large armies were to put in an appearance. The military capture of the city would have been possible only with a great deal of effort and following a protracted siege. The surrounding enemy nations–particularly the Danes and the Swedes,

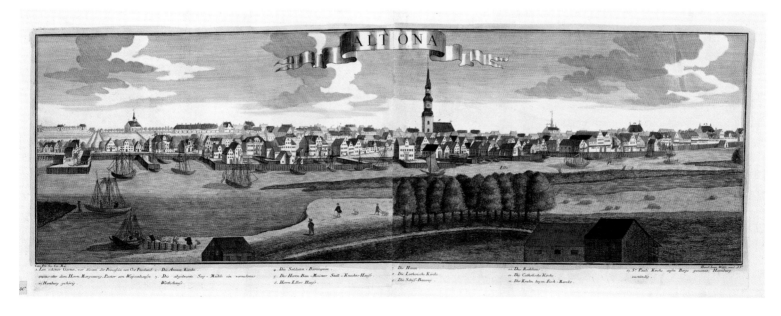

Glückstadt eine Stadt – Hamburg ein Dorf

Sehen wir uns das am Beispiel einer Neugründung an: Am 22. März 1617 gründet der Dänenkönig Christian IV. an der Mündung des Rhin in die Elbe eine Stadt, nachdem er das Land eingedeicht hatte – eine Stadt, deren Name „Glückstadt" Programm war, deren Erfolglosigkeit sie uns heute so reizvoll macht: Wenn sie tatsächlich so erfolgreich wie Hamburg gewesen wäre, wäre sie nicht so gut erhalten. Der König lässt „Patenta der fremden Leute halber dricken und austeilen, also dieselben unter die Leute kommen, nicht allein in Hamburg, sondern in Holland und anderswo: Erst und anfänglich mögen die Remonstranten, Mennoniten und contra Remonstranten ihre Religion und Zusammenkunft frey, sicher innerhalb verschlossenen Thüren exerciren und gebrauchen"[4] – also eine durchaus eingeschränkte Religionsfreiheit, die nur im stillen Kämmerlein ausgeübt werden konnte!

„Wir thun kund, nachdem wir in glaubhafte Erfahrung kommen und gerathen, daß etliche Kauff und andere Leute, von denen so in Holland Armenianer gennenet werden, nicht ungeeignet wären, sich in unser Fürstenthumb Holstein zu begeben und daselbst in unsere Stadt Glückstadt sich häußlich niederzulassen, dafern Wir sie in Unser Königl. Protection nehmen und mit etwas Privilegien und Freyheiten, zu besserer Fortsetzung der Commercien begnaden wolten." Auch „geben und ertheilen Wir der Portugisischen Nation, Hebräische Religion, so wol Kauffleuten, Rentenern, als Handwerckersleuten vollenkommenes Geleit, daß sie in Unser neu erbauten Stadt Glückstadt ihre Niederlage anstellen und darein geruhiglich ohne alle molestirung wohnen mögen, wie ihnen auch frey stehet, allerlei Handel, Wandel und Handwercke gleich Unsern andern Bürgern zu treiben"[5] – so klang das damals, und es war zunächst durchaus erfolgreich; schon nach wenigen Jahren lebten 700 Bürger in Glückstadt, von niederländisch-calvinistischen Flüchtlingen bis zu sephardischen Juden aus Portugal. Die waren in ihren jeweiligen Gewerben höchst kompetent und erfahren, waren ja auch nicht wegen der Arbeitsplätze gekommen, sondern weil man ihnen versprach, in Ruhe und mit möglichst wenig steuerlichen Abgaben ihr Leben führen zu können.

Die Einwanderer hatten aber, auch das ist festzustellen, kein Interesse an der speziellen Stadt und Region, werden sich, aus Portugal gekommen, wohl auch nicht wirklich unter dem norddeutschen Himmel wohlgefühlt haben; so wurde gleich beklagt, dass die verschiedenen Nationen Schwierigkeiten beim Zusammenleben und bei den Regelungen einer einheitlichen städtischen Ordnung hätten: „So bildeten sich im Laufe der Zeit neben den einheimischen Bürgern, der ,evangelisch-hochdeutschen' oder ,oberdeutschen Nation' zwei fremde Nationen: die ,portugiesisch-jüdische' und die ,holländisch-reformierte'. Diese drei Nationen bildeten die Stadtgemeinde"[6] – dabei war jedoch den „deutschen Juden (...) schon seit dem ersten Privileg von 1619 der Aufenthalt in und um Glückstadt nicht gestattet"[7]: das zum Thema „Liberalität".

Wegen des fehlenden Interesses der Einwanderer an der Stadt brach das durch königliche Privilegien gestützte System schnell zusammen. Die religiösen Feindschaften waren ja nicht behoben, nur weil man in einer neuen Stadt zusammenlebte; die unterschiedlich weit reichenden Privilegien des Königs trugen auch nicht zum Stadtfrieden bei.[8]

Zum anderen veränderte sich die „große" Politik: Der Friedensschluss zwischen Schweden und Dänemark und der Tod Christians IV., der die Stadt gegründet hatte, brachte deren Förderung zum Erliegen. Eine Alternative bot Altona, das seit 1640 zum Herzogtum Holstein und damit praktisch zu Dänemark gehörte. Es bekam zwar erst 1664 Stadtrechte, musste aber nicht, wie Glückstadt, erst künstlich geschaffen werden. Und Altona hatte einen weiteren Vorteil. Es lag so nah an Hamburg, dass das größere Hamburg den Nährboden für das kleinere Altona bildete: dort lag der große Absatzmarkt.

Neue Privilegia den Holländern gegeben so zur Glückstadt sich niederlassen wollen. Sub dato Cronenburg den 14. Februarij Anno 1624.

Wir Christian der Vierdte etc. Thun kund hiermit vor Uns und Unsern Erben / Successoren und Nachkommen / wie auch Jedermänniglich / daß auff allerunterthänigstes Anhalten des Hochgelahrten Unsers Teutschen Cantzley-Raths von Hauß aus / Agenten in den Haage / und Liebeit Getreuen Cornelii Vincken, der Rechten Doctoris. Wir allen denjenigen so sich nacher Unser neuerbawten Stadt Glückstadt / Steinburgischen Ambts / als eingesessene und Unterthanen zu begeben / vorhabens und entschlossen / nachfolgende Privilegia und Freyheiten aus Königlicher Macht concediret und gegönnet haben.

Erst und anfänglich mögen die Remonstranten, Mennoniten und contra Remonstranten (außer die Papisten) ihre Religion und Zusammenkunfft frey / sicher / und männigliches ungehindert innerhalb verschlossenen Thüren exerciren und gebrauchen. Die jenigen aber / so wider den Printzen von Oranien conspiret / und von den Staaten-General der Unirten Provincien in Niederland wegen erwehnter Conspiration proscribiret seyn / sollen in obgedachter Glückstadt nicht gedultet und gelitten / vielweniger solche Conventus zu besuchen zugelassen werden.

Vors Ander / soll ihnen zu Erbauung ihrer Häuser und Schiffe aus Unsern Königreiche Norwegen / Eichen Holtz umb billige Bezahlung abzuhollen / dero Behueff sie dann einen Schein von Unserm Ambtmann auff Steinburg fodern / und in Norwegen vorzeigen sollen / daß sie zur Glückstadt gesessen / Jedoch mit dem reservat gnädigst vergönnet und zugelassen seyn / daß sie das Holtz nirgends anders wohin als nacher Glückstadt führen / daselb

a 3

Mit der Gründung Glückstadts im Jahre 1617 wollte der dänische König Christian IV. die wirtschaftliche Vormachtstellung Hamburgs brechen. Um die Stadt zu besiedeln, setzte er auf Zuwanderung vor allem aus den Niederlanden. Oben: *Newe Landtcarte von dem Ampte Steinborg. Der Kremper, undt Wilstermarsch. anno 1651 mit dem Grundtriß der Vehstung Gluckstadt*. Kupferstich von Johannes Mejer (Zeichner) und Matthias und Nicolas Peters (Drucker) in Caspar Danckwerths *Newe Landtbeschreibung der zwey Hertzogthümer Schleswich und Holstein*, Husum 1652 Links: Die erste Seite des ältesten, ausschließlich für die Niederländer ausgegebenen Privilegs Christians IV. von Dänemark vom 14. Februar 1624 The Danish King Christian IV wanted to break Hamburg's economic superiority with the founding of Glückstadt in 1617. He focussed on immigration, from the Netherlands in particular, in order to populate the city. Above: *New Map of the Area of Steinborg. Kremper, and Wilstermarsch. Anno 1651 with the ground plan of fortress of Gluckstadt.* Engraving by Johannes Mejer (artist) and Matthias and Nicolas Peters (printers) in Caspar Danckwerth's *New Atlas of the Two Duchies Schleswig and Holstein*, Husum 1652. Left: The first page of the oldest charter issued by Christian IV of Denmark issued solely for the Dutch, dated 14 February 1624

but also the Duchy of Braunschweig-Lüneburg and the Electorate of Brandenburg—therefore sought means to break Hamburg's power and to divert its economic ascendancy to their own territories. The goal was, as optimistically expressed by Christian IV of Denmark with regard to his founding of Glückstadt: "If we are fortunate and things continue as planned, so God help us, then Glückstadt will become a city—and Hamburg a village!"[1]

Staple Rights, Elbe Duties, and Migrant Workers

One of the means for destroying Hamburg's trade was used by the rival cities located on the Lower Elbe: they were able to intercept in- and outbound ships. Staple rights and Elbe duties appeared to be appropriate instruments for negatively impacting trade in Hamburg. Through the staple right merchants were committed to offering their goods for sale for a specific period of time in a place claiming this right. This therefore strengthened the trading capacity of the city in question, while weakening that of others; if "the best is already gone," then the cargo is only half as valuable. The Elbe duty was a straightforward

levy on all passing ships, introduced simply because one had the power to do so.

The other means for establishing strong competition against Hamburg, however, was the strengthening of the respective city through immigration. "Cosmopolis" is not a twentieth-century invention: entire cities have come into being through a strategic-thinking sovereign attracting outsiders with privileges, tax relief, or land grants. Again, not a modern day invention, the intention was always the recruitment of successful, well-trained tradesmen and traders; the "underprivileged" were precisely that, even in the Middle Ages: under privileged.

Neither did conflicts between different groups within a city for religious, social, or ethnic reasons first occur following the influx of migrant workers in the 1960s. Just one example: in 1649 many Jews were driven out of Hamburg to Altona because they were persecuted by the Hamburg clergy. They were welcomed in Altona but had to pay "protection money"; the "livestock tax" for Jewish butchers was twice as high as that for non-Jews.[2]

Consequently—and this applied to Altona as well as to Glückstadt, Stade, Buxtehude, or Harburg, who wanted to attract foreign merchants and tradesmen in order to rival Hamburg—it was not a question of tolerance as a matter of principle but about opportunity and economics. A sentence such as: "At this time Altona became the first religious refuge in Europe. Even Jews were able to settle there and received guarantees of safe conduct from the count" is put into perspective by the lines following it: "Altona was the gathering place for all those unable to find any 'advancement' in the neighbouring city,"[3] meaning no economic livelihood.

"It's the economy, stupid!" When, in 1610, Altona's sovereign Count Ernst von Schauenburg granted an area of "freedom" land on which membership of a guild was not a prerequisite for earning a livelihood, so that the "Bönhasen" could work there, then they were able to do so not because of liberal thinking on the part of the Count, but because he was able to impose a special levy. The "Bönhasen" were the tradesmen not attached to any guild, who, in other places,

Freiheit für die Bönhasen!

Hamburg hatte selbst schon seit dem ausgehenden 16. Jahrhundert Menschen mit Migrationshintergrund angezogen, nicht ohne Probleme, nicht ohne Widerstände der Bürger und des Klerus gegen den aus Kaufleuten bestehenden Rat der Stadt, die wohl tatsächlich toleranter waren, weil sie Auslandserfahrungen hatten. Schon 1588 gab es eine erste Gemeinde der aus den Niederlanden vor dem Herzog von Alba geflüchteten Wallonen und Niederländer. Wie sehr aber der Wunsch, Ausländer anzusiedeln, wirtschaftlich begründet war und wie sehr diese die Ansiedelung ebenfalls nur unter wirtschaftlichen Aspekten betrachteten, zeigt das Beispiel der englischen „Merchant Adventurers", bei denen keine religiöse oder politische Verfolgung die Motive bestimmte. 1563 verlegten die Engländer ihren Handelsplatz („Stapel") von Antwerpen nach Emden – wegen eines Handelskrieges zwischen England und den Niederlanden, dem die Kaufleute entgehen wollten. Vier Jahre später schlossen sie einen auf zehn Jahre begrenzten Vertrag mit Hamburg, der die englische Niederlassung in Hamburg fast zu einem eigenem Staat im Staate machte, sogar mit eigener Gerichtsbarkeit.[9] Das war von Seiten Hamburgs nicht wirklich legal, sondern verstieß gegen die Regeln der Hanse, brachte der Stadt aber Vorteile. Trotzdem: „Auch Hamburger Geistliche und Teile der Bevölkerung lehnten die Fremden trotz der sichtbaren Vorteile ab", sodass nach Auslaufen des Vertrages die meisten Engländer wieder nach Emden zogen, bald darauf, 1587, jedoch nach Stade, wo ihnen mehr Privilegien geboten wurden. Auch dort aber, streng nach Opportunität, blieben sie nicht, weil es Hamburg gelang, „die Engländer 1611 mit attraktiven Angeboten erneut und nun auf Dauer nach Hamburg zu holen.[10]
Niederländer, Hugenotten aus Frankreich und der Schweiz, portugiesische Juden, Engländer – Hamburg nahm, was wirtschaftlich Erfolg versprach. Die Eingliederung wird nicht immer einfach gewesen sein, zumal die Neuen auch Konkurrenten waren. Wer hingegen Fernhandel

trieb, war unter den weltläufigen Hamburger Kaufleuten gut aufgehoben; die Namen der Hamburger Familien verraten es noch heute – Amsinck, Godeffroy, Laeisz, de Chapeaurouge. Die Konkurrenz der anderen Städte jedoch erledigte sich meist „von selbst" – Hamburg hatte einfach eine unschlagbare Lagegunst; und Hamburg hatte spätestens seit dem 16. Jahrhundert das wirtschaftliche „Momentum" für sich. Die Stadt wuchs, und weil sie wuchs, wurde sie attraktiv und wuchs noch mehr. Was aber mache ich als Fernhandelskaufmann oder Reeder in Krempe, Glückstadt oder Buxtehude? Man kann also verallgemeinern, was 1835 eine Streitschrift nur im Hinblick auf Glückstadt feststellte: „Man hat Handelsgesellschaften und Monopole dort errichtet, dann die völlige Freiheit des Handels ertheilt, man hat Glückstadt zu einem Stapelort der Isländischen, Norwegischen und selbst Jütländischen Waaren machen wollen, diese drükkenden Bestimmungen aber theils wieder aufgehoben, theils

Von der Vielfalt in der Bevölkerung aus der Gründungszeit Glückstadts zeugt der 1622 angelegte jüdische Friedhof. Auf ihm befinden sich noch zahlreiche Grabsteine sefardischer Juden aus dem 17. und 18. Jahrhundert. The Jewish cemetery, established in 1622, is testimony to the diversity of the population at the time of Glückstadt's founding. It still contains numerous gravestones of Sephardic Jews dating from the 17th and 18th centuries.

had to sneak away via the attics like rabbits ("Hasen") whenever checks were carried out.

Glückstadt a City—Hamburg a Village

Let us look at an example of a newly founded settlement. On 22 March 1617 the Danish King Christian IV founded a town at the point where the Rhin flows into the Elbe, having dyked the land beforehand—a town with a destiny programmed by its name, Glückstadt (City of Luck), the failure of which makes it so intriguing to us today. It would not have remained as well preserved as it is if it had really been as successful as Hamburg. The king has "licences printed and handed out to the foreigners, not only in Hamburg but also in Holland and elsewhere. Initially it is the Remonstrants, Mennonites, and Contra-Remonstrants who are allowed to practise their religion and to hold gatherings freely and securely behind closed doors![4]"—a limited religious freedom, therefore, which could only be practised in private!

"Having received assurances that many merchants and their families of other professions among the religious community known in Holland as the Arminians were indeed suited for entry into our principality of Holstein and to settle there in our town Glückstadt, We hereby declare them to be subject to our royal protection. They receive certain privileges and liberties in order to be better able to conduct their businesses." Also, "We assure the Portuguese Jews of our protection, as well as merchants, money lenders, and tradesmen, so that they are able to settle in our newly built city of Glückstadt and are able to live there in peace and without harassment. They are also free, like our other citizens, to practise the trade of their preference"[5]—was the way it was worded in those days and it was indeed successful initially; there were already seven hundred citizens living in Glückstadt after just a few years, from Dutch Calvinist refugees to Sephardic Jews from Portugal. They were highly competent and experienced in their respective trades and had come not because of the available work

but because of the promise that they would be allowed to live their lives in peace and with as little taxation as possible.

The immigrants, however, it must also be pointed out, had no interest in the specific city and region and, if coming from Portugal, would not really have felt at home under the skies of northern Germany. Consequently, there were soon complaints that the different nations were experiencing difficulties in communal life and in the establishment of uniform urban rules and regulations: "Consequently, over the course of time, in addition to the local citizens with their 'Protestant High German' or 'Upper German' nationalities, two foreign nationalities came into being: the 'Portuguese Jewish' and the 'Dutch Reformed'. These three nationalities formed the city community"[6]—yet "German Jews (…) were denied the right of residence in and around Glückstadt right from the first charter of 1619."[7] So much for "liberality".

The system based on royal privilege fell apart quickly due to the lack of interest in the city on the part of the immigrants. The religious animosities did not disappear simply because the people were living together in a new town; neither did the varying extents of the royal privileges contribute to civil peace.[8]

The "major" politics also changed: the peace agreement between Sweden and Denmark and the death of Christian IV, who had founded the city, brought the immigrants' aspirations to a standstill. One alternative was Altona, which had belonged to the Duchy of Holstein since 1640 and was therefore practically Danish. It was only awarded city rights in 1664 but, unlike Glückstadt, did not have to be created artificially. And Altona had a further advantage. It was close enough to Hamburg for the larger city to form the breeding ground for the smaller Altona: that is where the main market was.

Freedom for the Bönhasen!

Hamburg had itself attracted people with a migration background since the end of the sixteenth century, not without problems, not without resistance on the part of the citizens and

außer Gebrauch kommen lassen; man hat freie Religionsübung ertheilt, einmal ein besonderes Handelsgericht bestellt; man hat Glückstadt selbst durch die wichtigsten Zollprivilegien zu einer Art von Freihafen gemacht; alles das hat nichts gefruchtet, und die Stadt hat jetzt eigentlich gar keinen Handel".[12]

Die Einführung der Gewerbefreiheit Anfang des 19. Jahrhunderts hat immerhin die Bönhasen befreit.

Anmerkungen

1 Zitiert nach: Gerhard Köhn: *Der Glückstadt Lust-, Leid- und Freudenspiegel*. München 1964, S. 9.

2 Paul Piper: *Altona und die Fremden*. Altona 1884, S. 1.

3 Dagmar Cochanski: *Präsidial- und Oberpräsidialverfassung in Altona 1664-1746*. Hamburg 1984, S. 2.

4 Zitiert nach: Gerhard Köhn: *Der Glückstadt Lust-, Leid- und Freudenspiegel*. München 1964, S. 7f.

5 A.a.O.

6 Stadt Glückstadt (Hg.): *Glückstadt im Wandel der Zeiten*, Bd. 2. Glückstadt 1966, S. 3.

7 Gerhard Köhn: *Die Bevölkerung der Residenz, Festung und Exulantenstadt Glückstadt von der Gründung 1616 bis zum Endausbau 1652*. Neumünster 1974, S. 101.

8 Karl Asmussen: „Das Wirtschaftsleben und die Bevölkerung Glückstadts von der Gründung bis zum Jahre 1869". Stadt Glückstadt (Hg.): *Glückstadt im Wandel der Zeiten*, Bd. 2. Glückstadt 1966, S. 176.

9 Rainer Postel: „Hamburgs Rolle in der Hanse im 16. und 17. Jahrhundert". In: Stadt Stade (Hg.): *Fernhandel und Stadtentwicklung im Nord- und Ostseeraum in der hansischen Spätzeit (1550-1630)*. Stade 1995, S. 73.

10 Ebd.

11 Zitiert nach: Gerhard Köhn: *Der Glückstadt Lust-, Leid- und Freudenspiegel*. München 1964, S. 68.

Wäre Glückstadt in der Geschichte wirtschaftlich mächtiger geworden als Hamburg, hätten sich seine baulichen Zeugnisse wohl nicht so gut erhalten: denkmalgeschützte Häuserzeile am Binnenhafen. Glückstadt's architectural legacy would not have been as well preserved had the city become more economically powerful than Hamburg during the course of history: rows of listed buildings along the river port.

the clergy towards the city council comprised of merchants who were indeed more tolerant because they had experience from abroad. As early as 1588 there was a first community of Walloons and Dutch who had fled the Netherlands and the Duke of Alba.

To just what extent the desire to attract foreigners was based on economic considerations and how much they too viewed the resettlement from purely economic perspectives is illustrated by the example of the English Merchant Adventurers, whose motives were not determined by any religious or political persecution. In 1563 the English moved their place of trade (the "staple") from Antwerp to Emden–due to a trade war between England and the Netherlands, which the merchants wanted to circumvent. Four years later they concluded a ten-year contract with Hamburg, almost turning the English base in Hamburg into a state within a state, even with its own jurisdiction.[9]

This was not strictly legal from Hamburg's side, being an infringement of the Hansa rules, but did have its advantages for the city. Nevertheless, "members of the Hamburg clergy and other sections of the population rejected the foreigners despite the obvious advantages," such that following the expiry of the contract the majority of the English returned to Emden but then shortly thereafter, in 1587, moved to Stade, where they were offered more privileges. Being strongly opportunist, however, they did not stay there long either because Hamburg managed "to draw the English to Hamburg for the long term in 1611 with attractive offers."[10]

The Dutch, the Huguenots from France and Switzerland, Portuguese Jews, the English–Hamburg took whatever immigrants promised economic prosperity. The integration could not always have been easy, particularly given that the newcomers were also competitors. Anyone involved in overseas trade was in good hands among the cosmopolitan Hamburg merchants, however; the names of the Hamburg families are still testimony to this today–Amsinck, Godeffroy, Laeisz, de Chapeaurouge.

Competition from other cities generally died its own death–Hamburg simply had the advantage of an unbeatable location. It had the economic "momentum" all to itself from the sixteenth century onwards. The city grew and because it was growing it became attractive and grew even further. What would an overseas trader or ship owner want to be doing in Krempe, Glückstadt, or Buxtehude?

We can therefore generalise what was established in an 1835 pamphlet with regard to Glückstadt: "Trading companies and monopolies were set up there, with complete freedom of trade then being granted, the intention having been to make Glückstadt one of the staples for Icelandic, Norwegian, and even Jutland goods, then lifting some of these oppressive conditions again, allowing others to fall into disuse; religious freedom had been granted, a special commercial court established; Glückstadt itself had been made into a kind of free port through the most significant customs privileges; all of this has come to nothing and the city now has no trade at all in fact."[11]

The introduction of freedom of trade at the beginning of the nineteenth century did liberate the Bönhasen at least.

Notes

1 Quoted in Gerhard Köhn: *Der Glückstadt Lust-, Leid- und Freudenspiegel*. Munich 1964, p. 9.

2 Paul Piper: *Altona und die Fremden*. Altona 1884, p. 1.

3 Dagmar Cochanski: *Präsidial- und Oberpräsidialverfassung in Altona 1664-1746*. Hamburg 1984, p. 2.

4 Quoted in Gerhard Köhn: *Der Glückstadt Lust-, Leid- und Freudenspiegel*. Munich 1964, p. 7f.

5 Ibid.

6 Stadt Glückstadt (ed.): *Glückstadt im Wandel der Zeiten*, Vol. 2. Glückstadt 1966, p. 3.

7 Gerhard Köhn: *Die Bevölkerung der Residenz, Festung und Exulantenstadt Glückstadt von der Gründung 1616 bis zum Endausbau 1652*. Neumünster 1974, p. 101.

8 Karl Asmussen: "Das Wirtschaftsleben und die Bevölkerung Glückstadts von der Gründung bis zum Jahre 1869". Stadt Glückstadt (ed.): *Glückstadt im Wandel der Zeiten*, Vol. 2. Glückstadt 1966, p. 176.

9 Rainer Postel: "Hamburgs Rolle in der Hanse im 16. und 17. Jahrhundert". In: Stadt Stade (ed.): *Fernhandel und Stadtentwicklung im Nord- und Ostseeraum in der hansischen Spätzeit (1550-1630)*. Stade 1995, p. 73.

10 Ibid.

11 Quoted in Gerhard Köhn: *Der Glückstadt Lust-, Leid- und Freudenspiegel*. Munich 1964, p. 68.

CAROLA HEIN

Von der Hanse bis zur HafenCity

Wie Hamburg als liberale und kosmopolitische Stadt baute und sich entwickelte

Hamburger Baukunst auf den Punkt gebracht oder – genauer – auf ein zungenhaftes Grundstück im Kontorhausviertel: das ist das Chilehaus. Auf Postkarten, Briefmarken und Zeitschriften versinnbildlicht es in Form und Namen Hamburgs weltweite maritime Geschäfte und dient vielen Hamburger Architekten und Bauherren bis heute als Referenz. Wie der Bug eines Schiffes pflügt das Chilehaus durch die Wasser des Kontorhausviertels, das die früheren Wohnbauten des Gängeviertels ersetzte. Es steht als Symbol für die jahrhundertealten Schifffahrts- und Handelsnetzwerke der Hamburger Kaufmannschaft, für deren einträgliche Geschäfte sowie die darauf basierende Gestaltung Hamburger Bauten und öffentlicher Räume.

Hanse, Hafen, Handel

Der Seehandel – insbesondere in der zwischen Mitte des 12. und Mitte des 17. Jahrhunderts bestehenden Vereinigung niederdeutscher Kaufleute *Hansa Teutonica*, deren Ziel die Sicherheit der Überfahrt und die Vertretung gemeinsamer wirtschaftlicher Interessen besonders im Ausland war – ist für Hamburg die Grundlage seines Wachstums. Funktion und Form der Stadt werden durch ihre Hafenaktivitäten bestimmt. Über Jahrhunderte hinweg haben sich global wirkende Handelseliten und deren wirtschaftliche Verbindungen in der gebauten Umwelt von Hafenstädten niedergeschlagen: in der Finanzierung von Bauten, der Einladung ausländischer Professioneller oder in technischen Neuerungen, die ihre Inspiration aus dem Ausland bezogen. Historische Ansichten von Hamburg, wie etwa die Darstellungen von Georg Braun und Franz Hogenberg (1572 und 1588), zeigen die Stadt von der Hafenseite mit den Schiffen, die ihren Reichtum ausmachen und illustrieren, wie die Hafenfunktion bis in das Zentrum der Stadt hineingewirkt hat. Die Händler, die meist weitreichende familiäre und Geschäftsverbindungen hatten, brachten Waren aus aller Welt bis an die Häuser, die gleichermaßen Geschäfts-, Wohn- und Speicherzwecken dienten. Sie bestimmten auch die einflussreichsten Gremien der Stadt und kontrollierten somit wichtige Stadtgestaltungsfragen.

Der Hafen ist zwar die Lebensader der Stadt, zur Hamburger Schauseite wird ab Ende des 18. Jahrhunderts jedoch die Alsterseite. 1796 baut die Stadt den Jungfernstieg, eine baumbestandene Promenade, und die lokale Elite errichtet dort ihre Geschäfts- und Wohnhäuser. Dabei bedient sie sich einer Architektursprache, die die Stellung der Stadt und ihre weitreichenden Handels- und Schifffahrtsbeziehungen unterstreicht. Der große Stadtbrand von 1842 und der anschließende Wiederaufbau stehen als Beispiel für den Umgang der Hamburger mit ihrer Stadt. Wie Heinrich Heine treffend anmerkte, funktionierte der Hafen während des mehrtägigen Brandes weiter und den Hamburger Händlern gelang es, die neu gebaute Börse inmitten des Infernos zu retten. Ohne Rücksicht auf die ärmere Bevölkerung, deren Wohngebiete im Brand zerstört wurden, entschied die städtische Elite, ihre zentral gelegenen Grundstücke zusammenzulegen und neue Stadträume zu schaffen, die den Handelsanforderungen entsprachen.

CAROLA HEIN

From the Hansa to HafenCity

How Hamburg Built and Developed as a Liberal and Cosmopolitan City

Links: im Rahmen einer Fotomontage zu „Deutschlands Wiederaufstieg in den letzten Jahren – Vom 09.
November 1918 zum 09. November 1928" veröffent-
lichte die *Berliner Illustrierte* Spitzenleistungen der
Ingenieurkunst. Gewaltige Bauten, Riesenschiffe,
Sportsiege bei der Olympiade und mittendrin das
Hamburger Chilehaus. Rechts: Kein Zufall, denn mit
ihm sollte 1924 in Hamburg das Symbol des wieder-
erstarkten Hamburger Handels nach dem Weltkrieg
gefeiert werden. Wie der Bug eines Schiffes pflügt
das Chilehaus durch die Wasser des Kontorhausviertels, das die früheren Wohnbauten des Gängeviertels
ersetzte. Es steht als Beispiel für die jahrhundertealten
Schifffahrts- und Handelsnetzwerke der Hamburger
Kaufmannschaft, deren einträgliche Geschäfte und die
darauf basierende Gestaltung Hamburger Bauten und
öffentlicher Räume. Henry Barens Sloman, der Bau-
herr, machte sein Vermögen seit den 1880er Jahren
mit dem Salpeterhandel mit Chile. Mit den Gewinnen
aus diesem Geschäft konnte das Chilehaus bezahlt
werden, wofür es als Zeichen der Dankbarkeit seinen
Namen erhielt.   Left: as part of a photomontage on
"Germany's Revival in Recent Years–from 9 November
1918 to 9 November 1928" the *Berliner Illustrierte*
published details of major engineering achievements.
Huge constructions, giant ships, sporting victories at
the Olympiade, and right in the midst, Hamburg's Chile
House. Right: This was no coincidence as, in Hamburg
in 1924, the building was intended to celebrate the
symbol of the reinvigorated Hamburg trade following the war. Like the bow of a ship, the Chile House
ploughs through the waters of the Kontorhausviertel
that replaced the earlier housing of the Gängeviertel.
It stands as an example of the centuries-old shipping
and trade networks of Hamburg's merchants, their lucrative business dealings, and the design of Hamburg's
buildings and public spaces based on the latter. Henry
Barens Sloman, the building's owner, made his fortune
in the 1880s through the saltpetre trade with Chile.
The profits of this business paid for the Chile House,
the building being so named as a sign of gratitude.

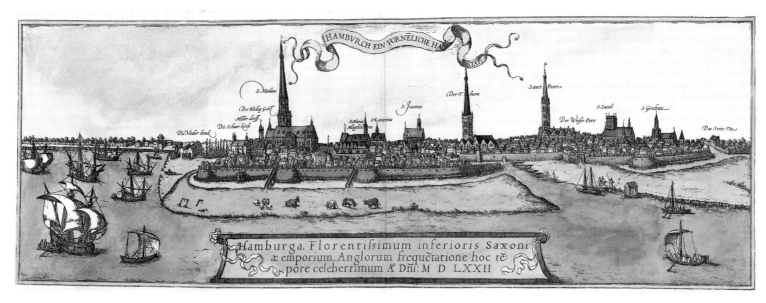

The image contains the following text labels: HAMBVRCH EIN VORNÉLICHE HA...STAT, S.Niuolaus, Der Heilig Geist, Aller..., Die Schaer kirch, Die Nider bruk, Sct Maria Magdalena, S.Catarina, S.Joannes, Der T...huem, Sanct Peter, S.Iacob, Der Weiser Port, S.Gertrut, Das Stein Tör, and the cartouche: Hamburga, Florentissimum inferioris Saxoni æ emporium, Anglorum frequentatione hoc tẽ pore celeberrimum Aᵒ Dñi: M D LXXII

Vorbild Venedig, Vorbild für Boston

Deren städtebauliche und architektonische Gestaltung lag in der Hand des Architekten Alexis de Chateauneuf, Hamburger Sohn französischer Immigranten, dem unter anderem die Kleine Alster zu verdanken ist. Der neue städtische Raum ist eine Anspielung auf den Sankt-Markus-Platz in Venedig, der vielleicht erfolgreichsten Hafenstadt aller Zeiten. Die Bedeutung des Handels für Hamburg spiegelt sich auch in der direkten Verbindung zwischen der Börse und dem an der Kleinen Alster gelegenen Rathaus wider. Die neue Alsterrandbebauung gab der Stadt somit ein neues maritimes Gesicht – ohne den Dreck und Lärm des Hafens – und wurde später selbst zur Inspiration für andere Städte, sogar die nordamerikanische Stadt Boston.[1]
Im 19. Jahrhundert war eine erste Umgestaltung des Hafens notwendig geworden, um die führende Stellung der Stadt zu garantieren. Schon seit 1825 hatten die Hamburger die Verbesserung des Hafens diskutiert und auch ausländische Spezialisten um ihre Meinung gebeten. Die 1845 vorgestellten Vorschläge für einen Dockhafen erwiesen sich als zu teuer und den Hamburger Bedingungen unangemessen. Stattdessen entstand ein von Wasserbaudirektor Johannes Dalmann (seit 1858) vorgeschlagener Tidenhafen im Sandtor- und Grassbrookhafen

sowie der Sandtorkai (1866) mit Kaimauern und Eisenbahnanschluss, an dem Schiffe direkt aus- und einladen konnten.

Bleibendes Motiv der Stadtentwicklung – der Hafen geht vor

Auf den Bau des neuen Hafens folgte ab 1883 der Bau der Speicherstadt, weil Hamburg den Status einer Freien Reichsstadt im neugegründeten Deutschen Reich verloren hatte. Dieser zollfreie Bereich für Speicherbauten entstand unter Führung des weitgereisten Stadtplaners Carl Johann Christian Zimmermann und des Ingenieurs Franz-Andreas Meyer. Beide bewunderten New York und Chicago für ihre moderne technische Ausstattung und waren für ihren Amerikanismus bekannt – was zu jener Zeit nicht unbedingt ein Lob war.[2] 24.000 Einwohner – reich und arm – mussten für den Bau der Speicherstadt ihre Wohnungen verlassen. Ergänzend zu dem neuen monofunktionalen Speicherbereich errichtete die Hamburger Elite einen Bürodistrikt in der Nähe des Hafens, darunter der Dovenhof (1885–86), der sich durch seine innovative Technologie, das zentrale Heizungssystem, elektrische Anlagen und den ersten Paternoster in Deutschland auszeichnete. Der von der Hamburger Geschäftselite geführte

Das Gesicht einer mittelalterlichen Hafen- und Hansestadt: Schiffe dürfen nicht fehlen! Hamburg, Gesamtansicht, Kupferstich von Georg Braun und Franz Hogenberg, koloriert, 1572   The face of a medieval port and Hanseatic city: ships were an essential feature! Hamburg, general view, copperplate engraving by Georg Braun and Franz Hogenberg, coloured, 1572

Hamburg architecture in a nutshell or—more precisely—on a strip of land in the Kontorhaus district: that is the Chilehaus. On postcards, stamps, and magazine covers, its shape and name epitomises Hamburg's worldwide maritime dealings and serves many Hamburg architects and developers as a reference to this day. Like the bow of a ship, the Chile House ploughs through the waters of the Kontorhaus district that replaced the former residential buildings of the Gänge district. It stands as a symbol of the centuries-old shipping and trading networks of Hamburg's merchants, of their lucrative dealings, and of their support in the design of Hamburg's buildings and public spaces.

Hansa, Harbour, Trade

Maritime trade—in particular the *Hansa Teutonica*, the league of North German merchants that existed from the middle of the twelfth to the middle of the seventeenth centuries with

the objective of ensuring safe passage and the representation of common economic interests, particularly abroad—is the basis of Hamburg's growth. The city's function and form are determined by its harbour activities. A globally active trading elite and their economic ties have been making their impact on the built environment of harbour cities for centuries: in the financing of buildings, the invitation of foreign professionals, or technical innovations based on inspiration from abroad. Historical images of Hamburg, such as those by Georg Braun and Franz Hogenberg (1572 and 1588), show the city from the harbour side with the ships that constitute and illustrate its wealth, demonstrating how the impact of the harbour function extends to the city centre. The traders, who generally had extensive family and business ties, brought goods from all over the world to the buildings that served as business, residential, and storage premises. They also defined the city's most influential bodies, thus controlling important issues of urban design.

The harbour may be the city's lifeline but the Alster side became Hamburg's visible face from the end of the eighteenth century, however. In 1796 the city constructed a tree-lined promenade, the Jungfernstieg, where the local elite then built their business and residential premises. The architectural style used accentuated the city's status and its far-reaching trade and shipping connections. The city's great fire in 1842 and the subsequent reconstruction are an example of the approach of Hamburg's residents to their city. As Heinrich Heine aptly remarked, the harbour kept on functioning during the fire, which lasted several days, and Hamburg's merchants were able to save the newly built stock exchange in the midst of the inferno. With no regard for the poorer residents whose housing areas were destroyed in the fire, the city's elite decided to merge the centrally located properties and create a new urban environment based on trade requirements.

Alsterarkaden und kleine Alster: Vorbild war eine andere internationale Stadtrepublik - Venedig (Aufnahme ca. 1910) The Alsterarkaden (Alster Arcades) and the Kleine Alster (Little Alster): the role model was another international city state—Venice (photograph around 1910)

Stadtumbau ging mit anderen geplanten und ungeplanten Veränderungen einher. Als Resultat von Veränderungen in der internationalen Schifffahrtspraxis, insbesondere der Verbreitung von Dampfschiffen, kamen zum Beispiel chinesische Migranten in viele Hafenstädte, einschließlich Hamburg. Seit Mitte des 19. Jahrhunderts war Hamburg ein Emigrantenzentrum. Zeitweise kam ein Drittel aller Amerikaauswanderer durch Hamburg. Die Hamburg-Amerika-Linie (Hapag), eine der weltweit führenden Reedereien ihrer Zeit, besaß Vertretungen in vielen Städten, darunter Tsingtau oder Philadelphia. Seit 1888, unter der Leitung von Albert Ballin, führte die Gesellschaft das Auswanderungsgeschäft nach Amerika an. Unter Ballins Führung baute die Hapag 1900/01 auch die Barackenstadt auf der Veddel. Der Wunsch, den Emigranten bessere hygienische und sanitäre Bedingungen zu bieten, wurde gestärkt durch amerikanische Gesetze, nach denen Immigranten mit Krankheiten zum Ausgangshafen zurückgeschickt wurden. Die Gesellschaft war daher daran interessiert,

möglichst gesunde Auswanderer zu entsenden. Das Motto der Hapag – „Mein Feld ist die Welt" – prangte sowohl auf den Auswandererhallen (inzwischen zum attraktiven Auswanderungsmuseum Ballinstadt umgestaltet) als auch in der Halle des Stammhauses von 1903.
Durch die Umnutzung des Hamburger Zentrums für den Bau von Geschäftshäusern, Hafen- und Speicheranlagen wurden weitere Arbeiterwohnungen aus dem Zentrum verbannt. Um den Arbeitern dennoch einen schnellen Zugang zum Arbeitsort zu ermöglichen, baute die Stadt zwischen 1912 und 1915 die ersten öffentlichen Bahnlinien in die Arbeiterwohnorte Barmbek und Rothenburgsort. Gleichzeitig wurden auch Teile der Hafenindustrie in diese Gebiete verlagert, die außerdem über Kanäle mit dem Hafen verbunden waren, wodurch der Charakter dieser Gegenden als Arbeitersiedlung noch verstärkt wurde. Arbeiterwohnungsbau war jedoch für die lokalen Eliten kein zentrales Thema. Wohnungsbaugenossenschaften wie die 1875 gegründete Schiffszimmerergenossenschaft

Oben: Historisches Panorama vom Grasbrookhafen; Binnenschiffe und Schuten liegen am Dalmannkai vor den offenen Lagerschuppen, in denen die Waren gestapelt sind. Die Speicherstadt wurde ab 1883 errichtet. Ihre Baumeister Zimmermann und Meyer waren für ihren Amerikanismus bekannt und bewunderten New York und Chicago. Links: Blick über den historischen Holländischen Brook um 1880. In diesem intakten Wohn- und Arbeitsviertel Hamburgs lebten 20.000 Menschen. Für den Neubau der Speicherstadt im neuen Hamburger Hafen mussten sie zwangsumgesiedelt werden - die historischen Häuser wurden abgerissen.
Above: Historic panorama of Grasbrookhafen; river boats and barges lie along the Dalmannkai in front of the open warehouses where the goods were stacked. The Speicherstadt (warehouse district) was built as of 1883. Its architects, Zimmermann and Meyer, were known for their Americanism and were admirers of New York and Chicago. Left: View of the historic Holländischer Brook in around 1880. 20,000 people lived in this intact residential and working district in Hamburg. They were forced to relocate to make way for the building of the Speicherstadt in the new Hamburg harbour—the historic buildings were torn down.

Modelled on Venice, a Model for Boston

Its urban development and architectural design lay in the hands of the Hamburg architect Alexis de Chateauneuf, the son of French immigrants, to whom the Kleine Alster, for one, owes its existence. The new urban space was inspired by St Mark's Square in Venice, perhaps the most successful harbour city of all time. The importance of trade for Hamburg is also reflected in the direct link between the stock exchange and the city hall situated on the Kleine Alster. The new buildings along the Alster periphery gave the city a new maritime countenance—without the noise and dirt of the harbour—and they themselves later became the inspiration for other cities, including the North American city of Boston.[1]

An initial reconfiguration of the harbour became necessary in the nineteenth century in order to ensure the city's leading role. Hamburg's residents had been discussing improvement

to the harbour since 1825 and had also sought the opinions of foreign experts. The wet dock proposals presented in 1845 proved to be too expensive and inappropriate for the conditions in Hamburg. The result was instead the tidal harbour, (since 1858) proposed by the director of water engineering Johannes Dalmann, in the Sandtor and Grassbrook harbours as well as the Sandtorkai (1866) with quay walls and a rail link where ships could load and unload directly.

Enduring Urban Development Motif –the Harbour has Right of Way

The construction of the new harbour was followed by the building of the Speicherstadt as of 1883, Hamburg having lost the status of Free Imperial City in the newly founded German Empire. The construction of this duty free storage facilities area was the responsibility of the well-travelled town planner Carl Johann Christian Zimmermann and the engineer Franz-Andreas Meyer. They both held New York and Chicago in

waren bemüht, der Wohnungsnot Abhilfe zu schaffen. Auch im Bereich des Wohnungsbaus zeigten sich Hamburgs internationale Beziehungen: So brachte der Hamburger Stadtbaudirektor Fritz Schumacher, der seine Kindheit in Bogotá und New York verbracht hatte, in seiner Amtszeit zwischen 1909 und 1933 – als er von der nationalsozialistischen Regierung seines Amtes enthoben wurde – amerikanische Ideen in die Hamburger Stadtplanung ein, zum Beispiel zum Bau städtischer Parks.

Der Einfluss des Hafens schwindet, bleibt aber spürbar erhalten

Nach dem Kriegsende wurde der Hafenbetrieb von den Alliierten zwar für einige Zeit gestoppt, bereits am 1. Juni 1945 nahm der Hamburger Hafen jedoch die Aktivitäten wieder auf. Die globale Entwicklung der Schifffahrt in der zweiten Hälfte des 20. Jahrhunderts schlug sich ebenfalls in der Hamburger Stadtgestalt nieder. Lokale Eliten wurden jedoch teilweise durch globale Akteure ersetzt. Die aufkommende Containerisierung hatte den Bau spezieller Containerhäfen zur Folge, viele Schifffahrtsgesellschaften suchten funktionellere Verwaltungssitze an der neuen Ost-Weststraße. Der steigende Verbrauch von Petroleum führte im Hamburger Hafen zum Umschlags- und Verarbeitungsanstieg sowie zur Vergrößerung von Firmenzentralen. So siedelte Esso von ihrem Firmensitz an der Alster in die neugeschaffene City Nord um, wo auch Shell und BP ihre Hauptquartiere errichteten. Wenn in der City auch die direkte Verbindung zum Hafen verlorengegangen ist, so spiegeln die Straßennamen der City Nord, wie etwa Übersee-, Kapstadt- oder Mexikoring, doch die zugrunde liegenden wirtschaftlichen Verbindungen wider.
Die Aufgabe des alten Speicherbereichs in den 1990er Jahren gab der Stadt die Chance, die Waterfront für neue Funktionen umzugestalten, dort Büros, Wohnungen und Freizeitmöglichkeiten anzusiedeln, wie es ähnlich schon in Baltimore, London, Rotterdam oder Sydney geschehen war. Im Unterschied zu anderen Waterfront-Projekten entschied sich Hamburg

für den Bau eines multifunktionellen neuen Stadtteils, dessen Gestaltung auf Wettbewerbsprojekten beruht und ausgewählten deutschen und ausländischen Architekten obliegt. In die westlichen Bereiche der HafenCity ist die globale Reichweite und Geschichte des Hafens schon in die Namen von Straßen und Plätzen – von Marco-Polo-Terrassen über Shanghaiallee hin zum Amerika-Center – eingeschrieben, Mitarbeiter internationaler Firmenhauptquartiere (vornehmlich Hafen- und Logistikbranchen) wohnen dort, wie überhaupt die sich hier formierende Community multinational (mit hohem Einkommen) genannt werden kann.
Obwohl die direkten Beziehungen zwischen Hafen und Stadt seit den 1980er Jahren immer mehr abnahmen, bleibt der Hafen ein wichtiges Marketingelement für diese. Während der eigentliche arbeitende Hafen in sicherer Distanz auf der anderen Seite der Elbe liegt und die diversen Güter in Containern versteckt sind, betrachten Touristen und die neuen Bewohner der HafenCity den Hafen aus ihren Wohnungen, aus Büros oder von den großzügig angelegten öffentlichen Flächen. Gleichzeitig hält die Architektur der HafenCity und der Stadt das Image des Hafens aufrecht – zum Beispiel durch kreisförmige Fenster, Handläufe wie auf einem Schiff und andere Details. Hafenfestivals und weitere Veranstaltungen (einschließlich des Fischmarktes) machen Elbe sowie historischen und gegenwärtigen Hafen zu einem prägenden Teil des sozialen Lebens und des Hamburger Selbstverständnisses. Trotz der physischen Entfernung zwischen Hafen und Stadt brauchen die Reedereien und andere an den Hafen gebundene Betriebe die Unterstützung durch die Stadt und ihre Bürger – zum Beispiel, wenn es sich um Hafenausbau oder Elbvertiefung handelt. Für die Hamburger Elite ist es somit eine zwingende Voraussetzung, dass die gesamte Bevölkerung den Hafen als Herzstück der Vorstellung von Hamburg, des mentalen Images der Stadt anerkennt – es ist also kein Zufall, dass mit der neuen Elbphilharmonie die neue Landmarke für das kultivierte Hamburger Bürgertum mitten in der Elbe auf altem Hafengrund und einem großartigen Speicher der Moderne thront.

Auswandererschiff der Hamburg-Amerikanischen Packetfahrt-Actiengesellschaft, Holzstich (1874) nach einer Zeichnung von Knut Ekwall. Rechts: Plakat der Hapag (Hamburg-Amerika-Linie) 1867 mit Fahrplan und dem Beweis einer frühen „Global City"
Above: an emigrant ship of the Hamburg-Amerikanische Packetfahrt-Actiengesellschaft, wood engraving (1874) from a drawing by Knut Ekwall. Right: Hapag (Hamburg-Amerika-Linie) poster from 1867 with timetable and the evidence of an early "global city"

high regard for their modern technical facilities and were known for their pro-Americanism—a stance not necessarily admired at that time.[2] The construction of the Speicherstadt required 24,000 residents—rich and poor—to abandon their homes. As an addition to the new, monofunctional storage facilities area the Hamburg elite built an office district close to the harbour, including the Dovenhof building (1885-6), distinguished by its innovative technology, the central heating system, electrical units, and the first paternoster lift in Germany.

The city conversion driven by Hamburg's commercial elite was accompanied by other changes, both planned and unplanned. Changes in international shipping practice, particularly the growth of steam ships, saw Chinese migrants, for example, coming to Hamburg, as to many harbour cities. Hamburg had been an emigrant centre since the mid-nineteenth century and, for a time, one third of all emigrants to America passed through it. The Hamburg America Line (Hapag), then one of the world's leading shipping companies, had representatives in many cities, including Qingdao and Philadelphia. As of 1888, the company, headed by Albert Ballin, led the way in the business of emigration to America. Under Ballin's leadership, Hapag also built the Barackenstadt on the Veddel in 1900/01. The incentive to provide emigrants with better hygiene and sanitary conditions was reinforced by American legislation under the terms of which immigrants carrying diseases were sent back to their port of departure. The company therefore had an interest in despatching healthy emigrants as far as was possible. From 1903 the Hapag motto —"Mein Feld ist die Welt" (The World is My Territory)—hung resplendent in both the emigration halls (now converted to the attractive Ballinstadt emigration museum) and in the company's head office.

The conversion of the centre of Hamburg, with the building of commercial premises, as well as harbour and storage facilities, meant that further workers' housing was driven out of the city centre. In order to grant the workers quick access to their place of work, however, the city built the first public railway lines in the working

class suburbs of Barmbek and Rothenburgsort between 1912 and 1915. Sections of the harbour industries in these areas, which were also connected to the harbour via canals, were relocated at the same time, further reinforcing the working class housing area character of these districts. The construction of workers' housing was not, however, a key issue for the local elite. Housing cooperatives such as the Shipbuilders' Cooperative, founded in 1875, were renowned for relieving housing shortages. Hamburg's international connections were evident in the field of housing construction as well. During his time in office between 1909 and 1933, when he was relieved of his duties by the National Socialist government, Fritz Schumacher, Hamburg's director of construction and engineering who had spent his childhood in Bogotá and New York, brought American ideas into Hamburg's city planning with the establishment of city parks, for example.

Harbour's Influence Dwindling but Remaining in Evidence

Harbour activities were stopped by the Allies for a while following the end of the war but Hamburg's harbour resumed operation again on 1 June 1945. Global shipping developments in the second half of the twentieth century also impacted on Hamburg's city landscape. At times the local elite were replaced by global protagonists, however. The emerging containerisation resulted in the construction of special container terminals, with many shipping companies seeking more functional administrative offices along the new East-West axis. The increasing use of petroleum led to a rise in transshipment and processing in Hamburg's harbour, as well as to the expansion of company head offices. Esso, for instance, relocated its company offices on the Alster to the newly built City Nord, where Shell and BP also built their head offices. Even though the area has now lost the direct link to the harbour, the street names in City Nord, such as Überseering (Overseas Ring), Kapstadtring (Cape Town Ring), or Mexikoring (Mexico Ring), do still reflect the underlying economic connections.

Anmerkungen

1 Karl Haglund: *Inventing the Charles River*. Cambridge 2003.

2 Hermann Hipp: „Ein neues Hamburg". In: Hans Meyer-Veden (Hg.): *Hamburg. Historische Photographien 1842-1914*. Berlin 1995.

Oben: Die City-Nord als „autogerechte" Stadt des späten 20. Jahrhunderts. In der Bildmitte die New-York-Brücke. Alle Straßen tragen Namen von Weltstädten. Die spätere HafenCity wird diesen Anflug von Globalität kopieren (Aufnahme 1982). Rechts: Vorläufig letzter Auftritt: Mit der Elbphilharmonie In der HafenCity will Hamburg international den Anschluss halten an Bilbao, Sydney und Co. Above: City-Nord as a "car-friendly", late 20th-century city. In the centre the New-York-Brücke. All of the roads are named after global cities. The later HafenCity was to imitate this touch of globalism (photograph 1982). Right: Provisional last appearance: the Elbe Philharmonic Hall in HafenCity is intended to put Hamburg on a par internationally with Bilbao, Sydney, and the like.

The relinquishing of the old storage area in the 1990s gave the city the opportunity to convert the waterfront for new purposes, for office, residential, and leisure development, similar to what had already been done in Baltimore, London, Rotterdam, and Sydney. In contrast to other waterfront projects, Hamburg opted for the construction of a new, multifunctional city district, selected German and foreign architects being commissioned with its design on the basis of competitive projects. The harbour's global scope and history is recorded in the names of streets and squares in the western section of HafenCity—from the Marco-Polo-Terrassen to Shanghaiallee (Shanghai Avenue), and the Amerika-Center, where the staff from international company head offices (primarily the harbour and logistics sectors) live, as does the emergent (high income) multinational community in general.

Although the direct links between harbour and city have been steadily decreasing since the 1980s, the harbour remains an important marketing factor for the city. While the actual working harbour lies at a safe distance on the other side of the Elbe and the diverse commodities are hidden in containers, tourists and the new residents of HafenCity view the harbour from their apartments, offices, or from the expansive public spaces. At the same time, the architecture of HafenCity and the city itself maintain the harbour image—with round windows, railings as on a ship, and other details. Harbour festivals and other events (including the fish market) make the Elbe, as well as the historic and the contemporary harbours, a key part of social life and Hamburg's self-image. Despite the physical distance between the harbour and the city, the shipping companies and other harbour-related operations need the support of the city and its residents—with regard to issues such as harbour expansion or the dredging of the Elbe. For the Hamburg elite it is therefore an essential requirement that the entire population should recognise the harbour as being at the core of Hamburg's identity, of the mental image of the city—and so it is no coincidence that the new Elbe Philharmonic Hall towers up in the middle of the Elbe on what used to be harbour land and from a magnificent modernist warehouse as the new landmark for the sophisticated Hamburg middle class.

Notes

1 Karl Haglund: *Inventing the Charles River*. Cambridge 2003.

2 Hermann Hipp: "Ein neues Hamburg". In: Hans Meyer-Veden (ed.): *Hamburg. Historische Photographien 1842-1914*. Berlin 1995.

TEAM IBA HAMBURG: GERTI THEIS, THEDA VON KALBEN, CONSTANZE KLOTZ, BARBARA SÄLZER

Kosmopolis Elbinseln

Projekte der IBA Hamburg als Impulse für eine internationale Stadtgesellschaft

Menschen aus über 100 Nationen leben auf den Elbinseln. Wie bildete sich dieser besondere kosmopolitische Nukleus und wie können räumliche Strukturen einer Stadt zu ethnischer und kultureller Vielfalt verhelfen, zu einer Vielfalt, die nicht das Problem, sondern die Lösung ist? Diesen Fragen stellt sich die Internationale Bauausstellung IBA Hamburg in ihrem Leitthema Kosmopolis, indem sie neue Chancen für die Stadt entwickelt.

Willkommen auf den Elbinseln?!

Die industrielle Erschließung und Modernisierung des Hafens trug dazu bei, dass 1913 etwa 6000 polnische Arbeiterinnen und Arbeiter in Wilhelmsburg lebten. Zusammen mit Arbeitssuchenden und Hafenarbeitern, die auf Grund der Hamburger Wohnungsnot übersetzten, leiteten sie eine grundlegende Veränderung des Elbinselgebietes ein.[1]

Zwei Weltkriege und etwa 40 Jahre später berichtete die *Wilhelmsburger Zeitung* über die ersten 40 Gastarbeiter auf den Elbinseln. Hintergrund war der wirtschaftliche Aufschwung, den das Nachkriegsdeutschland ab Mitte der 50er Jahre erlebte. In Zeiten dieser kraftvollen Konjunktur galt es erneut, zahlreiche Arbeitskräfte ins Land zu holen. Viele Hamburger Unternehmen errichteten in Wilhelmsburg die Baracken für ihre ausländischen Arbeitskräfte.[2] 1960 schilderte ein Reporter das Dilemma italienischer Arbeiterinnen der Wollkämmerei: Mangelnde Sprachkenntnisse erschwerten den Kontakt zu Deutschen, aber schließlich war man einzig und allein in Deutschland, um die Fami-

lien in der Heimat finanziell zu unterstützen. Verständlich, dass diese Unvereinbarkeit von Arbeits- und Familienleben bei vielen „Gastarbeitern" Heimweh bzw. den Wunsch nach Zusammenführung auslöste. Die folgende Entwicklung lag nahe: Angehörige wurden nachgeholt, der Lebensmittelpunkt rückte nach Deutschland und die ausländische Gemeinde wuchs.[3] Es entstanden nun erste spezielle Freizeitangebote, wie ein italienisches Kulturzentrum in Rothenburgsort und Kultur- und Sportvereine im Reiherstiegviertel.[4]

Durch türkische Gastarbeiter kam die christlich geprägte Gesellschaft erstmals mit den Traditionen des Islam in Berührung. Schon die polnischen katholischen Einwanderer der Jahrhundertwende brachten andere Sitten mit, doch Ess- und Freizeitgewohnheiten sowie religiöse Regeln der muslimischen Familien ließen eine ganz eigene Struktur entstehen.

Die Wohnsituation in Wilhelmsburg war bereits angespannt, als die verheerende Flut von 1962 den Bestand extrem schädigte. Eine zehnjährige Planungsunsicherheit des Senats tat ihr Übriges: Während man erwog, den Wohnstandort partiell zugunsten der Hafennutzung aufzugeben, verschlimmerte sich der Zustand der Wohnräume eklatant. Oft wurden ausländischen Familien die miserabelsten Wohnungen zugewiesen und in den überfüllten Baracken herrschten häufig unerträgliche hygienische Bedingungen.[5] 1971 machte der Senat eine Haltung deutlich, die drei Jahre später auch deutschlandweit zur Devise wurde: Eingliederung ja, Einwanderung nein – tatsächlich befand man sich jedoch schon mitten im Einwanderungsprozess.[6]

IBA HAMBURG TEAM: GERTI THEIS, THEDA VON KALBEN, CONSTANZE KLOTZ, BARBARA SÄLZER

Cosmopolis Elbe Islands

The IBA Hamburg Projects as an Impetus for International Urban Society

Im Herbst 2011 fertig gestellt: Das MEDIA DOCK in Hamburg-Kirchdorf.   Completed in autumn 2011: the MEDIA DOCK in Hamburg's Kirchdorf district.

Eine Studie im Auftrag des Hamburger Senats beschrieb 1977 mitunter schwerwiegende soziale Probleme auf den Elbinseln, die teils Ausländer und Deutsche in Wilhelmsburg gleichermaßen betrafen. Die Verständigungsschwierigkeiten vieler Ausländer stellten zudem ein gravierendes Hindernis für ihre gesellschaftliche Teilhabe dar. In der Folge wurden politische Ziele formuliert, die noch heute den Diskurs bestimmen: Eine umfassende Stadtteilentwicklung soll vorrangig die sozial schwache Bevölkerung stützen, die Abwanderung junger Menschen verhindern und gleichzeitig den Zuzug gut situierter junger Familien begünstigen.[7]

Nach der Wiedervereinigung trugen Aussiedler, DDR-Übersiedler und Asylsuchende zu einem erneuten Ansturm auf die Wohnviertel der Elbinseln bei. Es entstand ein spannungsgeladenes Konglomerat, in welchem häufig Konkurrenz und gegenseitiges Misstrauen spürbar wurden. Dies gab zudem auf

The Elbe Islands are home to people from more than 100 countries. What form does this particular cosmopolitan nucleus take and how can a city's spatial structures facilitate ethnic and cultural diversity, a diversity that is not the problem but the solution? These are the issues raised by the Internationale Bauausstellung (International Building Exhibition) IBA Hamburg with its key theme Cosmopolis and with which it develops new opportunities for cities.

Welcome to the Elbe Islands?!

The industrial development and modernisation of the harbour was one of the contributing factors that led to the fact that, in 1913, there were about 6,000 Polish workers living in Wilhelmsburg. Together with job seekers and harbour workers, who moved because of the housing crisis in Hamburg, they initiated a fundamental change to the Elbe Islands area.[1] Two world wars and some forty years later, the *Wilhelmsburger Zeitung* carried a report on the first forty migrant workers on the Elbe Islands. The context was the economic upturn experienced in post-war Germany from the mid-1950s. This economic boom again saw the need to bring substantial manpower into the country. Many Hamburg companies erected wooden housing in Wilhelmsburg for their foreign labour force.[2] In 1960, a report described the dilemma of female Italian workers at the wool factory: a lack of language skills impeded contact with Germans but ultimately they were only in Germany in order to provide financial support for the family back home. It is understandable that this incompatibility between working and family life led to homesickness and/or the desire for compatibility on the part of many "migrant workers." The subsequent developments were self-evident: relatives were then brought along, the focus of their lives shifted to Germany, and the foreign community grew.[3] It was only at this point that specific leisure opportunities were developed, such as an Italian cultural centre in Rothenburgsort and cultural and sports associations in the Reiherstiegviertel.[4]

It was through the Turkish migrant workers that the Christian-orientated society first came into contact with Islamic traditions. The Polish Catholic immigrants at the turn of the century had already brought other customs with them but the food and leisure habits, as well as the religious rules of the Muslim families, led to the development of a very particular structure. The housing situation in Wilhelmsburg was already critical when the devastating floods of 1962 caused severe damage to existing buildings. Ten years of planning uncertainty on the part of the Senate did the rest: while consideration was given to the partial abandonment of the residential area in favour of harbour use, the state of the housing worsened dramatically. Foreign families were often allocated the most miserable apartments, while the hygiene conditions in the overfilled wooden housing were often unbearable.[5] In 1971, the Senate clarified a stance that was to become the standard throughout Germany three years later: integration yes, immigration no—yet in fact the immigration process was already well underway.[6] A study commissioned by the Hamburg Senate in 1977 described, amongst other things, the serious social problems on the Elbe Islands, affecting the partly foreign and partly German residents of Wilhelmsburg in equal measure. The communication problems experienced by many foreigners also constituted a major obstacle to their social participation. As a consequence, political goals were formulated that still determine discussions today: comprehensive neighbourhood development ought to provide support primarily for socially disadvantaged families to prevent the exodus of young people, and, at the same time, facilitate the influx of well-to-do young families.[7]

Following reunification, repatriates, migrants from East Germany, and asylum seekers contributed to a renewed onslaught on the residential areas of the Elbe Islands. The result was a tense conglomerate within which rivalry and mutual distrust were often evident. This also fostered a xenophobia on the German side that was expressed in a clear rise of populist, right-wing election results between 1993 and

deutscher Seite einer Fremdenfeindlichkeit Auftrieb, die sich zwischen 1993 und 2001 in einem deutlichen Anstieg rechtspopulistischer Wahlergebnisse – besonders in Wilhelmsburg – äußerte und mit dem Einzug der „Schill-Partei" in die Hamburger Bürgerschaft gipfelte. Unmittelbare Konsequenzen waren starke Einschnitte bei der Integrationspolitik, die sich beispielsweise in der Kürzung von Sprachförderstunden in Schulen niederschlugen.[8] Die politischen Versäumnisse der Vergangenheit haben lange Zeit zu empfindlichen Konflikten zwischen alteingesessenen Wilhelmsburgern und Migranten beigetragen. Das gleichwohl weitgehend friedliche Zusammenleben ist nicht zuletzt dem Engagement zahlreicher Wilhelmsburger Initiativen und Einzelpersonen zu verdanken.[9]

2001/2002 wurde durch die Zukunftskonferenz ein Forderungskatalog aufgestellt, der 2005 – Senat und Bürgerschaft hatten bereits den „Sprung über die Elbe" und die IBA als Motor dieses Stadtentwicklungsprozesses beschlossen - durch die Initiative der Entwicklungspartnerschaft Elbinsel für eine umfassende Bildungsoffensive untermauert wurde. Zeitgleich bekannte sich Deutschland durch den offiziellen Ausspruch der Bundesregierung als Einwanderungsland und setzte somit endlich andere Signale.

Strategien und Projekte für die Zukunft

Die Internationale Bauausstellung hatte sich im Jahr 2006 also einer Reihe von Herausforderungen zu stellen. Mit ihren Kosmopolis-Projekten versucht die IBA Hamburg diesen zu begegnen, indem diese ethnische und kulturelle Vielfalt als positive und essentielle Ingredienz zur Vision der urbanen Gesellschaft der Zukunft begriffen wird. Die Projekte sollen soziale und kulturelle Barrieren abbauen und den Bewohnern der Elbinseln aus über 100 Nationen individuelle Perspektiven und Chancen in der Stadtgesellschaft eröffnen. In beispielhaften Aktionsfeldern werden gegenwärtig mehr als ein Dutzend Projekte realisiert.

Bildung ist mehr als Schule

Bildung ist und bleibt der Schlüssel zur gesellschaftlichen Teilhabe, sei es im sozialen oder kulturellen Leben, im Beruf oder in der Politik.[10] Im Rahmen der IBA Hamburg ist daher die Frage von besonderer Bedeutung, welche städtebaulichen und architektonischen Anforderungen aus den neuen konzeptionellen Ansätzen einer ortsbezogenen Pädagogik erwachsen und wie Architektur und Städtebau selbst Teil einer Bildungslandschaft werden können. Mit mehreren Projekten versucht die IBA Hamburg den Zugang zu Bildungseinrichtungen im Stadtteil für alle Bevölkerungsschichten und alle Bewohnerinnen und Bewohner jeden Alters zu erleichtern. Dabei konzentrieren sich die Projekte nicht alleine auf den Aspekt der schulischen Bildung, sondern auch auf die Bildungsfelder der frühkindlichen Spracherziehung, der Förderung der beruflichen Anschlüsse, der beruflichen Weiterbildung, der kulturellen Bildung und der Erwachsenenbildung. Die neuen Bildungsorte lassen Netzwerke entstehen, in denen die Träger gemeinsam passgenaue Angebote für die Menschen auf den Elbinseln entwickeln. Denn nur durch eine gute Kooperation von Schule, Kinder- und Jugendhilfe und Familien wird es gelingen, das Ganztagslernen in gemeinsamer Verantwortung erfolgreich umzusetzen. Im Projekt „Tor zur Welt" entsteht ein Bildungszentrum, bestehend aus einer Grundschule, einer Sprachheilschule, einem Gymnasium, einer medialen Geowerkstatt und einem Multifunktionsgebäude, das zusätzliche Bildungs- und Kulturangebote für Erwachsene und Jugendliche vorhält. Das Konzept wurde in einem umfangreichen Diskussionsprozess zwischen Planern, Lehrern, Eltern, Behörden und den Schülerinnen und Schülern erarbeitet. Der Dialog mit den beteiligten Akteuren wurde so zum elementaren Bestandteil des Entwurfsprozesses.

Auch in den Bildungshäusern und -netzwerken „Media Dock" in Kirchdorf, dem „Sprach- und Bewegungszentrum" im Reiherstieg, dem Projekt „PraxisLernen" mit einem Schwerpunkt in Kirchdorf Süd oder dem „Haus der Projekte" auf der Veddel werden neue kooperative Bildungsangebote für Jung und Alt, migran-

Baustelle des IBA-Projekts „Haus der Projekte" im August 2011   The building site of the IBA's "House of Projects" project in August 2011

2001—particularly in Wilhelmsburg—and which peaked with the entry of the "Schill-Partei" (Schill Party) into the Hamburg parliament. The direct consequences were dramatic setbacks in the politics of integration, the impact of which were cuts in language support in schools, for instance.[8]

The political failures of the past have long contributed to serious conflicts between longstanding Wilhelmsburg residents and migrants. The nevertheless largely harmonious co-existence is due not least to the work of numerous Wilhelmsburg initiatives and individuals.[9]

The Future Conference of 2001/2002 led to a list of demands that in 2005—the Senate and the parliament having already agreed on the "Sprung über die Elbe" ("Leap across the Elbe") and the IBA as the driving force behind this urban development process—was underpinned by the Elbe Islands development partnership initiative for a comprehensive education drive. At the same time, with the official statement on the part of the federal government, Germany professed to being a country of immigration, this finally sending a different message.

tische und einheimische Bewohnerinnen und Bewohner geschaffen. Alle diese Projekte sind in einem breiten interkulturellen Diskussionsprozess, der „Bildungsoffensive Elbinseln", entstanden und werden aus einem Bündnis von Behörden, dem Bezirk Mitte und örtlichen Initiativen und Aktivisten getragen.

Die zukünftigen Bildungshäuser sind im kosmopolitischen Verständnis mehr als Lehranstalten, sie sind die eigentlichen Kommunikationszentren – die Agora einer multikulturellen Stadtgesellschaft. Sie sind die Orte der Stadt, in denen Begegnungen unterschiedlicher Kulturen und Ethnien regelmäßig und notwendigerweise stattfinden. Voraussetzung hierfür ist allerdings, dass diese nicht, wie in der Stadt der Postmoderne, von bestimmten Milieus gemieden werden. Gerade Bildungszentren in multikulturell geprägten und sozial benachteiligten Stadtteilen verdienen daher besondere städtebauliche und architektonische Aufmerksamkeit und Wertschätzung, damit sie zum Stolz und Zentrum des Stadtteils werden, in dem man sich gern trifft, bildet und bewegt, gemeinsam feiert, diskutiert und lernt.

Wohnen heißt bleiben

Die begrüßenswerte Renaissance der Stadt hat in vielen attraktiven Stadtteilen in den letzten Jahren zu massiven sozialpolitischen Konflikten geführt, da sich die Bewohnerinnen und Bewohner mit wenig Einkommen – und dazu gehören nun einmal auch viele Migrantenfamilien – zunehmend mit steigenden Mieten konfrontiert sahen. Diese sogenannten Gentrifizierungsprozesse werden in dem Maße zu sozialpolitischem Konfliktstoff, wie es den Städten nicht gelingt, einen entsprechenden Ausgleich zu schaffen. Durch attraktive Wohnungsangebote für die zuströmenden Städter kann somit die eingesessene Bevölkerung vor Verdrängung geschützt werden. Die IBA Hamburg hat sich mit ihrem Leitbild „Metrozonen" das Ziel gesetzt, mit einem Stadtumbau die Wüsteneien der ersten Moderne (siehe Prolog ab S. 8) für neue, ökologisch hochwertige, urbane Quartiere zu entwickeln, die den städtischen Wohnungsmarkt entlasten und somit auch den Aufwertungsdruck in den Altbauquartieren mindern können.

Das Leitbild „Kosmopolis" ist insoweit komplementär zum Leitbild „Metrozonen", als dass es nicht nur die neuen urbanen Quartiere von vornherein mit dem Anspruch auf soziale, kulturelle und ethnische Barrierefreiheit konzipiert, sondern auch Strategien entwickelt, die Verdrängung der vorhandenen Bevölkerung zu vermeiden. Mit den Stadterneuerungsprojekten „Weltquartier" (vgl. auch Beitrag „Ausblick auf Veränderung" auf S. 248) und „Welt-Gewerbehof" wird gezeigt, wie der Wohnungsbestand (ca. 850 Wohneinheiten) nach den Bedürfnissen der vorhandenen Bewohnerinnen und Bewohner modernisiert bzw. erneuert und gleichzeitig ein hoher energetischer Standard erreicht werden kann. In einem umfangreichen Beteiligungsprozess wurden die im Weltquartier lebenden Menschen aus fast 40 Nationen zu ihren Erwartungen an den Stadtumbau in ihrem Quartier befragt. Die Ergebnisse flossen in die Planungen der Baumaßnahmen der städtischen Wohnungsbaugesellschaft SAGA GWG ein. Ein weiteres Ergebnis des Beteiligungsprozesses war der Wunsch vieler Bewohnerinnen und Bewohner nach einem Gemeinschaftsraum für diverse Veranstaltungen wie Nachhilfeunterricht, Hochzeiten oder Geburtstagsfeiern. Im Jahre 2010 baute die IBA den Pavillon auf dem Weimarer Platz, der all diese unterschiedlichen Nutzungen ermöglicht und zudem als Energie-Plus-Gebäude errichtet wurde. Verwaltet wird er vom Türkischen Elternbund und dem sozialen Träger Hafen e.V.

Wohnen heißt auch im Alter bleiben. Mit dem multikulturellen Seniorenwohn- und Pflegeheim Veringeck wird zusammen mit einem privaten Investor eine beispielhafte, kultursensible Altenpflegeeinrichtung für die in Wilhelmsburg lebenden Menschen geschaffen. Das Projekt verbindet ein Stadtteilcafé und einen Hamam mit Wohn- und Betreuungseinrichtungen für Senioren und einer Wohngemeinschaft für Demenzkranke muslimischen Glaubens.

3. Stadt für alle

Für die „öffentliche Geografie der Stadt", ihre „Zivilisiertheit," wie Sennett es nennt, ist der öffentliche Raum vielleicht das wichtigs-

Fünf Religionen, ein gemeinsamer Brunnen: Der „Brunnen der Religionen" bildet das Zentrum von fünf individuell gestalteten Gärten, die die fünf Weltreligionen – Buddhismus, Christentum, Hinduismus, Islam und Judentum – im Rahmen der Internationalen Gartenschau igs 2013 auf der Elbinsel planen und gestalten. Five religions, a communal fountain: the "Fountain Of Religions" forms the focus of five individually styled gardens being planned and designed on the Elbe islands by the world's five religions—Buddhism, Christianity, Hinduism, Islam, and Judaism—as part of the Internationale Gartenschau igs 2013.

Der öffentliche Raum als Ort interkultureller Begegnung. Belebte Promenade auf dem gestalteten Deich am Müggenburger Zollhafen auf der Elbinsel Veddel. The public realm as a place for intercultural encounters. The dyke styled as a lively promenade in the Müggenburg customs harbour on the Elbe island of Veddel.

Strategies and Projects for the Future

The Internationale Bauausstellung therefore had to face up to a series of challenges in 2006. With its Cosmopolis projects, the IBA Hamburg meets these through the perception of ethnic and cultural diversity as positive and essential ingredients in a vision of the urban society of the future. The projects are intended to remove social and cultural barriers and to open up individual prospects and opportunities within urban society for the residents of the Elbe Islands from more than 100 countries. More than a dozen projects are currently being implemented in exemplary fields of activity.

Education is More Than School

Education is and remains the key to social participation, be it in social or cultural life, professionally, or in politics.[10] The question as to which urban development and architectural exigencies develop from the new conceptual ap-proaches of localised education and how architecture and urban development themselves can become an educational landscape is therefore of particular importance within the scope of the IBA Hamburg. A number of the IBA Hamburg projects attempt to facilitate access to educational facilities within the neighbourhood for all levels of the population and all residents of every age. Consequently, the projects do not focus solely on the aspect of school education but on the educational fields of language acquisition in early childhood, the promotion of professional contacts, professional training, cultural education, and adult education. The new educational locations result in networks within which the organisers together develop tailor-made opportunities for the people of the Elbe Islands. Only positive cooperation between schools, child and youth welfare, and families will enable the successful implementation of all day schooling as part of a mutual responsibility. The "Tor zur Welt" (Gateway to the World) project is developing an educational centre comprised of a primary school, a school for speech defects, a secondary school, a medial geography workshop, and a multi-functional building providing additional educational and cultural services for adults and young people. The concept was developed in a comprehensive discussion process between planners, teachers, parents, authorities, and pupils. The dialogue with the protagonists involved was thus an elementary component of the design process. The educational facilities and networks of the "Media Dock" in Kirchdorf, the "Sprach- und Bewegungszentrum" (Centre for Language and Exercise) in the Reiherstieg, the "Prax-isLernen" (Practical Learning) project focussed on Kirchdorf Süd, or the "Haus der Projekte" (House of Projects) on Veddel also have new cooperative educational opportunities for young and old, for migrant or local residents on offer. All of these projects are the result of a broad, intercultural discussion process, the "Bildungsoffensive Elbinseln" (Elbe Islands Education Drive) and are run by an alliance of authorities, the Central district, as well as local initiatives and campaigners.

te städtebauliche Element.¹¹ Alle autoritären Gesellschaftssysteme zeichnen sich durch eine mehr oder weniger brutale Abschaffung – oder zumindest kulturelle Gleichschaltung – des öffentlichen Raums aus. Im Rahmen eines IBA-Labors im Jahre 2009 wurden neun Thesen zur „Integration im öffentlichen Raum" verabschiedet, die konzeptionelle Grundlage der IBA-Projekte in diesem Feld sind. Herausgehobene Bedeutung kommt der internationalen Gartenschau (igs 2013) zu, die in Wilhemsburg Mitte einen neuen Volkspark des 21. Jahrhunderts realisieren wird. Eine besondere Eigenschaft dieses Parks ist sein funktionaler und gestalterischer Bezug zur multikulturellen Stadtgesellschaft der Hamburger Elbinseln. Mit vielfältigen „Welten" werden Antworten auf zahlreiche Nutzungsforderungen gegeben, von Sport und Bewegung über diverse Formen der Freiraumnutzung (Grillen, Ballspielen, Entspannen) bis hin zu den gestalterischen Ausformulierungen der unterschiedlichen Weltkulturen und Weltreligionen.

In einem anderen Projekt, dem Rotenhäuser Feld, hat die IBA zusammen mit der multikulturellen Bewohnerschaft des Reiherstiegviertels, dem Bezirk Mitte und der HafenCity Universität („Universität der Nachbarschaften") ein Verkehrs- und Gestaltungskonzept für die einzige zentral gelegene Grün- und Freifläche für rund 10.000 Einwohner entwickelt.

In Freiraumprojekten der IBA wie dem „Rotenhäuser Feld", der Agora im Projekt „Tor zur Welt" (s.o.) oder den hier nicht näher erläuterten Projekten „Energieberg", „Kreetsand" – einer multifunktional nutzbaren Rückdeichungsfläche – , dem neuen Park auf der Schlossinsel oder der Öffnung des Spreehafens zeigt sich eine besondere Qualität von Freiraumprojekten im Verständnis einer Zweiten Moderne. Die Projekte sind grundsätzlich mit Mehrfach-Sinngebungen und -nutzungen belegt, das heißt, sie entziehen sich dem Schema der eindimensionalen Funktionszuweisung und scharfen Funktionstrennung. Über (oder unter) dem Layer der Freiraumnutzung liegt immer mindestens eine zweite Kodierung. Hierzu einige Beispiele:

„Wilhelmsburger Kissen", 2011, Kooperationsprojekt des Hamburger Künstlers Rupprecht Matthies und der Textilwerkstatt NähGut der Grone Netzwerk Hamburg gGmbH "Wilhelmsburg Pillows", 2011, a joint project between the Hamburg artist Rupprecht Matthies and the Grone Netzwerk Hamburg gGmbH's NähGut textile workshop

- Die ehemalige und seit Jahren hermetisch verschlossene Skandaldeponie Georgswerder wird gesichert, landschaftsplanerisch gestaltet und zumindest teilweise für die Öffentlichkeit als Aussichtspunkt geöffnet. Gleichzeitig wird sie als „Energieberg" für fast alle Formen regenerativer Energieerzeugung wie Windkraft, Photovoltaik und Solarthermie, Biomasse und Tiefengeothermie sowie Deponiegasgewinnung genutzt.

- Der Zollzaun, der das Freihafengebiet um den stadträumlich sehr attraktiven Spreehafen sichert, wurde für die Öffentlichkeit im Jahr 2010 durchlässig gemacht und wird bis 2013 abgebaut werden. Gleichzeitig werden die Deiche gestaltet und mit Fuß- und Radwegen in das städtische Velo-Netz eingebunden. Eine hafenindustrielle Infrastruktur wird so Teil eines hochwertigen, vernetzten öffentlichen Raums.

- Schließlich zeigt der Park auf der Harburger Schlossinsel wie Wohnen in einer existierenden Gemengelage möglich wird, weil er als eine Art Schutzschirm für das Wohngebiet wirkt.

In terms of a cosmopolitan understanding, the educational facilities of the future are more than teaching institutions, they are in fact the communication centres—the agora of a multi-cultural urban society. They are the places within the city where encounters between different cultures and ethnic groups regularly and necessarily take place. The precondition, however, is that these are not avoided by certain milieus, as was the case in the post-modernist city. Education centres in multi-cultural and socially disadvantaged city districts in particular therefore deserve particular urban development and architectural attention and appreciation for them to become the pride and the centre of the neighbourhood, where people willingly meet, train, move, celebrate, discuss, and learn.

Living Means Staying

The welcome city renaissance has led to massive socio-political conflicts in many attractive city districts in recent years because low income residents—and these also include many migrant families—saw themselves increasingly confronted with rent increases. These so-called gentrification processes became the stuff of socio-political conflict wherever cities did not succeed in achieving a corresponding balance. Attractive housing options for the influx of city dwellers can thus protect the longstanding residents from displacement. With its key theme "Metrozonen" (Metrozones), the IBA Hamburg has set itself the goal of using urban renewal to develop the wastelands of the first modernity (see Prologue p.9) into new, top quality ecological urban neighbourhoods that relieve the pressure on city housing markets and are thus also able to reduce the upgrade pressure in the older building districts.

The key theme Cosmopolis complements the Metrozones key theme in that it not only perceives new urban neighbourhoods from the outset in terms of social, cultural, and ethnic accessibility but also develops strategies for avoiding the displacement of the existing population. The "Weltquartier" (Global Neighbourhood, cf. also the article "Looking for Changes" on p. 248) and "Welt-Gewerbehof" (Global Trade Centre) urban renewal projects show how existing housing (approx. 850 housing units) can be modernised and/or renovated according to the needs of the existing residents while at the same time achieving higher energy standards. During the course of a comprehensive participatory process, the people from almost forty nations living in the global neighbourhood were consulted about their expectations with regard to the urban renewal in their neighbourhood. The results were incorporated in the planning of the building work by the city housing association SAGA GWG. A further result of the participatory process was the request on the part of many residents for a community facility for different events such as extra tuition, weddings, or birthday parties. In 2010, the IBA built the pavilion on Weimarer Platz which enables all of these different uses and was also built as an Energy-Plus building. It is run by the Turkish parents' association and the social support organisation Hafen e.V.

Residing also means being able to stay when you get older. An exemplary, culturally sensitive care facility for the elderly living in Wilhelmsburg was established together with a private investor in the form of the multi-cultural Veringeck senior citizens' and nursing home. The project combines a neighbourhood café and a hamam with residential and care facilities for senior citizens and a residential community for Muslims suffering from dementia.

3. Cities for All

Public space is perhaps the most important urban development element for the "public geography of the city," its "civility," as Sennett calls it.[11] All authoritarian social systems are characterised by a more or less brutal abolition—or at least the cultural curtailment—of public space. Nine hypotheses on the subject of "integration in the public space" were drawn up during the course of an IBA laboratory in 2009 and form the conceptual basis of the IBA projects in this field. Of particular importance is the internationale Gartenschau (international garden show, igs 2013) which is to establish a new, twenty-first-century public park in

Musik & Brunch, monatliche Konzertreihe auf dem IBA DOCK, die als Kooperation zwischen dem „Netz-werk für Musik von den Elbinseln" (Bürgerhaus Wilhelmsburg) und der IBA-Reihe „Kunst macht Arbeit" stattfindet Music & Brunch, monthly concert series on the IBA DOCK jointly staged by the Network for Music on the Elbe Islands (Wilhelmsburg community centre) and the IBA "Art Makes Work" series

4. Kultur macht Stadt

Die IBA Hamburg setzt auf die Kraft von Kunst und Kultur – für die Gestaltung von urbanen Räumen, die Schaffung von Teilhabe sowie die Stärkung von Toleranz und Offenheit im gesellschaftlichen Miteinander. Mithilfe von künstlerischen, kulturellen sowie kreativwirtschaftlichen Programmen soll eine Entwicklung angestoßen werden, die die Elbinseln langfristig in der Hamburger Kulturszene verankert.

- In der Projektreihe „Kunst macht Arbeit" werden künstlerische und arbeitsmarktpolitische Initiativen zusammengebracht und modellhafte Projekte von Non-Profit-Organisationen, sozialen Trägern, Künstlern und Kreativen angestoßen.[12] In enger Zusammenarbeit mit dem „Netzwerk für Musik von den Elbinseln", einem Projekt des Bürgerhauses Wilhelmsburg, unterstützt die IBA Hamburg zum Beispiel verschiedene Formate, die zum interkulturellen musikalischen Austausch beitragen und dabei zugleich Musik als kulturwirtschaftlich relevantes Erwerbsfeld sichtbar machen. Ein weiteres Beispiel ist die gemeinnützige Werkstatt „NähGut" – ein berufliches Integrationsprojekt für (langzeit-)arbeitslose Menschen vor Ort, deren Angebot Ausbildungsplätze und Arbeitsgelegenheiten im Bereich Textil/Design umfasst. Mit der Mischung aus eigenen Kinderkollektionen, der Ausstattung von Theaterstücken, Angeboten von Nähkursen in einer freien Werkstatt, aber auch kommerziellen Auftragsarbeiten für junge Designer beschreitet das Projekt einen zukunftsweisenden Weg.
- Im Projekt „Räume für die Kunst" werden künstlerische und kreative Strukturen vor Ort geschaffen – die Voraussetzungen für eine langfristige Kulturszene auf den Elbinseln. Am Veringkanal entstehen in einem ehemaligen Fabrik- und Bürogebäude mit einer Fläche von rund 4000 Quadratmetern Ateliers und Produktionsräume für ca. 90 Künstlerinnen und Künstler. Das „Kunst- und Kreativitätszentrum Veringhöfe" wurde von Anfang an mit den späteren Nutzerinnen und Nutzern in enger Rückkopplung zum Quartier Reiherstiegviertel entwickelt. Um ein stabiles

Mietniveau auch über die Laufzeit der IBA hinaus zu gewährleisten, wird die Hülle des Gebäudes von der IBA energetisch saniert und dann von der Freien und Hansestadt Hamburg für einen Zeitraum von 30 Jahren an den Trägerverein der künftigen Nutzerinnen und Nutzer vermietet. Perspektivisch sollen in den Veringhöfen Ausstellungen und Galerien, offene Ateliers und Werkstätten sowie eine Gastronomie entstehen.

- Mit den „Projekten der kulturellen Vielfalt" unterstützt die IBA Hamburg temporäre Festivals und Aktionen, die entweder besondere Orte der Elbinseln hervorheben oder einen kulturellen Bezug zu den Menschen und/oder den IBA-Themen haben. Ein besonderes Beispiel hierfür ist die künstlerische Ferienfreizeit „Lüttville". Sie wird im Zusammenhang mit dem überaus erfolgreichen Musik- und Kunstfestival „MS Dockville", welches seit 2007 auf den Elbinseln ausgerichtet wird, für Kinder aus Wilhelmsburg und der Veddel angeboten. Unter der Anleitung von Künstlern, Handwerkern und Pädagogen kreieren 130

Aufzeichnung der Konspirativen Küchenkonzerte im August 2011, einer Musik- und Kochshow aus Hamburg-Wilhelmsburg, die die IBA im Rahmen Ihrer Reihe „Kunst macht Arbeit" fördert. Hier diskutieren Roger Willemsen (2.v.r.) und Uli Hellweg (3.v.r.) über die Zukunft der Städte. Außerdem auf dem Bild: Moderator und Koch Marco Antonio Reyes Loredo sowie Tobias Rempe, Tom Glöckner, Gesa Engelschall (v.l.n.r.). From a recording of the Conspiratory Kitchen Concerts in August 2011, a music and cookery show in Hamburg's Wilhelmsburg district, supported by the IBA as part of its "Art Makes Work" series. Here Roger Willemsen (2nd from right) and Uli Hellweg (3rd from right) are discussing the future of cities. Also pictured: presenter and chef Marco Antonio Reyes Loredo as well as Tobias Rempe, Tom Glöckner, Gesa Engelschall (from left to right).

Wilhelmsburg Central. One of the particular features of this park is its functional and design affiliation to the multi-cultural urban society of Hamburg's Elbe Islands. The diverse "worlds" provide solutions for numerous use requirements from sport and exercise to different forms of leisure use (BBQs, ball games, relaxation) through to the creative expression of the various global cultures and religions.

In another project, the "Rotenhäuser Feld," the IBA, together with the multicultural residents of the Reiherstiegviertel, the Central district, and the HafenCity University (Universität der Nachbarschaften / University of the Neighbourhoods) has developed a traffic and layout concept for the only centrally situated open area of greenery for around 10,000 residents.

The IBA's open space projects like the Rotenhäuser Feld, the agora in the "Tor zur Welt" project (see above), or projects not discussed here such as the "Energieberg" (Energy Hill), "Kreetsand" (multi-functional usable dyke replacement area), the new park on the Schlossinsel, or the opening up of the Spreehafen, are characterised by a particular feature of open space projects in terms of the understanding of a Second Modernity. As a rule, the projects are multi-purpose and multi-functional, meaning that they move away from the model of one dimensional function and strict functional separation. There is always a second coding at least over (or beneath) the layer of open space use. Herewith a few examples:

- The scandalous former refuse site of Georgswerder, sealed off for years, is being made safe, upgraded through landscape design, and opened to the public, in part at least, as an observation point. At the same time, it is to be used as an Energy Hill for almost all forms of regenerative energy generation such as wind power, photovoltaic and solar energy, biomass, geothermal energy, as well as landfill gas generation.
- The customs fence that demarcates the free harbour area around the very attractive urban Spreehafen was made passable for the public in 2010 and is to be dismantled by 2013. At the same time, dykes are being

constructed and incorporated into the city's cycle network with pedestrian and cycle paths. An industrial, harbour infrastructure is thus being made part of a high quality, networked public space.

- Finally, the park on Harburg's Schlossinsel shows how living within an existing conflict situation can be possible because it functions as a kind of protective shield for the residential area.

4. Culture Makes Cities

The IBA Hamburg focuses on the power of art and culture—for the design of urban spaces, the creation of participation, as well as promoting tolerance and openness in social interaction. Artistic, cultural, and creative programmes are being used to initiate developments anchoring the Elbe Islands in the Hamburg cultural milieu for the long-term.

- The "Kunst macht Arbeit" (Art Makes Work) project series brings together artistic and employment market policy initiatives and model projects by non-profit organisations, social organisations, artists, and creative individuals.[12] In close cooperation with the Netzwerk für Musik von den Elbinseln (Network for Music on the Elbe Islands), a project by the Wilhelmsburg community centre, the IBA Hamburg supports, for instance, different platforms that contribute to intercultural musical exchanges and thus also raise the profile of music as a culturally relevant area of employment. A further example is the charity workshop "NähGut"—a vocational integration project for the local (long-term) unemployed, encompassing both training and employment opportunities in the textile/design fields. With a combination comprising its own children's collections, costumes for theatre productions, sewing courses in a public workshop, as well as commercial orders for young designers, the project is taking a future-oriented path.
- The "Räume für die Kunst" (Spaces for Art) project creates local artistic and creative structures—the prerequisites for a long-term cultural milieu on the Elbe Islands. Studios

„lütte" Mädchen und Jungen bei „Lüttville" in unterschiedlichen Kreativ-Workshops eigene kleine und große Kunstwerke.

- Schließlich sei noch die „Kunstplattform der IBA Hamburg" genannt, ein seit 2008 umgesetztes, wechselnd kuratiertes Format für Bildende Kunst, das die Bevölkerung und ihre Lebensräume vor Ort zum Mittelpunkt künstlerischer Auseinandersetzung macht und perspektivisch in eine dauerhafte Struktur, die auch über 2013 hinausreicht, überführt werden soll. So wird derzeit unter Beteiligung von zahlreichen kulturellen Initiativen, Institutionen und Gruppierungen der Elbinseln an einem Bündnis für Bildende Kunst gearbeitet, das die kontinuierliche lokale kulturelle und künstlerische Arbeit mit internationaler Kunst zusammenbringen soll und umgekehrt.

5. Zukunft und Arbeit

Krise, Kurzarbeit, Konkurse, immer mehr Schuldenlast. Trotz beginnender Erholung der Wirtschaft warten wahrlich windige Zeiten auf unsere Städte, auch auf Hamburg. Gerade jetzt gilt es nach vorne zu schauen und die Städte zu erneuern – sie ökologisch, gesellschaftlich und wirtschaftlich zukunftsfähig zu machen. Eine wichtige Voraussetzung dafür besteht darin, möglichst viele Menschen in den Arbeitsmarkt zu integrieren, ihre ganze Kreativität zu nutzen. Im Rahmen des Programms „Lokale Ökonomie" hat sich die IBA das Ziel gesetzt, ein engmaschiges Netz zwischen Initiativen auf den Elbinseln zu spannen und innovative Angebote in Ausbildungs- und Arbeitsprozessen zu initiieren bzw. zu schaffen.

Hier profitieren die Elbinseln ganz unmittelbar von neuen, qualifizierten Arbeitsplätzen, die im Zuge der Baumaßnahmen der IBA entstehen werden – denn in den Qualitätsvereinbarungen, die für Baumaßnahmen von der IBA mit Investoren abgeschlossen werden, ist die Einbindung von Jungendlichen bzw. die Anfrage ortsansässiger Firmen fester Bestandteil. Im Ergebnis soll die Gesamtheit der IBA/IGS-gebundenen Investitionen die Rahmenbedingungen für die lokale Wirtschaftsentwicklung auf der Elbinsel gezielt verbessern, die kurz-, mittel- und langfristigen Ausbildungs- und Beschäftigungsmöglichkeiten für die lokale Bevölkerung erhöhen, Qualifizierung jenseits von Beschäftigungsmaßnahmen ermöglichen sowie die nachhaltige lokale Entwicklung unterstützen.

Vom Wirklichkeitsraum zum Möglichkeitsraum

Mit insgesamt ca. 20 ihrer ca. 50 Projekte erarbeitet die IBA Hamburg im Themenfeld „Kosmopolis" bis 2013 Lösungsansätze für eine neue Form des Umgangs mit Fremdartigkeit und Migration. Das den Projekten zu Grunde liegende Verständnis einer kosmopolitischen Stadtgesellschaft unterscheidet sich gleichermaßen von der Multikulti-Beliebigkeit der Postmoderne wie von der überholten Klassenideologie der Moderne. Die Vision von einer „Kosmopolis" ist gewissermaßen der soziale Kern eines neuen Stadtverständnisses. Es verbindet einerseits das soziale Verantwortungsbewusstsein der Moderne, ihre ästhetischen Qualitätsansprüche und ihre technologische Innovationsfreude mit der historischen Sensibilität und der zivilge-

Malen, Bauen, Rappen, Singen, Tanzen, Kurzfilme drehen, Fotoexperimente durchführen und vieles mehr – daran erfreuten sich ca. 150 Kinder von den Elbinseln beim Sommercamp Lüttville. Die Ergebnisse der elf verschiedenen Workshops wurden am 6. August im Rahmen eines Abschlussfestes mit Führung und Revue den Familien, Freunden und allen Interessierten vorgestellt. Painting, building, rapping, singing, dancing, making short films, carrying out photo experiments, and much more made up the fun had by about 150 children from the Elbe Islands at the Lüttville summer camp. The results of the eleven different workshops were presented to the families, friends, and interested parties with a tour and a revue on 6 August as part of a farewell party.

Schülerinnen und Schüler feiern den Abschluss des Verfahrens „Gestaltet Eure Mitte" School pupils celebrate the conclusion of the "Design your Centre" process.

the residents and/or the IBA themes. One particular example of this is the artistic holiday programme "Lüttville." This is arranged for children from Wilhelmsburg and Veddel in conjunction with the highly successful music and art festival "MS Dockville," which has been held on the Elbe Islands since 2007. Under the guidance of artists, craftspeople, and teachers, the 130 "lütte" (little) boys and girls at "Lüttville" create their own artworks—great and small—in the different creative workshops.

• Finally, also worthy of mention is the "Kunstplattform der IBA Hamburg" (The IBA Art Platform), a graphic art platform, set up in 2008 with alternating curators, which makes the local population and their living environment the focal point of artistic interaction, with the intention of developing this interaction into a long-term structure extending beyond 2013. Work is currently underway—with the participation of numerous cultural initiatives, institutions, and groups on the Elbe Islands—to establish a graphic art alliance intended to bring ongoing local cultural and artistic work together with international art, and vice versa.

and production rooms for about ninety artists are being developed in a former factory and office building with an area of around 4000 square metres on the Veringkanal. From the outset, the Kunst- und Kreativitätszentrum Veringhöfe (Veringhöfe Art and Creative Centre) has been developed in close cooperation with the later users from the Reiherstiegviertel. In order to ensure a stable rent level extending beyond the IBA period, the building's shell was renovated by the IBA to satisfy energy standards and then leased by the Free and Hanseatic City of Hamburg for a period of thirty years to the future users' association. Exhibitions and galleries, public studios and workshops, as well as catering services, make up part of the future plans for the Veringhöfe.

• With its "Projekten der kulturellen Vielfalt" (Cultural Diversity Projects) the IBA Hamburg supports temporary festivals and promotions that either highlight particular places on the Elbe Islands or have a cultural link to

5. Future and Work

Crises, reduced working hours, bankruptcies, an increasing debt burden. Despite the signs of economic recovery, there are turbulent times ahead for our cities, including Hamburg. Now more than ever, we need to look ahead and renew our cities in order to make them fit for the future—be it ecologically, socially, or economically. One important prerequisite for this is the integration of as many people as possible into the job market, to make use of all of their creativity. Within the scope of the "Lokale Ökonomie" (Local Economy) programme, the IBA has set itself the goal of initiating and/or creating a close network of initiatives on the Elbe Islands and innovative opportunities for training and work processes.

In this respect, the Elbe Islands will benefit directly from the new, qualified jobs deriving from the IBA building projects because the qual-

sellschaftlichen Beteiligungskultur der Postmoderne und entwickelt diese Aspekte weiter.
Andererseits wird dieses Verständnis den neuen
historischen Herausforderungen der globalen
Urbanisierung und des Klimawandels gerecht.
Die notwendige „Selbstkonfrontation" (Vgl. den
Beitrag von Ulrich Beck und Elisabeth Beck-
Gernsheim, S. 32) der Zweiten Moderne mit
den Nebenfolgen der Ersten bedeutet, dass sich
unser Sinn ständig an den Gegebenheiten der
Wirklichkeit schärfen muss. Dieser „Wirklich-
keitssinn" aber hat nur dann eine Berechtigung,
wenn – wie Robert Musil formuliert – es auch
den „Möglichkeitssinn" gibt, aus dem Zukunft
entsteht.[13] Man könnte es auch so formulieren:
Nur wenn wir die Stadt einer Zweiten Moderne
als Möglichkeitsraum sehen, werden wir die
Wege aus den Wirklichkeitsräumen der jetzigen
Stadt finden.

Anmerkungen

1 Vgl.: Elke Hauschildt: *Polnische Arbeitsmigranten in
Wilhelmsburg bei Hamburg während des Kaiserreichs
und der Weimarer Republik*. Dortmund 1986, zitiert
nach Angela Dietz: „Fremdarbeiter, Gastarbeiter, Einwanderer – Migration in Geschichte und Gegenwart".
In: Geschichtswerkstatt Wilhelmsburg Honigfabrik e.V.
/ Museum Elbinsel Wilhelmsburg e. V. (Hg.): *Wilhelmsburg. Hamburgs große Elbinsel*. Hamburg 2008, S. 98.

2 Vgl.: Dietz 2008, S.101 ff.

3 Vgl.: Wilhelmsburger Zeitung Nr. 70, 02.09.1960, zitiert
nach Dietz 2008, S. 103.

4 Vgl.: Dietz 2008, S.104.

5 Vgl.: Hermann Westphal: „Einwanderer". In: Bür-
gerinitiative ausländische Arbeitnehmer e.V. Haus
Rudolfstraße und Honigfabrik e.V. (Hg.): *Einwanderer –
Einwohner – Einheimische? Textbuch zur Ausstellung*.
Hamburg 1988, zitiert nach Dietz 2008, S. 104.

6 Vgl.: Ulrich Herbert: *Geschichte der Ausländerpolitik in
Deutschland*. München 2001, zitiert nach Dietz 2008,
S. 107.

7 Vgl.: Pilotstudie zur Verbesserung der sozialen Verhältnisse in Wilhelmsburg Februar 1978, zitiert nach
Dietz 2008, S. 107 ff.

8 Vgl.: Dietz 2008, S. 109 ff.

9 Vgl.: Dietz 2008, S. 110.

10 Das Thema „Bildung" wurde in Band III der IBA Schriftenreihe als Schwerpunkt ausgeführt. In diesem Band
sind auch die Bildungsprojekte ausführlich dargestellt.

11 Richard Sennett: *Verfall und Ende des öffentlichen
Lebens. Die Tyrannei der Intimität*. Frankfurt am Main
1987.

12 Siehe hierzu: Constanze Klotz, Gerti Theis: „Kreatives
Quartier Elbinsel. Der neue Kulturstandort im Ham-
burger Süden. In: Walter, Hans-Conrad / Nieuweboer,
Eva (Hg.): *Jahrbuch Kulturmarken 2012*. Jahrbuch für
Kulturmarketing und Kultursponsoring, Berlin 2011, S.
62-63.

13 Robert Musil: *Der Mann ohne Eigenschaften*. Bd. 1,
Berlin 1930.

ity agreements concluded with investors for the IBA building projects provide for the involvement of young people and/or the approaching local firms as a fixed component. It is intended that the IBA/IGS-related investments as a whole should serve the targeted improvement of the basic conditions for the development of the local economy on the Elbe Islands, improve the short-, medium , and long-term training and employment prospects for the local population, enable qualification outside of employment measures, and support sustainable local development.

From the Realm of Reality to the Realm of Opportunity

Through 2013, with a total of about twenty of its some fifty projects, the IBA Hamburg is working on positive approaches for a new way of dealing with foreignness and migration within the Cosmopolis theme. The understanding of a cosmopolitan urban society forming the basis of the projects differs from both the multicultural arbitrariness of post-modernism and from modernism's outdated class ideology. To a certain extent, the vision of a Cosmopolis forms the social core of a new urban understanding. On the one hand, it links modernism's awareness of social responsibility, its aesthetic demands, and its enthusiasm for technological innovation with the historical sensitivity and the culture of civil participation of post-modernism, developing these aspects further. On the other hand, this understanding is also able to meet the new and historic challenges of global urbanisation and climate change. The necessary "self-confrontation" (cf. the contributions by Ulrich Beck und Elisabeth Beck-Gernsheim, p. 33) of the Second Modernity with the consequences of the First means that we need to retain an ever sharper sense of reality. This "sense of reality" is only justified, however, if—as Robert Musil put it—it also provides the "sense of opportunity" from which a future emerges.[13] We could also put it another way: only once we see the Second Modernity city as the realm of opportunity will we find a way out of the present-day city's realm of reality.

Notes

1 cf. Elke Hauschildt: *Polnische Arbeitsmigranten in Wilhelmsburg bei Hamburg während des Kaiserreichs und der Weimarer Republik*. Dortmund 1986, quoted in Angela Dietz: "Fremdarbeiter, Gastarbeiter, Einwanderer - Migration in Geschichte und Gegenwart." In: Geschichtswerkstatt Wilhelmsburg Honigfabrik e.V./Museum Elbinsel Wilhelmsburg e. V. (ed.): *Wilhelmsburg. Hamburgs große Elbinsel*. Hamburg 2008, p. 98.

2 cf. Dietz 2008, p.101 ff.

3 cf. Wilhelmsburger Zeitung No. 70, 02.09.1960, quoted in Dietz 2008, p. 103.

4 cf. Dietz 2008, p.104.

5 cf. Hermann Westphal: "Einwanderer". In: Bürgerinitiative ausländische Arbeitnehmer e.V. Haus Rudolfstraße and Honigfabrik e.V. (ed.): *Einwanderer – Einwohner – Einheimische? Textbuch zur Ausstellung*. Hamburg 1988, quoted in Dietz 2008, p. 104.

6 cf. Ulrich Herbert: *Geschichte der Ausländerpolitik in Deutschland*. Munich 2001, quoted in Dietz 2008, p.107.

7 cf. Pilot study on the improvement of social conditions in Wilhelmsburg February 1978, quoted in Dietz 2008, p. 107 ff.

8 cf. Dietz 2008, p. 109 ff.

9 cf. Dietz 2008, p. 110.

10 The issue of "education" formed the focus of volume III in the IBA series. The education projects are also described in detail in this volume.

11 Richard Sennett: *Verfall und Ende des öffentlichen Lebens*. Die Tyrannei der Intimität. Frankfurt am Main 1987.

12 See also: Constanze Klotz, Gerti Theis: "Kreatives Quartier Elbinsel. Der neue Kulturstandort im Hamburger Süden," in: Walter, Hans-Conrad/Nieuweboer, Eva (ed.): Jahrbuch Kulturmarken 2012. Jahrbuch für Kulturmarketing und Kultursponsoring, Berlin 2011, p. 62-63.

13 Robert Musil: *Der Mann ohne Eigenschaften*. Vol. 1, Berlin 1930.

VOM SPAGAT ZWISCHEN KUNST AUF INTERNATIONALEM NIVEAU UND STADTTEILKULTURARBEIT

INTERVIEW: ISABELLE HOFMANN

Immer mehr Kulturschaffende zieht es auf die Elbinseln - Katja Sattelkau (bildende Künstlerin, im Foto links), Paula Zamora (Schauspielerin und Theaterpädagogin, im Foto rechts; beide sind im Vorstand des Vereins Veringhöfe, der KünstlerCommunity, die seit 2008 die Entstehung des Zentrum für Künstler und Kreative mitgestaltet), Ute Vorkoeper (Mitbegründerin der Akademie einer anderen Stadt, 2. v. r.) und Philip Mauss (Musiker, 2. v. l.) über Chancen und Schwierigkeiten, mit Kunst einen Stadtteil zu verändern.

Die IBA unternimmt große Anstrengungen, Kunst und Kultur auf den Elbinseln zu verankern - beispielsweise mit dem Kunst-Parcours „Aussicht auf Veränderungen" 2010. Was haben diese Initiativen bislang bewirkt?

Philipp Maus (PM): Insgesamt ist viel mehr Vernetzung entstanden. Ich wohne seit drei Jahren hier und finde die Insel super gut. Hier kann man noch alles Mögliche auf die Beine stellen.

Katja Satelkau (KS): Die Insel ist ein Stück Spießigkeit. Hier treffen drei Welten aufeinander: Die traditionsverbundenen Alt-Wilhelmsburger, die Gastarbeiter, und jetzt die Leute vom Festland, die meinen, sie müssten uns „zivilisieren". Nicht, dass ich falsch verstanden werde: Ich lebe seit zehn Jahren hier und liebe diesen Mix. Für mich kam immer nur New York oder Wilhelmsburg in Frage.

Ute Vorkoeper (UV): Beim Künstlerworkshop „Wunschhäuser" auf der Veddel kamen im letzten Jahr die Kids nur so geströmt. Sie saugten die Kunst auf wie ein trockener Schwamm das Wasser. Und auf der Veddel leben so gut wie ausschließlich Kinder mit Migrationshintergrund. Das heißt, man kann mit Kunst Öffnungen bewirken, man kann Freiräume schaffen.

Bei den Kindern anzusetzen ist sicher der effizienteste und einfachste Weg. Doch wie kommen Sie an die Erwachsenen heran?

KS: Letztes Jahr haben wir einen Adventsmarkt für die Wilhelmsburger Bevölkerung veranstaltet, der sehr gut ankam und bei unseren Tagen der Offenen Tür sind rund 1400 Menschen in die Veringhöfe gekommen. Das Ziel unserer Künstler-Community ist Kunst zum Anfassen. Wir arbeiten aktiv in den Stadtteil hinein.

PM: Man darf nicht vergessen, dass Wilhelmsburg 40 Jahre lang eine Gastarbeiterstadt war. Die Leute haben Frühschicht, Spätschicht, Nachtschicht geschoben. Ich glaube nicht, dass alle diese Leute Kunst ablehnen. Man muss nur herausfinden, wo ihre Bedürfnisse liegen. Die Leute wurden bislang nicht so mitgenommen, wie man sie mitnehmen müsste.

UV: Ich glaube nicht, dass man jemanden mitnehmen oder abholen sollte. Man muss Angebote und Anreize schaffen, die Ansprüche aber hoch setzen. Wenn wir zum Beispiel die Schüler der Elbinseln einbeziehen, kommen die Eltern auch mit. Wir sind mit Teilnehmerinnen von Integrationskursen über

den Kunstparcours „Aussicht auf Veränderungen" (entlang der S-Bahnlinie 3 von Altona bis Harburg) an die Landungsbrücken gefahren und mussten dabei feststellen, dass viele der Frauen noch nie die Elbinseln verlassen hatten.

Bei dem Kunstparcours waren keine Wilhelmsburger Künstler mit Migrationshintergrund beteiligt. Woran lag das?

UV: Abgesehen davon, dass ich diese Art von lokaler Künstlersuche zu eng finde, ist Wilhelmsburg dafür viel zu kleinstädtisch, das heißt, es gibt hier einfach noch kaum bildende Künstler mit Migrationshintergrund.

PZ: Es gibt sehr wohl darstellende türkische Künstler in Wilhelmsburg, türkische Bauchtänzerinnen und türkische Musiker. Die haben nur nicht das Bewusstsein, Künstler zu sein. Für sie ist das ein Hobby.

Reichen die bisherigen Impulse aus, um eine lebendige Kunstszene auf den Elbinseln zu etablieren?

KS: Nein, wir reden jetzt fünf Jahre über die Veringhöfe. Im Oktober 2010 sind zwei marode Gebäudeteile abgerissen worden und seitdem ist nichts passiert. Wir arbeiten in einer Seifenblase, die jederzeit platzen kann. Wir haben das Gefühl, wir investieren ganz viel und es wird nichts dabei rauskommen. Wir arbeiten gegenwärtig ohne Haus.

UV: Und ihr habt es geschafft, dass die Veringhöfe das künstlerische Potenzial der Elbinseln widerspiegeln.

KS: 30 Prozent der künftigen Nutzer sind Wilhelmsburger. Das war mir auch wichtig: Ich hätte es nicht gut gefunden, hier nur Leute vom Festland zu haben, die abends wieder nach Hause fahren, um auf der Schanze ihr Bier zu trinken. Andererseits sind das die Leute, die das Geld haben. Für viele Wilhelmsburger ist es schon ein Luxus, ein Mal im Monat ein Stück Kuchen in einem Café zu essen. Dadurch, dass die IBA auf die Insel gekommen ist, sind die Mieten enorm gestiegen. Ich habe einen Atelierraum gesucht und Angebote zwischen 10 und 18 Euro pro Quadratmeter gefunden.

Dabei wirbt die IBA mit günstigem „Raum für die Kunst"...

UV: Das betrifft die Veringhöfe, deren Umbau wird subventioniert.

PZ: Weil auf der Insel so ein Raummangel herrscht, habe ich jetzt erstmal Räume in Ottensen gemietet. Ich habe hier einfach nichts gefunden.

THE BALANCING ACT BETWEEN ART AT AN INTERNATIONAL LEVEL AND NEIGHBOURHOOD CULTURAL ACTIVITIES

More and more creative artists are being drawn to the Elbe Islands. Katja Sattelkau (graphic artist, photo left), Paula Zamora (actress and drama teacher, photo right, both are members of the board of the "Veringhöfe" Verein, a community of artists which is participating since 2008 in the development of the artistic and creative center), Ute Vorkoeper (co-founder of the Akademie einer anderen Stadt/Academy of Another City, 2nd from right), and Philip Mauss (musician, 2nd from left) are forthcoming on the opportunities and difficulties of using art to change a city district.

The IBA is making big efforts to anchor art and culture on the Elbe Islands—with the art route "Aussicht auf Veränderungen" (Looking for Changes) in 2010, for example. What impact have these initiatives had so far?

Philipp Maus (PM): There is a great deal more networking overall. I have been living here for three years and I think the island is really great. Here you can still organise all manner of things.

Katja Satelkau (KS): The island has an element of parochialism. Three different worlds converge here: the conservative, older Wilhelmsburg residents; the migrant workers; and now the people from the mainland who think they need to "civilise" us. Don't get me wrong: I have been living here for ten years and love this mix. New York or Wilhelmsburg have always been the only options for me.

Ute Vorkoeper (UV): The kids simply thronged to the "Wunschhäuser" (Dream Houses) artists' workshop on Veddel last year. They soaked up the art like a dry sponge soaks up water. And practically the only kids living on Veddel are those with a migration background. This means, you can create openness with art, you can create free space.

Focussing on the children is certainly the most efficient and simplest way. How do you get through to the adults, though?

KS: Last year we held a Christmas market for the Wilhelmsburg residents, which was very well received, and our open days saw around 1400 people coming to the Veringhöfe. The goal of our artists' community is art you can touch. We are actively working our way into the neighbourhood.

PM: You must not forget that Wilhelmsburg was a migrant worker town for forty years. The people have shuffled early shifts, late shifts, and night shifts. I don't think that all of these people reject art. You simply need to find out what their needs are. Up until now the people have not been involved in a way that they ought to be.

UV: I do not think that we ought to pander to people. We need to create the opportunities and the incentives, but we need to aim high. If we involve the Elbe Islands pupils, for instance, then the parents come along too. We have

travelled to the Landungsbrücken via the "Aussicht auf Veränderungen" art route (on the S-Bahn line 3 from Altona to Harburg) with participants from integration courses and realised that many of the women had never left the Elbe Islands before.

The art route did not involve any Wilhelmsburg artists with a migration background. Why was that?

UV: Aside from the fact that I find this type of local artists search too narrow, Wilhelmsburg is much too small-town for that, simply meaning that there are hardly any graphic artists with a migration background.

PZ: There are indeed performing Turkish artists in Wilhelmsburg, Turkish belly dancers, and Turkish musicians. They do not have the artist's awareness, however. It is a hobby for them.

Is the current momentum enough to establish a vibrant art milieu on the Elbe Islands?

KS: No, we have been talking about the Veringhöfe for five years now. Two building parts were torn down in October 2010 and nothing has happened since. We are working in a bubble that could burst at any moment. We have the feeling that we are investing a great deal and that nothing is going to come of it. We are currently working without premises.

UV: And you have managed to have the Veringhöfe reflect the artistic potential of the Elbe Islands.

KS: 30 per cent of the future users are from Wilhelmsburg. That was also important to me: I would not like to have had only people from the mainland here, people who return home in the evening to drink a beer on the Schanze. On the other hand, those are the people with the money. For many people in Wilhelmsburg, it is a luxury just to be able to enjoy a piece of cake in a cafe once a month. The fact that the IBA has come to the islands has meant tremendous rent increases. I have been looking for studio space and found offers at between ten and eighteen Euros per square metre.

PM: Es gibt hier auch kaum Übungsräume für Musiker. Da besteht ein dringender Bedarf. Ich werde demnächst eine Musikschule auf der Peute eröffnen und möchte sie zu einem Treffpunkt für Musiker vieler verschiedener Kulturen ausbauen. Ich will mich mit ganz viel Herzblut dafür einsetzen, dass zum Beispiel auch südamerikanische und schwarze Musik gespielt wird.

Bezahlbare Räume sind zweifellos Voraussetzung, damit sich eine lebendige Kunstszene entwickeln kann. Welche gibt es noch?

UV: Wichtig ist eine dauerhafte Balance zwischen Impuls und Kontinuität. Wir wollen weg von Großprojekten jedes Jahr und denken im Verbund mit vielen Institutionen darüber nach, wie man auf den Elbinseln kontinuierlich Kunstprozesse anstoßen kann, die dann zum Beispiel alle drei Jahre im Rahmen einer Triennale vorgestellt werden könnten.

PM: Ich war in diesem Jahr erstmals an dem Projekt „48 Stunden Wilhelmsburg – Musik auf der Insel" beteiligt und weiß seitdem viel besser, was Impulse sind: Wir sind mit einer brasilianischen Sambagruppe durch die Veddel gelaufen und haben dabei zahlreiche Kinder und Erwachsene auf unser Grundstück mitgezogen. Das war einfach klasse.

Ziel aller IBA-Kunstinitiativen ist das aktive Mitgestalten einer internationalen Stadtgesellschaft. Verstehen Sie sich als Künstler und Kuratoren auch als Teil des Stadtentwicklungsprogramms?

PZ: Ich glaube, da muss man unterscheiden: Das eine ist die Intention der IBA, das andere sind die Intentionen der Künstler. Wir wollen unsere Kunst machen, etwas bewirken, aber wir haben uns nicht in den Kopf gesetzt, hier Stadtentwicklung zu betreiben. Das ist nur ein begrüßenswerter Nebeneffekt.

UV: Das sind die Ressentiments der neu hinzugezogenen IBA-Gegner, die die Veringhöfe als Kreativwirtschaft und Kunst auf den Elbinseln als Marketingstrategie der IBA abtun.

KS: Wir werden von Festland-Künstlern belächelt, die stärker subventioniert werden als wir.

UV: Auf der Insel gibt es Künstler, die ein anderes Verständnis vom gesellschaftlichen Auftrag der Kunst haben. Die deshalb abzuqualifizieren, ärgert mich wahnsinnig. Wir versuchen hier den Spagat zwischen Kunst auf internationalem Niveau und Stadtteilkulturarbeit zu schaffen, einen Spagat, der notwendigerweise viel Reibung erzeugt, damit etwas Neues entstehen kann. Was wir hier in Wilhelmsburg versuchen, kann man sich auch an anderen Stellen der Stadt denken.

PZ: Noch sind das Träume. Aber aus Träumen werden Perspektiven und daraus entsteht Realität.

Gentrificated? Das Motiv entstand 2010 im Kontext einer Zwischennutzung des künftigen Kunst- und Kreativzentrums Veringhöfe.   Gentrified? The motif dates from 2010 during the provisional use of the future Veringhöfe art and creative centre.

And yet the IBA claims to be about affordable "Space for Art"...

UV: That relates to the Veringhöfe, the conversion of which is subsidised.

PZ: Because there is such a shortage of space on the island, I have now rented premises in Ottensen for the time being. I was simply not able to find anything here.

PM: There are also hardly any rehearsal premises for musicians here and yet there is an urgent need for such space. I am going to be opening a music school on Peute shortly and want to develop it into a meeting place for musicians of many different cultures. Even if it takes a great deal of blood, sweat and tears, I really want to see South American and black music, for example, being played as well.

Affordable premises are without doubt one prerequisite for a vibrant art scene being able to develop. What are the others?

UV: A sustained balance between momentum and continuity is important. We want to move away from major projects every year and, together with a great many institutions, we are thinking about how ongoing artistic processes can be initiated on the Elbe Islands that could then be presented for instance within the scope of a triennial every three years.

PM: I took part in the "48 Hours Wilhelmsburg–Music on the Island" project for the first time this year and now have a much better idea of what the impulses are: we trailed across Veddel with a Brazilian samba group, bringing a great many children and adults along with us to our premises. That was just great.

The goal of all the IBA art initiatives is active involvement in an international urban society. Do you also see yourselves as artists and curators being part of the urban development programme?

PZ: I think you need to make a distinction here: the one is the IBA's intention, the other is the artists' intentions. We want to perform our art, have an impact, but we have not taken into our heads to carry out urban development here. That is simply a welcome side-effect.

UV: Those are the sentiments of the newly developed opponents to the IBA, those who dismiss the Veringhöfe as creative industry and art on the Elbe Islands as an IBA marketing strategy.

KS: We are sniggered at by mainland artists who are more heavily subsidised than we are.

UV: There are artists on the island who have a different understanding or art's social role. Running them down for this really makes me angry. We are trying to perform a balancing act here between art at an international level and neighbourhood cultural work, a balancing act that necessarily creates a great deal of friction in order for something new to be able to emerge. What we are trying to do here in Wilhelmsburg can also be applied to other parts of the city.

PZ: These are still dreams. But dreams turn into prospects which become reality.

Inselfieber, 2010. Bodenmalereien von Gundi Wiemer und der w9 Künstlergruppe der Stadtteilschule Wilhelmsburg in Zusammenarbeit mit Bianka Buchen. Für „Aussicht auf Veränderungen", einen vierwöchigen Kunstparcours der Akademie einer anderen Stadt - Kunstplattform der IBA Hamburg haben die jungen Künstler/innen aus Wilhelmsburg aus einfachen und zufälligen Farbspuren und -klecksen persönliche Zeichen entwickelt, die sie mit Geschichten und Erfahrungen über sich selbst und ihren Stadtraum verbinden. Dabei entstand ein mehrteiliges Rätselbild im Stadtraum, eine lesbare und doch unauflösbare Botschaft aus Wilhelmsburg. Island Fever, 2010. Floor paintings by Gundi Wiemer and the w9 group of artists from the Wilhelmsburg district school in cooperation with Bianka Buchen. For „Looking for Changes", a four week long art route by the Academy of Another City, the IBA Hamburg's art platform, young artists from Wilhelmsburg developed personal symbols using simple and arbitrary traces and dollops of colour, then linking these with their own stories about themselves and their experiences of their urban environment. This produced a multi-piece puzzle in the urban space, a legible and yet indissoluble message from Wilhelmsburg.

SABINE DE BUHR, THOMAS SCHULZE

Ausblick auf Veränderung

Von der Arbeitersiedlung zum Weltquartier

Gelassen blickt Frau K. auf die Veränderungen vor ihrer Haustür im Wilhelmsburger Weltquartier: „Zunächst mal sind wir ja noch weit davon entfernt, ein Weltquartier zu sein. Das steht zwar vorne dran, aber noch ist es gar kein Weltquartier, sondern die Siedlung Weimarer Straße im Reiherstiegviertel. Es soll mal ein Weltquartier werden."

Zurzeit wird im Weltquartier überall gearbeitet. Zwischen der Weimarer Straße und der Veringstraße werden die Gebäude saniert und wärmegedämmt, neue Grundrisse entstehen, Loggien werden angebaut. Im Rahmen der Internationalen Bauausstellung IBA Hamburg wird die Siedlung von Hamburgs größtem Wohnungsunternehmen, der SAGA GWG, zum Modellprojekt für interkulturelles Wohnen umgebaut. Eine große Veränderung für die Bewohnerinnen und Bewohner – nach und nach müssen alle ihre Wohnungen verlassen. Sie bekommen Umsetzwohnungen und können nach der Bauphase wieder zurückkehren. Etwa 1700 Menschen aus über 30 verschiedenen Herkunftsländern lebten hier in 823 Wohnungen.

Um die Bewohnerinnen und Bewohner frühzeitig einzubinden, wurde 2007 ein neuartiges Beteiligungsverfahren erprobt: die „Interkulturelle Planungswerkstatt". Mehrsprachig, anschaulich, unterhaltsam – die Bewohner wurden als Experten für ihre Wohnsituation ernst genommen. Der multikulturellen Dialog diente als Türöffner: Sechs „Heimatforscher" haben an den Türen geklingelt und das Gespräch gesucht. Am Anfang stand die Frage: „Was ist Heimat für Sie?" Dass sie die Bewohner auf Türkisch, Arabisch, Französisch, Englisch oder Persisch ansprechen

konnten, schaffte Vertrauen und vermittelte Wertschätzung – es wurden überdurchschnittlich viele Bewohner erreicht. Alle Ergebnisse flossen als Vorgaben in den Architektenwettbewerb ein – mit Erfolg. Die ausgewählte Lösung des Lübecker Büros kfs berücksichtigte wesentliche Bewohnerwünsche: Wohnungen mit vielen Zimmern auf kleiner Fläche, der komplette Erhalt der gemeinschaftlichen Grünflächen – ergänzt um kleine Mietergärten und Garteninseln –, ein neuer öffentlicher und verkehrsberuhigter Platz mit einem Mieterpavillon, die Minimierung von hausinternen Konflikten durch verbesserten Schallschutz sowie zusätzliche Abstellfläche in der Wohnung. All das kommt bei den Bewohnern gut an. Andere Wünsche – wie große Wohnküchen oder ein Wohnzimmer mit Platz für die Großfamilien-Couch – konnten nicht immer berücksichtigt werden.

Aktuell stellen sich die Fragen: Wie werden die Bewohner der Siedlung den Wandel erleben? Wie wirken sich die Veränderungen auf die Nachbarschaft und ihren Zusammenhalt aus?

Ein Blick zurück

Roter Backstein, grüne Innenhöfe, ruhige Lage: Mitten im Reiherstieg liegt die Wohnsiedlung des heutigen Weltquartiers. Entstanden Ende der 1930er Jahre, ist sie auch ein Zeugnis der heimatverbundenen Architektur des „Dritten Reiches". Die überwiegend kleineren 2- und 3-Zimmer-Wohnungen wurden von deutschen Arbeiterfamilien, Fach- und Vorarbeitern bewohnt. Der Heimatschutzstil des Architekten Georg Hinrichs lässt sich heute noch an einigen

Die Siedlung in den 1930er Jahren (unten) und vor dem Umbau. Blick vom benachbarten Energiebunker über das „Weltquartier" bis zum angrenzenden Hafengebiet (rechts) The neighbourhood in the 1930s (below) and prior to conversion. View from the adjacent Energy Bunker over the "Global Neighbourhood" as far as the adjoining harbour area (right)

SABINE DE BUHR, THOMAS SCHULZE

Prospects of Change

From Working Class Area to Global Neighbourhood

Fachwerkelementen in den Balkonen und Erkern ablesen.

Wie unter einem Brennglas spiegeln sich im Weltquartier Geschichte und Geschichten der Migration wider. Wilhelmsburg war aufgrund seiner geografischen Lage, umgeben von Norder- und Süderelbe, Mittelpunkt der industriellen Entwicklung am Hafen. Industriebetriebe und Werften benötigten Arbeitskräfte, um die Kriegswirtschaft in Gang zu halten. Zu dieser Zeit lebten auch schon polnische Migranten aus Posen in Wilhelmsburg. Sie kamen ab 1889 mit der Eröffnung der Wollkämmerei und lebten überwiegend in Werkswohnungen auf dem Betriebsgelände. Im Jahr 1913 waren 18 Prozent (6000 Einwohner) der Wilhelmsburger polnischer Herkunft.

Die Bundesregierung schloss zehn Jahre nach Kriegsende den ersten Anwerbevertrag mit Italien ab. Fünf Jahre später folgte Spanien, 1961 die Türkei, 1963 Marokko, 1964 Portugal, 1965 Tunesien sowie 1968 Jugoslawien.[1] Anfang der 1960er Jahre holten die Howaldtwerke/ Deutsche Werft spanische Arbeitskräfte nach Wilhelmsburg, die in Baracken untergebracht wurden. Der Großbetrieb MAN beschäftigte vor allem Griechen und Jugoslawen. Die Italiener waren hauptsächlich im Straßenbau beschäftigt. Die Wohnungsnot war sehr groß, die Baracken und Behelfsheime standen auf den Firmengeländen und befanden sich in desolatem Zustand. Frau K., die 1960 in das im Krieg teilweise zerstörte und später wiederaufgebaute Weltquartier gezogen ist, berichtet, dass damals Deutsche, Jugoslawen, Polen und Spanier in der Siedlung lebten. Die meisten waren Angestellte der Howaldt-Werft und wohnten schon lange dort. 1962 kam dann die Flut und machte alle Erdgeschosswohnungen unbewohnbar. Die Mieter dieser Wohnungen wurden umquartiert. In den 1970er Jahren zogen dann viele Türken in die sanierungsbedürftigen Wohnungen der Siedlung. Zu dieser Zeit übernahm die SAGA die Siedlung von der Deutschen Wohnungsbaugesellschaft, vernachlässigte diese jedoch in den darauf folgenden Jahren. Der Zuzug von „Gastarbeitern" war gewöhnungsbedürftig: „Als die ersten Türken hierher kamen, da hatten

wir Angst. Da bin ich ganz ehrlich. Weil das alles ganz anders war, als wir es kannten." Die Firmen hätten ihre deutschen Werksangehörigen dazu animiert, aus der Weimarer Straße auszuziehen, um in den frei gewordenen, werksgebundenen Wohnungen türkische Familien unterzubringen.[2]

Die Angst vor dem großen Verlust

Für die einen ist der Umbau bedrohlich, für die anderen mit der Hoffnung auf bessere Zeiten verbunden. Die größte Sorge der Bewohner ist der Verlust der gewachsenen Nachbarschaft. Rund um die Weimarer Straße ist sie einzigartig und funktioniert sehr gut. „Wir waren eine sehr gute Gemeinschaft, alle Nationalitäten durcheinander. Wir haben immer draußen gesessen, wenn schönes Wetter war. Dann haben wir gespielt, und auch zusammen gegessen. Jeder machte mal ein Nationalitätsessen, wie man es so von zu Hause kennt", sagt Frau K.

Nachbarn im Weltquartier
Neighbours in the Global Neighbourhood

Frau K. looks out unperturbed at the changes on her doorstep in Wilhelmsburg's Weltquartier (Global Neighbourhood): "We are still a long way off being a global neighbourhood. It's making good progress but it is not a global neighbourhood yet; it's Weimarer Strasse in the Reiherstieg district. It still has to become a global neighbourhood."

There is work going on all over the Weltquartier at the moment. The buildings between Weimarer Strasse and Veringstrasse are being renovated and thermally insulated, new layouts are being developed, balconies are being added. The area is being converted as a model project for intercultural living by Hamburg's largest housing company SAGA GWG as part of the Internationale Bauausstellung (International Building Exhibition) IBA Hamburg. A big change for the residents, all of whom are gradually having to leave their homes. They are being given temporary accommodation and will be able to return once the building work is completed. Some 1,700 people from more than 30 different countries lived here in 823 apartments.

A new kind of participatory approach was tried out in 2007 in order to involve the residents early on: the Interkulturelle Planungswerkstatt/Intercultural Planning Workshop. Multilingual, clear, entertaining—the residents were taken seriously as experts on their housing situation. The multilingual dialogue opened doors: six "local historians" rang doorbells and initiated conversation. The first question was: "What is home for you?" The fact that the residents were approached in Turkish, Arabic, French, English, or Persian established trust and imparted respect, contact being established with an above-average number of residents. All of the results were—successfully—incorporated as guidelines for the architectural competition. The chosen solution by Lübeck's kfs architects took the key residents' wishes into consideration: apartments with lots of rooms covering a small area, the complete retention of communal green areas—supplemented by small allotments and garden islands, a new public, traffic-free square with a residents' pavilion, the minimisation of internal conflicts within the building through improved noise insulation, as well as

additional storage space in the apartments. All of this has been well received by the residents. Other requests, such as larger open plan kitchens, or a living room with space for a large family couch, could not always be taken into account. The questions currently being asked are: how are the area's residents finding the transformation? What impact are the changes going to have on the neighbourhood and on solidarity among neighbours?

A Look Back

Red brick, green courtyards, quiet location: the residential area that is the present-day Weltquartier lies in the middle of Reiherstieg. Built at the end of the 1930s, it is also a testimony to the homeland architecture of the "Third Reich". Mostly smaller one- and two-bedroomed apartments, they were inhabited by German working class families, skilled workers and foremen. The *Heimatschutzstil* of the architect Georg Hinrich is still recognisable today in some of the timber-frame elements on the balconies and bay windows.

The history and the stories of migration are reflected in the Weltquartier as if under a magnifying glass. Surrounded by the northern and southern arms of the Elbe, Wilhelmsburg's geographical location has meant that it has always been the focal point of industrial development in the harbour. Industrial enterprises and shipyards needed labour in order to keep the wartime economy going. At this time Polish migrants from Poznan were also living in Wilhelmsburg, having arrived as of 1889 with the opening of the wool-combing works, most of them living in workers' housing on the factory premises. In 1913, 18 per cent (6,000 residents) of Wilhelmsburg's residents were of Polish origin. Ten years after the end of the 2nd world war, the federal government concluded the first recruitment agreement with Italy. This was followed five years later by Spain, Turkey in 1961, Morocco in 1963, Portugal in 1964, Tunisia in 1965, and Yugoslavia in 1968.[1] At the beginning of the 1960s, the Howaldtwerke/Deutsche Werft shipyard brought Spanish workers to Wilhelmsburg, housing them

„Ich bin ängstlich, weil wir noch nicht wissen, was hier passiert und wohin wir kommen", sagt eine andere Bewohnerin. Ein Nachbar ergänzt: „Ich finde die Veränderungen teilweise gut, wegen der Neubauten. Schade ist, dass nicht alle wiederkommen können." Andere freuen sich auf Verbesserungen: „Nach dem Umbau wird das Weltquartier pompös, auf alle Fälle." Eine Bewohnerin aus Guinea-Bissau, erst seit kurzem im Quartier, beschreibt es fast poetisch: „Nach dem Umbau wird das Weltquartier wie ein Garten aussehen." Einige machen deutlich, dass sie sich von dem Wandel nicht beeindrucken lassen: „Mich kriegt hier keiner mehr weg, das ist meine Heimat", bemerkt eine deutsche Bewohnerin, die seit 1995 in der Weimarer Straße lebt. Ein Mieter befürchtet Auswirkungen „in Sachen Gentrifizierung", und dass im Umfeld die Mieten steigen, auch wenn sie vielleicht im Weltquartier selbst niedrig bleiben: „Da laufen hier 2013 Japaner in Bermudashorts herum und sind am Fotografieren, dann ist das hier ein Vorzeigeprojekt der IBA und einige Leute passen da eben von der Optik her nicht mehr herein, die werden wohl einfach aussortiert." Andere begrüßen den Wandel der Nachbarschaft. Ein Tunesier, seit zwei Jahren in der Siedlung, findet: „Nach dem Umbau wird das Weltquartier richtig schön, aber mehr Studenten und Deutsche würden eine bessere Balance bringen." Eine Frau bedauert, dass keiner von den direkten Nachbarn wieder zurückziehen wird. Gleichwohl wünscht sie sich eine bessere soziale Mischung der Bewohner. Die 27-jährige ist in Wilhelmsburg geboren und aufgewachsen: „Wilhelmsburg, das ist meine Heimat". Die Familie lebt seit 1985 im Weltquartier und fährt nur in den Ferien für drei Wochen in die Türkei. Sie wird wieder in ihre alte Wohnung zurückziehen.

Die Nachbarschaft bedeute für viele Bewohner auch eine Hilfe, berichtet eine Sozialplanerin der SAGA GWG. Diese ginge aber teilweise durch den Umzug verloren. Viele der Bewohner seien sehr mit sich und ihren alltäglichen Sorgen beschäftigt. Dabei ist die gegenseitige Unterstützung in der Nachbarschaft sehr wichtig. Viele verbinden mit der Sanierung auch, dass sich ihr Alltagsleben verbessert und die funktio-

nierende Nachbarschaft weiter gestärkt wird. Rund um die Weimarer Straße ist die Nachbarschaft bunt zusammengewürfelt. Trotzdem gibt es feste nachbarschaftliche Strukturen, die über Jahrzehnte gewachsen sind. Viele türkischstämmige und afrikanische Mieter im Weltquartier haben überwiegend Kontakte zur eigenen Gemeinschaft. Im Weltquartier sei die Bereitschaft, sich im Alltag gegenseitig zu helfen, größer als in gutsituierten Quartieren. Ob dies nach dem Umbau wieder so funktioniert, ist ungewiss. Wie viele der ehemaligen Mieter zurückkommen, ist derzeit ebenfalls noch unklar. Die meisten bleiben aber in Wilhelmsburg.

Kann man eine interkulturelle Nachbarschaft planen?

Der komplette Umbau einer Wohnsiedlung wie dem Weltquartier bedeutet immer auch ein Risiko: der Verlust von gewachsenen, für die Bewohner existenziellen Nachbarschaften. Quartiere wie dieses wirken darüber hinaus auf vielfältige Art und Weise wie „Integrationsmotoren". Die bereits dort Lebenden nehmen ihre Verwandten, Freunde und Bekannte in ihre ethnische Gemeinschaft auf. Mit dieser Form von „Erstintegration" übernehmen die Nachbarschaften in den Quartieren eine sehr wichtige Funktion für das Einleben in eine neue Gesellschaft. Feststellbar ist außerdem, dass insbesondere die alteingesessenen Mieterinnen und Mieter eine wichtige „Ressource" für die Integration darstellen. Sie bleiben in der Siedlung, egal ob die Nachbarn deutsch oder afrikanisch sind. Sie setzen sich mit Problemen auseinander, die das Zusammenleben betreffen. Sie bedauern zwar, dass sich so viel verändert hat, bleiben aber trotzdem dort, achten auf die Hausgemeinschaft und es ist ihnen nicht egal, was passiert. Insbesondere sind es hier ältere alleinstehende Frauen, die ihren Alltag mit den unterschiedlichen Nachbarn gut meistern und einen großen Beitrag zum interkulturellen Zusammenleben leisten. Gerade das Nebeneinander von ethnischen Communities und Alteingesessenen macht die spezielle Mischung im Weltquartier aus, die sehr gut funktioniert.

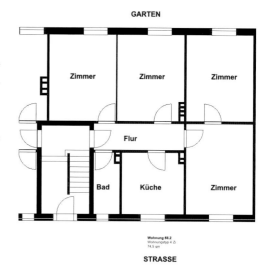

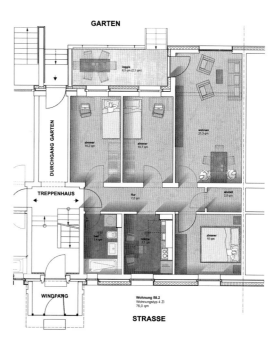

Oben: Einfach und schlicht: Exemplarischer Grundriss vor der Sanierung. Unten: Erweitert und ergänzt: Grundriss nach dem Umbau mit Loggia und großem Wohnzimmer Above: Plain and simple: example of a ground plan prior to renovation. Below: Enlarged and expanded: ground plan after conversion with balcony and large living room

in barracks. The large MAN concern employed mainly Greeks and Yugoslavs. The Italians were largely employed in road building. There was a tremendous housing shortage: the barracks and the makeshift housing were located in the factory grounds and were in a desolate state.

It was in 1960 that Frau K. moved to the Weltquartier, partly destroyed in the war and subsequently rebuilt, and she reports that there were Germans, Yugoslavs, Poles, and Spaniards living in the area at the time. Most of them were employed by the Howaldt shipyard and had already been living there for a long time. The floods of 1962 then made all ground floor housing uninhabitable, the tenants from these apartments being evacuated. A great many Turks moved into the area's rundown housing in the 1970s. At this time SAGA took over the housing area from the Deutsche Wohnungsbaugesellschaft, but neglected the buildings in the years that followed. The influx of migrant workers took some getting used to: "When the first Turks came here, we were afraid. To be honest. Because it was all very different to what we had known." The companies had encouraged their German employees to move out of Weimarer Strasse in order to be able to accommodate the Turkish families in the vacant company housing.[2]

The Fear of Major Loss

The rebuilding is threatening to some, while others associate it with the hope of better things to come. The residents' greatest concern is the loss of an established neighbourhood, that around Weimarer Strasse being a unique, well-functioning one. "We were a very good community, all the mixed up nationalities. We always used to eat outside when the weather was good. Then we would play and we also ate together. Everyone made a national dish from home," says Frau K.

"I am anxious because we don't know yet what will happen here and where we are to go," says another resident. A neighbour adds: "I think some of the changes are good, with the new buildings. But it is a shame that not everybody is going to come back." For some the rebuild-

ing represents the hope of better times ahead: "The Weltquartier will definitely be pretentious after the rebuilding." A resident from Guinea-Bissau, who has only recently moved to the area, describes it almost poetically: "The Weltquartier will look like a garden following the rebuilding." Others make it clear that they are not impressed by the project: "No-one is going to get me away from here, this is my home," remarks a German resident who has lived in Weimarer Strasse since 1995.

One tenant fears a "gentrification" effect, with rents rising in the surrounding areas, even if they will perhaps remain low in the Weltquartier itself: "We will have the Japanese in Bermuda shorts running around here taking photographs in 2013, as this is a showcase project for the IBA and some people simply don't fit the image. They will just be sifted out." Others welcome the neighbourhood rebuilding. A man from Tunisia who has been living in the area for two years finds: "The Weltquartier is going to be really nice after the conversion, but more students and Germans would create a better balance." One woman regrets that none of her direct neighbours will be moving back. At the same time, she would like to see a better social mix of residents. The 27-year-old was born and brought up in Wilhelmsburg: "Wilhelmsburg, that is my home." The family has been living in the Weltquartier since 1985 and only travels to Turkey for three weeks during the holidays. She will be moving back into her old apartment.

Their neighbours are also a source of help for many residents, reports a social planner with SAGA GWG. This is sometimes lost in the move. Many of the residents are very busy with their own affairs and their everyday concerns and this makes the mutual support among neighbours very important. Many also see the rebuilding as an improvement to their everyday lives and a further reinforcement of the functioning neighbourly relations.

The neighbourhood around Weimarer Strasse is a colourful mixture but there are solid neighbourly structures that have developed over decades. Many of the Weltquartier's tenants of Turkish and African origin mainly have contact

Mehrsprachige Studierende im Rahmen von Bewohnerbefragungen: die „Heimatforscher" im interkulturellen Weltquartier   Multilingual students during resident surveys: the "local historians" in the intercultural Global Neighbourhood

Alle Studien zur Zuwanderung zeigen: Diese wirkt sich insbesondere auf die Nachbarschaften der Wohnquartiere unmittelbar aus. Erfolge der Integration – aber auch Probleme – sind hier am deutlichsten spürbar. Wo die ethnische Wohnsegregation mit einer wirtschaftlichen und damit auch sozialen Segregation einhergeht, bestehen hohe Anforderungen an eine gut funktionierende interkulturelle Nachbarschaft.

Drei Bedingungen für eine interkulturell orientierte Planung

Entscheidend ist es – erstens –, die richtige Ansprache für die Bewohner zu finden. Dies funktioniert über Mehrsprachigkeit und emotionalisierende Themen, die über sachliche Fragen der Wohnungssanierung hinausgehen.
Zweitens: Oft sind die „kleinen", alltagsnahen und zielgruppenorientierten Planungen für das Zusammenleben wichtiger als der große architektonische Entwurf. In diesem Fall sind es die Gestaltung der Grundrisse und die baulichen Verbesserungen, die Konflikte mindern. Wichtig sind außerdem der Erhalt von Freiflächen und das Angebot an öffentlichen Treffpunkten.
Ein sorgfältiger Umgang – drittens – mit dem sozialen „Kapital" der gewachsenen Nachbarschaften bedeutet, die alteingesessenen Mieter zu halten, den Umbau intensiv durch Sozialplaner zu begleiten und räumliche Angebote für interkulturellen Austausch und Treffpunkte zu schaffen.
„Kommen meine alten Nachbarn wieder?", ist die Frage, die die Menschen am meisten bewegt, wenn sie die Siedlung für den Umbau verlassen. An der erfolgreichen Rückkehr wird sich unter anderem auch der Erfolg des IBA-Weltquartiers messen lassen müssen. Den sozialen Zusammenhalt einer Nachbarschaft zu planen, ist schwierig; auf sie Rücksicht zu nehmen, ein Anspruch sinnvoller Stadtentwicklung. Für Frau K., die seit über 50 Jahren in der Siedlung lebt, ist das Weltquartier „auf jeden Fall" ihre Heimat: „Mir gefällt das Zusammenleben mit den verschiedenen Nationalitäten. Man hat mit allen Leuten guten Kontakt. Ich werde auf jeden Fall in die gleiche Wohnung zurückziehen."

Anmerkungen

1 *Einwanderer-Einwohner-Einheimische? Ausländer und Inländer in Wilhelmsburg.* Ausstellung erarbeitet von der Bürgerinitiative ausländischer Arbeitnehmer e.V., Hamburg, S. 65.

2 Ebd., S.73, zitiert nach Herman Westphal, Ortsamtsleiter in Wilhelmsburg 1961 bis 1976.

Rechts: Weimarer Platz mit dem neuen Pavillon im Hintergrund   Right: Weimarer Platz with the new pavilion in the background

Links: Blick in die Weimarer Straße und Gegenüberstellung von bereits umgebauten (rechts) und unsanierten (links) Gebäuden   Left: View of the Weimarer Straße and contrast between already converted (right) and not yet renovated (left) buildings

with their own community. The willingness to help one another in everyday matters is greater in the Weltquartier than in well-to-do suburbs. It remains unclear as to whether this will continue to be the case following the rebuilding. Also unconfirmed at the moment is how many of the former tenants will come back. The majority of them will stay in Wilhelmsburg, however.

Can an Intercultural Neighbourhood be Planned?

The complete rebuilding of a housing area such as the Weltquartier always carries an element of risk as well: the loss of established neighbourly relationships of existential importance to the residents. Districts such as these also function as "driving forces of integration" in a multitude of ways. The existing residents incorporate their relatives, friends, and associates into their ethnic community. With this form of "initial integration" the district neighbourhoods perform a very important role when it comes to settling into a new society. It has also been found that the long-established tenants in particular are an important "resource" for integration. They remain in the area, regardless of whether the neighbours are German or African. They deal with problems affecting communal life. They express regret that so much has changed, but they stay there nevertheless, keeping an eye on the residential community, and are not indifferent to what is going on around them. Older, single women in particular are good at managing everyday life with the different neighbours and make a major contribution to intercultural community life. It is precisely this proximity of ethnic communities and long-established residents that makes up the special mix in the highly functional Weltquartier.

All studies on immigration show this to have a direct impact on a residential area's neighbourly relations in particular. This is where integration success, as well as problems, are most tangible. Ethnic residential segregation, accompanied by economic and therefore also social segregation, makes high demands on a successful intercultural (global) neighbourhood.

Three Conditions for Interculturally Oriented Planning

Firstly, the decisive factor is finding the right approach to the residents. This may involve multilingualism and emotionalising topics extending beyond the factual issues of housing renovations.

Secondly, "small-scale," everyday, and target group-oriented planning is often more important for community life than the great architectural design. In this case it is the arrangement of the layouts and the building improvements that reduce conflict. Also significant are the retention of open areas and the provision of public meeting places.

Thirdly, a sensitive approach to the social "capital" of established neighbourly relations means retaining the long-established tenants, the close involvement of social planners in the rebuilding, and creating spatial facilities for intercultural exchange and social interaction.

"Will my old neighbours be coming back?" is the question that most concerns people when they leave the area for the rebuilding work. The success of the IBA Weltquartier will also have to be measured in terms of the residents' return, amongst other factors. Planning the social solidarity of a neighbourhood is difficult; taking it into consideration is a requirement of meaningful urban development. For Frau K., who has lived in the area for more than fifty years, the Weltquartier is "definitely" her home: "I like the community life with the different nationalities. There is good contact between everyone. I will definitely move back into the same apartment."

Notes

1 *Einwanderer-Einwohner-Einheimische? Ausländer und Inländer in Wilhelmsburg.* Exhibition mounted by the Civic Foreign Workers' Initiative, Hamburg, p. 65.

2 Ibid., p.73, quoting Herman Westphal, community leader in Wilhelmsburg, 1961-76.

WIE SCHAFFT MAN ES, TEIL EINER VERBESSERUNG ZU WERDEN OHNE DASS SICH DER PROZESS VERSELBSTSTÄNDIGT?

INTERVIEW: ISABELLE HOFMANN

Die Stadtplanerin Zeynep Adanali (im Foto links) untersuchte 2009 die Wohnpraxis in der Solarsiedlung Wilhelmsburg. Shila Chakrabati (Mitte) ist seit 2003 an der Planung des nachbarschaftlichen Wohnprojekts „Open House" in Wilhelmsburg beteiligt und Anwalt Rolf Bosse (rechts) vertritt seit Jahren die Interessen zahlreicher Wilhelmsburger im Mieterverein zu Hamburg.

Unter dem Motto „Metropole: Kosmopolis" beleuchtet dieses Buch die internationale Stadtgesellschaft. Wilhelmsburg ist zweifellos ein multikultureller Stadtteil - würden Sie ihn auch als kosmopolitisch bezeichnen?

Zeynep Adanali (ZA): Auf jeden Fall. Hier leben rund 120 Ethnien zusammen und das schon seit Jahrzehnten.

Rolf Bosse (RB): Wenn ich das Wort höre, denke ich an ein Hochglanzmagazin.

ZA: Das sehe ich anders. Der Begriff „multikulturell" wird mittlerweile von den Medien stigmatisiert. Die Wilhelmsburger akzeptieren nicht, auf diese Weise herabgesetzt zu werden, das habe ich bei meiner Untersuchung über die Solarsiedlung Wilhelmsburg festgestellt. Wilhelmsburg ist sicher nicht so kosmopolitisch wie New York oder Istanbul - aber der Ansatz dazu ist vorhanden.

In der Euro-Solar-Siedlung wohnen überwiegend Migranten polnischer und türkischer Herkunft. In Ihrer Bachelor-Arbeit kamen Sie zu dem Ergebnis, dass der Plan von 2005, mit dem Bau der Siedlung andere ethnische Gruppen auf die Insel zu locken, nicht aufging. Woran lag das?

ZA: Es gab wohl zu viele Vorurteile - in jeder Hinsicht. Es wurde beispielsweise behauptet, dass sich türkische Migranten nicht für ökologische Bauweisen interessieren. Ich habe festgestellt, dass die Ökologie generell nicht für die Kaufinteressenten ausschlaggebend war. Egal, welcher Kultur sie angehörten. Entscheidend waren in jedem Fall die günstigen Grundstückspreise.

Shila Chakrabarti (SC): Viele meiner Bekannten, die Eigentum erwerben wollten, haben sich damals die Siedlung angesehen. Aber sie haben dann vom Kauf Abstand genommen mit der Begründung: Es ist Wilhelmsburg, wir wissen nicht, ob sich der Stadtteil tatsächlich so entwickelt, wie es momentan ausgemalt wird.

Was sagen Sie heute?

SC: Wilhelmsburg entwickelt sich sehr wohl. Aber ich bin mir nicht sicher, ob es in die richtige Richtung geht. Die Entwicklungen, die ich bislang in Ottensen, im Karolinenviertel und in der Schanze erlebt habe, führten zu Beliebigkeit und Austauschbarkeit. Mittlerweile gibt es überall die gleichen Geschäfte, die gleichen Kneipen und die gleichen Leute.

Warum ziehen Sie dann von Eppendorf in das „Open House" am Schipperort?

SC: Aus familiären Gründen. Ich wohne seit fünf Jahren in einem Vier-Frauen-Haushalt mit Tochter, Mutter, Großmutter. Insbesondere meine Mutter war fasziniert von dem Konzept des generationsübergreifenden Wohnens, das im „Open House" realisiert wird. Hier sollen die Leute alt werden können und nicht aus ihren Wohnungen herauswachsen. Meine Mutter hat das Projekt aktiv mitgestaltet.

Damit sind Sie und Ihre Familie aber auch Teil der besagten Entwicklung.

SC: Das ist uns bewusst. Innerhalb unserer Baugenossenschaft, der Schanze, beschäftigen wir uns regelmäßig mit diesem Problem. Viele fanden das gar nicht gut, dass wir dort bauen. Wir stellen uns immer wieder die Frage, wie man es schafft, Teil einer Verbesserung zu sein - und dabei gleichzeitig zu verhindern, dass sich der Prozess verselbständigt und wir am Ende ein Ergebnis haben, das wir gar nicht wollten.

RB: Das kann eine Einzelperson oder Genossenschaft gar nicht leisten. Da ist die Stadt gefordert, die notwendigen Rahmenbedingungen zu schaffen. Sie muss dafür sorgen, dass alle Menschen, die hier ansässig sind, auch weiterhin eine Lebensperspektive haben. Dazu gehört, dass bezahlbarer Wohnraum erhalten bleibt bzw. geschaffen wird und dass dieser Wohnraum den Wünschen der Menschen entspricht.

Vor der Sanierung des Weltquartiers wurden die Bewohner der Weimarer Straße nach ihren Wünschen befragt.

ZA: An dieser Befragung habe ich teilgenommen. Wir sind als „Heimatforscher" von Tür zu Tür gegangen und haben uns nach den Bedürfnissen der Mieter erkundigt. Die IBA hat auch wirklich versucht, sie umzusetzen.

SC: Ich habe gehört, dass einige Bewohner nicht zurückkommen konnten, weil sich im Zuge der Modernisierung die Wohnungen so vergrößert haben, dass die Leute keinen Anspruch mehr auf die Wohnfläche hatten.

ZA: Die Mieten sind auch geringfügig gestiegen.

RB: Das ist natürlich bei Leistungsempfängern ein Problem. Aber wenn diese Veränderungen ohne Einverständnis des Mieters gemacht werden, ist das ein Verstoß gegen den Mietvertrag. Häufig kennen Mieter ihre Rechte nicht oder haben Angst, sie durchzusetzen. Ich erlebe immer wieder, dass Vermieter Druck ausüben.

SC: Die Reduzierung von kleinen Wohnungen ist tatsächlich ein Instrument der Stadt, um die Durchmischung der Bevölkerung zu steuern. Die Leute ziehen aus, weil die Wohnungen, die sie brauchen, nicht mehr vorhanden sind. Vielleicht nimmt die Stadt ja auch den Verfall der GAGFAH-Wohnungen billigend in Kauf, weil ihr das Endprodukt gar nicht so unlieb ist.

HOW DO YOU MANAGE TO BECOME PART OF AN IMPROVEMENT WITHOUT THE PROCESS TAKING ON A MOMENTUM OF ITS OWN?

In 2009, town planner Zeynep Adanali (photo left) examined living arrangements in the Wilhelmsburg solar-powered housing area. Shila Chakrabati (middle) has been involved in the planning of the "Open House" housing project in Wilhelmsburg since 2003 and lawyer Rolf Bosse (right), has been representing the interests of numerous Wilhelmsburg residents in the Hamburg tenants' association for many years.

This book examines international urban society under the title "Metropolis: Cosmopolis." Wilhelmsburg is without doubt a multi-cultural urban district—would you also describe it as cosmopolitan?

Zeynep Adanali (ZA): Certainly. There are around 120 ethnic groups that have been living together here for decades now.

Rolf Bosse (RB): I always think of a glossy magazine when I hear that word.

ZA: I see it differently. Meanwhile, the term "multi-cultural" has been stigmatised in the media. The Wilhelmsburg residents do not accept being belittled like that, as I found out in my study of the solar-powered housing area. Wilhelmsburg is certainly not as cosmopolitan as New York or Istanbul—but the basis for it is there.

The majority of the residents in the solar-powered housing area are migrants of Polish and Turkish origin. In your bachelor's thesis, you came to the conclusion that the aim from 2005 of drawing other ethnic groups to the island with the construction of the housing area has not been achieved. Why not?

ZA: There were just too many prejudices—in every respect. For example, it was claimed that the ecological construction was of no interest to the Turkish migrants. I have established that ecology was not the determining factor for potential buyers in general. Irrespective of their cultural group. It was the affordable land prices that were the deciding factor.

Shila Chakrabarti (SC): Many of the people I know who wanted to buy property did take a look at the housing area. But they decided against buying on the grounds that it is Wilhelmsburg; they did not know whether the district would really develop in the way being envisaged then.

What do they say today?

SC: Wilhelmsburg is indeed developing. But I am not sure whether the development is going in the right direction. The building projects I have experienced to date in Ottensen, in the Karolinenviertel, and in the Schanze led to arbitrariness and exchangeability. You now see the same shops everywhere, the same bars, and the same people.

So why are you moving from Eppendorf to the "Open House" in Schipperort?

SC: For family reasons. I have been living in a four-woman household for five years with daughter, mother, grandmother. My mother in particular was fascinated by the concept of multi-generation living realised in the "Open House." This is where people should be able to grow old and not grow out of their homes. My mother was actively involved in setting up the project.

But then you and your family are also part of this development.

SC: We are aware of that. We regularly address this problem within our housing association in the Schanze. Many people were not at all happy about us building there. We keep asking ourselves the question: how to be part of an improvement project while at the same time preventing the process from taking on a life of its own—to not end up with a result that we did not want at all.

RB: That is well beyond the scope of individuals or associations. In that situation it is up to the city to create the necessary parameters. It has to ensure that everyone who is resident here continues to have future prospects. This includes making sure that affordable housing space is retained and/or created and that this corresponds to the wishes of the people concerned.

The residents of Weimarer Straße were asked about their wishes prior to the renovation in the Weltquartier.

ZA: I took part in this survey. We went from door to door as "local historians" and researched the needs of the tenants. The Internationale Bauausstellung IBA Hamburg (International Building Exhibition) made a real effort to meet these requirements.

SC: I have heard that some of the residents were unable to return because the apartments had been enlarged to such an extent during the modernisation that people were no longer eligible for council housing.

ZA: There were also marginal rent increases.

RB: Selbst wenn die GAGFAH ihre Wohnungen in Wilhelmsburg sanieren wollte – sie könnte es gar nicht, weil letztlich das Geld fehlt. Nach ihrer Geschäftspolitik muss sie vier Mal im Jahr Dividende ausschütten. Um diese zu erbringen, hat sie die Instandhaltungskosten von zwölf Euro pro Quadratmeter auf sechs Euro pro Quadratmeter gesenkt. Der Sanierungsstau wird dadurch immer größer. Bald stellt sich gar nicht mehr die Frage, ob eine Sanierung möglich ist, dann bleibt nur noch der Abriss. Die Stadt muss sich dringend überlegen, wie sie den Konzern dazu bringt, seinen Instandhaltungspflichten nachzukommen.

Was kann der Mieterverein zu Hamburg dazu beitragen?

RB: Wir versuchen alles, damit sich die Politik des Themas annimmt. Dafür brauchen wir auch den Druck von der Straße. Denn alle Prozesse, die hier in Fahrt kommen, sind miteinander verquickt und werden von der Stadt gesteuert. Die Frage ist doch: Was will die IBA auf den Elbinseln? Will sie Wilhelmsburg kosmopolitisch machen oder multikulturell belassen? Wenn ich mich im Bahnhofsviertel umschaue, habe ich nicht den Eindruck, dass die IBA-Projekte die Lebenswirklichkeit der Leute in irgendeiner Weise berühren. Aus stadtplanerischer Sicht müsste man sich doch überlegen, wie man der Bedürfnisse der Menschen hier gerecht werden kann.

ZA: Das ist ja geschehen. Drei Jahre hat die IBA untersucht, wie und was man machen kann, ehe sie 2009 anfing zu bauen. Und der Wilhelmsburger Stadtteilbeirat hat auch immer wieder zu Diskussionen in das Bürgerhaus eingeladen. Ich war zwei Mal dabei – ich habe keinen einzigen Migranten dort gesehen.

Woran liegt das Ihrer Meinung nach?

ZA: Vielleicht fehlt das Vertrauen. Die IBA übersetzt einen Großteil ihrer Veröffentlichungen ins Englische und Türkische. Aber ich habe das Gefühl, all diese Bemühungen kommen bei den Menschen einfach nicht an. Vielleicht sollte man eher Stadtplaner einsetzen, die die Sprache verstehen und mit den Menschen direkt sprechen. So könnte Vertrauen wachsen.

SC: Man darf auch nicht vergessen, dass die IBA auf Grund der lokalen Gegebenheiten mit einem Misstrauensvorschuss ins Rennen gegangen ist. Den Wilhelmsburgern liegen zwei, drei Sachen schwer im Magen, ob das nun die Hafenquerspange, der Zollzaun oder die Verlegung der Wilhelmsburger Reichsstraße ist. Einige Leute haben sich gewünscht, dass sich die IBA zu solchen Kernfragen positioniert und ein klares Statement abgibt.

ZA: Viele Dinge kann die IBA gar nicht tun, das kann nur die Stadt.

RB: Das ist richtig. Dinge ändern sich ständig. Es ist Aufgabe des Staates, darauf zu achten, dass sich die Dinge so ändern, dass die Menschen auch damit leben können.

Neben dem „Open House" (vgl. S. 285) ein weiteres gemeinschaftliches Wohnprojekt: die „Neuen Hamburger Terrassen" mit 94 neuen Wohnungen (33 für eine Baugemeinschaft und ca. 30 im geförderten Mietwohnungsbau), Fertigstellung: November 2012   Another community housing project besides the "Open House" (cf. p. 285): "New Hamburg Terraces" with 94 apartments (33 for a building collective and about 30 subsidised apartments), completion: November 2012

RB: That is, of course, a problem for the beneficiaries. But if these changes were made without the consent of the tenant, then that is an infringement of the rental contract. Tenants are often unaware of their rights or they are afraid to exercise them. I see it time and again: how landlords exert pressure.

SC: The reduction in the number of small apartments is indeed one of the city's instruments for controlling the population mix. People move away, the apartments they need are unavailable. Perhaps the city also accepts, or endorses, the deterioration of the GAGFAH apartments because the end product is not at all unwelcome.

RB: Even if GAGFAH did want to renovate its housing in Wilhelmsburg, it would not be able to. According to their business policy, they have to pay out dividends. In order to achieve this, they reduced the maintenance costs from twelve euro per square metre to six euro. This means that the renovation backlog just gets bigger. Soon it will no longer be a question of whether renovation is possible: demolition will be the only option. The city urgently needs to come up with a way to get the organisation to fulfil its maintenance obligations.

What role can the Hamburg tenants' association play in this?

RB: We are all trying to get the issue onto the political agenda. To do that, we need pressure from the street, because all of the processes that get going here are interlinked and are controlled by the city. The question is: What does the IBA want on the Elbe Islands? Does it want to make Wilhelmsburg cosmopolitan or leave it multi-cultural? When I look around the Bahnhofsviertel, I do not get the impression that the IBA projects are affecting people's everyday reality at all. From an urban planning perspective, there ought to be consideration of how the needs of the people here can be met.

ZA: It already happened. The IBA spent three years looking at what can be done, before they began building in 2009. And the Wilhelmsburg district advisory committee repeatedly issued invitations to discussions at their community centre. I attended on two occasions and did not see a single migrant.

To what do you attribute that?

ZA: There is perhaps a lack of faith. The IBA translates most of their publications into English and Turkish. But I have the feeling that all of these efforts are simply not getting through to the people. Perhaps use should be made instead of urban planners who understand the language and can speak to the people directly. That is how trust could grow.

SC: We should also not forget that the IBA was confronted with distrust from the outset due to the local circumstances. The Wilhelmsburg residents have two or three pressing concerns, be it the port link road, the customs fence, or the upgrading of Wilhelmsburg's Reichsstrasse. Some people would have liked to see the IBA focussing on such key issues and making a clear statement.

ZA: There are many things that the IBA cannot do: only the city can do that.

RB: That is true. Things are constantly changing. It is the state's task to ensure that things change in such a way that people are able to live with them.

Trister Sanierungsstau auf den Elbinseln: Einige Bauten der GAGFAH im Bahnhofsviertel   Dull renovation backlog on the Elbe Islands: GAGFAH buildings in the station district

SONAY CEVIK

Auf der Veddel

Geschichten von türkischstämmigen Immigranten

Die Elbinsel Veddel ist Teil des Bearbeitungs-
gebietes der Internationalen Bauausstellung
Hamburg 2013 und ein hauptsächlich von Migranten bewohntes Quartier, wie wir es in vielen
anderen deutschen Städten vorfinden. Dadurch
entwickelte die Veddel ihr eigenes multikulturelles Erscheinungsbild. Die türkischstämmigen
Immigranten auf der Elbinsel Veddel leben hier
seit vier Generationen, seit Beginn der Gastar-
beiterzeit mit den anderen Kulturen zusammen.
Die Angehörigen der vierten Generation sind
höchstens fünf Jahre alt, also noch Babys oder
kleine Kinder, während die erste Generation bereits nahezu vollständig wieder in ihre türkische
Heimat zurückgekehrt ist.

Die Veddel funktioniert(e) wie ein eigenstän-
diger kleiner Kosmos. Die Arbeiter leben im
Wohngebiet der Veddel und arbeiten in den
benachbarten Hafen- und Industriegebieten
auf der Veddel oder der Peute. Zu Beginn gab
es immer nur eine Person, die aus der Heimat
emigrierte, später kamen die Familien nach.
Die Arbeiter wollten anfangs nur Geld verdienen und später in die Türkei zurückkehren,
was aber oft misslang. Später folgte die zweite
Generation mit ähnlichem Hintergrund und
gleichem Willen, in die Heimat zurückzukehren – um dann doch zu bleiben. Auch diese
Menschen waren schlecht gebildet und fast
ohne deutsche Sprachkenntnisse – so wie die
erste Generation.

Die Veddel und Deutschland stellten für sie
nur einen Ort zum Arbeiten dar. Sie konnten
aber nicht wieder endgültig in ihre Heimat
zurückkehren, da sie ja bereits Kinder oder
sogar Enkelkinder in Deutschland hatten.

Sie hätten im Falle der Rückkehr Kinder
und Enkelkinder zurücklassen und zwischen
Deutschland und der Türkei aufwändig hin-
und herpendeln müssen.

Diese Geschichte reicht weiter bis in die dritte
Generation, die nun zum größten Teil hier
bleiben will. Eine Rückkehr in die Türkei kommt
für sie meist nicht in Frage. Deutschland ist für
sie trotz allem das erste Heimatland; die Türkei
stellt für viele nur eine Art nostalgisch verklär-
ter „Urheimat" dar. Sie fühlen sich stärker mit
Deutschland verbunden und möchten eine gemeinsame Zukunft mit Deutschen und anderen
Menschen erleben, die einen nicht-türkischen
Migrationshintergrund besitzen. So haben die
meisten sich für Deutschland entschieden, um
mit anderen Kulturen und länderspezifischen
Lebensarten zusammenzuleben – und natürlich um die eigenen Erfahrungen, Vorstellungen, Wünsche und Erwartungen in die Zukunft
einzubringen.

Das ist die bekannte Version der Geschichte –
aus Sicht der „Gastgeber" (wie ich sie definieren
möchte). Doch wie nehmen die Gäste ihr Quartier wahr? Stimmen die scheinbar gesicherten
Fakten mit deren Wahrnehmungen überein?
Im Rahmen einer Untersuchung zum Thema
„Identifikation der Bewohner mit ihrem Wohngebiet – insbesondere mit ihren Freiräumen
in ausgewählten Stadtteilen in Hamburg, zur
Bewertung der Entwicklung der Randgebiete der
Metropolregion Hamburg" (in Zusammenhang
mit der laufenden Forschung an der HafenCity
Universität Hamburg, Städtebau und Quartierplanung) wurden von Oktober 2010 bis Januar
2011 Interviews mit „Betroffenen" geführt.

Last Exit Veddel? Freihafen, Autobahnen und Gewerbe-
gebiete sorgen neben den Wasserläufen dafür, dass
die Veddel eine Insel ist. Last Exit Veddel? In addition
to the water courses, the free harbour, motorways, and
industrial areas ensure that Veddel remains an island.

SONAY CEVIK

On Veddel

Stories from Immigrants of Turkish Origin

Muslimische Passantinnen in der Brückenstraße
auf der Veddel, die wie ein eigener kleiner Kosmos
funktioniert   Muslim passers-by in Brückenstraße on
Veddel, which functions as its own little cosmos

Blick auf die Industrieanlagen der Peute – Arbeitsort für viele Veddeler   View of the Peute industrial
plants–workplace for many from Veddel

The Elbe island of Veddel falls within the area of activity of the Internationale Bauausstellung (International Building Exhibition) Hamburg 2013 and, inhabited largely by migrants, is a district like those to be found in many other German cities. This has caused Veddel to develop its own multicultural character. The immigrants of Turkish origin have been living here for four generations, together with other cultures, since the beginning of the migrant worker era. The members of the fourth generation are still babies or toddlers, five years old at the most, while almost all of the first generation have now returned to their Turkish homeland. Veddel functions/functioned as an independent little cosmos. The workers lived in the residential area and worked in the adjoining harbour and industrial zones on Veddel or Peute. At the beginning there was only ever one person who emigrated from Turkey, with the family following later. The workers just wanted to earn money and then to return to Turkey, though in many cases this did not happen. The second generation followed, with a similar background and the same intention to go back home—only to end up staying. These people, too, were poorly qualified and spoke hardly any German—as with the first generation.

For them Veddel and Germany were simply a place to work. They were unable to return to their homeland permanently, however, because by then they had children or perhaps even grandchildren here. Going back would have meant leaving them and then having to undertake costly journeys back and forth between Germany and Turkey.

This saga continues into the third generation, the majority of whom now want to stay. For most of them there is no question of returning to Turkey. In spite of everything, Germany is their homeland first and foremost; for many Turkey is no more than a kind of nostalgically distorted "primeval homeland." They feel themselves more closely tied to Germany and want to enjoy a common future with Germans and others with a non-Turkish migration background. The majority of them have therefore opted for Germany in order to be able to co-

exist with other cultures and country-specific ways of life—and, of course, to be able to participate with their own experiences, ideas, wishes, and expectations for the future.

That is the familiar version of the story—from the perspective of the "hosts" (as I want them defined). How do the "guests" perceive their district, however? Do the seemingly established facts correlate with their perceptions? Interviews with "relevant persons" were carried out within the scope of a survey on the subject of "Identification of residents with their residential area—in particular with their open spaces in selected city districts in Hamburg, for the purpose of assessing the development of the peripheral areas of the Hamburg Metropolitan Region" (in the context of ongoing research by the HafenCity Universität Hamburg, Urban Development and District Planning). Migrants of Turkish origin carried out interviews with twenty-two residents of differing age and gender in the Veddel residential area over the period October 2010 to January 2011.

Was gefällt Ihnen an der Veddel am besten?

Die Bewohner beschreiben und bewerten ihr Quartier sehr detailliert. Da geht es um das Zusammenspiel von Garten oder Terrasse und Haus, den Zustand der Elbinsel Veddel, die multikulturelle Einwohnerschaft, die Sauberkeit der Straßen, die Schönheit, aber auch den in ihren Augen unansehnlichen Anblick der Häuser. Dabei ist auffällig, dass jene Anwohner, die als Erwachsene aus der Türkei nach Hamburg gekommen sind, die Veddel als „farblos" empfinden. Die anderen, die hier geboren sind oder seit langer Zeit hier wohnen, finden sie wiederum „schön", weil sie daran gewohnt sind. Diese Ambivalenz innerhalb der türkischen Bewohnerschaft äußert sich auch in ihren jeweiligen Wünschen und Erwartungen. Es gibt bei der Wahrnehmung kulturelle und generationsspezifische Unterschiede.

Unterschwellig kommt – auch bei den Antworten auf die anderen Fragen – immer die Bedeutung des Vaterlands ins Spiel. Erinnerungen an die Türkei und Sehnsüchte nach ihr, festgemacht etwa an wohlriechenden Kräutern aus dem Heimatdorf, sind stark. Bei der Bewertung der Veddel stehen soziales Milieu, Freunde und Familie sowie die Vertrautheit mit dem Ort im Mittelpunkt. Wenn die Freude beschrieben wird, Zeit an der Deichpromenade zu verbringen oder sich an einem der Brunnen zu verstecken, schwingen häufig Reminiszenzen an die eigene Kindheit mit. Saubere und ordentliche Parkanlagen werden hingegen eher negativ wahrgenommen. Architektonische Elemente – zum Beispiel Eingänge, Balkone, Terrassen, Gärten und Schrebergärten sowie Straßen, Plätze, Promenaden oder Skulpturen, Kinderspielplätze und Parks – werden assoziativ mit Erinnerungsbildern aus der Türkei verknüpft. Es fallen Begriffe wie Hochebene, Berge, Meer oder Küste. Unverkennbar ist die damit verbundene Sehnsucht: „Am Zollhafen sieht es besonders im Sommer schön aus und es ist beruhigend, dort am Deichufer zu sitzen. Wir haben in Hamburg kein Meer, aber dort kommt es mir ein bisschen so vor ..."

 Die Veddel ist wirklich ein kleiner Ort. Wenn Du laut rufst, hört das fast jeder!
Arbeiter (63)

 Am Zollhafen sieht es besonders im Sommer schön aus, und es ist beruhigend, dort am Deich-ufer zu sitzen. Wir haben in Hamburg kein Meer, aber dort kommt es mir ein bisschen so vor ...
Bauzeichnerin (30)

 Wir haben einen Schrebergarten und halten uns öfters dort auf. Vor der Hütte haben wir noch einen Grillplatz. Wir grillen dort oder beschäftigen uns mit dem Anbau von verschiedenen Gemüsesorten wie Bohnen oder grünem Salat. In unserer derzeitigen Wohnung fühlt sich meine Frau wie im Gefängnis.
Arbeiter (63)

Kein Heimatersatz, aber Erinnerung daran und sehr beliebt: Promenade auf dem Deich   No substitute for home but a reminder thereof and very popular: the promenade on the dyke

Veddel is really a small place. If you call out loudly then almost everyone hears it!
Worker (63)

The customs harbour is especially lovely in the summer and it is relaxing to sit there on the edge of the dyke. We have no sea in Hamburg but there it feels a little like the sea to me ...
Draughtsperson (30)

We have an allotment garden and often spend time there. We also have a BBQ area in front of the shed. We barbecue there or are busy growing different kinds of vegetables such as beans or lettuce. Our current apartment feels like a prison to my wife.
Worker (63)

Bootshaus im Müggenburger Zollhafen unterhalb der Promenade Boathouse in the Müggenburg customs harbour below the promenade

What do you like best about Veddel?

The residents describe and assess their district in great detail. The issues covered are the ensemble of garden or terrace and building, the state of the island of Veddel, the multicultural population, the cleanliness of the streets, and the beauty, also the in their judgment of some, unsightly appearance of the buildings. What is striking is that those residents who came to Hamburg from Turkey as adults find Veddel "colourless." The others, who were born here or have lived here for a long time, find it "nice," however, because they are used to it. This ambivalence within the Turkish residents is also expressed in their respective wishes and expectations. There are cultural and generation-specific differences in this regard.

There are always underlying references to the importance of the homeland, even in the answers to other questions. There are strong memories of and aspirations related to Turkey: fragrant herbs from the home village, for instance. The focus of the assessment of Veddel is on social milieu, friends, and family, as well as familiarity with the place. Descriptions of the pleasures of spending time on the dyke promenade or hiding behind one of the fountains often resonate with reminiscences of their own childhood. Clean, orderly park areas, on the other hand, tend to be perceived as negative. Architectural elements—such as entrances, balconies, terraces, gardens, and allotments, as well as streets, squares, promenades, or sculptures, children's playgrounds, and parks—are associated with remembered images of Turkey. Terms such as plateau, mountains, sea, or coast are used. The related longing is unmistakeable: "The customs harbour is especially lovely in the summer and it is relaxing to sit there on the edge of the dyke. We have no sea here but there it feels a little like the sea to me ..."

Welche Erinnerungen haben Sie an frühere Zeiten auf der Veddel? Wie sieht der Alltag heute aus?

In den Antworten auf diese Frage werden ganze Lebensgeschichten erkennbar, positive wie negative: „Es war eine sehr schöne Zeit für mich. In der Zeit habe ich die Kinder aufgezogen, ich hatte nur beschränkte Deutschkenntnisse. Ich durfte und konnte nie die Wohnung verlassen, bekam jedes Jahr ein Kind, sechs insgesamt." Sichtbar sind auch die Unterschiede zwischen den Generationen, vor allem mit Blick auf das Heimatgefühl. Sehnsucht klingt oftmals durch, verbunden mit Vorstellungen aus der Türkei, die etwa die Nutzung öffentlicher Plätze betreffen oder individuelle Schutzbedürfnisse. Bei der Beschreibung des kulturellen und religiös bestimmten Alltagslebens werden Unterschiede deutlich, die sich auch in der Beurteilung der Bedeutung von Parks oder Kinderspielplätzen niederschlagen. Der aus Sicht von Fremden negative Ruf der Veddel wird durchaus wahrgenommen. Es fallen Aussagen über Gefühle und das Wohlbefinden im Vergleich zum Leben in der Türkei. Auch werden Vergleiche des sozialen Milieus bezüglich der Nationalität und Dauer der Ansässigkeit angestellt.

 Ich habe nicht mal meinen Söhnen erlaubt, das Elternhaus zu verlassen. solange sie noch nicht verheiratet waren. Also nach dem Motto: Erst heiraten, dann darfst du dein eigenes Nest da bauen, wo du willst. So ist es halt in unserem Kulturkreis …
Hausfrau (52)

 Mein Vater musste körperlich sehr hart arbeiten. Nebenbei übernahm er Akkordarbeiten, wofür er die ganze Zeit im Freien sein musste. Es muss so eisig kalt gewesen sein, dass sich an seinem Bart Eiszapfen gebildet haben. Er hat sein Leben lang hart gearbeitet. Er stammt aus einer ganz armen Familie und weiß, was Hunger heißt. Deutschland war für ihn der einzige Ausweg aus dem Schlamassel.
Medizinisch-Technische Assistentin (43)

 Ach ja, meine Mutter, die Selige, die sagte immer: Das sind Männer und die dürfen es. Blödsinn, aber Grundbestandteil unserer Kultur und das muss irgendwann mal geändert werden …
Hausfrau (52)

 Es ist alles sauber und ordentlich. Die Parkanlagen sind schön, aber ich wage es trotzdem nicht, abends dorthin zu gehen. Trotz Beleuchtung fühle ich mich nicht ganz sicher.
Medizinisch-Technische Assistentin (43)

 Wir, die erste Generation, mischen uns nicht in die Angelegenheiten der zweiten Generation ein. Zum Beispiel sehe ich, wie meine Tochter mit ihrem Kind ins Theater gehen will. In welches Stück? *Schneewittchen und die sieben Zwerge*. Davor waren sie schon mal im Theater. Manchmal nimmt sie die Ehefrau meines Sohnes mit, die aus der Türkei gekommen ist; meine Tochter, meine Schwiegertochter und ihre Kinder gehen gemeinsam ins Theater. Wir haben sowas nie mitgemacht …
Hausfrau (52)

Typische Klinkerfassade der Veddel
A typical Veddel brick facade

Stadtteilladen Veddel: integrative Veränderungen gehen langsam voran. Local shop on Veddel: integrative changes take time.

I did not allow my sons to leave home before they were married. First you get married, then you can build your own nest wherever you want to. That is the way it is in our culture ...
Housewife (52)

My father had to do a lot of very hard manual work. He also did contract work on the side where he had to be out in the open the whole time. It was so icy cold that icicles formed on his beard. He has worked hard his whole life. He came from a very poor family and knows what hunger means. Germany was the only way out of the mess for him.
Medical technical assistant (43)

Yes, my mother, bless her, always used to say: They are men and they are allowed to. Nonsense, but a fundamental part of our culture and that has to change at some stage ...
Housewife (52)

It is all clean and orderly. The parks are nice, but I still do not like going there in the evening. Even though it is lit up I still do not really feel safe.
Medical technical assistant (43)

We, the first generation, do not interfere in the affairs of the second generation. For example, I see my daughter taking her child to the theatre. What do they want to see? *Snow White and the Seven Dwarfs*. They have already been to the theatre before. Sometimes she takes my son's wife from Turkey with her; my daughter, my daughter-in-law, and their children go to the theatre together. We never did anything like that ...
Housewife (52)

What memories do you have of days gone by on Veddel? What is everyday life like today?

The answers to this question reveal entire life stories, both positive and negative: "It was a lovely time for me. I brought up the children at that time. My German was very limited. I was never allowed to leave the apartment, had a baby every year, six in total." Also evident are the differences between the generations, particularly regarding the sense of home. Longing is often expressed, linked with Turkish notions on the use of public places, for instance, or individual need for protection. The description of everyday life from a cultural and religious perspective demonstrates differences impacting on assessment of the significance of parks or children's playgrounds. There is indeed an awareness of Veddel's negative reputation from an outsider's perspective. Comments are made regarding feelings and a sense of wellbeing in comparison to life in Turkey. Comparisons are drawn between the social environment with regard to nationality and length of residence.

Wie würden Sie sich fühlen, wenn sie von Ihrem Wohnort, von der Veddel wegziehen müssten? Was würden Sie vermissen?

„Dass man sich hier frei bewegen kann. Die Menschen sind toleranter und regen sich über die anderen nicht so schnell auf …", lautet die Antwort eines Bewohners einer Studentin. Andere Antworten kreisen um Ortsbezogenheit, Heimatgefühle, soziale Wahrnehmungen und Beziehungen. Wichtige Themen sind die eigene Lebensgeschichte mit Nachbarschaften, Freunden und Familie – allen voran Kinder und Enkelkinder – sowie die damit verbundenen Erinnerungen. Der liebgewonnene Garten als Verbindung zur dörflichen Geborgenheit in der Türkei stellt ebenfalls ein wiederkehrendes Motiv dar. Erwähnung findet auch das eigene Haus und die daraus begründete starke Ortsbezogenheit und Identifikation mit der Veddel. Die soziale Wahrnehmung und Ästhetik mit ihren Veränderungen und Entwicklungen äußert sich in der dritten Generation auch so, dass sie sich selbst nun als einheimisch bezeichnet, die neuen Bewohner aus anderen Nationen hingegen als Fremde.

 Alle meine Bekannten, die hier wohnen oder aus den anderen Stadtteilen zu mir kommen, mögen die Veddel nicht. Aber ich mag meine Veddel. Ich bin hier aufgewachsen und in die Schule gegangen. Ich will mein Viertel nicht verlassen und nicht missen. Ich bin nicht gewillt, auf Anraten von Freunden und Bekannten von hier wegzuziehen. Hier habe ich meine Schule, hier habe ich meine deutschen Schulkameraden, mit denen ich sehr guten Kontakt habe.
Medizinisch-Technische Assistentin (43)

 Zurückkehren in die Türkei und dort bleiben kann ich nicht, ich würde mich nach meinen Enkelkindern sehnen …
Hausfrau (52)

 Vermissen? Dass man sich hier frei bewegen kann. Die Menschen sind toleranter und regen sich über die anderen nicht so schnell auf … Die vertraute Atmosphäre und wenn du was brauchst, kannst du fast an 1000 Wohnungen an der Haustür klingeln und um Hilfe bitten.
Uni-Student (25)

Ortsverbundenheit: Ein weiteres Street-Art Bild zeigt die Lage der Veddel zwischen City (Ciddy) und Wilhelmsburg (Willy).   Local ties: a further street art image shows the position of Veddel between the City (Ciddy) and Wilhelmsburg (Willy).

Starkes Identifikationsmerkmal für viele junge Veddeler: Graffiti von „Veddel Streets"   Strong identity feature for many young people on Veddel: "Veddel Streets" graffiti

None of the people I know who live here, or who visit me from other parts of the city, like Veddel. But I like my Veddel. I grew up and went to school here. I do not want to leave my area and I do not want to have to. I am not willing to move away on the advice of friends and associates. My school is here, I have my German school friends who I get along with really well.
Medical technical assistant (43)

 I cannot go back to Turkey to stay. I would miss my grandchildren …
Housewife (52)

 Miss? The liberty of being able to move about freely here. The people are more tolerant and do not get upset with one another as quickly …
The familiar atmosphere and when you need something you have almost 1000 apartments where you can ring the bell and ask for help.
University student (25)

How would you feel if you had to move away from your place of residence, from Veddel? What would you miss?

"The liberty of being able to move about freely here. The people here are more tolerant and do not get upset with one another as quickly …," is the response from a female student. Other answers relate to attachment to locations, the sense of home, social perceptions, and relationships. The important issues are one's own life story with neighbours, friends, and family—especially children and grandchildren—as well as the related memories. A fondness for the garden as a link with village familiarity in Turkey is also a recurrent theme. One's own home is also mentioned as well as the strong ties to place and identification with Veddel related to it. Social perception and aesthetics, with their changes and developments, are expressed by the third generation in such a way that they now refer to themselves as locals, while new residents from other countries are the strangers.

Wie hat sich die Veddel im Laufe Ihres Lebens verändert und welche Wünsche und Erwartungen bestehen für die Zukunft?

Die Kommentare zu den Veränderungen auf der Veddel sind vielfältig: Kritik wird geübt an schlecht angelegten Kinderspielplätzen und dem sozialen Milieu, der Negativentwicklung der finanziellen und wirtschaftlichen Lage sowie der mangelhaften Qualität des Stadtraums hinsichtlich diverser Aktivitäten. Aber auch positive Veränderungen im Stadtbild – wie die Promenade auf dem Deich – werden wahrgenommen. In den Erwartungen und Wünschen für die Zukunft geht es meist um die Jugendlichen, um die Verbesserung des Schulsystems und der Arbeitswelt. Eine Verbesserung der Qualität des Lebensumfelds wird auf der Veddel in allen Bereichen gewünscht. Man weiß: „Wir sind weder dort noch hier zu Hause, wir können also gar nicht umziehen!"
Es gibt Äußerungen und Bemerkungen zum Heimatgefühl, zur nationalen Identität und zum Zusammenleben. Dazu die Sehnsucht nach mehr Natur und Farbigkeit im Lebensraum der Bewohner. Mit dem Satz einer neunjährigen Schülerin: „Was wäre, wenn die Veddel noch ein wenig größer wäre?"

 Wenn ich ehrlich sein soll, möchte ich sobald wie möglich die Veddel verlassen. Man versucht hier das Niveau anzuheben und nach Möglichkeit die Ausländer aus dem Ort zu vertreiben. Und diesen Ort will man touristisch aufwerten, so wurde beispielsweise ein Hotel gebaut, in dem überall Fotos aus der Geschichte der Veddel aufgehängt wurden ...
Arbeiter (63)

 Wir sind soweit integriert. Die Kinder zum Beispiel sprechen sehr gut Deutsch. Die sind hier geboren und aufgewachsen und wollen, dass ihre Kinder am Schwimmunterricht teilnehmen und das Theater besuchen. Meine Tochter zum Beispiel holt ihre Tochter ab und will mit ihr ins Theater. Das freut und beeindruckt mich sehr. Das alles haben wir nicht gelernt und nicht gewusst.
Hausfrau (52)

 Nachdem die Deutschen von hier weggezogen sind und aus der älteren Generation von Deutschen keiner mehr hierher zog und die Zahl der Türken sich erhöht hat, hat sich die Verbindung zu den Deutschen verschlechtert. Es war falsch von den Deutschen, zu viele Ausländer hierher zu holen.
Arbeiter (63)

 Wir sind weder dort noch hier zu Hause, wir können also gar nicht umziehen!
Hausfrau (52)

Alltagssituationen auf der Veddel: Schwach frequentierte Kinderspielplätze und stark behängte Wäscheleinen   Everyday situations on Veddel: seldom-used children's playgrounds and heavily-laden washing lines

If I am honest, I want to leave Veddel as quickly as possible. They are trying to raise the level here and to drive the foreigners out where possible. And they want to upgrade the place for tourists, with the hotel being built, for example, full of photos about the history of Veddel ...
Worker (63)

We are largely integrated. The children speak very good German, for example. They were born here and have grown up here and want their children to take part in swimming lessons and to go to the theatre. My daughter, for example, fetches her daughter and wants to take her to the theatre. I like that and I am very impressed. We did not learn or know any of that.
Housewife (52)

The contact with the Germans deteriorated after they moved away from here, none of the older generation of Germans moved here and the number of Turks increased. It was wrong of the Germans to bring too many foreigners in here.
Worker (63)

Home is neither here nor there, therefore we cannot move anyway!
Housewife (52)

How has Veddel changed during the course of your life and what hopes and aspirations do you have for the future?

The comments regarding the changes on Veddel are diverse: there is criticism of the poor state of the children's playgrounds and the social environment, the negative development of the financial and economic situation, as well as the inadequacy of the urban space in terms of different activities. Positive changes to the urban environment—such as the promenade on the dyke—are also noted, however. The hopes and aspirations for the future generally relate to young people, to improvements in the school system, and the working world. There is room for improvement to the quality of life on Veddel in all aspects. The respondents know: "Home is neither here nor there, therefore we cannot move anyway!"

There are remarks on the sense of home, on national identity, and on community life. There is also the wish for more natural environment and colour in the residents' living environment. Then there is the sentence from a nine year old schoolgirl: "How about if Veddel were just a little bit bigger?"

JUGENDARBEIT HEUTE - VERKNÜPFUNG VON FREIZEITANGEBOTEN UND QUALIFIZIERUNGSMASSNAHMEN

INTERVIEW: ISABELLE HOFMANN

Jürgen Hensen, Leiter des „Haus der Jugend Veddel" und des Vereins „Get the Kick e.V.", startete die erste Bildungsoffensive auf den Elbinseln, als der Begriff noch gar nicht erfunden war. Demnächst wird nun das von ihm ins Leben gerufene „Haus der Projekte" am Müggenburger Zollhafen eröffnet, das Jugendliche qualifizieren und auf den Einstieg in das Berufsleben vorbereiten soll.

Wie entstand die Idee zum „Haus der Projekte"?

Jürgen Hensen (JH): Die Veddel ist eine Elbinsel. Und trotzdem hatten hier viele Kids nie Zugang zum Wasser. Meine Vision lautete daher von Anfang an, das zu ändern und ein vernünftiges Bootshaus mit Werkstätten zu gründen, wo wir Boote bauen und restaurieren können. Die IBA wirkte wie ein Katalysator. Ein weiteres Glück war, dass der Bezirk Hamburg Mitte mit der Idee bei einer Ausschreibung der BSU zum Thema „Soziale Stadt" teilnahm und gewann. Damit waren 460.000 Euro verbunden und wir hatten den ersten Stein im Brett.

Welche Projekte wollen Sie – außer Bootsbau – noch anbieten?

JH: Für uns ist es wichtig, dass sich die Jugendlichen möglichst umfassend qualifizieren. Viele Jugendliche wollen KFZ-Mechaniker oder Mechatroniker werden und haben nicht begriffen, dass sie ohne Realschulabschluss keine Chance dazu haben. Deshalb arbeiten wir sehr praxisnah. Wir kaufen beispielsweise einen alten Porsche-Trecker, um die Bootstrailer zu bewegen. Der wird dann mit Schülern der Stadtteilschule Wilhelmsburg im Fach Arbeitslehre restauriert. Eine andere Qualifizierungsmaßnahme ist die zum Bauhelfer.

Ein neuer Ausbildungsgang?

JH: In dieser Form schon. Normalerweise muss man fünf Jahre auf dem Bau arbeiten, um einen Facharbeiterbrief zu erhalten. Wir wollen versuchen, mit der Handwerkskammer übereinzukommen, dass die Leute, die bei uns Lehrgänge absolvieren, schon nach zwei oder drei Jahren einen Facharbeiterbrief bekommen, um dann nach Tarif bezahlt zu werden.

Das klingt nach einem regelrechten Ausbildungsbetrieb – nur sehr breit aufgestellt?

JH: Richtig, das wollen wir mal werden. Wir wollen Bauhelfer qualifizieren, Boote bauen und eine Stadtteilwerkstatt für die Veddel anbieten. Die „Häuser der Jugend" im Bezirk Mitte haben schon lange keine Hausmeister mehr. Da gibt es Reparaturstau. Deshalb machen wir jetzt mit maximal zehn Jugendlichen den kompletten Trockenbau im „Haus der Projekte" selbst – inklusive Fliesenarbeiten und teilweise auch Elektrik. Wir haben das Ausbildungszentrum Bau als Kooperationspartner. Unsere Jugendlichen absolvieren zertifizierte Lehrgänge in diesen Gewerken. Später versuchen wir sie dann zur Ausbildung an kleine und mittelständische Firmen zu vermitteln, mit denen wir zusammenarbeiten.

Warum schaffen es die Jugendlichen nicht, ohne diesen „Umweg" Ausbildungsplätze zu bekommen?

JH: Wenn die Schüler hier nach ihrem Hauptschulabschluss auf Ausbildungsplatzsuche gehen, fehlt ihnen oft die Ausbildungsreife. Außerdem arbeiten wir ja auch mit Jungerwachsenen bis Mitte 20 zusammen, die vielleicht schon 30 Anzeigen auf der Uhr haben. Oft versagen die Jugendlichen und Jungerwachsenen auch in der Berufsschule. Das fängt mit Sprachproblemen an und hört mit Mathe-Problemen nicht auf.

Erkennen die Jugendlichen dieses Angebot als echte Chance oder kommen sie eher widerwillig?

JH: Wenn ein Jugendrichter jemandem 400 Sozialstunden aufbrummt, die er bei uns abzuarbeiten hat, dann kommt er natürlich ungern. Trotzdem versuchen wir, diese Jungerwachsenen in unser Team zu integrieren. Und wir versuchen, über unsere Freizeitangebote wie Segeln oder Musik herauszufinden, was ihnen Spaß macht und wo ihre Fähigkeiten liegen.

In der Schule Slomanstieg, mit der Sie zusammenarbeiten, liegt der Migrationsanteil bei mehr als 90 Prozent. Trägt das „Haus der Projekte" zur Integration bei?

JH: Ich hoffe. Das ist eine Sisyphusarbeit. Man erreicht nicht alle, aber einige kann man vielleicht mitnehmen. Eigentlich muss man bei den Eltern anfangen: Wenn die Eltern nicht begreifen, wie wichtig Bildung ist, kein Interesse zeigen oder sich ihren Aufgaben entziehen, wird es auch mit den Kindern schwierig. Schule und Jugendhilfe können nicht die Fehler im Elternhaus auffangen. Man muss ihnen ans Portemonnaie gehen, sonst begreifen sie es nicht.

Sie wollen das Kindergeld kassieren, wenn Eltern ihre Verpflichtungen nicht erfüllen und zum Beispiel einen Elternabend schwänzen?

JH: Zugegeben, das ist auf die Spitze getrieben. Aber unsere Jugendarbeit funktioniert nur so gut, weil sie mit Schule und Unterricht verknüpft ist und für die Kinder Anwesenheitspflicht herrscht. Das ist auch unser Türöffner: Wir lernen die Kinder als Zehnjährige kennen, wenn sie bei uns Percussions-Unterricht haben oder Segeln lernen – und wir treffen sie mit 14 Jahren wieder, wenn sie sich überlegen, was sie werden wollen und wir ihnen Angebote machen können. Das ist die sinnvolle Verknüpfung von Freizeitangeboten und Qualifizierungsmaßnahmen, wie sie immer mein großer Wunsch war – genau so muss Jugendarbeit heutzutage aussehen.

YOUTH WORK TODAY—LINKING LEISURE ACTIVITIES WITH QUALIFICATION OPPORTUNITIES

Jürgen Hensen, head of the "Haus der Jugend Veddel" (Veddel Youth Centre) and the Get the Kick e.V. association began the first education drive on the Elbe Islands before the term had even been invented. The "Haus der Projekte" (House of Projects) in the Müggenburg customs harbour, initiated by Jürgen Hensen, is to be opened shortly with the aim of enabling young people to acquire qualifications and preparing them for the start of their working lives.

How did the idea for the "Haus der Projekte" come about?

Jürgen Hensen (JH): Veddel is one of the Elbe Islands and yet many of the kids here have never had access to the water. From the outset, my vision has therefore been to change that and to set up a decent boathouse with workshops, where we can build and restore boats. The IBA functioned as a catalyst. It was another stroke of luck that the district of Hamburg Central entered the idea in a BSU (Building and Environment Authorities) tender on the subject of the "Social City," and won. This brought in 460,000 Euros and we had the first piece of the puzzle in place.

What projects do you still want to undertake besides boatbuilding?

JH: What is important to us is that young people acquire as comprehensive a qualification as possible. Many youngsters want to become mechanics or mechatronic technicians, without realising that they do not stand a chance without a secondary school certificate. Our work therefore takes a very practical approach. For instance, we buy an old Porsche tractor to pull the boat trailer. It is then restored by the pupils from the local Wilhelmsburg school as part of their vocational studies. Construction worker is another qualification on offer.

A new training course?

JH: In this form, yes. A trade proficiency certificate normally requires five years on a building site. We want to try to come to an agreement with the Chamber of Trade whereby those completing courses with us receive a trade proficiency certificate after just two or three years, then be paid at union rates.

That sounds like a real training operation—on a very broad basis?

JH: Correct, that is what we want to become. We want to train construction workers, build boats, and provide a neighbourhood workshop for Veddel. The local youth centres in the Central district have been without a caretaker for a long time. There is an accumulation of repair work to be done. Consequently, we are doing the whole of the dry wall construction ourselves with a maximum of ten youngsters in the "Haus der Projekte"—including tiling and some of the electrical work as well. We have the construction training centre as a project partner. Our youngsters complete certified courses in these trades. Later we try to find them positions with small- and medium-sized companies for further training, companies with whom we work together.

Why do they fail to find training positions without this "detour"?

JH: Pupils here looking for training positions following their secondary school certificates often lack the maturity for apprenticeship entry. We are working with young adults aged up to their mid-twenties who have perhaps responded to thirty vacancies already. The young adults often fail at the vocational schools as well. This starts with language problems and maths difficulties.

Do the youngsters recognise this offer as a real opportunity or does attendance tend to be reluctant?

JH: If a juvenile court judge imposes 400 hours of social work on someone, to be carried out with us, then he comes unwillingly, of course. Nevertheless, we do try to integrate these young adults into our team. And with our leisure opportunities we try to find out what they enjoy and where their skills lie.

You work together with Slomanstieg School where the proportion of migrants is more than 90 per cent. Does the "Haus der Projekte" contribute to integration?

JH: You cannot achieve everything but you can perhaps help in some cases. It actually needs to start with the parents: if they do not grasp how important education is, then it is difficult with the children, too. School and youth welfare are unable to emand the mistakes made at home. Parents have to feel it in their wallets. Otherwise they just don't get it.

You would like to pocket the child allowance if the parents do not fulfil their responsibilities and skip a parents' evening, for example?

JH: That is somewhat extreme, admittedly. But our youth work is linked to school and to lessons, and attendance is compulsory for the children. That is also how we get a foot in the door: we get to know the children as ten year-olds, when they have their percussion lessons with us or learn sailing—and we meet them again at fourteen when they are thinking about what they want to do for a living and we are able to offer them opportunities. That is the sensible linking of leisure opportunities and training measures that has always been my greatest wish—that is exactly what youth work today needs to look like.

OLAF BARTELS

Die künstlerische Inszenierung der Centrum-Moschee in Hamburg St. Georg

Eigentlich hatte Boran Burchhardt vor, nur eines der beiden Minarette, die sich seit 1992 über der Centrum-Moschee im Hamburger Stadtteil St. Georg erheben, weiß anzustreichen. Der nördliche der beiden Türme war ein wenig in die Jahre gekommen und die Farbe abgeblättert. In der Moscheegemeinde war man von der Idee sehr angetan. Burchhardt hatte mit seiner Anregung offenbar ins Schwarze getroffen, aber man war sich über die Wirkung der Moschee im Stadtraum nicht mehr ganz so sicher.

Das nach dem 11. September 2001 verstärkt um sich greifende Misstrauen gegenüber Muslimen traf auch die Centrum-Gemeinde bis ins Mark ihres Selbstverständnisses. Die Mitglieder hatten sich stets gut integriert gefühlt in die Gesellschaft und sahen sich jetzt mit einem Generalverdacht gegen Muslime konfrontiert. Es galt, sich gegen Terrorismus zu positionieren, der Islam wurde nicht mehr selbstverständlich als friedliebend angesehen. Die muslimischen Reaktionen auf die Mohammed-Karikaturen wiederum erhitzten andere Gemüter. Allenthalben war der Vorwurf zu hören, Muslime hätten keinen Humor und könnten mangels Aufklärung keine Distanz zu ihrer Religion aufbauen. Außerdem sah man sich verstärkt mit Diskussionen um Moscheebauten und ihre Präsenz im Stadtbild konfrontiert.

Nun werden Minarette eigentlich dafür gebaut, um dem Gebetsruf des Muezzins fünfmal am Tag möglichst weite akustische Verbreitung zu verschaffen. Da in Deutschland dieser Ruf aber selten erklingen darf, ist ihre Wirkung vor allem eine optische. Dessen ist sich die Gemeinde bewusst und wollte genau diesen Effekt dazu nutzen, ein Signal des Friedens zu senden. Boran Burchhardt fertigte drei Entwürfe, die die Minarette mit einem grafischen Muster überzogen. Er schlug unter anderem ein Raster mit grünen Sechsecken vor, deren Spitzen jeweils

mit ebenfalls grünen Linien verbunden werden sollten. Der Entwurf hatte Charme, war dezent und gleichzeitig prägnant. Er erinnerte an die Musterung eines Fußballs und beruhte auf der Lieblingsfarbe Mohammeds, der Farbe des Islam. Die Sechsecke verwiesen auch darauf, dass die Imame im übertragenen Sinne als Imker ihrer Gemeinde wirken sollten. Der Imam freute sich darüber, dass die Farben Weiß und Grün auch die seiner Lieblingsfußballmannschaft im heimischen Giresun an der türkischen Schwarzmeerküste sind, der Fußballverein Werder Bremen bot sogar eine beträchtliche Geldsumme dafür, sein Vereinslogo an den Türmen anbringen zu dürfen, was die Gemeinde aber dankend ablehnte.

Das Ziel war erreicht: Die Minarette erregten Aufmerksamkeit, sie wurden mit einem Schmunzeln zur Kenntnis genommen. An den Islam musste man nicht in erster Linie denken, auch wenn seine Botschaft nicht verborgen blieb. Das Kunstprojekt zeigte nicht nur Wirkung im öffentlichen Raum von St. Georg, sondern aus aller Welt kamen die Reaktionen, vor allem aus der Türkei. An Fußball wollte dort nicht jeder denken, wenn es um die Sache der Religion geht. In Deutschland hat die Selbstironie der Gemeinde in St. Georg jedoch nicht geschadet, ganz im Gegenteil.

Der neue Anstrich für die Minarette der Centrum-Moschee im Hamburger Stadtteil St. Georg wurde zu einer Kunstaktion mit erheblicher Außenwirkung und zum Amüsement sowohl der muslimischen Gemeinde wie auch ihrer Nachbarn. The repainting of the minarets at the Centre Mosque in the Hamburg district of St. Georg became an art work with considerable external impact, much to the amusement of both the Muslim community and their neighbours.

OLAF BARTELS

The Artistic Decoration of the Centrum-Moschee in Hamburg's St. Georg District

Boran Burchhardt's original intention had been that just one of the two minarets that, since 1992, have risen above the Centrum-Moschee (Central Mosque) in Hamburg's St Georg district should be painted white. The northern minaret was starting to age a little and the paint was peeling. The mosque community was very taken with the idea. Burchhardt's suggestion had obviously hit the mark but there was now an element of doubt surrounding the impact of the mosque in the city environment.

The increased proliferation of distrust towards Muslims since 11 September 2001 had shaken the Centrum community's self-image to the core. Its members had always felt themselves to be well integrated in society and now saw themselves confronted with general suspicion directed at Muslims. It became necessary to take a stance against terrorism; Islam was no longer taken for granted as peace-loving. The Muslim reactions to the Mohammed caricatures again aroused tempers. The allegation that Muslims had no sense of humour and were incapable of detachment from their religion due to a lack of enlightenment could be heard everywhere. People also felt they were being increasingly confronted with discussions on the building of mosques and their presence in the city landscape.

Minarets are in built to enable the acoustic dissemination of the muezzin's five times daily call to prayer to be as wide as possible. In Germany this call is seldom allowed to be sounded, however, and so their impact is primarily a visual one. The community is aware of this and wanted to use precisely this effect to send a peace signal. Boran Burchhardt produced three designs applying a graphic pattern to the minarets. One of these suggestions was a grid with green hexagons, each of their points linked by green lines. The design had charm, was

tasteful, and was succinct. It was reminiscent of the patterning on a football and was based on Mohammed's favourite colour, the colour of Islam. The hexagons are also a symbolic reference to the imams' role as the "beekeeper" of their communities. The imam liked the idea of the colours white and green as these are also the colours of his favourite football team back home in Giresun on the Turkish Black Sea coast, while the Werder Bremen football club even offered a considerable sum of money in order to have their logo displayed on the minarets, an offer which the community, however, declined with thanks.

The objective had been achieved: the minarets attracted attention; they were acknowledged with a smile. They were not primarily evocative of Islam, even though the message was not a concealed one. The art project had an impact not only on the public space of the St Georg district, but there was reaction from all over the world, especially from Turkey (where not everyone wanted to be reminded of football in matters of religion). In Germany, meanwhile, the St Georg community's self-referential irony has done no harm, in fact quite the contrary.

DIE SPRACHE DES HERZENS ALS GRUND-VORAUSSETZUNG FÜR DAS VERSTÄNDNIS EINER ANDEREN RELIGION UND KULTUR

INTERVIEW: ISABELLE HOFMANN

Friederike Raum-Blöcher ist Pastorin und Beauftragte für Verständigungsarbeit in Wilhelmsburg, Mehmet Enes Nas seit 18 Jahren Imam der Ayasofya-Moschee am Vogelhüttendeich. Beide gehören zu den Gründungsmitgliedern des christlich-islamischen Dialogkreises, der seit 1998 regelmäßig auf den Elbinseln zusammenkommt.

Frau Raum-Blöcher, Herr Nas, wie kam es zu ihrem intensiven, mittlerweile langen Gedankenaustausch?

Friederike Raum-Blöcher (FRB): Wir hatten die Moscheevereine zum Gespräch eingeladen, weil es so viel Misstrauen zwischen Christen und Muslimen gab. Wir merkten, dass es leichter war, übereinander zu reden als miteinander. Nur wenn man sich kennt, hat man auch die Chance, Vorurteile zu überwinden. Ich habe zum Beispiel öfter gehört, die Deutschen hätten keine Kultur. Solche Meinungen kann man nur ändern, wenn man sich kennenlernt.

Mehmet Enes Nas (MN): Wenn ich als Imam und Frau Blöcher als Pastorin zusammenkommen und uns gut verstehen, dann kommen auch unsere Gemeindeglieder zusammen und sprechen miteinander. Wir haben Vorbildfunktion.

Für das Verständnis einer anderen Religion und Kultur ist Sprache eine Grundvoraussetzung.

FRB: Das ist mir zu kurz gedacht. Sprache ist nur ein Teil des Ganzen. Man tauscht ja auch die Haltung aus. Man zeigt in der Art des Umgangs miteinander, was und wie man es meint.

MN: Sprache ist wichtig! Deshalb bieten wir auch verstärkt Deutschkurse an. Aber Körpersprache ist auch wichtig. Das ist die Sprache des Herzens.

Was hat der Dialogkreis konkret bewirkt?

MN: Zum Beispiel haben wir im katholischen Krankenhaus hier in Wilhelmsburg einen muslimischen Gebetsraum eingerichtet. Auch gibt es dort die Möglichkeit islamischer Seelsorge. Außerdem veranstalten wir interkulturelle Feste.

FRB: Dazu kommen gemeinsame Schulgottesdienste und Friedensandachten. In den Kirchen und Moscheen haben wir Gesprächsketten entwickelt ...

MN: ... in denen zu bestimmten Themen gemeinsam aus der Bibel und dem Koran gelesen wird.

FRB: Es gab beispielsweise eine Reihe über Gerechtigkeit. Die Zehn Gebote im Koran und in der Bibel sind fast deckungsgleich. Zu unserem Gesprächskreis kommen Katholiken und Methodisten – und die drei Moscheevereine aus Wilhelmsburg. Auf diese Weise schaffen wir Vernetzung und Verbundenheit.

Sprechen Sie in Ihrem Kreis auch über Gleichberechtigung?

MN: Unsere Frauen sind ja gleichberechtigt. Kein Problem.

FRB: Es wird immer gesagt, dass Frauen im Islam unterdrückt sind – das ist Quatsch. Das Kopftuch bedeutet keine Unterdrückung. Manche Frauen finden das auch schick.

MN: Meine Tochter ist 14 Jahre und trägt kein Kopftuch. Ich habe ihr nicht gesagt: Du musst ein Kopftuch tragen. Ich habe ihr gesagt: Es ist in unserem Glauben so, dass es besser wäre. Wenn du das machst, kriegst du Pluspunkte. Aber wenn sie kein Kopftuch tragen möchte, kann ich sie nicht zwingen. Unser Prophet zwingt die Leute auch nicht.

FRB: Gibt es eigentlich viele Familien in der Ayasofya-Moschee, die eine Heirat ihrer Kinder arrangieren?

MN: Nein. Die Familien spielen keine Rolle mehr. Jede Frau, jeder Mann wählt selbst.

FRB: Aber es gibt Familien, in denen das noch stattfindet.

MN: Vielleicht, in manchen Familien. Aber nicht in vielen. In der heutigen Zeit spielen die Familien keine so große Rolle mehr beim Heiraten. Die Jungen entscheiden selber. In Anatolien ist mein Vater noch zu seinem Nachbarn gegangen und hat gesagt, ich will deine Tochter für meinen Sohn. In Deutschland kann man das nicht mehr machen. Die Jungen wollen nicht. Allah hat gesagt, jeder muss mit seinem eigenen Gehirn denken und entscheiden.

Trotzdem hört man immer wieder von Zwangsehen.

MN: Das passiert in einzelnen Familien und ist falsch. Falsch von der Familie, aber kein Fehler des Islams oder der türkischen Kultur. Viele Menschen, die hier leben, sind leider nicht sehr gebildet und machen Sachen, die falsch sind. Das hat aber mit dem Islam nichts zu tun. Ein kleines Beispiel: Islam ist Sauberkeit. Die Besucher der Moschee sollen saubere Füße und Strümpfe haben. Aber es kommen immer wieder Brüder mit dreckigen Füßen zu den rituellen Waschungen. Oder schmeißen Müll auf die Straße. Das ist falsch. Oder Leute, die Schimpfwörter gebrauchen – das ist bei uns verboten.

FRB: Könnten Sie sich vorstellen, dass ihre Tochter einen deutschen Mann heiratet?

MN: Religiöse Sachen muss man beachten. Das ist so.

FRB: Ein Muslim wäre ihnen lieber als ein Christ?

THE LANGUAGE OF THE HEART AS A PREREQUISITE FOR UNDERSTANDING ANOTHER RELIGION AND CULTURE

Friederike Raum-Blöcher is pastor and representative for intercultural communication in Wilhelmsburg, Mehmet Enes Nas has been the imam at the Ayasofya Mosque at Vogelhüttendeich for eighteen years. Both are founding members of the Christian-Islamic discussion circle that has been meeting regularly on the Elbe Islands since 1998.

Ms Raum-Blöcher, Mr Nas, how did your intensive and now long-standing exchange of ideas come about?

Friederike Raum-Blöcher (FRB): We had invited the mosque associations to a discussion because there was so much distrust between Christians and Muslims. We noticed that it was easier to talk about one another than with one another. You only have the opportunity to overcome prejudices when you know each another. For instance, I have often heard it said that the Germans have no culture. You can only change such opinions once you have met some.

Mehmet Enes Nas (MN): When I as imam and Mrs Blöcher as pastor meet and get on well, then our community members also get together and talk to one another. We function as role models.

Language is a prerequisite for understanding another religion and culture.

FRB: That is putting it too simply for me. Language is just part of the whole. You also exchange attitudes. The way you approach one another shows what and how it is meant.

MN: Language is important! And that is why we are also offering more and more German courses. But body language is also important: that is the language of the heart.

What has been the concrete impact of the discussion circle?

MN: For example, we have set up a Muslim prayer room in the Catholic hospital here in Wilhelmsburg. Islamic counselling is possible there. We also stage intercultural celebrations.

FRB: We also have a joint religious service for schools and prayers for peace. We have developed discussion chains in the churches and mosques …

MN: … with readings from the Bible and the Koran on specific issues.

FRB: There was a series on justice, for example. The Ten Commandments are almost identical in the Koran and in the Bible. Catholics and Methodists attend our discussion circle—and the three mosque associations in Wilhelmsburg. We bring about cohesion and solidarity in this way.

Do you talk about equal rights in your circle?

MN: Our women have equal rights. No problem.

FRB: It is always said that Islamic women are oppressed—that is nonsense. The headscarf is not about oppression. Some women also find them chic.

MN: My daughter is fourteen and does not wear a headscarf. I have not said to her: you must wear a headscarf. I have said to her: that is how it is in our faith, it would be better. It will be a plus if you do it. But if she does not want to wear a headscarf, then I cannot force her to. Our Prophet does not force people either.

FRB: Are there in fact many families in the Ayasofya Mosque who arrange marriages for their children?

MN: No. The families no longer play any role at all. Every woman, every man chooses for themselves.

FRB: But there are families where that still happens.

MN: Perhaps, in some families. But not in many. These days the families no longer play such an important role in marriage. The young people decide for themselves. In Anatolia, my father still went to his neighbour and said, I want your daughter for my son. You can't do that anymore in Germany. The young people don't want it. Allah said, each person has to think and decide with their own mind.

Yet we continue to hear about forced marriages.

MN: It happens in a few families and it is wrong. Wrong on the part of the family, but not a fault of Islam or the Turkish culture. Unfortunately many of the people living here are not very well educated and do things that are wrong. That has nothing to do with Islam, however. A short example: Islam is cleanliness. Mosque visitors are required to have clean feet and socks. But brothers still come to the ritual washings with dirty feet. Or throw rubbish on the street. That is wrong. Or people using swear words—that is forbidden with us.

MN: Mit einem Christen darf sie sich eigentlich nicht verheiraten. Aber wenn sie unbedingt möchte, kann man nichts machen.

FRB: Es gibt immer mehr internationale Ehen. Jedes zweite Kind in Hamburg hat Migrationshintergrund. Ich denke, das ist die Zukunft.

Entstehen in Wilhelmsburg Parallelgesellschaften?

FRB: Das ist so eine Schablone. Es gibt in Wilhelmsburg keine Parallelgesellschaften.

MN: Ich akzeptiere das auch nicht. Es gibt in Wilhelmsburg viele verschiedene Nationen und alle möchten Brücken bauen.

FRB: Ich war gerade mit zwei muslimischen Jugendlichen in Dresden auf dem Kirchentag und da hat ein Imam gesagt: „Wir möchten geliebt werden". Ich denke, das ist das große Ziel: einander Wertschätzung entgegenzubringen, einander zu mögen und zu lieben. Meine Haltung ist, dass Gott sich in vielfältiger Weise ausdrückt. Ich habe kein Problem zu sagen, der Gott des Islam ist auch der Gott des Christentums. Gott hat uns alle erschaffen.

MN: Ja. Die religiösen Unterschiede wollen wir beiseite lassen. Natürlich gibt es unterschiedliche Glaubensrichtungen. Aber das interessiert uns hier nicht so sehr. Wir müssen für Wilhelmsburg und die Wilhelmsburger etwas machen – das ist wichtig! Wenn die Kirche einen guten Einfluss hat, leben die Leute hier ganz friedlich und harmonisch zusammen.

Verstehen Sie die Angst der Deutschen vor Überfremdung?

MN: Die Deutschen haben Angst, ich sehe das. Die Deutschen besaßen nicht so viele Kolonien wie England und Frankreich oder haben sie frühzeitig verloren. Deshalb haben sie nicht so viel Erfahrung mit ausländischen Menschen. Aber wir leben jetzt im 21. Jahrhundert und die ganze Welt ist zum Dorf geworden. Deshalb müssen wir lernen, uns gegenseitig zu vertrauen und uns zu akzeptieren.

FRB: Die Medien schüren die Ressentiments gegen den Islam. Sie sind an dem Feindbild sehr beteiligt. Es wird häufig verschwiegen, dass es in der islamischen Welt auch sehr liberale Positionen gibt. Wenn man festgefügte Bilder vom Islam hat, liegt man immer eine Spur daneben. Mittlerweile zündet auch die Frauenbewegung bei den muslimischen Frauen. Die Gewalt hat sich vermindert. Die Männer bekommen mit, dass sie nur gewinnen können, wenn sie Frauen ernst nehmen.

Was müsste in Wilhelmsburg noch zur besseren Verständigung geschehen?

FRB: Alle öffentlichen Einrichtungen in Wilhelmsburg wissen von uns, aber sie nutzen uns noch nicht genug. Unser zentrales Anliegen ist, Angst und Vorurteile zu überwinden, sich gegenseitig wertzuschätzen und dem Frieden zu dienen.

MN: Das ist die wichtigste Sache. Unser Prophet sagt, wir sind alle Reisende in einem Schiff. Wenn das Schiff beschädigt wird, werden auch alle Reisenden beschädigt. Wilhelmsburg ist unser Schiff. Hamburg ist unser Schiff – und darauf müssen wir aufpassen.

FRB: Can you imagine your daughter marrying a German man?

MN: Religious issues have to be observed. That is the way it is.

FRB: You would prefer a Muslim to a Christian?

MN: She is in fact not allowed to marry a Christian. But if she is determined, then there is nothing that can be done.

FRB: There are more and more international marriages. Every second child in Hamburg has a migration background. I think that's the way of the future.

Are there parallel societies developing in Wilhelmsburg?

FRB: That is just an illusion. There are no parallel societies in Wilhelmsburg.

MN: I don't accept that either. There are a great many nationalities in Wilhelmsburg and they all want to build bridges.

FRB: I was with two Muslim youngsters in Dresden recently at the church congress and there an imam said: "We want to be loved." I think that is the major goal: to value one another, to like and to love one another. My approach is that God expresses himself in a variety of ways. I have no problem with saying that the God of Islam is also the God of Christianity. God created us all.

MN: Yes. We want to put the religious differences aside. There are of course different faiths. But that does not particularly interest us here. We have to do something for Wilhelmsburg and its residents—that is important! When the church has a positive influence then the people live together here peacefully and harmoniously.

Do you understand the German fear of alienation?

MN: The Germans are afraid, I can see that. They did not have as many colonies as England and France, or they lost them much earlier, and so they do not have as much experience with foreign people. But we are now living in the twenty-first century and the whole world has become a village. We therefore need to learn to trust and accept one another.

FRB: The media stir up resentment of Islam. They are very much responsible for the bogeyman image. They often gloss over the fact that there are also very liberal stances in the Islamic world. If we only ever have a rigid image of Islam, then we are always off course. The feminist movement is now also starting to take hold among Muslim women. Violence has declined. The men are realising that they can only benefit from taking women seriously.

What needs to happen in Wilhelmsburg to achieve an even better understanding?

FRB: All of the public facilities in Wilhelmsburg know about us but they do not yet make enough use of us. Our central concern is to overcome fear and prejudice, to value one another, and to serve the cause of peace.

MN: That is the most important thing. Our Prophet says, we are all travellers in a ship. If the ship is harmed, then all of those travelling in it are also harmed. Wilhelmsburg is our ship. Hamburg is our ship—and that is what we need to take care of.

IBA at WORK

Projekte der Internationalen Bauausstellung Hamburg
Projects of the Internationale Bauausstellung Hamburg

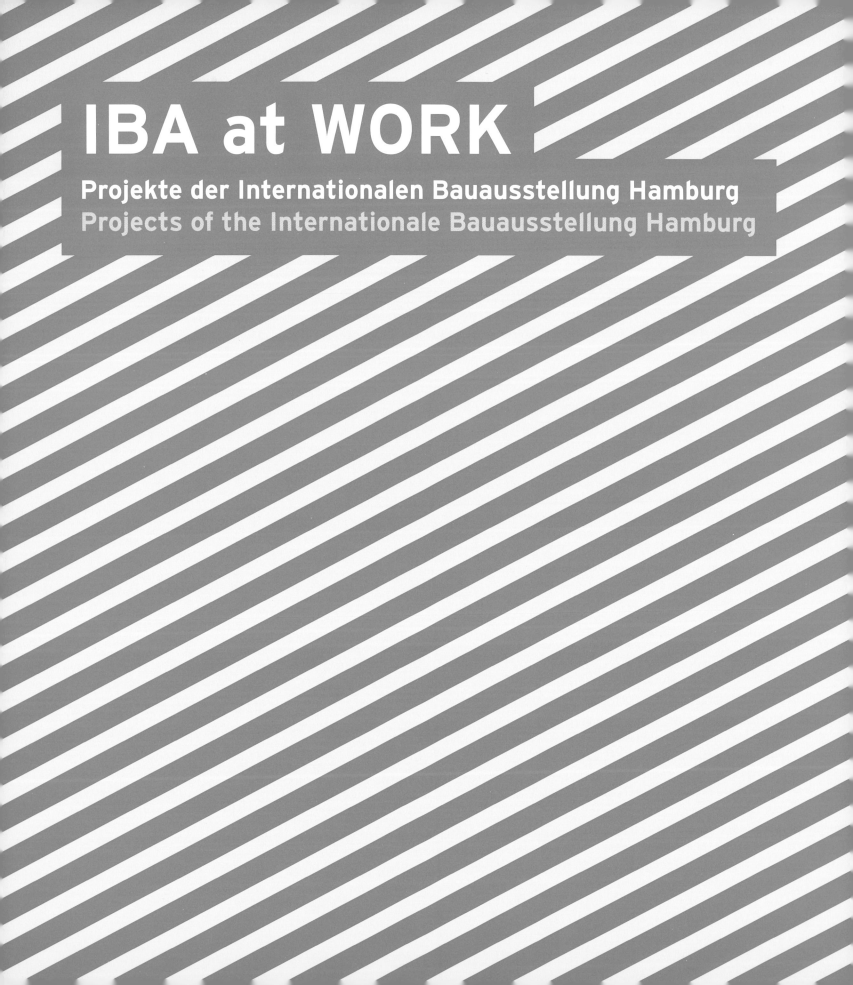

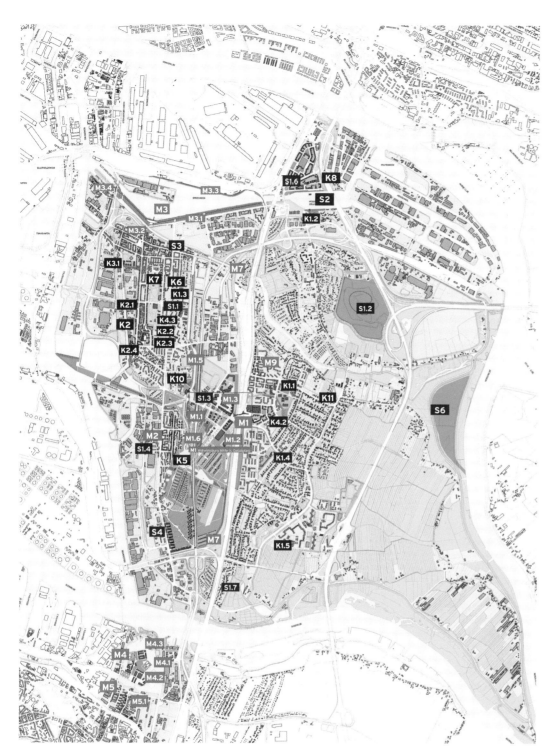

Map labels: M3.4, M3.3, S1.6, K8, M3, S2, M3.1, K1.2, M3.2, S3, K3.1, M7, K7, K6, K1.3, K2.1, S1.1, K4.3, K2, K2.2, K2.3, K2.4, M1.5, M9, K10, K1.1, S1.2, S1.3, M1.3, K11, S6, M1.1, M1, K4.2, M2, M1.6, M1.2, S1.4, K5, K1.4, S4, M7, K1.5, M4.3, M4, M4.1, M4.2, M5, M5.1, S1.7

M7 Verlegung Wilhelmsburger Reichsstraße
M1.1.2 Smart Price Houses
M1.1.3 Smart Material Houses
M1.1.1 Hybrid Houses
M1.1.4 WaterHouses
M1.2.3 Schwimmbad
M1.2.7 Sporthalle

M1.3 Neubau der Behörde für Stadtentwicklung und Umwelt
M1.4 Umbau S-Bahnhof Wilhelmsburg und Neubau der Fußgängerbrücke
M1.2.1 Ärztehaus
M1.2.5 Pflegeheim, Pflegeschule, Kita
M1.2.4 Haus der InselAkademie
M1.2.6 Innovatives Wohnen
M1.2.2 Haus des Waldes

M1 Wilhelmsburg Mitte

S1.1 Energiebunker

S1.2 Energieberg Georgswerder

S1.6 Prima Klima-Anlage

S1.7 VELUX Model Home 2020

S2 IBA DOCK

S3 Open House

S6 Tideelbekonzept - Pilotprojekt Kreetsand

M1.5 Schiffbarmachung der Rathauswettern

M1.6 Ausbau Kanukanal

M2 Georg-Wilhelm-Höfe

M3 Öffnung des Spreehafens

M4.1 Park auf der Harburger Schloßinsel

M4.3 Marina auf der Schlossinsel

M5.1 Maritimes Wohnen am Kaufhauskanal

K1.1 Bildungszentrum Tor zur Welt

K1.2 Haus der Projekte

K1.3 Sprach- und Bewegungszentrum

K1.4 MEDIA DOCK Elbinseln

K2.1 Wohnungsbau Weltquartier

K2.2 Weimarer Platz

K2.3 Pavillon Weimarer Platz

K2.4 Welt-Gewerbehof

K3.1 Veringhöfe Nord: [KünstlerCommunity]

K5 Neue Hamburger Terrassen

K6 Universität der Nachbarschaften

K7 Veringeck

Kosmopolis
Neue Chancen für die Stadt

Cosmopolis
New Opportunities for Cities

Die Elbinseln sind schon heute eine Kosmopolis: Sie sind eine Heimat für Menschen aus über 100 Nationen. Ziel der IBA Hamburg ist es, die Stadt an die Bedürfnisse der Bewohner anzupassen und ihnen vielfältige Möglichkeiten zur Entfaltung zu geben. Im Mittelpunkt steht die Frage, ob bzw. wie soziale und kulturelle Barrieren der Stadtgesellschaften vor dem Hintergrund des demografischen Wandels mit Mitteln des Städtebaus und der Architektur überwunden werden können und wie aus ethnischer und kultureller Vielfalt Stärke entstehen kann.

Im Zentrum steht das Thema Bildung, das mit der „Bildungsoffensive Elbinseln" umgesetzt wird. Diese sucht nicht nur nach neuen pädagogischen und konzeptionellen Wegen zur Verbesserung der Bildungssituation in den migrantisch geprägten Quartieren, sondern lässt auch neue, richtungweisende Bildungseinrichtungen entstehen und stellt die Vernetzung von Akteuren in den Vordergrund. Die angestoßenen Projekte sind mittlerweile beispielhaft für ganz Hamburg. Aber auch die Projekte mit den Handlungsschwerpunkten Wohnen bzw. Wohnumfeld sollen neue Wege zu einer kosmopolitischen Stadt aufzeigen.

Mit den Projekten des „Kreativen Quartiers Elbinsel" werden Kunst, Kultur, Kreativwirtschaft und Stadtentwicklung exemplarisch zusammengeführt.

Darüber hinaus legt die IBA großen Wert auf die Förderung lokaler Ökonomien, in dem sie bei ihren Projekten die systematische Qualifizierung der ansässigen Bevölkerung jenseits von Beschäftigungsmaßnahmen mitdenkt.

The Elbe Islands are already a cosmopolis today: they are home to people from more than one hundred nations. It is the IBA Hamburg's goal to adapt the city to the needs of the residents and to provide them with diverse opportunities for development. The focus is on the issue of whether and/or how social and cultural barriers within urban society and against the background of demographic change can be overcome by means of urban development and architecture and on how ethnic and cultural diversity can be transformed into strengths.

The issue of education is a focal point implemented through the "Bildungsoffensive" (Education Drive). This is a quest not only for new teaching approaches and concepts for improving the education situation in the strongly migrant districts, it also enables the establishment of new, ground-breaking educational facilities, with the main focus on the networking of protagonists. The projects initiated have now become exemplary for the whole of Hamburg. The projects focussed on living and on the living environment are also intended to demonstrate new ways to a cosmopolitan city.

The "Kreatives Quartier Elbinsel" (Elbe Islands Creative Quarter) projects play an exemplary role in bringing art, culture, and the creative industry together with urban development.

The IBA also attaches great importance to the promotion of local economies in that its projects systematically take account of the qualifications of the resident population in measures that are far removed from employment initiatives.

Hausgemeinschaft Neue Mitte

Bei der Hausgemeinschaft Neue Mitte handelt es sich um ein Wohnhaus für 24 Menschen mit besonderem Betreuungsbedarf. Durch ein ambulantes Betreuungskonzept soll den Bewohnern weitestgehende Eigenständigkeit im Alltag ermöglicht werden. Das qualifizierte und vertraute Assistenzteam vor Ort unterstützt die Bewohner auf Wunsch beim selbstbestimmten Wohnen in den eigenen vier Wänden. Die Einrichtung des städtischen Trägers *fördern &wohnen* will sich mit seiner Bewohnerschaft zudem offen in das Stadtteilleben integrieren und sieht dafür auch einen Gemeinschaftsraum für Veranstaltungen und Freizeitangebote vor. Der Neubau von Dittert & Reumschüssel Architekten mit seiner markanten Fassade wird im südöstlichen Reiherstiegviertel als Passivhaus entstehen.

Neue Mitte Housing Community

The Neue Mitte Housing Community is a residential home for twenty-four people with special care requirements. The out-patient care concept is intended to afford the residents as much everyday independence as possible. The qualified and familiar team of carers on site provides support for the residents on request as part of the independent living concept within their own four walls. The facility is run at a municipal level by *fördern &wohnen* and also aims to integrate its residents into public neighbourhood life, which is why plans also include communal amenities for events and leisure activities. This new building with its striking façade, designed by Dittert & Reumschüssel Architekten, is being built in the south-east in the Reiherstiegviertel as a passive house.

Welt-Gewerbehof

Südlich des seit 2008 im Umbau befindlichen Weltquartiers soll ein weiterer, wichtiger Baustein hinzukommen: ein modellhafter Gewerbehof mit kostengünstigen und flexiblen Nutzungseinheiten, in dem unterschiedliche lokale Betriebe und Existenzgründer in enger Nachbarschaft arbeiten. Die städtebauliche Gesamtkonzeption von Weltquartier und Welt-Gewerbehof soll Wohnen und Arbeiten enger verknüpfen, neue Bezüge nach innen und außen schaffen und neue Lösungsansätze für stadtverträgliches Gewerbe realisieren.

The World Commercial Park

There is to be a further important component situated to the south of the Weltquartier building work, which has been in progress since 2008: a model commercial park with flexible and affordable utilisation units where different local businesses and entrepreneurs are able to work in close proximity. The overall urban development concept of the Weltquartier and the World Commercial Park is intended to forge a closer link between living and working, to enable new sources of income both internally and externally, and to implement new solutions for compatible urban commerce.

Rotenhäuser Feld

Das Rotenhäuser Feld, der große öffentliche Park am Energiebunker im Reiherstiegviertel, wird in den kommenden Jahren hochwertig umgestaltet. Grundlage dafür bildet der in einem kooperativen einjährigen Planungsprozess mit Anwohnern und Institutionen ausgearbeitete Masterplan. Bis 2013 sollen die wichtigsten Bausteine, wie zum Beispiel die Einrichtung eines Kletterparcours, die Verlagerung des Bauspielplatzes oder der Umbau der trennenden Neuhöfer Straße, abgeschlossen sein. Ziel ist es, einen interkulturellen Park zu schaffen, der allen Bewohnern des Reiherstiegviertels ein breites und attraktives Angebot bietet.

Rotenhäuser Feld

The Rotenhäuser Feld, the large public park with the Energy Bunker in the Reiherstieg neighbourhood, is to be upgraded and redesigned in the next few years. The basis for this work is the master plan worked out during the course of a year-long process of cooperative planning with residents and institutions. The most important components, such as the establishment of a climbing course, the relocation of the playing field, and the conversion of the Neuhöfer Strasse divide, for example, are set for completion by 2013. The goal is to create an intercultural park providing a wide range of attractive options for all residents of the Reiherstieg neighbourhood.

MEDIA DOCK

Mit dem im Herbst 2011 eröffneten MEDIA DOCK ist ein Ort entstanden, an dem Kinder, Jugendliche und Erwachsene die Möglichkeit haben, den aktiven und kreativen Umgang mit Medien zu erlernen. Sie können dort selbst zu Kultur- und Medienschaffenden werden. Eine Koordinierungsgruppe entwickelt das neue Bildungshaus zu einem Ort für vielfältige Kooperationen und Bildungsangebote rund um das Thema „Kulturelle Bildung und Medien". Das MEDIA DOCK vernetzt die vorhandenen Einrichtungen, festigt Kooperationen, vermittelt Wissen und produziert Medien. Der Neubau beherbergt ein Tonstudio, ein digitales Foto- und Filmstudio, einen PC-Raum sowie Räume zum Lernen und Arbeiten.

The MEDIA DOCK

The MEDIA DOCK, which opened in autumn 2011, is a place where children, teenagers, and adults have the opportunity to acquire active and creative media skills. Here, they will be able to become creative and media artists themselves. A coordination group is developing the new training building into a place for diverse forms of cooperation and training opportunities relating to "Cultural Training and Media." The MEDIA DOCK links the existing facilities, strengthens cooperation, imparts knowledge, and facilitates media productions. The new building houses a sound studio, a digital photo and film studio, a computer room, as well as study and work rooms.

Stadt im Klimawandel
Neue Energien für die Stadt

Cities and Climate Change
New Energies for Cities

Mit diesem Leitthema widmet sich die IBA Hamburg der Frage, wie städtisches Wachstum und Klimaschutz miteinander verbunden werden können. Geprägt von der verheerenden Flut im Jahr 1962 ist Wilhelmsburg besonders sensibilisiert für den Hochwasserschutz und sucht stets nach neuen Strategien für den Umgang mit Hochwasser, für steigende Grundwasserstände und Starkregen-Ereignisse. Darüber hinaus sucht die IBA nach vorbildlichen städtischen Strategien CO_2-neutralen Bauens.

Deshalb verfolgt die IBA im Rahmen ihrer Projekte klimaschonendes Bauen und eine Erschließung lokaler nachhaltiger Energiequellen. So wird etwa auf der ehemaligen Deponie Georgswerder die Windenergieanlage durch eine leistungsstärkere ersetzt und durch eine große Photovoltaikanlage ergänzt. Der „Energieberg Georgswerder", dessen Informations- und Betriebsgebäude im August 2011 eröffnet wurde, soll künftig für circa 4000 Haushalte regenerativen Strom aus Wind und Sonne liefern. Mitten in Wilhelmsburg wird ein ehemaliger Flakbunker dank Sonnenkollektoren und eines riesigen Wasserspeichers zum „Energiebunker" – die aufwändigen Umbauarbeiten sind seit März 2011 in vollem Gange.

With this key theme, the IBA Hamburg addresses the issue of how to link urban growth and climate protection. Devastated by floods in 1962, Wilhelmsburg is especially sensitive to flood protection and constantly searching for new strategies for dealing with flood waters, rising groundwater levels, and torrential rain. The IBA is also seeking exemplary urban strategies for CO_2-neutral construction.

The IBA projects therefore pursue a policy of climate-friendly building and the utilisation of local, sustainable energy sources. Accordingly, the wind turbines on the former Georgswerder rubbish dump, for instance, are being replaced by more powerful units and supplemented by a large photovoltaic installation. The Georgswerder Energy Hill information centre and operational plant were opened in August 2011. In the future the plant is to supply electricity from renewable wind and solar sources for some 4000 households. Solar panels and an enormous water reservoir will turn a former flak bunker in the middle of Wilhelmsburg into the Energy Bunker: the complex renovation work has been underway since March 2011.

Wilhelmsburger Straße

2009 startete die Kampagne „Prima Klima-Anlage – mit der IBA zum KLIMA_HAUS". Ziel war die Sensibilisierung von Hausbesitzern für optimale Energiestandards und Sanierungspotenziale. Als erste Objekte wurden zwei Gebäude aus dem Jahre 1926 auf der Veddel saniert. Obwohl diese mit ihrer charakteristischen Straßenfassade aus Klinker unter Denkmalschutz stehen, werden sie mittels Dämmung des Daches und der Hoffassade nach Passivhauskriterien, dem Einbau von dreifachverglasten Fenstern und der Installation einer Solarthermieanlage annähernd Neubaustandard erreichen. Dadurch leistet die Sanierung einen wichtigen Beitrag zur Diskussion um das „Rote Hamburg" und die Vereinbarkeit von Denkmalschutz und Klimaschutz.

Wilhelmsburger Straße

The goal of the "Prima Klima-Anlage – mit der IBA zum KLIMA_HAUS" launched in 2009 was to create awareness amongst house owners of the best energy status and renovation potential. The first property comprising two buildings dating from 1926 has been renovated on Veddel. Although these buildings with their typical brick façades are listed buildings they will still achieve what are close to new building standards through roof and rear façade insulation according to passive house criteria, the fitting of triple-glazed windows, and the installation of a solar-thermal unit. These renovations thus make an important contribution to the discussion surrounding "Red Hamburg" and the compatibility of monument and climate protection.

Energiebunker

Der ehemalige Flakbunker Wilhelmsburg wird denkmalgerecht instandgesetzt und zum Energiebunker ausgebaut. Durch den effizienten und großmaßstäblichen Einsatz erneuerbarer und regionaler Energien ist eine nahezu CO_2-freie Wärme- und Stromversorgung von bis zu 3000 Wohneinheiten im Reiherstiegviertel möglich. Im Dokumentationszentrum mit angeschlossenem Ausstellungscafé in über 30 Meter Höhe besteht die Möglichkeit, sich über die Geschichte des Flakbunkers und des Stadtteils zu informieren und die Sicht über Wilhelmsburg und den Hamburger Hafen zu genießen. Der Durchbruch zur Räumung des zerstörten Innenbereichs ist bereits geschaffen, Wärme kann ab Ende 2012 geliefert werden.

The Energy Bunker

The former Wilhelmsburg flak bunker is being restored as a monument and expanded to become the Energy Bunker. The efficient, large-scale use of renewable and regional energy sources enables the almost CO_2-free supply of heating and electricity to up to 3000 housing units in the Reiherstieg neighbourhood. The documentation centre with its adjacent exhibition café at a height of over thirty metres provides the opportunity for people to learn about the history of the flak bunker and the neighbourhood, as well as to enjoy the view of Wilhelmsburg and Hamburg harbour. The opening needed for clearing the damaged interior has already been made and heating will be supplied from the end of 2012.

Energieberg

Die 40 Meter hohe, gesicherte und begrünte Deponie Georgswerder birgt ein großes Potenzial zur Erzeugung erneuerbarer Energien. Mit der Realisierung der Projekte zur Stromerzeugung aus Wind- und Sonnenenergie können bis zu 4000 private Haushalte mit Strom versorgt werden. Darüber hinaus besteht das Konzept aus einer Öffnung der gesicherten Mülldeponie bis 2013 und der Entwicklung des Energiebergs zu einem Aussichtspunkt für die Bevölkerung. Teil des Nutzungskonzeptes ist ein Ausstellungs- und Informationszentrum zur Dokumentation der Altlastenproblematik und Sanierung der Mülldeponie sowie zur Darstellung erneuerbarer Energienutzung. Der Neubau ist bereits seit Sommer 2011 für alle Besucher zugänglich.

The Energy Hill

The forty-metre high, protected, and greened-over Georgswerder waste disposal site has a great deal of potential for generating renewable energy. The implementation of the projects for producing electricity using wind and solar energy means that up to 4000 private households can be supplied. The plan also comprises the opening up of the protected waste disposal site by 2013 and the development of the Energy Hill into a viewing area for the public. Part of the utilisation concept includes an exhibition and information centre documenting the problem of contaminated sites and the rehabilitation of this disposal site, as well as a presentation on renewable energy utilisation. The new building has been fully open to visitors since summer 2011.

Open House

Der Y-förmige Neubau von Onix Architekten (NL-Groningen) wird im Dezember 2011 fertiggestellt. Ziel ist es, attraktive Wohnungsangebote für neue Zielgruppen und ein lebendiges, auf Nachhaltigkeit ausgerichtetes Miteinander zu entwickeln und damit in das Quartier auszustrahlen. Sowohl die 32 genossenschaftlichen und geförderten Mietwohnungen als auch die frei finanzierten acht Stadthäuser und vier Dachlofts sind vermietet bzw. verkauft. Der Neubau wird in Verbindung mit der Erzeugung und Nutzung regenerativer Energien im Passivhaus-Plus-Standard realisiert. Auf dem Dach befindet sich eine Photovoltaik-Anlage, für die alle Bürger finanzielle Anteile erwerben können.

The Open House

The new Y-shaped building by Onix Architekten (Groningen, Netherlands) will be completed in December 2011. The goal is to develop attractive housing options for new target groups and a vibrant, sustainable form of coexistence that radiates within the neighbourhood. Both the 32 cooperative and subsidised rental units and the eight privately financed townhouses and four lofts have been rented and/or sold. The new construction has been built to Passive House Plus standard with the generation and use of renewable energy. There is a photovoltaic unit on the roof in which all residents are able to participate financially in the form of shares.

Metrozonen
Neue Räume für die Stadt

Metrozones
New Spaces for Cities

In dem Leitthema „Metrozonen" will die IBA Hamburg die oft versteckten Potenziale der „inneren Stadtränder" freilegen. Entlang der Brüche und Stadtkanten, im gegenwärtigen Patchwork zwischen Stadt und Hafen, Ruhe und Lärm, Grün und grauen Verkehrsbändern nehmen neue Gebäude- und Wohnungstypen, Materialien, Energiekonzepte und ästhetische Formen sowie lebensfrohe und zukunftsfähige Modelle des Zusammenlebens der Generationen und Kulturen Gestalt an. Diese Bau- und Nutzungstypologien stehen exemplarisch für einen innenstadtnahen Wohnungsbau außerhalb der „Szeneviertel".

In der Metrozone Elbinsel werden Zwischenräume zu lebenswerten Orten und attraktiven urbanen Potenzialräumen. Und jede Stadt hat solche Metrozonen, um deren Neucodierung es im Zuge der - nach wie vor andauernden - Renaissance der Stadt geht. Die Charakteristik dieser Räume trifft zum Beispiel zu auf den Harburger Binnenhafen, das nun geöffnete Areal am Spreehafen und ganz besonders auf Wilhelmsburg Mitte.

The IBA Hamburg's key "Metrozones" theme aims to uncover the often hidden potential of the "inner city peripheries". New buildings and types of housing, materials, energy concepts, and aesthetic forms, as well as vibrant and future-oriented models for multi-generational and multi-cultural co-existence are taking shape on wasteland areas and peripheral city zones, amongst the current patchwork of city and harbour, the quiet and the noise, the greenery and the grey of traffic arteries. These construction and utilisation typologies represent an exemplary approach to city central housing construction outside the fashionable districts.

In the Elbe Islands metrozone, interim spaces are being made into places worth living in and attractive areas of urban potential. Every city has metrozones like these and the ongoing urban renaissance is about recoding them. The characteristics of these spaces apply to the Harburg Upriver Port, for example, to the now opened up Spreehafen area, and, more especially, to Wilhelmsburg Central.

Öffnung des Spreehafens

Der Zollzaun, der den Freihafen vom übrigen Stadtgebiet Hamburgs abgrenzt, schafft in Wilhelmsburg neben den KFZ- und Bahntrassen sowie den Hafen- und Industrieflächen eine besondere Zäsur. Die Anwohner der angrenzenden Stadtteile fordern seit Langem eine bessere Zugänglichkeit der nahe gelegenen Wasserfläche. Mit der Verkleinerung des zollfreien Gebietes im Jahr 2013 bietet sich die Möglichkeit, den Spreehafen bei fortdauernder Hafennutzung auch als Naherholungs- und Hafenerlebnisgebiet zu entwickeln. Die IBA Hamburg bereitet die Stadtteile durch eine Reihe von landschaftsgestalterischen und städtebaulichen Maßnahmen auf den Rückbau des Zollzauns vor.

Opening Up the Spreehafen

Together with the roads, the railways, the port and the industrial sites, the customs fence dividing the free port from the rest of Hamburg's urban area creates a marked caesura in Wilhelmsburg. The residents of the adjacent urban districts have long demanded better access to these neighbouring areas of water. The downsizing of the customs free zone in 2013 will provide an opportunity to develop the still operational Spreehafen into a recreational area and a place to experience port-related activities. The IBA Hamburg is preparing the city districts for the removal of the customs fence with a series of landscaping and urban development measures.

Haus des Waldes

Das Haus des Waldes ist ein multifunktionales Ausstellungs-, Schulungs- und Beherbergungsgebäude. Mit seinen vielfältigen Nutzungen, zum Beispiel einer Dauerausstellung zum Thema „Wald und Nachhaltigkeit", den Schulungs- und Seminarräumen, Gastronomie, einer umfangreichen Bibliothek und dem ökologisch ausgerichteten Hotel mit 82 Zimmern liefert dieses Bauvorhaben einen wichtigen Beitrag zur Entwicklung und Stabilisierung von Wilhelmsburg Mitte. Das fünfgeschossige expressionistische Gebäude erhält eine Holzfassade und wird in den unteren beiden Stockwerken in Stahlbetonbauweise und in den oberen drei Stockwerken in Massivholzbauweise erstellt.

Haus des Waldes–The Forest House

The Haus des Waldes is a multifunctional exhibition, teaching, and accommodation building. With its diverse uses, such as a permanent exhibition on "Forests and Sustainability", the teaching and seminar rooms, catering, a comprehensive library, and the ecologically designed hotel with eighty-two rooms, this construction project makes an important contribution to the development and stability of Wilhelmsburg Central. The five-storey expressionist building is to have a wooden façade, with the two lower floors built of reinforced concrete and the upper three floors of solid wood.

Hallenkomplex Wilhelmsburg Mitte

Der Hallenkomplex besteht aus einer Sporthalle und einem Schwimmbad. Die Sporthalle wird als 3-Feld-Sporthalle hergestellt und langfristig als bundesligataugliche Basketballhalle ausgebaut. Sie wird unterschiedliche Nutzungen ermöglichen und im Rahmen des Projekts „InselAkademie" für Integrationsarbeit mit Jugendlichen genutzt werden. Das Schwimmbad bietet Raum für freizeitlichen Badespaß sowie für sportliches Schwimmen. Weiterhin wird es als Landesleistungszentrum für Wasserball genutzt werden. Der Hallenkomplex erhält eine Hülle mit vier unterschiedlichen Fassaden. Eine Besonderheit wird die zum Eingangsbereich des Inselparks ausgerichtete begrünte Fassade mit vertikalen Gärten darstellen.

The Mitte Wilhelmsburg Hall Complex

The Hall Complex comprises a sports hall and a swimming pool. The former is being built as a three-field sports hall and in the long term will be expanded for use as a federal league basketball hall. A variety of applications will be possible, including integration work with young people within the scope of the "InselAkademie" (Island Academy) project. The swimming pool provides facilities for both leisure and for sport swimming. It is also used as the regional water polo training centre. The Hall Complex features a shell with four different façades. One of the special features will be the green façade with its vertical garden facing the entrance to the Isle Park.

Park auf der Schlossinsel

Maritimes Flair und moderne Architektur inmitten eines kulturellen Erbes – die Harburger Schlossinsel erhält im Rahmen der IBA ein neues, reizvolles Gesicht, das Leben und Arbeiten an einem von Wasser umgebenen Standort ermöglichen soll. Im Zentrum der Schlossinsel entsteht neben den ersten Wohnungsbauprojekten ein sternförmiger Park, der Raum zur Erholung für die dort Berufstätigen, Besucher und Anwohner bietet. So macht er die hohe Qualität der Umgebung noch reizvoller. Der erste Preis des Realisierungswettbewerbs ging an Hager Landschaftsarchitektur aus Zürich.

The Schlossinsel (Castle Isle) Park

Maritime flair and modern architecture in the midst of a cultural legacy – the Harburg Schlossinsel is to be given an appealing new look within the scope of the IBA, intended to enable both living and working in a location enclosed by water. In addition to the initial housing construction projects, a star-shaped park is being established in the centre of the Schlossinsel, providing recreational space for the people working there, for visitors, and for residents, thus adding to the appeal of this quality environment. The first prize in the architectural competition went to Hager Landschaftsarchitektur from Zurich.

Bauausstellung in der Bauausstellung

Building Exhibition within a Building Exhibition

In direkter Nachbarschaft zur internationalen gartenschau hamburg igs 2013 entsteht in Wilhelmsburg Mitte ein Ensemble, das in vier Themenfeldern Antworten auf den Wohnungsbau der Zukunft geben soll. Die „Bauausstellung in der Bauausstellung" will sich modellhaft den Herausforderungen unserer Zeit widmen und in Form von realisierten Case Studies nach ihrer Fertigstellung als Anschauungs- und Diskussionsobjekt dienen – besonders in Bezug auf die Nachhaltigkeit des Bauens und des Zusammenlebens.

Die „Smart Material Houses" zeigen das Bauen in Verbindung mit neuartigen Baumaterialien und technischen Systemen. Sie nutzen Materialien, Materialsysteme und Produkte, die sich aufgrund chemischer oder physikalischer Eigenschaften an veränderte Umweltbedingungen anpassen können.

Mit den „Smart Price Houses" entwickelt die IBA Lösungen für kostengünstiges innerstädtisches Bauen. Sie nutzen Erfahrungen aus den Bereichen Fertigbau, Systembau, Vorfertigung oder Selbstbau und schaffen dabei trotzdem eine ästhetisch anspruchsvolle Architektur.

Mit den „Hybrid Houses" entstehen flexible Häuser, die sich an die Bedürfnisse der Bewohner anpassen können, Ziel sind wirtschaftliche, anpassungsfähige und ökologisch langlebige Gebäude.

Die „Water Houses" machen Wasser zum Bauland. Sie sind Prototypen, die zeigen, wie man Wasserlagen als Wohnstandorte nutzen kann, ohne Umweltbelange oder das Sicherheitsbedürfnis der Menschen zu beeinträchtigen.

In direct proximity to the internationale gartenschau hamburg (Hamburg International Garden Show) igs 2013, an ensemble is being built in Mitte Wilhelmsburg that will represent the future of architecture in four thematic areas. The "Building Exhibition within the Building Exhibition" aims to provide a model for confronting the challenges of our time and, following the completion of implemented case studies, to serve as objects of interest and discussion—particularly with regard to sustainable construction and co-existence.

The "Smart Material Houses" demonstrate building with innovative construction materials and technical systems. They use materials, material systems, and products that have chemical or physical properties allowing them to adapt to changing environmental conditions.

With "Smart Price Houses," the IBA is developing solutions for affordable inner-city building. They make use of experience gained in the fields of prefabrication, module systems, and do-it-yourself, yet still create aesthetically demanding architecture.

The "Hybrid Houses" are flexible buildings that adapt to the needs of the inhabitants, the goal being to produce economical, adaptable buildings with ecological durability.

The "WaterHouses" turn water into building land. They are prototypes that demonstrate how water sites can be used as residential locations without compromising environmental concerns or peoples' safety needs.

Smart Material Houses – Intelligente Baustoffe der Zukunft

Textiloberflächen als energieproduzierende und raumbildende Elemente – der Entwurf von Kennedy & Violich Architecture, Boston kombiniert in innovativer Weise eine Holzkonstruktion mit flexiblen Solar-Nano-Materialien. Über und vor das Gebäude spannt sich eine textile Dachhaube aus einer Membran mit eingearbeiteten flexiblen PV-Zellen zur Energieerzeugung. Das textile Solardach wird zur dynamischen Fassade und folgt dem Sonnenstand. Die einzelnen Wohnebenen des Reihenhauses sind in großzügiger Verbindung angeordnet und erlauben optimale Belichtungssituationen. Die Räume werden durch bewegliche textile Oberflächen zoniert und passen sich dem Verhalten des Nutzers an.

Smart Material Houses—The Intelligent Building Materials of the Future

Textile surfaces as energy-producing and space-making elements—the design by Kennedy & Violich Architecture, Boston, combines wooden construction with flexible solar nanomaterials in an innovative way. The building is spanned by a textile roof canopy comprising a membrane of integrated, flexible PV cells for generating energy. The solar textile roof becomes a dynamic façade and follows the position of the sun. The individual accommodation levels of the housing rows are spaciously arranged and enable orientation with optimal lighting. The rooms are zoned by means of flexible textile surfaces and can be changed to suit the user.

Hybrid Houses – Häuser, die sich den Wünschen der Bewohner anpassen

Die Hybridität des Entwurfes leiten Bieling Architekten aus einer Erschließungsstruktur ab, die auf dem Prinzip der Trennung zwischen Wohnen und Arbeiten basiert und bereits an den Eingängen sichtbar wird: Die nordöstliche Gebäudeecke ist Eingang für die Gewerbeflächen, die Ostseite führt zu den Wohnungen. Die auf einem Raster basierende viergeschossige Konstruktion ermöglicht eine große Variabilität in der Grundrissorganisation. Das Gebäude kann sowohl horizontal in Kombination von Einzelräumen als auch vertikal in Maisonettwohnungen oder Wohn- und Arbeitsebenen aufgeteilt werden. Die Fassade besteht aus vorgefertigten Holzrahmenelementen und ist in modularer Bauweise montierbar.

Hybrid Houses–Houses that Adapt to their Inhabitants' Wishes

The hybrid nature of the design by Bieling Architekten derives from a development structure based on the principle of separating living and working, beginning with the entrances: the north-east corner of the building is the entrance for the commercial areas, while the east side leads to the apartments. The grid-shaped, four-storey wood construction enables a great deal of variability in floor layout. The building can be partitioned both horizontally in combination with individual rooms, as well as vertically to form maisonettes or living and working levels. The façade comprises pre-fabricated wooden frame components and can be assembled in modules.

Smart Price Houses – Häuser, die schön und preiswert sind

Fusi & Ammann Architekten interpretieren Stadthaus und Hinterhaus als flexiblen Lofthaustyp, der an die Lebenssituation der Bewohner anpassbar ist. Die Basiseinheit ist ein industriell vorfabriziertes Modul mit quadratischer Grundfläche, das sich aus vorgefertigten Elementen wie Spannbeton-Hohldecken und Holz-Beton-Verbundwänden zusammensetzt. Durch horizontale und vertikale Kombination der Module entstehen unterschiedliche Grundrisszuschnitte. Flexibilität bestimmt auch die innere Gestaltung der neutral gehaltenen Grundrisse durch nachträglich setzbare Trennwände. In diesem Projekt geht es um die Neuinterpretation des Fertighauses als Stadthaus, das eine innovative Bauweise im Geschosswohnbau mit niedrigen Baukosten verbindet.

Smart Price Houses–Attractive, good value Houses

Fusi & Ammann Architekten interpret townhouses and rear structures as flexible loft-type buildings that can be adapted to the life situation of the residents. The basic unit is an industrially pre-fabricated module with a square ground plan comprising pre-fabricated elements like pre-stressed concrete hollow ceilings and wood-concrete composite walls. The horizontal and vertical combination of modules produces different ground plans. Flexibility also characterises the interior design of the neutral ground plans through partitions that can be put in place later. This project is about the reinterpretation of pre-fabricated buildings as townhouses, combining an innovative design for multi-storey housing with low building costs.

WaterHouses – Nachhaltiges Bauen mit und auf dem Wasser

Die WaterHouses machen Wasser zum Bauland. Schenk+Waiblinger Architekten realisieren in einem ca. 4000 Quadratmeter großen Wasserbecken ein Gebäudeensemble aus vier Triplexhäusern mit je drei mehrgeschossigen Wohnungen und einem neungeschossigen „Watertower", der Panoramablick aus 22 Wohnungen bietet. Das Projekt zeigt, wie Wasserlagen zukünftig als Wohnstandorte mit optimaler Energieeffizienz und hoher Lebensqualität genutzt werden können. Die Doppelnutzung des Baufelds als Wohnstandort und Rückhaltebecken für Regenwasser gilt als ein Beispiel für ressourcenschonende Flächennutzung.

WaterHouses–Sustainable Building with and on the Water

These houses turn water into building land. Situated directly at the entrance to the igs 2013, Hamburg's Schenk+Waiblinger Architekten and HOCHTIEF Solutions AG formart are creating an ensemble of buildings in a water basin about 4000 square metres in size, comprised of four triplex houses each with three multi-storey apartments and a nine-storey "Watertower," planned to house twenty-two apartments with a panoramic view. The project shows how water sites can be used in the future as residential locations with optimal energy efficiency and a high quality of life. The dual use of the construction site as a residential location and a catchment basin for rainwater is seen as an example of resource-efficient land use.

Dialog- und Beteiligungsmöglichkeiten

Dialogue and Participation Opportunities

Die frühzeitige und kontinuierliche Kommunikation mit mit Bürgerinnen und Bürgern, mit Politikern und Fachleuten, mit Projektträgern und Behörden, ebenso wie mit der internationalen Fachwelt ist eine unabdingbare Voraussetzung für das Gelingen einer Internationalen Bauausstellung und ihres anspruchsvollen Programms. Kongresse, Fachveranstaltungen, Buchvorstellungen und Vorträge gewährleisten ebenso wie die Empfehlungen des Beteiligungsgremiums von IBA und igs, von Fachbeiräten und lokalen Gremien, dass immer wieder neue Impulse in die Arbeit an den drei Leitthemen „Kosmopolis", „Metrozonen" und „Stadt im Klimawandel" eingebracht werden – auch über die konkreten Projekte hinaus. Für die notwendige „Erdung" sorgen engagierte Bürger vor Ort, die sich zum Beispiel im Rahmen des regelmäßigen Bürgerdialogs oder des jährlichen IBA FORUM zu Wort melden. Hinzu kommt eine Vielzahl von Ausstellungen, die bezogen auf das gesamte Themenspektrum oder herausgehobene Facetten wichtige Vermittlungsleistungen erbringen und zur vertiefenden Auseinandersetzung mit der IBA einladen.

So bieten die verschiedenen Dialog- und Beteiligungsformate nicht nur eine Plattform für Projekte mit und ohne konkreten baulichen Hintergrund, sondern auch eine Bühne für Debatten, Diskussionen und Streitgespräche zwischen Experten und Anwohnern, für kulturelle Projekte und Ausstellungen sowie für Workshops im Rahmen der IBA LABORE, an denen sich die Betroffenen selbst beteiligen können.

Ongoing communication initiated at an early stage with citizens, politicians and academics, project coordinators and city authorities as well as international experts, is an indispensable condition for the success of an international building exhibition and its demanding agenda. Formal sessions, special events, book presentations, and talks, as well as consultations with the IBA and igs participation panel, with expert committees and local boards, ensure that new impulses are continually introduced to work on the three key themes "Cosmopolis", "Metrozones", and "Cities and Climate Change" – extending beyond the concrete projects themselves. The necessary "grounding" is provided, for example, by committed local citizens participating in the regular Public Dialogues or in the annual IBA FORUM. There are also a multitude of exhibitions, which play an important role in disseminating information relating either to the whole range of topics or to specially highlighted facets, and provide an opportunity for in-depth exchanges with the IBA.

The different dialogue and participation formats therefore provide not only a platform for projects with and without a firm construction background; they are also a stage for debates, discussions, and disputes between experts and residents, for cultural projects and exhibitions, as well as for workshops within the scope of the IBA LABORATORIES, in which the people affected by a situation are themselves able to participate.

IBA FORUM 2010: Halbzeitbilanz

Die IBA Hamburg stand 2010 ganz im Jahr ihrer Zwischenpräsentation. Anlass genug, um im Rahmen des IBA FORUM einen Blick auf die letzten Jahre und vor allem auf die zukünftige Entwicklung der Elbinseln zu werfen. Dazu stellten ehemalige Sprecherinnen und Sprecher der Zukunftskonferenz 2001/2002 die Themen und Projekte der IBA auf den Prüfstand ihrer Forderungen. Mehr als 500 Bürgerinnen und Bürger, Mitglieder von Initiativen, Politiker und Entscheider, internationale Fachleute und Journalisten diskutierten Strategien, zogen eine kritische Bilanz und gaben Anregungen für die „zweite Halbzeit".

IBA FORUM 2010: Half-Time Review

For the IBA Hamburg, 2010 was very much the year of its Interim Presentation. This provided an appropriate opportunity to take a look back over the last few years within the scope of the IBA FORUM and, more especially, to review expectations of the future development of the Elbe Islands. To this end former speakers from the Future Conference of 2001/2002 measured the IBA's themes and projects against its achievements. More than five hundred citizens, action group members, politicians, decision-makers, international experts, and journalists discussed strategies, conducted critical assessments, and made suggestions for the "second half".

Kreativität trifft Stadt

Das IBA-Projekt „Kreatives Quartier Elbinsel"
verfolgt die Stärkung und Etablierung künstlerischer und kreativer Strukturen auf den Elbinseln, die auch über den IBA-Zeitrahmen hinaus
Bestand haben. Das Buch „Kreativität trifft
Stadt" beschreibt die 2008 bis 2010 angestoßenen Einzelprojekte der IBA Hamburg, zeigt aber
auch Probleme bei deren Entwicklung auf. In re-
flektierenden Beiträgen hinterfragen Adrienne
Göhler, Martin Heller, Klaus R. Kunzmann und
viele weitere Fachleute die theoretische und
strategische Ausrichtung der IBA-Konzeption in
Bezug auf ihre Strukturwirksamkeit und setzen
sie in Relation mit vergleichbaren Formaten im
In- und Ausland.

Kreativität trifft Stadt–Creativity meets City

The IBA "Kreatives Quartier Elbinsel" (Elbe
Islands Creative Quarter) project pursues the
establishment and reinforcement of artistic
and creative structures on the Elbe Islands,
extending beyond the IBA timeframes. The book
"Kreativität trifft Stadt" ("Creativity meets
City") describes the individual IBA Hamburg
projects initiated from 2008 to 2010, as well as
explaining the problems encountered in their
development. With their thoughtful contributions Adrienne Göhler, Martin Heller, Klaus R.
Kunzmann, together with many other experts,
question the theoretical and strategic orienta-
tions of the IBA concept with regard to its structural impact and examine them in the context of
comparable formats at home and abroad.

HafenCity IBA LABOR „Deichpark"

Das Projektgebiet der HafenCity und das der
IBA Hamburg stehen vor der Herausforderung,
zukunftsorientierte Strategien des Hochwas-
serschutzes zu entwickeln, Hochwasserschutz-
bauwerke einer gewachsenen Kulturlandschaft
zu qualifizieren und vorbildliche Beiträge zum
Klimafolgenmanagement zu leisten. Das Hafen-
City IBA LABOR „Stadtküste Hamburg – Herausforderung Hochwasserschutz und Stadtentwicklung" im Mai 2011 setzte sich vertiefend mit
innovativen Konzepten zum Hochwasserschutz
auseinander und bot Bürgern und Planern
Raum, um zukunftsweisende Projektideen zu
entwerfen.

HafenCity IBA LABORATORY "Deichpark" ("Dyke Park")

The HafenCity project area and that of the
IBA Hamburg are faced with the challenge of
developing future-oriented flood protection
strategies, of assessing flood protection
structures within a developed cultural
landscape, and making exemplary contributions
to climate impact management. The HafenCity
IBA LABORATORY "Stadtküste Hamburg
– Herausforderung Hochwasserschutz und
Stadtentwicklung" ("Hamburg's Urban Coastline
– The Challenge of Flood Protection and Urban
Development") in May 2011 took a detailed look
at innovative concepts for flood protection
and gave both citizens and planners the scope
to draft future-oriented project ideas for
Hamburg's urban coastline.

IBA/igs-Bürgerdialog

Bürgerdialoge sind fester Bestandteil des kon-
struktiven und kritischen Diskussionsprozesses
und begleiten IBA und igs seit ihrer Gründung.
Im April 2011 fand im Bürgerhaus Wilhelmsburg
der 7. IBA/igs-Bürgerdialog statt. Im ersten
Teil informierten die Projektkoordinatoren auf
einem „Markt der Projekte" über den Stand der
Planungen und der Baufortschritte sowie die
bereits fertiggestellten Projekte. Hierbei konnten die Anwohner mit den Verantwortlichen der
IBA Hamburg in einen intensiven Dialog treten.
Im Anschluss nahmen die Geschäftsführer von
IBA Hamburg und igs 2013 im Rahmen eines
moderierten Talks Stellung zum aktuellen Pla-
nungsstand und beantworteten Fragen.

IBA/igs Public Dialogue

Public Dialogue is an established part of the
constructive and critical discussion process
and has accompanied the IBA and the igs since
their formation. The 7th IBA/igs Public Dialogue
took place in the Bürgerhaus Wilhelmsburg
(Wilhelmsburg Community Centre) in April 2011.
In the first session the project coordinators re-
ported on the state of the planning, the building
progress, and the projects already completed
in the form of a "Project Market" where the
residents were able to enter into intensive dialogue with the parties responsible from the IBA
Hamburg. In conclusion, the managing directors
of the IBA Hamburg and the igs 2013 gave their
comments on the current planning status within
the scope of a moderated talk and answered
questions from the audience.

Autoren Authors

Ahmed Allahwala

*1975, Dr., Studium der Politischen Wissenschaften und Nordamerikastudien. M.A. Freie Universität Berlin 2002, PhD York University 2011. Seit 2010 Dozent und Leiter des Studiengangs City Studies an der University of Toronto Scarborough. Forschungs- und Lehrschwerpunkte: Vergleichende Stadt- und Regionalpolitik, städtische Sozialpolitik, Arbeit und Migration.

*1975, doctorate in political science and North American studies. M.A. from the Freie Universität Berlin 2002, PhD York University 2011. Lecturer and head of the City Studies course at the University of Toronto Scarborough since 2010. Main research and teaching areas: comparative urban and regional politics, urban social policy, work and migration.
aallahwala@utsc.utoronto.ca

Ruth Asseyer

Studium der Literaturwissenschaft, Politik, Medizinsoziologie. Seit 1986 gehört sie zum Team des *Abendjournals* im NDR-Landesfunkhaus Hamburg. Ihre Spezialthemen sind Architektur, Stadtentwicklung, Denkmalpflege, Kunst und Fotografie. Sendungsschwerpunkt ist u.a.: „Marseille als Hamburgs Partnerstadt am Mittelmeer".

Studied literature, politics, and medical sociology. Has been a member of the *Abendjournal* (Evening Journal) team at the NDR Regional Broadcaster in Hamburg since 1986. Her main subjects are architecture, urban development, historical monument preservation, art, and photography. One of her programme focuses is: "Marseilles as Hamburg's partner city in the Mediterranean."
r.asseyer@ndr.de

Jörg Baberowski

*1961, Prof. Dr., 1982-88 Studium der Geschichte in Göttingen. Ab 1989 wissenschaftlicher Mitarbeiter am Seminar für Geschichte der Goethe-Universität in Frankfurt. Dissertation über Autokratie und Justiz im Zarenreich. Weitere Stationen: Universität Tübingen und Universität Leipzig. Seit Oktober 2002 Lehrstuhlinhaber für Geschichte Osteuropas am Institut für Geschichtswissenschaften (IfG) der Berliner Humboldt-Universität.

* 1961, Prof. Dr., studied history in Göttingen 1982-88. Academic staff member with the history course at the Goethe University in Frankfurt since 1989. Dissertation on autocracy and justice in the Tsarist Empire. Further posts: University of Tübingen and University of Leipzig. Has held the chair for Eastern European History at the Institut für Geschichtswissenschaften (IfG) at Berlin's Humboldt University since October 2002.
baberowskiJ@geschichte.hu-berlin.de

Olaf Bartels

*1959, Dipl.-Ing. Architektur. Architekturhistoriker und -kritiker. Studium an der Hochschule für bildende Künste Hamburg. Buch- und Zeitschriftenpublikationen sowie Forschung zur Architektur-, Stadt- und Stadtbaugeschichte.

*1959, qualified architectural engineer. Architectural historian, and critic. Studied architecture at the College of Fine Arts, Hamburg. Book and magazine publications, as well as research on the history of architecture, urban history, and the history of urban development.
olafbartels@gmx.de

Ulrich Beck

*1944, Prof. Dr. phil., em. Professor für Soziologie an der Ludwig-Maximilians-Universität, ist British Journal of Sociology Visiting Centennial Professor an der London School of Economics and Political Science und Senior Loeb Fellow an der Graduate School of Design/Harvard Universität.

*1944, Prof., Dr. phil, em. Professor of Sociology at the Ludwig Maximilians University of Munich (LMU Munich), is the British Journal of Sociology Visiting Centennial Professor at the London School of Economics and Political Science (LSE) and Senior Loeb Fellowship at the Graduate School of Design/Harvard University.
u.beck@lmu.de

Elisabeth Beck-Gernsheim

*1946, Prof. Dr. Phil., Studium der Soziologie, Psychologie und Philosophie in München. Sie war Professorin für Soziologie an den Universitäten Hamburg und Erlangen-Nürnberg und fellow am Wissenschaftskolleg Berlin sowie am Hamburger Institut für Sozialforschung. Zurzeit hat sie eine Gastprofessur an der NTNU/Universität Trondheim (Norwegen). Forschungsschwerpunkte: Arbeit und Beruf, Familie und Geschlechterverhältnisse, Migration und multiethnische Gesellschaft, Technik und Technikfolgen.

*1946, Prof. Dr. Phil., studied sociology, psychology, and philosophy in Munich. She has been Professor for Sociology at the Universities of Hamburg and Erlangen-Nuremberg and fellow at the Institute for Advanced Study Berlin as well as the Hamburg Institute for Social Research. She is currently visiting professor at the NTNU/University of Trondheim (Norway). Main areas of research: work and occupation, family and gender relations, migration and multi-ethnic society, technology, and technology impact.
elisabeth.beck-gernsheim@soziol.phil.uni-erlangen.de

Sabine de Buhr

*1963, Dipl.-Ing., Dipl.-Soziologin. Studium der Soziologie an den Universitäten Marburg und Hamburg. Studium Städtebau und Stadtplanung an der Technischen Universität Hamburg-Harburg. 1996 Behörde für Stadtentwicklung und Umwelt Hamburg. 2002 Agentur für Baugemeinschaften. Seit 2006 Projektkoordinatorin bei der IBA Hamburg GmbH.

*1963, qualified engineer and sociologist. Studied sociology at the Universities of Marburg and Hamburg. Studied urban development and town planning at the Technical University of Hamburg-Harburg. 1996 Hamburg authority for urban development and environment. 2002 joint building venture agency. Project coordinator with the IBA Hamburg GmbH since 2006.
sabine.debuhr@iba-hamburg.de

Anca Carstean

*1981, Dipl.-Soziologin, M.Sc. Stadtplanung. Studium der Soziologie an der Babes-Bolyai-Universität Cluj-Napoca (Rumänien) und Master der Stadtplanung an der HCU Hamburg im Rahmen eines DAAD-Forschungsstipendiums (2005-08). Seit 2009 Projektleiterin im Bundesinstitut für Bau-, Stadt- und Raumforschung, Bonn. Aktuelle Forschungsprojekte zum Thema Baukultur, Migration und Infrastruktur.

*1981, graduate sociologist, M.Sc. in Urban Planning. Studied Sociology at the Babes-Bolyai University in Cluj-Napoca (Romania) and Masters in Urban Planning at the HCU in Hamburg as part of a DAAD research scholarship (2005-08). Project manager with the Federal Institute for Construction, Urban, and Spatial Research in Bonn since 2009. Current research includes projects on issues of architectural culture, migration, and infrastructure.
Anca.Carstean@BBR.Bund.de

Sonay Cevik

Prof. Dr., Architekturstudium an der TU Karadeniz bis 1981, Magisterstudium bis 1984. 1991 Dissertation zum Thema „Raum - Identität - Identifikation am Beispiel der Straßen der Stadt Trabzon". 1982 Assistentin an der Architekturfakultät der TU Karadeniz. 2000 Professur für Architektur. DAAD-Stipendium; Gastprofessorin am Institut für Städtebau, Fakultät für Architektur und Stadtplanung der Universität Stuttgart und an der HafenCity Universität Hamburg (2010).

Prof. Dr., concluded architecture studies at Karadeniz Technical University in 1981, masters in 1984. Dissertation on the subject of "Space−Identity−Identification based on the Example of the Streets in the City of Trabzon" 1991. Assistant with the Faculty of Architecture at Karadeniz Technical University 1982. Professor of Architecture 2000. DAAD scholarship; visiting professor at the Institute for Urban Development, Faculty of Architecture and Urban Planning at the University of Stuttgart and at the HafenCity University, Hamburg (2010).
sonaycevik@yahoo.com

Jens S. Dangschat

*1948, Prof. Dr. phil., Dipl.-Soz., Studium der Soziologie an der Universität Hamburg, Hochschulassistent (1985-91), Prof. für Stadt- und Regionalsoziologie und Allgemeine Soziologie (1992-98), Leiter der Forschungsstelle Vergleichende Stadtforschung (1991-98), seit 1998 o. Univ.-Prof. für Siedlungssoziologie und Demografie an der Technischen Universität Wien, Fakultät für Architektur und Raumplanung, Leiter des Fachbereichs Soziologie (ISRA).

*1948, Prof. Dr.phil., Dipl.-Soc., Diploma (sociology), PhD (phil) and Habilitation at University of Hamburg, Assistent Professor (1985-91), Full Professor for Urban and Regional Sociology and Social Theory (1992-98), Head of the Research Centre Comparative Urban Analysis (1991-98), since 1998 o. Univ-Prof. for Settlement Sociology and Demography at Vienna University of Technology, Faculty for Architecture and Spatial Planning.
dangschat@srf.tuwien.ac.at

Angelus Eisinger

*1964, Prof. Dr., beschäftigt sich als interdisziplinär arbeitender Städtebau- und Planungshistoriker in Forschung, Unterricht und zahlreichen Veröffentlichungen mit Fragen der jüngeren Architektur-, Stadt- und Raumentwicklung des 20. Jahrhunderts. Dozententätigkeit am Departement GESS und ARCH der ETH Zürich sowie an der Fachhochschule Liechtenstein. Seit März 2008 ist er Professor für Geschichte und Kultur der Metropole im Studiengang Stadtplanung an der HCU. Parallel dazu leitet er, gemeinsam mit Prof. Dr. Gesa Ziemer, den Studiengang Kultur der Metropole. Außerdem arbeitet er mit seinem Büro Perimeter Stadt in Zürich als freier Berater und Konzeptionist.

*1964, Prof. Dr., works as interdisciplinary urban development and planning historian in research and teaching with numerous publications on issues relating to the earlier architectural, urban, and spatial developments of the twentieth century. Lecturer with the Departement GESS and ARCH at the ETH Zurich as well as the University of

Liechtenstein. Professor for Metropolitan History and Culture for the urban planning course at the HCU since March 2008. He also runs the Metropolitan Culture course together with Prof. Dr. Gesa Ziemer and works as a freelance consultant and designer with his practice Perimeter in Zurich.
Angelus.Eisinger@hcu-hamburg.de

Jürgen Gottschlich
*1954, Studium der Philosophie und Publizistik in Berlin, 1978 Mitgründer der Tageszeitung *taz*, dort zuletzt von 1991 bis 1994 stellvertretender Chefredakteur, danach eineinhalb Jahre stellvertretender Chefredakteur der Wochenzeitung *Wochenpost*. Ab 1998 Korrespondent für verschiedene Tages- und Wochenzeitungen in Istanbul.
*1954, studied philosophy and journalism in Berlin, co-founder of the *taz* daily newspaper in 1978 where he was deputy editor from 1991 to 1994, then eighteen months as deputy editor of the weekly newspaper *Wochenpost*. Correspondent for various daily and weekly newspapers in Istanbul since 1998.
juergeng@superonline.com

Oliver G. Hamm
*1963, Dipl.-Ing. (FH) Architektur. Freier Autor, Herausgeber, Redakteur und Kurator. Studium der Architektur an der FH Darmstadt. 1989–92 Redakteur der *db – deutsche bauzeitung*, Stuttgart. 1992–98 Redakteur der *Bauwelt*, Berlin. 2000–07 Chefredakteur *Deutsches Architektenblatt*, Berlin. 2008–09 Chefredakteur *greenbuilding*, Berlin. Deutscher Preis für Denkmalschutz 2003 (Journalistenpreis).
*1963, qualified architectural engineer. Freelance author, publisher, editor, and curator. Studied architecture at the University of Applied Sciences in Darmstadt. 1989–92 editor of *db-deutsche bauzeitung*, Stuttgart. 1992–98 editor of *Bauwelt*, Berlin. 2000–07 editor-in-chief of the *Deutsches Architektenblatt*, Berlin. 2008–09 editor-in-chief of *greenbuilding*, Berlin. German award for monument preservation 2003 (journalist award).
oliverghamm@web.de

Carola Hein
*1964, Prof. Dr.-Ing., Assistant Professor am Bryn Mawr College im Programm „Growth and Structure of Cities". Ausbildung in Hamburg (Diplom-Ingenieurin) und Brüssel (Architektur), 1995 Promotion an der Hochschule für bildende Künste in Hamburg zum Thema „Hauptstadt Europa." Zahlreiche Publikationen und Vorträge zu Fragen zeitgenössischer und historischer Architektur und Stadtplanung. 1995–99 Visiting Researcher an der Tokyo Metropolitan University und der Kogakuin University, Forschung zum Wiederaufbau japanischer Städte nach dem Zweiten Weltkrieg und zum westlichen Einfluss auf die japanische Stadtplanung.
*1964, Prof. Dr.-Ing., Assistant Professor at Bryn Mawr College in the Growth and Structure of Cities Program. She trained in Hamburg (Diplom-Ingenieurin) and Brussels (Architecte) and obtained her doctorate at the Hochschule für bildende Künste in Hamburg in 1995 on the topic of "Hauptstadt Europa." She has published and lectured widely on topics of contemporary and historical architectural and urban planning. From 1995 to 1999 she was a Visiting Researcher at Tokyo Metropolitan University and Kogakuin University, studying the reconstruction of Japa-

nese cities after World War II and the Western influence on Japanese urban planning.
Chein@brymawr.edu

Uli Hellweg
*1948, Dipl.-Ing. Architektur. Architektur- und Städtebaustudium an der RWTH Aachen. 1980 freiberuflicher Stadtplaner in Berlin. 1982 Koordinator bei der IBA Berlin GmbH 1984/87 für Pilotprojekte. 1986 Planungskoordinator der S.T.E.R.N. GmbH für das Stadterneuerungsgebiet Moabit in Berlin. 1992 Dezernent für Planen und Bauen der Stadt Kassel. 1996 Geschäftsführer der Wasserstadt GmbH, Berlin. 2002 Geschäftsführer der agora s.à.r.l., Luxemburg. Seit 2006 Geschäftsführer der IBA Hamburg GmbH.
*1948, qualified architectural engineer. Studied architecture and urban development at RWTH Aachen. 1980 freelance urban planner in Berlin. 1982 co-ordinator at the IBA Berlin GmbH 1984/87 for pilot projects. 1986 planning coordinator at S.T.E.R.N. GmbH for Moabit urban renewal in Berlin. 1992 head of Department of Planning and Building in the City of Kassel. 1996 managing director of Wasserstadt GmbH, Berlin. 2002 managing director of agora s.à.r.l., Luxembourg. Since 2006 managing director of the IBA Hamburg GmbH.
uli.hellweg@iba-hamburg.de

Isabelle Hofmann
*1956, Studium der Kunsterziehung in Hamburg und Genf. Nach einem Ausflug in den Lehrberuf ab 1987 Kulturredakteurin der *Hamburger Morgenpost*. 1990–95 Kulturchefin der *Hamburger Morgenpost*. Seitdem freischaffend, u.a. für die *Kunstzeitung*, die *Weltkunst*, *Architektur in Hamburg* (Jahrbuch), Tageszeitungen, Stadt- und Kundenmagazine. Stellvertretende Chefredakteurin Kultur-Port.de.
*1956, studied art education in Hamburg and Geneva. Following a spell as a teacher she became the arts editor for the *Hamburger Morgenpost* in 1987 and was editor-in-chief for art and culture 1990–95. Freelance since then, working for the *Kunstzeitung, Weltkunst, Architektur in Hamburg* (yearbook), daily newspapers, city and client magazines. Deputy editor-in-chief Kultur-Port.de.
isabelle.hofmann@alice-dsl.net

Linda Holzgreve
*1981, freie Journalistin, M.A. Sprache, Literatur und Kultur Nordamerikas, Universität Hamburg, 2006 und Kulturjournalismus, Universität der Künste Berlin, 2011. 2006-09 Auslandsaufenthalte in Osteuropa und Russland, unter anderem Tätigkeit im Kulturmanagement für das Goethe-Institut St. Petersburg.
*1981, freelance journalist, M.A. in languages, literature, and North American Culture, University of Hamburg, 2006 and cultural journalism, University of the Arts, Berlin, 2011. 2006-09 time spent abroad in Eastern Europe and Russia, including cultural management work for the Goethe Institute in St. Petersburg.
linda.holzgreve@gmx.de

Gert Kähler
*1942 in Hamburg, Prof. Dr.-Ing., Studium der Architektur an der TU Berlin. 1980 Promotion. 1985 Habilitation. Freier Journalist, zahlreiche Veröffentlichungen: zuletzt: *Von der Speicherstadt bis zur Elbphilharmonie. 100 Jahre Stadtgeschichte Hamburg* (München/Hamburg 2009). Ausstellung im Fagus-Werk, Alfeld: „Auf alten Fundamenten. Bauen im historischen Kontext – Architekten von Gerkan, Marg und Partner" 2011.
*1942 in Hamburg, qualified engineer and holds a professorship. He studied architecture at the Technical University in Berlin, acquiring his doctorate in 1980 and his postdoctoral qualification in 1985. He is a freelance journalist with numerous publications, most recently *Von der Speicherstadt bis zur Elbphilharmonie. 100 Jahre Stadtgeschichte Hamburg* (Munich/Hamburg 2009); Exhibition at Fagus Werk, Alfeld: "Auf alten Fundamenten. Bauen im historischen Kontext – Architekten von Gerkan, Marg und Partner" 2011.
GertKaehler@web.de

Theda von Kalben
*1956, Dipl.-Ing., Studium des Bauingenieurswesens und der Architektur an der FH Hamburg. Seit 1985 bei der Freien und Hansestadt Hamburg in den Bereichen Städtebau und Stadterneuerung tätig. Seit 2006 Projektkoordinatorin bei der IBA Hamburg mit den Schwerpunkten Bildung, Integration und Partizipation. Lebt in Hamburg.
*1956, graduate engineer who studied civil engineering and architecture at the Hamburg Technical College. Has worked for the Free Hanseatic City of Hamburg since 1985 in the fields of urban development and urban renewal. Project coordinator with the IBA Hamburg since 2006, focussing on education, integration, and participation. Lives in Hamburg.
theda.vonkalben@iba-hamburg.de

Roger Keil
*1957, Studium der Germanistik, Amerikanistik und Politik. Seit 2006 Direktor des City Institutes und seit 1992 Professor an der Faculty of Environmental Studies an der York University in Toronto. Forscht zu globalem Suburbanismus, Stadt und Infektionskrankheiten und regionaler Governance.
*1957, studied German Studies, American Studies, and politics. Since 2006 Director of the City Institute and since 1992 Professor at the Faculty of Environmental Studies at York University. He researches global suburbanism, cities and infectious disease, and regional governance.
rkeil@yorku.ca

Constanze Klotz
*1980, Studium der Angewandten Kulturwissenschaften an der Universität Lüneburg und an der University of Queensland in Brisbane, Australien. Seit 2007 Mitarbeiterin der IBA Hamburg im Projekt „Kreatives Quartier Elbinsel". Zusätzlich Promovendin an der Universität Lüneburg zum Thema „Strategische Kreativplanung der Stadt".
*1980, studied Applied Cultural Science at the University of Lüneburg and at the University of Queensland in Brisbane, Australia. IBA Hamburg staff member with the "Kreatives Quartier Elbinsel" (Elbe Islands Creative Quarter) since 2007. Also a doctoral candidate at the University of Lüneburg on the subject of "Strategic Creative Planning of Cities."
constanze.klotz@iba-hamburg.de

Martin Kohler
*1975, Dipl.-Ing., Studium der Landschafts- und Frei-raumplanung an der Leibniz Universität Hannover und der Southern Australia University, Adelaide. Seit 2001 freie Mitarbeit in Landschaftsarchitekturbüros in Essen, Düsseldorf, Hamburg und Hannover. Freie kuratorische und künstlerische Projekte in Transformationsarealen, u.a. seit 2003 die HAFENSAFARI in Hamburg. 2003–06 Wissenschaftlicher Mitarbeiter an der TU Hamburg-Harburg, Institut für Stadtökologie. 2006–10 Wissenschaftlicher Mitarbeiter an der HafenCity Universität (HCU) Hamburg, Professur für Städtebau und Quartierplanung. Seit 2004 Dozent für Stadtfotografie an der HCU Hamburg. Redakteur der Zeitschrift Polis.
*1975, Dipl.-Ing., studied Landscape and Open Space Planning at the Leibniz University in Hannover and the Southern Australia University, Adelaide. Has worked freelance for landscape architecture practices in Essen, Düsseldorf, Hamburg, and Hannover since 2001. Freelance curator and art projects in transformation fields, including the HAFENSAFARI in Hamburg since 2003. Academic member of staff at the Hamburg-Harburg Technical University, Institute for Urban Ecology, 2003–06. Academic staff member at the HafenCity University (HCU) in Hamburg 2006–10, Professor for Urban Development and Neighbourhood Planning. Lecturer for urban photography at the HCU Hamburg since 2004. Editor of the magazine Polis.
martin.kohler@hcu-hamburg.de

Dirk Meyhöfer
*1950, Dipl.-Ing. Architektur und Stadtplanung. Studium an der TU Hannover. 1977–87 Redakteur/Chef vom Dienst bei den Zeitschriften *Zuhause Wohnen* und *Architektur und Wohnen* in Hamburg. Seitdem freier Autor, Architekturkritiker, Kurator, Ausstellungsmacher. Zahlreiche Buchveröffentlichungen und Hörfunkfeatures. Herausgeber und Redakteur des Jahrbuches *Architektur in Hamburg* (seit 1989). Lehraufträge an der MSA Münster, der Architekturschule Detmold und HCU Hamburg seit 2008.
*1950, qualified architectural engineer and urban planner. Studied at the Technical University in Hanover, 1977–87 editor/duty head of the magazines *Zuhause Wohnen* and *Architektur und Wohnen* in Hamburg. He has since worked freelance as author, architectural critic, curator, exhibition organiser. Numerous book publications and radio features. Since 1989 publisher and editor of the yearbook *Architektur in Hamburg* (Architecture in Hamburg). Since 2008 teaching assignments at MSA Münster, Architekturschule Detmold and HCU Hamburg.
dirk.meyhoefer@t-online.de

Seda Niğbolu
*1982, Freie Kulturjournalistin, Studium Kulturjournalismus M.A. an der Universität der Künste Berlin, Studium Soziologie B.A. an der Universität Istanbul, 2009 Bundespräsident-Johannes-Rau-Journalistenstipendium. Schreibt vor allem über Musik, Kunst und Popkritik, produziert Radioshows.
*1982, freelance cultural journalist, studied cultural journalism with an M.A. form the University of the Arts in Berlin, studied Sociology with a B.A. from the University of Istanbul, Federal President Johannes Rau Journalist Scholarship 2009. Writing focuses on music, art and pop criticism. She has also produced radio shows.
sedanigbolu@gmail.com

René Reckschwardt
*1974, Dipl.-Ing. Raumplanung. Studium an der Technischen Universität Dortmund. Tätigkeit in verschiedenen Büros in Dortmund, Wuppertal und Hamburg. Seit 2006 bei der IBA Hamburg GmbH.
*1974, qualified spatial planning engineer. Studied at the Technical University in Dortmund. Has worked for different practices in Dortmund, Wuppertal, and Hamburg. Has been with the IBA Hamburg GmbH since 2006.
renereck@gmx.de

Tim Rieniets
*1972, Stadtforscher und Kurator, derzeit tätig als Oberassistent am Institut für Städtebau der ETH Zürich. Tätigkeiten in Forschung und Lehre u.a. als wissenschaftlicher Mitarbeiter am Ausstellungsprojekt „Schrumpfende Städte", Projektleiter des trinationalen Lehr- und Forschungsprojektes „Grenzgeografien" (mit P. Misselwitz), Projektleiter des Lehrprojektes „Urban Research Studio" an der ETH Zürich. Kurator u.a. an der „10th International Istanbul Biennale 2009", der „4th International Architecture Biennale Rotterdam 2009" und „Langstrasse verlängern!" im Architekturforum Zürich, 2010.
*1972, urban researcher and curator, currently working as senior assistant at the Institute for Urban Development, ETH Zurich. Research and teaching works includes positions as academic staff member for the "Shrinking Cities" exhibition, project manager for the tri-national teaching and research project "Border Geographies" (with P. Misselwitz), project manager for the "Urban Research Studio" teaching project at the ETH Zurich. Work as curator includes the "10th International Istanbul Biennale 2009," the "4th International Architecture Biennale Rotterdam 2009," and "Extend Long Street" in the Zurich architecture forum, 2010.
rieniets@arch.ethz.ch

Barbara Sälzer
*1981, Studium Angewandte Kulturwissenschaften an der Leuphana Universität Lüneburg. Seit WS 11/12 Studium M.A. Medien- und Kulturmanagement an der Kulturakademie Lettlands, Riga. Lebt in Riga und Hamburg.
*1981, studied Applied Cultural Science at the Leuphana University in Lüneburg. Studying for an M.A. as of the winter semester 11/12. Media and Cultural Management at the Cultural Academy of Latvia, Riga. Lives in Riga and Hamburg.
barbara.saelzer@iba-hamburg.de

Saskia Sassen
*1949, Studium der Philosophie und Politikwissenschaften in Poitiers, Rom, Buenos Aires. Studium der Soziologie und Ökonomie in Indiana. Forschungen und Veröffentlichungen zur Global City. Gegenwärtig Lynd Professor of Sociology und Mitglied des Committee on Global Thought an der Columbia University, New York.
*1949, studied philosophy and political science in Poitiers, Rome, and Buenos Aires. Studied sociology and economics in Indiana. Research and publications on the Global City. Currently Lynd Professor of Sociology and member of the Committee on Global Thought at Columbia University, New York.
sjs2@columbia.edu

Meike Schalk
*1963, AA Dipl. Architektin, Ph.D., Studium der Architektur an der Hochschule der Künste Berlin und Architectural Association in London. 2007 Dissertation am Institute for Landscape Architecture, The Swedish University for Agricultural Sciences, Alnarp (SLU) in Schweden. Unterrichtet und forscht an der Architekturschule des Royal Institute of Technology (KTH) in Stockholm. Seit 2005 Kunstprojekte im öffentlichen Raum in verschiedenen Zusammenarbeiten.
*1963, graduate architect, Ph.D., studied architecture at the University of the Arts in Berlin and the Architectural Association in London. Dissertation at the Institute for Landscape Architecture, the Swedish University for Agricultural Sciences, Alnarp (SLU) in Sweden, 2007. Teaching and research at the School of Architecture within the Royal Institute of Technology (KTH) in Stockholm. Has worked on a number of joint art projects in public spaces since 2005.
meike.schalk@gmail.com

Steven Spier
*1959, Prof., B.A. in Philosophie (Haverford College), Master in Architektur (SCI-Arc, Los Angeles). Seit 2010 Dekan der School of Architecture and Design an der University of Ulster in Belfast. 2006–2010 Präsident der HafenCity Universität in Hamburg, vorher Professor für Architektur und Leiter des Fachbereichs Architektur der University of Strathclyde in Glasgow. Zahlreiche Publikationen und Vorträge zu Fragen des Raums im Werk von William Forsythe sowie zur zeitgenössischen europäischen Architektur und Stadt.
*1959 Prof., B.A. in philosophy from Haverford College and a Master of Architecture from SCI-Arc in Los Angeles. Since 2010 Head of the School of Architecture and Design at the University of Ulster in Belfast. Before that President of new HafenCity University in Hamburg (since 2006). Previously Steven was Professor of Architecture and Head of the Department of Architecture at the University of Strathclyde in Glasgow. Steven has written and lectured widely on spatial and collaborative issues in the work of William Forsythe. He has also written extensively on contemporary European architecture and the city.
s.spier@ulster.ac.uk

Mark Terkessidis
*1966, Dr. phil., Diplompsychologe (Studium in Köln), Promotion in Pädagogik (Mainz 2004). 1992–94 Redakteur der Zeitschrift *Spex*, seither freier Autor. 2003–11 Tätigkeit als Moderator für „Funkhaus Europa" (WDR). Letzte Buchveröffentlichungen: *Die Banalität des Rassismus. Migranten zweiter Generation entwickeln einen neue Perspektive* (Bielefeld 2004), *Fliehkraft. Gesellschaft in Bewegung – Von Migranten und Touristen* (mit Tom Holert, Köln 2006), *Interkultur* (Berlin 2010).
*1966, Dr. phil., graduate psychologist (studied in Cologne), teaching doctorate (Mainz 2004). Editor of the magazine *Spex* 1992–94, and has been a freelance writer ever since. Worked as presenter for "Broadcasting House Europe" (WDR) 2003–11. Latest book publications: *The Banality of Racism. Second-Generation Migrants Developing a New Perspective* (Bielefeld 2004), *Centrifuge. Society in Motion–on Migrants and Tourists* (with Tom Holert, Cologne 2006), *Interculture* (Berlin 2010).
mark.terkessidis@isvc.org

Gerti Theis

*1953, Dipl.-Ing. Landschaftsplanerin. 1982 Diplom im Studiengang Landschaftsplanung an der Gesamthochschule Kassel. 1983–2006 zunächst in der Umweltbehörde, später in der Stadtentwicklungsbehörde der Freien und Hansestadt Hamburg tätig. 1999–2004 Leitung der Abteilung Landschafts- und Grünordnungsplanung im Amt für Landschaftsplanung der Behörde für Stadtentwicklung und Umwelt. 2003–06 Referentin des Oberbaudirektors der Freien und Hansestadt Hamburg mit Schwerpunkt „Sprung über die Elbe". Seit September 2006 Projektkoordinatorin im Team der IBA HamburgGmbH.

*1953, qualified engineer, Landscape planner. Obtained her diploma in landscape planning from the University of Kassel in 1982. 1983–2006 initially worked for the Free and Hanseatic City of Hamburg's environmental authorities, and later for the urban development authority. 1999–2004 head of the Department of Landscape and Green Space Development in the State Ministry for Urban Development and the Environment's Office of Landscape Planning. 2003–06 consultant to the Chief Urban Planning Director of the Free and Hanseatic City of Hamburg, focussing on "Sprung über die Elbe" ("Leap across the Elbe"). Project co-ordinator with the IBA Hamburg GmbH team since September 2006.
gerti.theis@iba-hamburg.de

Erol Yildiz

*1960, Prof. Dr., Studium der Pädagogik, Soziologie und Psychologie, Klagenfurt, Promotion und Habilitation im Fach Soziologie an der Universität zu Köln. Seit 2008 Professor für Migration und Interkulturelle Bildung an der Alpen-Adria-Universität Klagenfurt. Zahlreiche Buch- und Zeitschriftenpublikationen sowie Forschung zur Stadt und Migration. Lehrtätigkeit an der Universität Wien.

*1960, Prof. Dr., studied teaching, sociology, and psychology in Klagenfurt, doctorate and post-doctoral qualification in sociology at the University of Cologne. Professor for Migration and Intercultural Education at the Alpen-Adria University in Klagenfurt since 2008. Numerous book and magazine publications as well as research on cities and migration. Teaches at the University of Vienna.
erol.yildiz@uni-klu.ac.at

Bildnachweise Picture Credits

11: © bpk/Staatliche Kunstsammlungen Dresden/Elke Estel/Hans-Peter Klut
13: © VG Bild-Kunst, Bonn 2011; picture alliance/United Archives/DEA
14: bildarchiv-hamburg.de
15: Sammlung collection Uli Hellweg
16: Eisermann/laif
17: Hamburgisches Architekturarchiv, Bestand inventory Neue Heimat
22, 23: Daniel Luchterhandt
25: Postkartenedition, Motiv 1/16 postcard edition, motif 1/16, Akademie einer anderen Stadt 2009
35, 36: © Andreas Gursky/VG Bild-Kunst, Bonn 2011 Courtesy Sprüth Magers Berlin London
44/45, 46/47: © the artist; Courtesy the artist und and Galerie Eva Presenhuber
51: picture alliance/Armin Weigel
52: picture alliance/Everett Collection
53: picture alliance/akg-images
55: picture alliance/Artcolor/A. Koch
56: picture alliance/akg-images/Dodenhoff
57: picture alliance/EFE/Leonardo Wen
58: picture alliance/dpa/Julian Stratenschulte
61-63: Christoph Keller/VISUM
64: Akademie einer anderen Stadt, tranquillium
67: Akademie einer anderen Stadt, Karin Gerdes
68: ullstein bild · Schöning
71: ullstein bild
72: Thomas Linkel/laif
73: picture alliance/akg-images
74: ullstein bild · Oberhäuser/CARO
75: picture alliance/maxppp
76, 77: Akademie einer anderen Stadt, Esra Ersen
79: Bernd Euler/VISUM
81, 82: © Roland Halbe/ARTUR IMAGES
85: picture alliance/Arco Images GmbH/J. Hildebrandt
86: Adenis/GAFF/laif
87: ullstein bild · Imagebroker.net · Christian Mang
89: Foto photo: Serkan Taycan in at SALT
90: picture alliance/dpa/Torsten Leukert
91: Foto photo: Anke Haarmann, Harald Lemke (AHL)
92: Plambeck/laif
93 oben above: picture alliance/dpa/Salome Kegler
93 unten below: picture alliance/dpa/Kai-Uwe Wärner
94: Kramer/laif
95: picture alliance/Rainer Hackenberg
96: © bpk
98, 99: © bpk/Abisag Tüllmann
103: ullstein bild · SIPA
104, 105: © Jean Louis atlan/Sygma/Corbis
106: Michael Trippel/laif
107: RENAULT Philippe/hemis.fr/laif
108: ullstein bild · Imagebroker.net · Siegfried Kuttig
109: Foto photo: Donal McCann, © Titanic Quarter Ltd.
111: www.stefanjosefmueller.de
112 oben above: Erginoğlu & Çalışlar Architects
112 unten below: Kerem Uzel/Bloomberg via Getty Images
113: Erginoğlu & Çalışlar Architects
114: STOFANEL Investment AG
116: Frankonia Eurobau AG
119: Louise OLIGNY/GAMMA/laif
120: ullstein bild · HIP
122: picture alliance/Bildagentur Huber/R. Schmid
123: ullstein bild · united archives/Wittmann
124, 125: Foto photo: Roger Keil
127-129: Martin Kohler, Hamburg
130 oben above: Marina Rago, Sao Paulo
130 unten below: Mehmet Celik, Hamburg
131-135: Martin Kohler, Hamburg
136, 137: Kollektiv migrantas, Berlin
139, 140: Murat Türemis
141: picture alliance/TURKPIX
142: Andrea Kuenzig/laif
143: Julien Chatelin/laif
144, 145: Erginoğlu & Çalışlar Architects
146: Raach/laif
148: © bpk
149: picture alliance/Mary Evans Picture Library
150: © bpk/IFA
151 oben above: © bpk/Kunstbibliothek, SMB/Knud Petersen
151 unten below: © bpk
152: © bpk/Bayerische Staatsbibliothek
155: Sergey KOMPANIYCHENKO/laif
157: ullstein bild · Hohlfeld
158: © KCAP
159 oben above: Foto photo: Michelle Wilderom/4th IABR
159 unten below: © KCAP
160, 161: ullstein bild · Hohlfeld
162: © KCAP
164: ullstein bild · Lineair
165: City museum of Stockholm/Foto photo: Lennart af Petersens
166: Meike Schalk
167: Foto photo: Jan Gustavsson/Svenska Bostäders arkiv
168: ullstein bild · SIPA
169, 170: Georg Knoll/laif
171: ullstein bild · Fromm
172/173: © Anja Schlamann/ARTUR IMAGES
172 unten below: Matthieu Colin/hemis.fr/laif

175: age fotostock/LOOK-foto
176: TOMMASO BONAVENTURA/CONTRASTO/laif
179: Peter Bach
180-185: Ogando/laif
187: Sebastian Lehmann
188: Dominik Asbach/laif
189: Sebastian Lehmann
190: Hub/laif
191: Türemis/laif
192, 193: © Wilfried Dechau/poolima
195, 196: Illustration illustration: Maki Shimizu, Entwurf design: David Fischer und and Oliver Gibbins
197: Schuiten, Benoît/Peeters, François: Die geheimnisvollen Städte – Das Fieber des Stadtplaners. Stuttgart 1991
200, 201: ELBE&FLUT/Thomas Hampel
202: Gunter Gluecklich/laif
204: Hochbaudepartement der Stadt Zürich
205: picture alliance/KEYSTONE/GAETAN BALLY
206: André Poitiers Architekt Stadtplaner RIBA, Hamburg
209: © bpk/Fischer
210: ullstein bild · histopics
211: SLUB Dresden/Deutsche Fotothek
212: Stadtarchiv Glückstadt
213: Detlefsen-Museum im Brockdorff-Palais, Glückstadt
214: Uwe Barghaan/Wikimedia Commons
216: picture alliance/Dietrich/Bildagentur-online
218: ullstein bild · Infopool Text Berlin
219, 220: picture alliance/akg-images
221: ullstein bild · adoc-photos
222/223, 222 unten below: bildarchiv-hamburg.de
224: © bpk
225: picture alliance/akg-images
226: Denkmalschutzamt Hamburg Bildarchiv/Foto photo: G. P. Reichelt
227: ullstein bild · Sylent Press
229: Akademie einer anderen Stadt, Dorothea Carl
230: IBA Hamburg GmbH/Bernadette Grimmenstein
233: IBA Hamburg GmbH/Martin Kunze
234: Landesbetrieb Straßen, Brücken und Gewässer
235: Andreas Bock
236, 237: IBA Hamburg GmbH/Johannes Arlt
238: Claudia Höhne
240: Jaqueline Schädel
241: Daniel Luchterhandt
245: Isabelle Hofmann, Hamburg
246: IBA Hamburg GmbH/Constanze Klotz
247: Karin Gerdes
248: Archiv SAGA Siedlungs-Aktiengesellschaft, Hamburg
249: IBA Hamburg GmbH/Simona Weisleder
250, 251: IBA Hamburg GmbH/SUPERURBAN und and Stadt planbar, Hamburg
252 oben above: Archiv SAGA Siedlungs-Aktiengesellschaft, Hamburg
252 unten below: Kfs Krause Feyerabend Sippel Architekten, Lübeck
253: IBA Hamburg GmbH/SUPERURBAN und and Stadt planbar, Hamburg
254, 255: IBA Hamburg GmbH/Martin Kunze
257: Isabelle Hofmann, Hamburg
258: LAN Architecture*, Paris mit with BASE und and Franck Boutté Consultants
259: IBA Hamburg GmbH/Yuan Liu
261: IBA Hamburg GmbH/Johannes Arlt
262: Stefan Volk/laif
263: IBA Hamburg GmbH/Johannes Arlt
264, 265: IBA Hamburg GmbH/René Reckschwardt
266-271: IBA Hamburg GmbH/Johannes Arlt
273: Isabelle Hofmann, Hamburg
274: Foto photo: Marcel Stammen
275: © VG Bild-Kunst, Bonn 2011; Foto photo: Marcel Stammen
277: Isabelle Hofmann, Hamburg
278: IBA Hamburg GmbH/Johannes Arlt
279: Isabelle Hofmann, Hamburg
281: IBA Hamburg GmbH
282: Dittert + Reumschüssel Architektur und Stadtentwicklung, Hamburg
283 links left: Dalpiaz+Giannetti Architekten, Hamburg
283 Mitte middle: EGL Entwicklung und Gestaltung von Landschaft, Hamburg
283 rechts right: BHL Architekten, Hamburg
284: IBA Hamburg GmbH/Martin Kunze
285 links left, 285 Mitte middle: IBA Hamburg GmbH/Johannes Arlt
285 rechts right: IBA Hamburg GmbH/Sabine Metzger
286: TOPOTEK 1, Berlin
287 links left: Studio Andreas Heller Architects & Designers, Hamburg
287 Mitte middle: Allmann Sattler Wappner Architekten, München Munich
287 rechts right: Hager Landschaftsarchitektur, CH-Zürich Zurich
288: Kennedy & Violich Architecture, Boston, USA
289 links left: Bieling Architekten, Kassel/Hamburg
289 Mitte middle: Fusi & Ammann Architekten, Hamburg
289 rechts right: Schenk+Waiblinger Architekten, Hamburg
290: IBA Hamburg GmbH/Michael Martin
291: IBA Hamburg GmbH/Johannes Arlt

Piktogramme pictograms (S. pp. 264-271): Tom Unverzagt, Leipzig

Der Herausgeber und der Verlag danken den Inhabern von Bildrechten, die freundlicherweise ihre Erlaubnis zur Veröffentlichung gegeben haben. Wir haben uns bemüht, alle Rechteinhaber ausfindig zu machen. Etwaige weitere Inhaber von Bildrechten bitten wir, sich mit dem Herausgeber in Verbindung zu setzen.
The editor and publisher would like to thank image rights holders who have kindly given their permission for publication. Every effort has been made to identify all rights holders before publication. We would ask any rights holders we did not manage to contact to get in touch with the editor.

© 2011 by jovis Verlag GmbH und IBA Hamburg GmbH
Das Copyright für die Texte liegt bei den Autoren.
Das Copyright für die Abbildungen liegt bei den
Fotografen/Inhabern der Bildrechte.
Texts by kind permission of the authors.
Pictures by kind permission of the photographers/
holders of the picture rights.

Herausgeber der Schriftenreihe METROPOLE:
Editor of the series METROPOLIS:
Internationale Bauausstellung IBA Hamburg GmbH
Uli Hellweg, Geschäftsführer Managing director
Am Zollhafen 12
20539 Hamburg

www.iba-hamburg.de

Redaktion Editoral staff:
Olaf Bartels, Hamburg/Berlin; Büro Dirk Meyhöfer
(Dr. Bettina Greiner, Dirk Meyhöfer), Hamburg/Berlin
Bildredaktion Photographic editors:
Annina Götz, Göttingen;
René Reckschwardt (S. pp. 8-29, 228-273, 276-291)

Redaktionsbeirat der Schriftenreihe METROPOLE:
Editorial committee of the series METROPOLIS:
Olaf Bartels, Prof. Dr. Jörn Düwel, Oliver G. Hamm,
Prof. Dr. Gert Kähler, Prof. Dr. Michael Koch, Dirk Meyhöfer,
Prof. Jörn Walter

Gesamtkoordination der Schriftenreihe und redaktionelle
Verantwortung IBA Hamburg GmbH
Coordination of the series and editorial responsibility IBA
Hamburg GmbH:
Gerti Theis, René Reckschwardt

Übersetzung Translation:
Katherine Taylor in association with First Edition Translations
Ltd, Cambridge, UK; editing by Kay Hyman in association
with First Edition Translations Ltd, Cambridge, UK;
Ursula Haberl, Berlin (S. pp. 42-48, 102-108)
Gestaltung und Satz Design and setting:
Tom Unverzagt, Leipzig
Lithografie Lithography:
Bild1Druck, Berlin
Druck und Bindung Printing and binding:
GCC Grafisches Centrum Cuno, Calbe

Bibliografische Information der Deutschen Nationalbibliothek
Die Deutsche Nationalbibliothek verzeichnet diese Publi-
kation in der Deutschen Nationalbibliografie; detaillierte
bibliografische Daten sind im Internet über http://dnb.d-nb.de
abrufbar.
Bibliographic information published by the Deutsche
Nationalbibliothek
The Deutsche Nationalbibliothek lists this publication in the
Deutsche Nationalbibliografie; detailed bibliographic data
are available on the Internet at http://dnb.d-nb.de

jovis Verlag GmbH
Kurfürstenstraße 15/16
10785 Berlin

www.jovis.de

978-3-86859-075-3